O LIVRO TIBETANO DOS MORTOS

O TRADUTOR (À ESQ.) E O EDITOR EM GANGTOK, SIQUIM
(ver p. 55)

FÓLIOS 35A E 67A DO MANUSCRITO DO *BARDO THÖDOL*
(descritos na p. 55)

W. Y. Evans-Wentz

O LIVRO TIBETANO DOS MORTOS

ou

Experiências Pós-morte no Plano do *Bardo,*
Segundo a Versão do Lama Kazi Dawa-Samdup

Estudos Introdutórios
C. G. Jung
Lama Anagarika Govinda
Sir John Woodroffe
W. Y. Evans-Wentz

Tradução
Jesualdo Correia Gomes de Oliveira

Revisão Estilística
Vicente Cechelero

Editora
Pensamento
SÃO PAULO

Título do original: *The Tibetan Book of Dead.*

Publicado originalmente por Oxford University Press.

3ª edição 2024.

Editor: Adilson Silva Ramachandra
Gerente editorial: Roseli de S. Ferraz
Gerente de produção editorial: Indiara Faria Kayo
Preparação de texto: Danilo Di Giorgi
Editoração eletrônica: Ponto Design Gráfico
Revisão: Claudete Agua de Melo

Dados Internacionais de Catalogação na Publicação (CIP)
(Câmara Brasileira do Livro, SP, Brasil)

Evans-Wentz, W. Y., 1878-1965
O livro tibetano dos mortos / W. Y. Evans-Wentz ; tradução Jesualdo Correia Gomes de Oliveira ; estudos introdutórios C. G. Jung...[et al.] ; revisão estilística Vicente Cechelero. -- 3. ed. -- São Paulo : Editora Pensamento, 2024.

Outros estudos introdutórios: Lama Anagarika Govinda ; Sir John Woodroffe ; W. Y. Evans-Wentz

Título original: The Tibetan book of the dead

ISBN 978-85-315-2377-9

1. Estado intermediário (Religião) - Budismo
2. Morte - Aspectos religiosos - Budismo 3. Ritos e cerimônias fúnebres budistas - China - Tibete I. Jung, C. G. II. Govinda, Lama Anagarika.
III. Woodroffe, John. IV. Evanz-Wentz, W. Y. V.
Cechelero, Vicente. VI. Título.

24-209180 CDD-294.34237

Índices para catálogo sistemático:

1. Morte : Aspectos religiosos : Budismo 294.34237

Cibele Maria Dias - Bibliotecária - CRB-8/9427

Direitos de tradução para a língua portuguesa adquiridos com exclusividade pela
EDITORA PENSMENTO-CULTRIX LTDA., que se reserva a propriedade literária desta tradução.
Rua Dr. Mário Vicente, 368 - 04270-000 - São Paulo - SP - Fone: (11) 2066-9000
http://www.editorapensamento.com.br
E-mail: atendimento@editorapensmaento.com.br
Foi feito o depósito legal.

EM MEMÓRIA DE
MEUS FALECIDOS PAI E MÃE

DEDICO
ESTE LIVRO AOS MEUS MESTRES
SECULARES E RELIGIOSOS
DA EUROPA E DA AMÉRICA
E DE TODO O ORIENTE.

"Compreenderás que esta é a mais útil das ciências, e que se adianta a todas as demais, pois com ela se aprende a morrer. Saber que morrerá, isso é comum a todos os homens; do mesmo modo que não há homem que possa viver para sempre, tenha ele esperança ou confiança nisso; mas encontrarás bem poucos que têm essa habilidade de aprender a morrer [...] Eu te revelarei o mistério dessa doutrina, a qual muito te beneficiará para o início da saúde espiritual e para uma estável fundamentação de todas as virtudes."

Orologium Sapientiae.

"Contra a sua vontade ele morreu, porque não aprendeu a morrer. Aprende a morrer e aprenderás a viver, pois ninguém aprenderá a viver se não houver aprendido a morrer. A Viagem de Todas as Viagens: Ensina o Homem a Morrer."

The Book of the Craft of Dying (edição de Comper).

"Tudo o que existe aqui, existe lá; o que existe lá, existe aqui. Aquele que estranha o aqui, encontra morte após morte.

Isso só pode ser compreendido por meio da mente, e [então] não haverá mais estranheza aqui. Aquele que estranha o aqui, vai de morte em morte."

Katha-Upanishad, IV, l0 11.
(Trad. para o inglês de Swami Sharvananda.)

SUMÁRIO

LIVRO I
O *CHIKHAI BARDO* E O *CHÖNYID BARDO*

PARTE I

PARTE II

LIVRO II
O *SIDPA BARDO*

PARTE I

PARTE II

APÊNDICE

ADENDOS

Prefácio

Donald S. Lopez, Jr.

Um certo temor acompanha a decisão de aceitar o convite para escrever um prefácio a novas edições, publicadas em 2000, dos quatro livros de W. Y. Evans-Wentz: *The Tibetan Book of the Dead* (*O Livro Tibetano dos Mortos*), *Tibet's Great Yogi Milarepa* (*Milarepa – História de um Yogī Tibetano*), *Tibetan Yoga and Secret Doctrines* (*A Ioga Tibetana e as Doutrinas Secretas*) e *The Tibetan Book of the Great Liberation* (*O Livro Tibetano da Grande Liberação*). Os quatro livros, nas edições antigas, já estavam sobrecarregados de numerosos prefácios, comentários e introduções, não se sabendo, portanto, o que um prefácio novo poderia lhes acrescentar. Parece inevitável que os quatro livros de Evans-Wentz sobrevivam por mais uma geração de comentadores, de sorte que qualquer coisa acrescentada hoje só servirá como material para um erudito, daqui a cinquenta anos, demonstrar os preconceitos e equívocos de um prefácio escrito cinquenta anos antes, que apenas revelará o *Zeitgeist fin de siècle* daqueles que outrora se intitularam pós-modernos.

Os quatro livros de Evans-Wentz são, sem dúvida, obras revolucionárias, as primeiras a oferecer ao público de fala inglesa traduções dos textos budistas tibetanos. Evans-Wentz inovou também no método, colaborando estreitamente com eruditos tibetanos, prática que só se tornaria comum após quatro décadas, com o começo da diáspora tibetana em 1959. No entanto, para o estudioso de nossos dias, distante mais de setenta anos da publicação do primeiro volume da série, *O Livro Tibetano dos Mortos*, em 1927, a tetralogia tibetana de W. Y. Evans-Wentz, embora produto de nosso século, parece ter se originado em outra época. Os quatro livros assumem a indiferenciada dicotomia do Ocidente materialista e do Oriente místico, um Oriente que guarda o segredo da redenção do Ocidente. Poucas das preocupações dos estudiosos – como língua, cultura ou história – serão encontradas nos livros. Ao contrário, os volumes são apresentados como repositórios de uma sabedoria atemporal preservada pelo Oriente, uma sabedoria que no futuro salvará o Ocidente, superando por fim a dualidade dos hemisférios para culminar na Unidade da Humanidade. Essa visão aparentemente beatífica foi mostrada como produto de um orientalismo romântico que via nas tradições da Ásia um recurso natural a ser explorado e aperfeiçoado para consumo do Ocidente. Portanto, os livros constituem um marco na história do colonialismo.

Os quatro livros de Evans-Wentz, porém, sobretudo o primeiro, representam um momento importante nessa história. Produtos do encontro casual de um mestre da escola sikkimesa e um norte-americano excêntrico em viagem pela Índia Britânica em 1919, os livros se revelaram uma das criações mais duráveis do romance do Tibete naquele século, irradiando sua influência para além do que se esperaria de um começo tão improvável.

Walter Wentz nasceu em Trenton, Nova Jersey, em 1878, filho de um imigrante alemão e de uma norte-americana quacre. O final do século XIX foi um período de grande fascínio pelo espiritualismo, a crença de que os espíritos dos mortos podem ser contatados por meio de sessões, materializações, escrita automática e outras técnicas. Walter se interessou desde cedo pelos livros sobre espiritualismo que havia na biblioteca de seu pai e, ainda adolescente, leu *Isis Unveiled* (*Ísis sem Véu*)* e *The Secret Doctrine* (*A Doutrina Secreta*),** de Madame Blavatsky, da Sociedade Teosófica. Esses livros causaram nele um efeito profundo. De fato, é impossível apreciar a tetralogia de Walter Wentz sem reconhecer seu convívio de toda uma vida com a teosofia.

A Sociedade Teosófica foi fundada em Nova York em 1875 por Madame Helena Petrovna Blavatsky, uma imigrante russa, e pelo coronel Henry Steel Olcott, jornalista e veterano do exército da União durante a Guerra Civil. Os objetivos de sua sociedade eram "difundir, entre os homens, o conhecimento das leis inerentes ao Universo; promover o conhecimento da unidade essencial de tudo que existe e demonstrar que essa unidade é fundamental na natureza; incentivar a fraternidade ativa entre os homens; estudar a religião, a ciência e a filosofia antigas e modernas; e investigar os poderes inatos no

---

* Publicado em IV volumes pela Editora Pensamento, São Paulo, 1991.

** Publicado em VI volumes pela Editora Pensamento, São Paulo, 1980.

homem". A Sociedade Teosófica foi uma das muitas respostas à Teoria da Evolução de Darwin no final do século XIX. Longe de buscar refúgio da ciência na religião, Madame Blavatsky e o coronel Olcott tentaram fundar uma religião científica, que acatasse as novas descobertas em geologia e arqueologia, proclamando ao mesmo tempo um antigo e esotérico sistema de evolução espiritual mais sofisticado que a teoria de Darwin.

Madame Blavatsky afirmou ter passado sete anos no Tibete como iniciada de uma ordem de mestres iluminados chamada a Grande Fraternidade Branca. Esses mestres, que ela chamava de Mahatmas ("Grandes Almas"), viviam no Tibete, mas não eram tibetanos. Na verdade, a própria presença dos Mahatmas no Tibete era desconhecida dos tibetanos comuns. Esses mestres tinham vivido outrora em várias partes do mundo e depois se juntaram no Tibete a fim de escapar às agressões da civilização. Os Mahatmas a instruíram em Teosofia, a que ela dá também o nome de "Budismo Esotérico" (do qual o Budismo praticado na Ásia, inclusive no Tibete, era uma corrupção).

Ao longo de sua carreira, ela (e mais tarde outros membros da Sociedade) asseguraram estar em comunicação esotérica com os Mahatmas, às vezes por meio de sonhos e visões, mas quase sempre de cartas que se materializavam em um armário do quarto de Madame Blavatsky ou eram por ela vertidas graças à escrita automática. A produção literária dos Mahatmas, prodigiosa, continha instruções sobre os assuntos mais corriqueiros das funções da Sociedade e também sobre conteúdos de seus textos canônicos, como *Esoteric Buddhism* (*O Budismo Esotérico*) (1885), de A. P. Sinnett, e *The Secret Doctrine* (*A Doutrina Secreta*) (1888), de Madame Blavatsky.

A Sociedade Teosófica gozou de enorme popularidade na América, na Europa e na Índia (a despeito de vários escândalos e um relatório da Sociedade de Pesquisas Psíquicas que denunciou Madame Blavatsky como uma fraude). Desempenhou um papel importante, embora ambíguo, no renascimento do hinduísmo na Índia e do budismo no Sri Lanka (onde Henry Olcott se mostrou particularmente ativo). Sua popularidade não esmoreceu após a morte dos fundadores e persistiu durante o século XX, quando a herdeira de Blavatsky, a ex-sufragista britânica Annie Besant, escolheu um menino hindu, em 1909, como o Messias, o Mestre do Mundo: Krishnamurti. Mas ele renunciou a essa condição divina e rompeu com a Sociedade em 1930. Após a morte de Annie Besant e outros líderes, logo depois, a Sociedade nunca mais recuperou a ampla popularidade de que já gozara, embora continue ativa, com sede internacional em Pasadena, Califórnia. A Sociedade Teosófica foi amplamente responsável pela divulgação das religiões asiáticas, sobretudo o hinduísmo e o budismo, na Europa e na América durante o século XX, inspirando, entre outras obras, a tetralogia de Evans-Wentz.

Walter Wentz foi para a Califórnia na virada do século e ali se juntou, em 1901, à Seção Americana da Sociedade Teosófica, com sede em Point Loma, dirigida por Katherine Tingley, que fundou no local a Raja-Yoga School and College, a Theosophical University e a School for the Revival of the Lost Mysteries of Antiquity. A conselho de Tingley, ele se matriculou na Universidade de Stanford, onde estudou com William James e William Butler Yeats. Depois de se formar, Wentz entrou para o Jesus College de Oxford, em 1907, a fim de estudar o folclore céltico. Foi então que acrescentou o nome de família do lado materno a seu sobrenome, tornando-se Walter Evans-Wentz. Após concluir sua tese, mais tarde publicada como *The Fairy Faith in Celtic Countries* [A Crença em Fadas nos Países Célticos] (1911), iniciou uma viagem pelo mundo financiada pela renda que recebia do aluguel de propriedades na Flórida. Estava na Grécia quando eclodiu a Primeira Guerra Mundial e passou a maior parte dela no Egito.

Do Egito, viajou para o Sri Lanka e daí para a Índia, conseguindo a permissão para essa viagem das autoridades militares britânicas por recomendação de um ex-colega de Oxford, T. E. Lawrence. Evans-Wentz visitou a sede da Sociedade Teosófica em Adyar e conheceu Annie Besant. No norte da Índia, estudou com vários gurus hindus, principalmente Swami Satyananda. Em 1919, desembarcou em Darjeeling, posto britânico de montanha nas encostas meridionais dos Himalaias, onde adquiriu de um monge o surrado manuscrito de um texto tibetano (alguns dizem que o adquiriu em um bazar). Era um excerto de *The Profound Doctrine of Self-Liberation of the Mind [through Encountering] the Peaceful and Wrathful Deities* [A Doutrina Profunda de Autolibertação da Mente (pelo Encontro) com as Divindades Pacíficas e Coléricas] (*Zab chos zhi khro dgongs pa rang grol*), texto que teria sido descoberto no século XIV por Karma gling pa (1352-1405). O texto também é conhecido como *Peaceful and Wrathful Deities According to Karmalingpa* [Divindades Pacíficas e Coléricas Segundo Karmalingpa] ou *Kar gling zhi khro* e como *The Great Liberation in the Intermediate State through Hearing* [A Grande Libertação no Estado Intermediário por Meio da Audição] ou *Bar do thos grol chen mo*. Com uma carta de apresentação do superintendente de

Polícia local, Sardar Bahadur Laden La (com quem mais tarde colaboraria no volume final de sua série), Evans-Wentz, que não lia tibetano, mostrou o texto ao professor de Inglês da Maharaja's Boy's School, em Gangtok, chamado Kazi Dawa Samdup (1868-1922). Dawa Samdup já conhecia alguns entusiastas ocidentais do budismo, tendo servido como tradutor para Alexandra David-Néel. Ela o descreve em *Magic and Mystery in Tibet* [Magia e Mistério no Tibete]: "Dawasandup era um ocultista e mesmo, de certa maneira, um místico. Buscou contatos secretos com os *Dākinīs* e com os deuses temíveis para ganhar poderes sobrenaturais. Tudo que se relacionava com o mundo misterioso dos seres geralmente invisíveis o atraía muito, mas a necessidade de ganhar a vida não lhe permitia dedicar tempo suficiente a seu estudo favorito. [...] A bebida, uma fraqueza comum entre seus conterrâneos, fora a maldição de sua existência. [...] Mas que descanse em paz. Não quero menosprezá-lo. Tendo adquirido erudição real com perseverança, era simpático e interessante".[1]

Kazi Dawa Samdup concordou em fazer a tradução e, pelos dois meses seguintes, encontrou-se com Evans-Wentz todas as manhãs, antes do início das aulas. As traduções que Kazi Dawa fez para Evans-Wentz iriam aparecer em três livros: *O Livro Tibetano dos Mortos* (1927), *A Ioga Tibetana e as Doutrinas Secretas* (1935) e *O Livro Tibetano da Grande Liberação* (1954). Mas passaram pouco tempo juntos, pois Evans-Wentz logo voltou para o *ashram* de Swami Satyananda a fim de praticar yoga. Regressou a Gangtok em visita a Kazi Dawa Samdup em 1920, pouco antes da nomeação deste ao cargo de professor palestrante de língua tibetana na Universidade de Calcutá. Esse seria o último encontro deles; Kazi Dawa Samdup faleceu em 1922. Em 1924, Evans-Wentz visitou a família dele em Kalimpong e recebeu dela uma tradução manuscrita de *Rje btsun bka' 'bum* [As Cem Mil Palavras do Mestre], que Evans-Wentz mais tarde organizou e publicou como *Milarepa – História de um Yogī Tibetano* (1928). Sobre o relacionamento dele com Kazi Dawa Samdup, seu biógrafo escreveu: "As poucas cartas que sobreviveram de sua correspondência revelam um tom surpreendentemente distante e formal. Mesmo os diários de Dawa Samdup não dizem outra coisa. Nada corrobora declarações posteriores de que o Lama

1. Alexandra David-Neel. *Magic and Mystery in Tibet*. Nova York: Dover Publications, 1971. pp. 15, 17 e 19.

foi o guru de Walter Evans-Wentz, nada há sobre os 'ensinamentos' que o norte-americano supostamente recebeu dele".[2]

Pouco se sabe, com certeza, a respeito de sua colaboração. O inglês de Kazi Dawa Samdup era, presumivelmente, adequado apenas à tarefa de produzir traduções preliminares. Evans-Wentz relata que serviu de "dicionário vivo de inglês" para o lama. Pode-se presumir, portanto, que boa parte da terminologia se deve a Evans-Wentz. Ele escreveu também longas introduções e copiosas anotações, que, juntas, dão aos quatro livros seu caráter inconfundível. Não pretendia que suas obras fossem eruditas, reconhecendo que um estudo crítico dos textos, do ponto de vista da filologia, história e filosofia, era tarefa para estudiosos do futuro. Em vez disso, descrevia suas obras como "antropológicas", dando a "antropologia" o sentido de "o Conhecer ou o Conhecimento do Homem".

Evans-Wentz fez várias viagens à Índia nos anos 1920 e 1930 para estudar yoga com diversos mestres neovedantinos proeminentes na época, como Sri Yukteswar e Ramana Maharshi. Voltou a Darjeeling em 1935 e contratou dois monges sikkimeses para traduzir outra obra do mesmo ciclo de textos do *Bar do thos grol*, intitulada *Self-Liberation through Naked Vision Recognizing Awareness* [Autolibertação por Meio da Visão com Percepção Nua] (*Rig pa ngo sprod gcer mthong rang grol*). Durante a mesma visita, recebeu o resumo de uma famosa biografia de Padmasambhava, preparado por Sardar Bahadur Laden La, que o havia apresentado a Kazi Dawa Samdup cerca de dezesseis anos antes. Essas obras formariam o último volume da série, *O Livro Tibetano da Grande Liberação*, publicado finalmente em 1954.

Evans-Wentz voltou para os Estados Unidos em 1941. Passou os últimos 23 anos de sua vida no Hotel Keystone, em San Diego, e os últimos meses na Self-Realization Fellowship, de Swami Yogananda (discípulo de Sri Yukteswar e autor da famosa *Autobiografia de um Iogue*), em Encinitas, Califórnia. Walter Evans-Wentz morreu em 1965.

Aparentemente, Evans-Wentz nunca foi um devoto do budismo tibetano e se considerava, ao contrário, um praticante do yoga hindu. Seu último contato

2. Ken Winkler. *Pilgrim of the Clear Light*. Berkeley, Califórnia: Dawnfire Books, 1982, p. 44. As outras informações sobre Evans-Wentz dadas aqui foram extraídas do livro de Winkler. Um resumo útil é fornecido por John Myrdhin Reynolds em *Self-Liberation Through Seeing with Naked Awareness*. Barrytown, N. Y.: Station Hill Press, 1989, pp. 71-8.

com um mestre tibetano parece ter sido a colaboração com os dois monges do mosteiro de Ghoom, perto de Darjeeling, em 1935. Dado que colaborou por muito pouco tempo com Kazi Dawa Samdup, é difícil aceitar sua declaração de que foi "o discípulo reconhecido" de um lama tibetano. Na verdade, Kazi Dawa Samdup parece só ter sido considerado um "lama" pelo próprio Evans-Wentz. Este continuou sendo um teosofista e escreveu para várias publicações teosóficas pelo resto de sua vida. Nunca aprendeu a língua tibetana; talvez não achasse isso necessário, quase como se já soubesse o que os textos diziam. E, quando pareciam não dizer, sempre havia o recurso do seu significado esotérico, tema que ele discute longamente na introdução a *O Livro Tibetano dos Mortos*. Mesmo assim, cada um de seus quatro livros ocupa um lugar importante na história do budismo tibetano no Ocidente e devem ser vistos como obras pioneiras, não apenas pelos textos escolhidos, mas também pelo modo de sua criação; após a diáspora tibetana, iniciada em 1959, tornou-se comum para estudiosos ocidentais consultar colegas tibetanos sobre suas traduções de textos budistas, tal como Evans-Wentz fizera décadas antes.

Da perspectiva do moderno estudioso do budismo tibetano, os quatro livros estão eivados de problemas: erros de tradução, datas imprecisas, atribuições erradas de autoria, citações equivocadas de fatos, arroubos injustificados de interpretação. (Aludindo a si próprio na introdução, Evans-Wentz escreve na página 183 de *O Livro Tibetano dos Mortos*: "O próprio editor não pode esperar, num livro dessa natureza, que suas interpretações sobre questões controvertidos tivessem aceitação universal. Tampouco pretende ter escapado de erros".) Em uma visão retrospectiva de décadas, cada livro parece um tanto prematuro, com traduções feitas numa época em que os recursos eruditos exigidos ainda não estavam disponíveis. Evans-Wentz, porém, não se esforça de modo algum para inserir essas obras em seu contexto literário e religioso tibetano. Na verdade, pouco há nelas de "tibetano", a despeito dos títulos. Talvez, para Evans-Wentz, esse adjetivo tivesse principalmente um sentido teosófico.

Os livros são, em certa medida, audaciosos; Evans-Wentz pensava entender o que lia – lendo, como fazia, pelas lentes da Teosofia e do Yoga hindu. Entretanto, se Evans-Wentz não tivesse sido audacioso, não teríamos os livros nem sua ampla influência; mesmo hoje, poucos estudiosos se sentiriam competentes para assumir a tarefa de traduzir e anotar todas as obras encontradas em *A Ioga Tibetana e as Doutrinas Secretas*, por exemplo; e, ainda que tal livro chegasse a ser produzido, o próprio aparato erudito o tornaria esotérico a todos, com exceção dos iniciados em tibetologia.

Para sua sabedoria esotérica, Evans-Wentz imaginava um público de iniciados diferente, bem maior. Seus quatro livros são, pois, o produto de outra época, uma época em que pouco se falava de relativismo cultural, incomensurabilidade cultural, historicismo, políticas de identidade, orientalismo, colonialismo, histórias locais ou formação recente das "religiões mundiais". Evans-Wentz, ao contrário, falava das incontáveis evidências de uma sabedoria antiga e universal, cuja verdade não é mediada por língua, história ou cultura, mas se apresenta autoevidente para todos os povos, de todas as raças, que a procuram. Isso pode parecer a alguns, em 2000, uma noção um tanto pitoresca. As edições dos livros, porém, estão prestes a entrar em seu segundo século.

O mais famoso dos quatro livros é, obviamente, o primeiro. Seu título completo é *The Tibetan Book of the Dead or The After-Death Experiences on the Bardo Plane, according to Lāma Kazi Dawa-Samdup's English Rendering* (*O Livro Tibetano dos Mortos ou Experiências Pós-Morte no Plano do Bardo, Segundo a Versão do Lama Kazi Dawa-Samdup*), compilado e organizado por W. Y. Evans-Wentz. A primeira edição continha um prefácio por Evans-Wentz e uma introdução intitulada "Ciência da Morte", por Sir John Wooodrofe (1865-1936), um oficial do Raj Britânico que, enquanto juiz da Suprema Corte de Calcutá, tornara-se um estudioso e devoto do Tantra Hindu. Publicou várias obras, entre as quais *The Serpent Power* [O Poder da Serpente] e *Principles of Tantra* [Princípios do Tantra], com o pseudônimo de Arthur Avalon. Além disso, havia a própria introdução de Evans-Wentz, muito extensa, e copiosas anotações à tradução de Kazi Dawa Samdup. A segunda edição (1949) incluía um prefácio adicional por Evans-Wentz. A terceira (1957) deu ao livro a forma pela qual é mais conhecido atualmente, com o acréscimo de um "Comentário Psicológico" por C. G. Jung, traduzido por R. F. C. Hull da versão alemã original que apareceu em *Das Tibetanische Totenbuch*, publicada em Zurique em 1935. A terceira edição também continha uma introdução do Lāma Anagarika Govinda (1895-1985), um alemão entusiasta do budismo tibetano e do Misticismo Oriental, nascido Ernst Hoffmann.[3] Evans-Wentz incluiu um prefácio na primeira edição em brochura (1960). A primeira sentença desse prefácio

3. Para uma discussão pormenorizada do comentário de Jung e da introdução de Govinda, ver Donald S. Lopez, Jr. *Prisoners of Shangri-La: Tibetan Budhism and the West*. The University of Chicago Press, 1998, pp. 57-63.

era: "Na medida do possível, neste livro procuro suprimir minhas próprias opiniões e agir apenas como porta-voz de um sábio tibetano, de quem fui discípulo confesso". No entanto, a versão do livro que temos hoje está repleta de outras vozes (inclusive a minha, agora) que, juntas, sobrecarregam a tradução, já que a crescente popularidade da obra impõe essa quantidade inusitada de autoridades com suas próprias explicações do texto; os muitos prefácios, introduções, preâmbulos, comentários, notas e adendos compõem mais da metade do livro.

O texto tibetano que constitui o ponto de partida para a primeira matéria traz o título *Bar do thos grol, Liberation in the Intermediate State through Hearing* [Libertação no Estado Intermediário por Meio da Audição]. Embora haja muitos textos com esse título, o que Evans-Wentz encontrou é particularmente famoso. Faz parte de um ciclo maior de textos sobre "a essência do coração" (*snying thig*), uma tradição da seita Nyingma do budismo tibetano. Esse ciclo é um "tesouro" (*gter ma*) que teria sido escondido no Tibete pelo mestre tântrico indiano Padmasambhava no século VIII e recuperado por Karma gling pa (1352-1405). O ciclo traz o nome de *Zab chos zhi khro dgongs pa rang grol, The Profound Doctrine of Self-Liberation of the Mind [through Encountering] the Peaceful and Wrathful Deities* [A Profunda Doutrina da Autolibertação da Mente (por meio do encontro com) as Divindades Pacíficas e Coléricas] ou, mais comumente, *Kar gling zhi khro, The Peaceful and Wrathful Deities of Karma gling pa* [As Divindades Pacíficas e Coléricas de Karma gling pa]. A tradução que aparece em *O Livro Tibetano dos Mortos* é a de sete de seus dezessete capítulos.

O budismo, como várias outras tradições indianas, não vê a morte como a cessação da consciência. Ao contrário, a morte assinala a dissolução dos elementos físicos da pessoa. Os elementos mentais, geralmente chamados de consciência, persistem e de novo assumem forma física graças ao processo de renascimento. Indaga-se, no budismo indiano, se a consciência passa imediatamente para uma nova vida após a morte ou se há um período intermediário. Algumas escolas postulam a existência de um estado intermediário entre o momento da morte e o da concepção na vida seguinte, que pode durar apenas um instante ou 49 dias. Mas a doutrina do estado intermediário foi plenamente elaborada no Tibete, sobretudo na tradição da "essência do coração" da seita Nyingma, onde foi expandida para abranger todos os momentos de experiência, inclusive a vigília e os sonhos; sua exposição clássica está no texto de Karma gling pa, obra acatada igualmente nas seitas Nyingma e Kagyu.

O texto descreve o processo de morte e renascimento em termos de três estados intermediários ou "bardos" (*bar do*, expressão tibetana que significa literalmente "entre dois"). O primeiro e mais curto é o *Bardo* do momento da morte (*'chi kha'i bar do*), quando, ao término de um processo de dissolução sensorial que pressagia a morte física, sobrevém um estado de consciência profunda, chamado "luz clara". Se a pessoa conseguir reconhecer a luz clara como realidade, libertar-se-á imediatamente do *Saṃsāra*, o ciclo de renascimentos. Se não conseguir, sua consciência passará para o segundo *Bardo* (e isso parece ser uma inovação tibetana), conhecido como *Bardo* da realidade (*chos nyid bar do*). A desintegração da personalidade, provocada pela morte, de novo revela a realidade, mas, nesse caso, não como luz clara e sim sob as formas multicoloridas de uma mandala de 42 divindades pacíficas e de uma mandala de 58 divindades coléricas. Essas divindades aparecem em sequência para a consciência do morto nos dias que se seguem imediatamente à morte. Se a realidade não for reconhecida nesse segundo *Bardo*, sobrevirá o terceiro, o da existência mundana (*srid pa'i bar do*), e a pessoa poderá de novo renascer em uma das seis esferas dos deuses, semideuses, humanos, animais, fantasmas famintos ou inferno; a consciência é tangida para o local certo de renascimento pelos ventos do karma passado.

No Tibete, o *Bar do thos grol*, como seu nome sugere, era utilizado como texto fúnebre, a ser lido para um morto ou moribundo a fim de orientá-lo a encontrar a libertação no estado intermediário, ou, caso isso não ocorresse, a achar um local favorável de renascimento, idealmente em uma terra pura. Ele era também a base para uma série de práticas ritualísticas e meditativas fundamentadas em um dos princípios centrais do texto: não se deve temer a morte, pois ela é uma rara oportunidade para que a verdadeira natureza da pessoa, frequentemente obscurecida durante a vida por processos físicos e mentais que constituem a personalidade, se torna totalmente manifesta após sua dissolução. Caso essa realidade seja logo reconhecida, a libertação ocorre. Por isso, as seitas do budismo tibetano aprimoraram práticas sofisticadas graças às quais as etapas da morte e do estado intermediário eram antecipadas e simuladas.[4]

---

4. Ver David Germano."Dying, Death, and Other Opportunities", em *Religions of Tibet in Practice*, org. Donald S. Lopez, Jr. Princeton, N. J.:Princeton University Press, 1997, pp. 458-93.

Para Evans-Wentz, o texto tinha um significado bem diferente. Ele via aí a prova de uma antiga "arte de morrer" cultivada entre os egípcios, os iniciados dos "Mistérios da Antiguidade" e os cristãos da Idade Média, mas que fora perdida no decorrer dos séculos. Ele escreve no último parágrafo do li-vro: "Todos esses paralelos tendem a fortalecer nossa opinião de que a maior parte do simbolismo hoje considerado como tipicamente cristão ou judaico parece se dever a adaptações de religiões egípcias e orientais". Com efeito, Evans-Wentz cunhou o título *O Livro Tibetano dos Mortos* devido aos paralelos que observou com uma obra egípcia, *The Book of Going Forth by Day* [O Livro para Sair da Luz do Dia], mais conhecido como *The Book of Dead* [O Livro dos Mortos].

A fim de estabelecer a concordância definitiva daquilo que considerava os ensinamentos esotéricos de tradições separadas pela geografia e pela história, Evans-Wentz, nesse caso e ao longo da tetralogia, alçou voos interpretativos que lhe exigiram tomar liberdades com os textos tibetanos à sua frente. Esses voos eram em geral orientados por sua longa familiaridade com o que ele chamava de "Yoga" e com a teosofia. Sua compreensão do yoga derivava de um longo aprendizado com vários mestres neovedantinos hindus no período entre as duas guerras mundiais. Daí provinham suas contínuas referências à necessidade de romper com a ilusão de *Māyā* para atingir a unidade da Realidade – uma retórica totalmente ausente dos textos tibetanos que haviam sido traduzidos para ele. Ainda assim, Evans-Wentz insiste, por exemplo, em que "A essência dos ensinamentos do *Bardo Thodöl* é que, da mesma maneira que a mente é humana, ela é também individualizada, e por isso vê a si mesma como separada e apartada de todas as outras mentes. Assim, ela não é senão um joguete de *Māyā*, da Ignorância, que faz com que olhe o panorama alucinatório das existências no *Sangsāra* como real, e daí é levada a se perder no Atoleiro dos Fenômenos". (p. 293).

Sua devoção original, contudo, era pela teosofia, que ele cultivou a vida inteira. Foi esse apego que o fez cometer, talvez, o erro mais notório e intencional na leitura de *O Livro Tibetano dos Mortos*, sua exposição da doutrina "esotérica" do renascimento.

Na doutrina budista padrão, encontramos descrições de um ciclo de nascimento e morte, chamado *Samsāṛa* (jornada), que consiste de seis esferas de renascimento: deuses, semideuses, humanos, animais, fantasmas e seres infernais (embora, às vezes, a esfera dos semideuses seja omitida). O ciclo inteiro de renascimentos, no qual ocorrem as repetidas criações e destruições do Universo, não tem nenhum começo. As esferas dos animais, fantasmas e seres infernais são vistas como lugares de grande sofrimento, ao passo que as esferas divinas são moradas de intensa bem-aventurança. O renascimento humano se insere no meio, trazendo tanto prazer quanto dor. O motor do *Samsāṛa* é impulsionado pelo karma, a causa e o efeito das ações. Como outras religiões indianas, a doutrina budista sustenta que todo ato voluntário, seja ele físico, verbal ou mental, deixa um resíduo naquele que o pratica. Esse resíduo, da mesma maneira que uma semente, acabará produzindo um efeito em algum ponto do futuro, sob a forma de prazer ou dor. Os budistas concebem um universo moral em que atos virtuosos geram experiências de prazer e atos não virtuosos geram experiências de dor. Esses atos determinam não apenas a qualidade de uma vida, mas também o lugar de renascimento após a morte. Dependendo da gravidade de um ato negativo (matar traz mais consequências que intrigar e matar um ser humano traz mais consequências que matar um inseto, por exemplo), a pessoa pode renascer como animal, fantasma e em um inferno quente ou frio, onde a vida é particularmente longa. O renascimento como deus ou humano resulta de um ato virtuoso, mas é considerado muito raro; a grande maioria dos seres no universo habita as três esferas desafortunadas dos animais, fantasmas e infernos. Mais raro ainda é o renascimento como humano que tem acesso aos ensinamentos de um Buda. Todos os seres nasceram em cada uma das esferas várias vezes, vagueando, como se diz, tal qual uma mosca em uma garrafa.

Conceitos bem diferentes foram apresentados por Madame Blavatsky em *A Doutrina Secreta*. Nessa obra, que seria um comentário sobre o antigo *Livro de Dzyan*, escrito na língua secreta de Senzar, ela descreve um sistema de sete etapas. A terra passou por três etapas durante as quais degenerou de uma forma espiritual para a forma material de hoje. A terra se acha agora na quarta etapa. No fim das três últimas etapas, voltará lentamente à forma espiritual. O universo é povoado por almas individuais ou mônadas, elas próprias idênticas à superalma universal (como reza também o Vedanta). Essas mônadas reencarnam de acordo com a lei do karma. Nesta quarta etapa, as mônadas habitaram a terra sob a forma de sete raças. A primeira foi uma raça de essências espirituais, a dos "autonascidos", que não tinham forma física e viveram na Sagrada Terra Imperecível até esta se abismar no oceano. A segunda raça, a dos hiperbóreos, habitou o Polo Norte. Eles também não tinham forma física. A terceira raça, a dos lemurianos, foi a dos primeiros humanos, mas não tinham os sentidos do paladar e do olfato. Sua pátria, o vasto continente da Lemúria, foi destruída pelo fogo; a Austrália e a Ilha de Páscoa são o que restou dela. A quarta raça-raiz foi a dos habitantes do continente da Atlântida, um povo evoluído que utilizava a eletricidade e voava em aeroplanos. Sua civilização terminou no grande dilúvio.[5] A última sub-raça dos atlantes foi absorvida pelas antigas sub-raças da quinta raça-raiz, os arianos. Essas primitivas sub-raças incluíam os gregos, os egípcios e os fenícios. Os arianos mais tarde derrotaram outros remanescentes dos atlantes, "amarelos e vermelhos, morenos e negros", expelindo-os para a África e a Ásia.[6]

A partir do ponto médio da raça atlante, um certo número de mônadas reencarnou várias vezes e continuará reencarnando ao longo de todo o ciclo de evolução.[7] Só o renascimento como humanos é possível; os animais reencarnam como espécies superiores, mas nunca o contrário.[8] Os que evoluem da etapa animal assumem primeiro a forma humana daquilo que as *Estâncias de Dzyan* chamam de "os de cérebro estreito", como os ilhéus dos Mares do Sul, os africanos e os nativos australianos.[9]

A doutrina do renascimento ou "evolução espiritual" era um fator importante da doutrina secreta de Madame Blavatsky. Por isso, ver essa doutrina confirmada em um texto tibetano (dada a importância do Tibete para a teosofia, como a morada dos Mahatmas), era imprescindível para Evans-Wentz. Em uma declaração que revela seu compromisso com a visão esotérica da teosofia, ele previu que a doutrina do renascimento logo seria provada pela ciência:

> Não apenas Pitágoras, Platão, Plotino, os gnósticos cristãos, Krishna e Buda serão resgatados por sua defesa da doutrina: também o serão os hierofantes dos Antigos Mistérios do Egito, da Grécia e de Roma, assim como os druidas do mundo céltico. E o homem ocidental despertará de seu sono de Ignorância que foi hipnoticamente induzido por uma ortodoxia equivocada. Ele saudará de olhos bem abertos seus irmãos há muito esquecidos, os Sábios do Oriente (x).

---

5. Esse resumo foi extraído da biografia *Madame Blavatsky, The Woman Behind the Myth*, de Marion Meade. Nova York: G. P. Putnam's Sons, 1980, pp. 413-417.

6. H. P. Blavatsky. *The Secret Doctrine*. Los Angeles: The Theosophy Company, 1947, vol. II, p. 743. Esse é um fac-símile da edição original de 1888.

7. Ibid., II, 303.

8. Ibid., II, 196, nota de rodapé.

9. Ibid., II, 168.

Infelizmente, o entusiasmo de Evans-Wentz o leva a tomar injustificadas liberdades com o texto. Determinado a encontrar a versão teosófica do renascimento no livro tibetano, alega que somente o "ensino exotérico" aparece no *Bar do thos grol*. A doutrina budista clássica do renascimento, segundo a qual os seres sencientes percorrem para cima e para baixo as seis esferas, tangidos inexoravelmente pelos ventos do karma, é para ele apenas a visão popular destinada às massas. Reconhece que a visão exotérica, "aceita universalmente pelos budistas das escolas do Norte e do Sul, como também pelos hindus", preceitua que a consciência pode se corporificar em forma sub-humana depois, e mesmo imediatamente depois, da corporificação como ser humano. Mas essa visão se baseia "na autoridade duvidosa de *gurus* e sacerdotes que consideram infalíveis os registros literalmente interpretados e não são adeptos do *yoga*" (42). Que "o princípio tosco segundo o qual a consciência em sua totalidade e o princípio humano da consciência em sua totalidade são intercambiáveis", eis o que, para Evans-Wentz, é uma "crença obviamente irracional". No entanto, ele aceita que essa seja a visão encontrada no *Bar do thos grol*, quando tomada ao pé da letra.

Nos termos de outra visão esotérica, reservada aos iniciados, a forma humana resulta de um processo de evolução espiritual. Portanto, assim como é impossível para um animal ou planta volver a uma de suas formas anteriores, também é impossível para um "fluxo vital humano penetrar na forma física de um cão, uma coruja, um inseto ou um verme" (43). Consequentemente, "o homem, o mais evoluído dos seres animais, não pode se tornar o menos evoluído deles, por mais graves que sejam seus pecados" (43-44). Sem nenhuma surpresa, essa visão é justamente a apresentada por Madame Blavatsky em *A Doutrina Secreta*. Também não surpreende que Evans-Wentz assumisse essa mesma postura, dado o seu longo convívio com a Teosofia. Cabe observar, porém, que ele afirma ser essa também a visão de Kazi Dawa Samdup: "O finado Lāma Kazi Dawa-Samdup pensava que, a despeito das críticas negativas dirigidas contra as obras de H. P. Blavatsky, há suficiente evidência interna nelas do convívio íntimo da autora com os mais elevados ensinamentos *lamaísticos*, nos quais ela declarou ter sido iniciada" (p. 118, nota 8).

Em sua introdução, Evans-Wentz declara, referindo-se a si mesmo: "A tarefa do editor, no sentido de correlacionar, sistematizar e por vezes ampliar as notas a ele ditadas, como incorporando congenitamente matéria de fontes separadas, tende a tornar essa exegese ainda mais inteligível ao ocidental, ao qual esta parte do livro é particularmente endereçada" (p. 113, nota de rodapé 1). Afora esse papel, Evans-Wentz esclarece que os conceitos apresentados na introdução e nas notas derivam "do Lama" (Kazi Dawa Samdup), que por sua vez os recebeu de seu próprio lama. Portanto, a responsabilidade pelo conteúdo da Introdução é atribuída, não a Evans-Wentz, mas ao tradutor, ao lama tibetano. Os ensinamentos orais do lama é que constituem a base das palavras de Evans-Wentz. Com efeito, ele coloca a autoridade um degrau acima ao invocar o poder da linhagem, declarando que a exegese deriva do próprio guru do lama, foi transmitida primeiro a Kazi Sawa Samdup e finalmente deste para Evans-Wentz, segundo a tradição "de guru para discípulo".

De fato, muito dessa matéria interessante, sobretudo com respeito às teorias de karma e renascimento, mas também ao "simbolismo", se desvia significativamente do conteúdo do *Bar do thos grol* – sendo, porém, representado como tendo a sanção do lama e do lama do lama. Evans-Wentz reivindica o *status* de iniciado; apresenta os ensinamentos "por tê-los aprendido de grandes iniciados que, só eles, têm o direito inquestionável de ensiná-los". Assim, pleiteia o mesmo direito como discípulo desses mestres, embora aqui não fique claro se faz referência aos lamas tibetanos ou aos Mahatmas. Ao mesmo tempo, professa a autoridade do estudioso, do antropólogo ocupado em conhecer as "coisas tais quais são", e mostra-se indiferente para com os artigos de qualquer fé. Assim, reclama para si a autoridade tanto da religião oriental (por meio de seu lama tibetano) quanto da ciência ocidental (por meio de seu diploma de Oxford). Tem por tarefa o acúmulo de dados científicos, dados que um dia levarão todas as seitas a reconhecer a Essência da Religião. Presume-se que ele esteja se referindo à teosofia.

Evans-Wentz foi aos Himalaias em busca da Essência da Religião e encontrou-a na obra que chamou de *O Livro Tibetano dos Mortos*. Essência é aquilo que está presente desde o início e dá origem a todas as manifestações. Estas se multiplicam e se diversificam com o tempo, assumindo formas tão variadas que sua fonte comum fica obscurecida. Segundo *A Doutrina Secreta*, todos os seres foram mônadas imateriais antes de ganhar forma. O objetivo da longa série de renascimentos é retornar à forma original. Portanto, a essência é pura e somente no curso do tempo a corrupção da diferenciação e da excrescência aparecem. Voltar à essência exige um meio de purificação; voltar à Essência da Religião exige um meio de eliminar tudo que é supérfluo e não essencial. Para Evans-Wentz, esse meio é a interpretação, o emprego de simbolismo para descobrir o significado esotérico (ou seja, o significado teosófico) sob o que o texto tibetano parece dizer. Porém, no processo, muita coisa se perde e isso sugere que qualquer tentativa para reduzir diversas visões a uma única essência acarretará o triunfo de uma visão sobre muitas.

O que mais perturba no caso de Evans-Wentz é que, num aparente esforço para dar autoridade às suas crenças, ele parece compelido a afirmar que sua própria interpretação excêntrica do texto tibetano não se origina dele, mas de seu mestre do Tibete. Evans-Wentz deve ser louvado por seu reconhecimento do papel crucial de Kazi Dawa Samdup na criação de *O Livro Tibetano dos Mortos*. Ao contrário de muitos eruditos do período colonial, ele não hesita em dar crédito ao seu colaborador, chegando a incluir seu nome no longo título do livro. Contudo, usa essa colaboração para representar sua própria visão idiossincrática como algo autêntico, atribuindo ao tibetano, após sua morte, uma posição que ele quase certamente não tinha. Valendo-se do silêncio de Dawa Samdup, Evans-Wentz fala por sua boca – numa língua que jamais aprendeu.

Qualquer que tenha sido a motivação de Evans-Wentz ao criar *O Livro Tibetano dos Mortos*, ele produziu uma obra de grande influência cultural (ver o posfácio). Pois, no livro de Evans-Wentz, está a tradução do *Bar do thos grol* por Kazi Dawa Samdup, uma tradução que, ao longo dos anos e em todos os continentes, disseminou ideias e inspiração.

Prefácio

Resumo do prefácio à impressão de 1960.

Que os vivos de fato procedem dos mortos, como Sócrates intuitivamente percebeu quando estava prestes a beber cicuta e sofrer a morte, é o que este tratado reza, não em virtude de tradição ou crença, mas sobre as bases sólidas do inequívoco testemunho de yogues que proclamam haver morrido e reentrado no ventre humano conscientemente.

Se este tratado, transmitido ao Ocidente pelos Sábios das Cordilheiras Nevadas, atingir seu propósito, indubitavelmente oferecerá orientação segura para o momento da morte e para o estado do pós-morte, pelo qual todo ser humano inevitavelmente deverá passar, e do qual bem poucos têm uma compreensão clara. Portanto, trata-se de um tratado de inestimável valor.

A exploração verdadeiramente científica e lógica do ser humano, o desconhecido, tal como este livro sugere, é incomparavelmente mais importante que a exploração do espaço sideral. Transportar-se no corpo físico para a Lua, para Vênus ou para qualquer outra das esferas celestes acrescentará algo ao conhecimento humano, mas apenas ao conhecimento de coisas transitórias. A meta final do homem, tal como os sábios aqui ensinam, é transcender o transitório.

Atualmente, como aconteceu durante o Renascimento europeu, quando as influências orientais inspiraram vários tratados notáveis sobre a Arte de Morrer (que serão citados mais adiante), há um interesse cada vez maior em se saber mais sobre a origem e o destino do homem. Como aconselhou-me certa vez, quando de minha estada em seu *ashram*, o recém-falecido Grande Mestre Bhagavān Sri Rāmana Mahārshi, de Tiruvannamalai, no sul da Índia; cada um de nós deveria se perguntar:

"Quem ou o que sou eu? Por que estou aqui encarnado? A que estou destinado? Por que há o nascimento e por que há a morte?".

Essas são as supremas indagações da humanidade; e este livro oferece ajuda a qualquer tipo de tentativa de respondê-las, ajuda essa que, segundo o editor, tem sido universalmente reconhecida, não apenas por representantes de várias crenças, incluindo católicos e protestantes, mas também por cientistas. O dr. C. G. Jung, eminente decano dos psicólogos, reconheceu o valor único deste livro e, em seu longo *Comentário Psicológico* ao mesmo, que reproduzimos mais adiante, diz a propósito: "Durante anos, desde que foi publicado pela primeira vez [em 1927], o *Bardo Thodöl* tem sido meu companheiro constante, e a ele devo não apenas muitas ideias e descobertas estimulantes, mas também inúmeros esclarecimentos fundamentais".

O patrocínio oferecido pela Universidade de Oxford para esta quarta edição e sexta impressão de *O Livro dos Mortos Tibetano*, publicado em brochura pela Oxford University Press é, em si, um indicativo do apelo cada vez mais amplo do livro. Espero que o livro siga atendendo às expectativas do seu tradutor e editor, proporcionando não apenas melhor compreensão entre o Oriente e o Ocidente, mas também corrigindo, especialmente no Ocidente, a falta de um Correto Conhecimento no que diz respeito ao problema supremo da humanidade: o problema do nascimento e da morte.

O editor* aproveita a oportunidade, oferecida por essa nova edição, para agradecer àqueles que mais recentemente expressaram seu apreço por este livro, em revistas especializadas, em conferências ou mesmo por carta, da mesma maneira como agradece àqueles que o fizeram anteriormente. Graças a esses jornalistas, conferencistas e leitores de todas as partes do mundo, este livro ficou marcado pelo sucesso que alcançou. Expressando meus votos de sucesso a todos os que leram ou lerão este livro, em particular os estudantes, o editor tem o alto privilégio de solicitar aqui sua atenção para as significativas palavras contidas nos ensinamentos de despedida de Milarepa, um dos mais queridos gurus tibetanos:

"Combina, num todo único, a meta da aspiração, a meditação e a prática, e atinge a Compreensão pela Experimentação.

* A palavra "editor" é usada neste livro no sentido que tem no inglês: o de organizador, comentador, compilador, preparador de um texto para publicação; no caso W. Y. E-W.

"Considera como única esta vida, a próxima e a que se interpõe entre elas, no *Bardo*, e acostuma-te a elas como se fossem uma só".

Com a aplicação prática desses ensinamentos, assim nos asseguram os gurus, o objetivo espiritual revelado por este livro será alcançado, como o foi para Milarepa.

W. Y. E.-W.

San Diego, Califórnia, verão de 1959.

Prefácio à Terceira Edição

É com a consciência da mais profunda gratidão que escrevo este Prefácio. Não haveria maior honra a ser demonstrada pelo Mundo Ocidental a este tratado tibetano sobre a Ciência da Morte e do Renascimento do que aquela expressada pelo mais ilustre psicólogo do Ocidente no seu *Comentário Psicológico* ao mesmo, publicado pela primeira vez na edição suíça de *Das Tibetanische Totenbuch*, pela Rascher Verlag, Zurique, em 1938, e aqui apresentado em tradução inédita [para o inglês]. E nenhuma outra exposição sobre o significado secreto dos ensinamentos do Livro poderia ter sido escrita com maior inteligência que a apresentada no prefácio introdutório em apenso, escrito originalmente em inglês pelo douto Lama Anagarika Govinda.

O editor e todos os que leram este livro acham-se em débito tanto com o dr. Jung quanto com o Lama Govinda, por terem estes tornado possível esta edição maior e mais rica, assim como com o sr. R. F. C. Hull, pela fiel tradução do original alemão que fez do *Comentário Psicológico* do dr. Jung. Nossos agradecimentos também à Fundação Bollingen, por permitir a publicação da versão em inglês do *Comentário Psicológico*.

Para cada membro da Família Humana Unida encarnada agora, aqui no planeta Terra, este livro traz a maior de todas as grandes mensagens. Ele revela aos povos do Ocidente uma Ciência da Morte e do Renascimento tal como somente os povos do Oriente têm conhecido até hoje.

Visto que toda a humanidade deve abandonar seu corpo carnal e passar pela morte, é muitíssimo benéfico que aprenda como se encontrar da maneira correta com ela quando esta se aproximar. O Lama Govinda explica, como diziam os antigos mistérios e os *Upanishads* declaram, que o não iluminado encontra uma morte após a outra, incessantemente.

De acordo com o Avatāra Krishna no *Bhagavad-Gītā*, somente os Despertos se lembram de suas inúmeras mortes e nascimentos. Buda estabeleceu o método yogue, pelo qual todos aqueles que duvidam desses ensinamentos relativos à pluralidade de nascimentos e mortes podem tirar prova de veracidade, tal como ele o fez, mediante a autorrealização.

O argumento do homem não iluminado, que parte do pressuposto de que, já que não tem memória consciente dos seus inúmeros nascimentos e mortes, não pode acreditar na veracidade dos ensinamentos, é cientificamente insustentável. O alcance da percepção sensorial do homem comum, como pode ser demonstrado, está estreitamente circunscrito e é extremamente limitado. Há objetos e cores que ele não consegue enxergar, sons que não consegue ouvir, odores que não consegue cheirar, gostos que não consegue degustar e sensações que não consegue sentir. E, para além da sua consciência do dia a dia, que ele assume como sua única, há outras consciências, das quais os yogues e santos têm conhecimento e das quais os psicólogos estão começando a obter alguma compreensão, ainda que bem pequena. Segundo Lama Govinda explica concisamente, existe um estado integral, numa consciência potencialmente realizável, a memória de um passado esquecido, no qual cada um de nós, agora encarnado, tem uma parte.

Em seu *Comentário Psicológico*, o dr. Jung nos faz ver que, embora Freud "seja a primeira tentativa feita no Ocidente no sentido de investigar, como que a partir de baixo, isto é, da esfera animal do instinto, o território psíquico que corresponde, no lamaísmo tântrico, ao *Sidpa Bardo*", ou estado de reencarnação, "um medo bastante justificável da metafísica impediu-o de penetrar na esfera do 'oculto'". Quanto a isso, Freud foi tipicamente não oriental e cerceado pelas próprias e autoimpostas limitações. Porém, essas limitações autoimpostas da Ciência Ocidental, que são em ampla medida idênticas àquelas que a teologia ocidental impôs a si mesma ao recusar-se a levar em justa consideração o esotérico na tradição cristã, nem sempre conseguem deter a pesquisa psicológica. O próprio dr. Jung foi, na verdade, bem mais além dessas limitações de Freud, seu predecessor. "Portanto, não é possível", afirma Jung, "à psicologia freudiana chegar a qualquer resultado além de uma avaliação essencialmente negativa do inconsciente", onde se alojam, aparentemente imperecíveis, como o próprio psicólogo de Zurique afirma, os registros completos do passado da humanidade. A uma conclusão análoga a essa da ciência ocidental chegou Lama Govinda, por meio da ciência oriental.

O dr. Jung relata que, entre os psicanalistas, há quem "afirme ter investigado até mesmo as recordações de origem intrauterina"; e que, se a psicanálise freudiana conseguisse seguir o curso das chamadas experiências intrauterinas mais remotas, "ela teria certamente desembocado para além do *Sidpa Bardo*, e a seguir penetrado, a partir da retaguarda, nos planos inferiores do *Chönyid Bardo*". Porém, segundo ele nos faz ver, "com o equipamento dos nossos atuais conhecimentos biológicos, essa aventura não poderia ser coroada de êxito; seria necessária uma preparação filosófica totalmente diferente daquela baseada nos pressupostos científicos atuais. No entanto, se essa viagem regressiva houvesse sido realizada com sucesso, ela sem dúvida teria conduzido à postulação de uma existência pré-uterina, uma verdadeira vida *Bardo*, caso se pudesse encontrar pelo menos algum vestígio de um sujeito dessa experiência".

Portanto, os psicólogos ocidentais avançaram consideravelmente, em relação a Freud, no estudo da vida psíquica do homem. E avançarão ainda mais, quando já não estiverem tolhidos pelo medo freudiano da metafísica quanto à entrada na área do oculto. Esta última observação encontra plena corroboração no seguinte pronunciamento de Jung:

"Penso, então, que podemos estabelecer como fato que, com a ajuda da psicanálise, a mente racionalista ocidental foi impelida para aquilo que poderíamos chamar de neuroticismo do estado do *Sidpa* (ou Renascimento) e, aí, foi levada a uma inevitável paralisação pelo pressuposto acrítico segundo o qual tudo o que é psicológico é subjetivo e pessoal. Mesmo assim, esse avanço representou uma grande conquista, posto que nos impossibilitou de dar mais um passo atrás em nossas vidas conscientes".

Portanto, é de enorme importância histórica o fato de que a profunda doutrina da preexistência e do renascimento — que tantos dos muitos iluminados de todas as épocas ensinaram como possível de ser compreendida — está agora sendo objeto de investigação pelos nossos cientistas do Ocidente. E muitos desses cientistas parecem estar se aproximando, nas trilhas dos seus progressos científicos, daquele ponto em que — assim como sucedeu com outras descobertas entre os Sábios da Ásia muito antes do aparecimento das ciências ocidentais — o Ocidente e o Oriente parecem destinados a se encontrar em mútuo entendimento.

No entanto, aparentemente antes que esse tão desejado entendimento possa ser alcançado, deverá haver, como observa o dr. Jung, "um tipo de preparação filosófica totalmente diferente" daquele baseado nos "atuais conhecimentos biológicos ocidentais". Por acaso, não pode ocorrer que os psicólogos ocidentais "heréticos", preparados para traçar uma nova trilha de pesquisas, eventualmente considerem inadequados os métodos das técnicas psicológicas do yoga oriental, tais como os referidos no prefácio do Lama Govinda? Eu, pelo menos, acredito que eles não os considerarão. De acordo com essa visão, esse tão propalado esforço de entendimento superior a respeito da psique humana não será obtido pelos inadequados métodos freudianos, atualmente em voga, de "psicanalisar" um indivíduo, mas mediante a meditação e uma autoanálise integradora, tal como os mestres yogues fazem e Buda prescreve. Ele acredita também que, mediante esse processo, a ciência ocidental e a oriental vão, finalmente, harmonizar-se.

Então, quando essa tão esperada reconciliação (at-one-ment)se houver consumado, não haverá mais dúvidas, nem argumentos falazes, nem anatematizações pouco sábias e não científicas do Conselho Eclesiástico, dirigidas contra a suprema doutrina da preexistência e do renascimento, sobre a qual o *Bardo Thodöl* está baseado. Então, não apenas Pitágoras, Platão e Plotino, os cristãos gnósticos, Krishna e Buda serão vingados pela defesa da doutrina, mas, igualmente, os hierofantes dos antigos mistérios do Egito, Grécia, Roma e os druidas do mundo céltico. E o homem ocidental despertará desse torpor de ignorância, que o tem conduzido hipnoticamente a uma equivocada ortodoxia. Ele saudará com os olhos plenamente abertos seus irmãos há tanto tempo ignorados, os sábios homens do Oriente.

Como antecipei na minha primeira obra importante, *The Fairy-Faith in Celtic Countries*, há 44 anos, o postulado do renascimento implica desdobramento científico e a correção da concepção de Darwin a respeito da Lei da Evolução. Apenas atravessando o ciclo de morte e nascimento, segundo foi ensinado por nossos venerados ancestrais — os druidas da Europa – há mais de 25 séculos, o homem atinge, na esfera psíquica e espiritual, a perfeição a que está destinado, perfeição que todos os processos da vida e das coisas vivas exibem no fim dos seus ciclos evolutivos, e da qual o homem se encontra atualmente tão distanciado.

Que esta terceira edição do primeiro volume da série tibetana da Oxford seja portadora das melhores aspirações dos editores a todos os que a lerem — não apenas aos que habitam no distante Tibete e no Hindustão, mas também aos que vivem no mundo ocidental. E que possamos atender à solene admoestação contida neste livro, no sentido de não desperdiçarmos, nas coisas triviais deste mundo, a oportunidade suprema oferecida pelo nascimento, pois, caso contrário, partiremos desta vida espiritualmente de mãos vazias.

W. Y. E.-W.
San Diego, Califórnia, Páscoa de 1955.

EM MEMÓRIA DE SRI KRISHNA

Muitas vidas, Arjuna, tu e eu vivemos;
Eu me lembro de todas, mas tu não.
Bhagavad-Gītā, IV, 5

Sujeição ao Renascimento

Conforme for o desejo do homem, assim será o seu destino. Porque, assim como for o seu desejo, assim será a sua vontade; e, conforme a sua vontade, assim serão os seus atos; assim como forem os seus atos, assim será ele recompensado, bem ou mal.

Um homem age de acordo com os desejos aos quais se apega. Após a morte, ele parte para o outro mundo, levando na sua mente as sutis impressões dos seus atos; e, depois de obter lá o fruto dos seus atos, retorna de novo a este mundo de ação. Assim sendo, aquele que tem desejos continua sujeito aos renascimentos.

Brihadaranyaka-Upanishad

Libertação do Renascimento

Aquele que carecer de discernimento, cuja mente for instável e cujo coração for impuro, não alcançará jamais a meta e, sim, nascerá repetidas vezes. Contudo, aquele que tem discernimento, cuja mente está firme e o coração puro, este alcançará a meta, e, alcançando-a, não estará mais sujeito ao renascimento.

Katha-Upanishad (trad. para o inglês de
Swami Prabhavananda
e de Frederick Manchester).

Prefácio à Segunda Edição

A Mensagem deste Livro

Quando esta segunda edição de *O Livro Tibetano dos Mortos* estava para ser publicada, seu editor viu-se convidado a explicar, por meio de um prefácio adicional, qual a mensagem essencial deste livro para povos tão enamorados do utilitarismo deste mundo da existência física e tão atados à sensualidade corporal, como os povos do Ocidente.

A mensagem resume-se ao fato de que a Arte de Morrer é tão importante quanto a Arte de Viver (ou de Chegar ao Nascimento), da qual é o complemento e a soma; e de que o futuro do ser depende, talvez inteiramente, de uma morte corretamente controlada, como enfatiza a segunda parte deste livro, com a apresentação da Arte de Reencarnar.

A Arte de Morrer — segundo é indicada pelo rito de morte associado à iniciação nos mistérios da Antiguidade e referida por Apuleio,[1] filósofo platônico, ele mesmo um iniciado, assim como por inúmeros outros ilustres iniciados,[2] e como *O Livro Egípcio dos Mortos* sugere — parece ter sido bem

---

1. A respeito dessa experiência pré-morte do morrer, presumivelmente enquanto se está fora do corpo, Apuleio afirma, em suas *Metamorphoses* (XI, 23): "Cheguei perto dos confins da morte. Pisei no limiar de Proserpina [na região da morte]. Nasci através de todos os elementos, e retornei de novo à Terra" (cf. trad. de H. E. Butler. Londres, Oxford: Clarfendon Press, 1910).

A arte de sair do corpo, ou de transferir a consciência do plano terrestre para o plano do pós-morte, ou para qualquer outro plano, ainda é praticada no Tibete, onde é conhecida como *Pho-wa* (ver W. Y. Evans-Wentz. *Tibetan Yoga and Secret Doctrines*. Londres: Oxford University Press, 1935, pp. 169-70, 246-76).

2. Entre esses ilustres iniciados — que, em seus vários escritos existentes, fazem referências semelhantes ao rito da morte de que trata Apuleio, mas habitualmente em linguagem mais velada que a dele —, podemos mencionar Ésquilo, o criador do teatro grego; Píndaro, o poeta grego; Platão, discípulo de Pitágoras; Plutarco, o biógrafo grego; Cícero, orador e homem de Estado romano; Plotino, o neo platônico, e seus

mais conhecida entre os antigos povos que habitavam os países mediterrâneos do que o é, hoje, pelos seus descendentes na Europa e nas Américas.

Para aqueles que passaram pela secreta experiência do morrer pré-morte, morrer corretamente é iniciação, o que proporciona, como o faz o rito de morte iniciático, o poder de controlar conscientemente o processo da morte e da regeneração. Durante a Idade Média, e durante o Renascimento que a sucedeu, a Europa ainda mantinha o suficiente dos ensinamentos do mistério relativo à morte para entender a suprema importância de saber como morrer; inúmeros tratados, referidos adiante, sobre a Arte de Morrer eram correntes na época. Várias igrejas primitivas do cristianismo, em especial a romana, a grega, a anglicana, a siríaca, a armênia, a copta, e outras que datam da época da Reforma, incorporaram sabiamente nos seus rituais e observâncias muitos princípios dessa Arte de Morrer pré-cristã. Hoje, nos seus esforços para ajudar a morrer, essas igrejas se encontram em flagrante contraste, cultural e sociologicamente, em relação à ciência médica limitada à Terra, ciência que não tem nenhuma palavra orientadora que leve à passagem para o outro plano, para o estado do pós-morte, mas, sim, ao contrário, aumenta mais do que resolve, por meio das suas práticas questionáveis, os infundados temores e, frequentemente, a extrema relutância em morrer dos seus pacientes moribundos, aos quais provavelmente prescreverá drogas e injeções entorpecentes.

Segundo ensina *O Livro Tibetano dos Mortos*, aquele que está para morrer deverá enfrentar a morte não apenas de maneira lúcida, calma e heroica, mas com o intelecto corretamente treinado e dirigido, transcendendo mentalmente, se for necessário, os sofrimentos e as enfermidades do corpo, como se tivesse podido praticar eficientemente durante sua vida ativa a Arte de Viver, e, próximo da morte, a Arte de Morrer. Quando Milarepa, o santo mestre do yoga do Tibete, estava se preparando para morrer, escolheu não apenas um lugar apropriado, na Caverna de Brilche, em Chubar, no Tibete, mas também

---

discípulos Porfírio e Jâmblico. Cícero, regozijando-se por sua iluminação obtida por iniciação, escreve: "Nós temos finalmente as razões pelas quais devemos viver, e não só estamos ávidos de viver, mas acalentamos uma melhor esperança na morte" (*De Legibits*, II, 14; trad. de A. Moret, em seu *Kings and Gods of Egypt*. Nova York e Londres, 1912, p. 194). No mesmo contexto, A. Moret afirma: "O mesmo sentimento é encontrado nos ditos de um iniciado eleusino: 'Veja! — É um belo mistério que nos vem do Bem-aventurado; para os mortais, a morte não é mais um mal, mas uma felicidade'. E Plutarco, em *A Imortalidade da Alma*, refere-se à 'multidão das gentes que não são iniciadas e purificadas e que se apinha no buraco de lama [da sensualidade] e se debate nas trevas e, por temor à morte, apega-se às suas desgraças, não confiando na felicidade do futuro'" (op. cit., p. 148, n. 111).

um estado interior de equilíbrio mental que o mantinha próximo do Nirvana vindouro. Controlando com firmeza o corpo, que, havendo sido envenenado por um inimigo, se achava enfraquecido pela moléstia e atacado pela dor, Milarepa deu as boas-vindas à morte com canções, encarando-a como algo natural e inevitável. Depois de se haver desincumbido dos seus ensinamentos testamentários finais e dado conselhos aos seus discípulos reunidos, ele compôs, de improviso, um hino notável em grato louvor a seu guru Marpa, hino esse que ainda se encontra em sua *Biografia*. Então, quando Milarepa terminou de cantar o hino, entrou no calmo estado de samādhi e abandonou sua forma carnal. Assim Milarepa morreu triunfalmente, como o fazem os santos e sábios de todas as crenças libertadoras, em todas as épocas.[3]

Porém, no Ocidente, onde a Arte de Morrer é pouco conhecida e raramente praticada, há, pelo contrário, a comum relutância em morrer, o que, como explica o ritual do *Bardo*, produz resultados desfavoráveis. Como aqui na América, todo esforço costuma ser feito, por meio de uma ciência médica inclinada ao materialismo, no sentido de postergar e, consequentemente, interferir no processo da morte. Muito frequentemente colocam o moribundo em um hospital, não lhe permitindo morrer em sua própria casa ou mesmo num estado de tranquilidade mental. Morrer num hospital, provavelmente sob o efeito de alguma droga entorpecente, ou também sob o estímulo de alguma droga injetada no corpo, que age no sentido de prolongar um desejo de ir contra a morte, é nada mais que sofrer uma morte indesejada, da mesma maneira como é indesejada a morte no campo de batalha de um soldado traumatizado pelas bombas.

Da mesma maneira que o resultado normal do processo do nascimento pode ser abortado, assim também pode ocorrer com o processo da morte.

Os sábios orientais acreditam que, a despeito dessas infelizes circunstâncias que atualmente o acompanham na morte, o ocidental reconhecerá, à medida que seu entendimento das coisas aumente, que neste imenso universo, cuja extensão ele mede em milhões de anos-luz, há o reino da infalível Lei. O Ciclo da Necessidade, o Círculo da Existência da antiga crença druídica, as Rotinas de Vida e Morte, ele os reconhecerá como universais, e que mundos e sóis, assim como ele mesmo e todas as coisas vivas, retornam repetidamente à

3. Ver W. Y. Evans-Wentz. *Tibet's Great Yogi Milarepa*. Londres: Oxford University Press, 1928, pp. 244-304.

ilusória forma da corporificação, e que cada uma dessas várias manifestações é mediada por aquilo que os lamas do Tibete chamam de *Bardo*, estado que intervém entre a morte e o renascimento.

Se as sugestivas observações apresentadas neste novo prefácio, as quais são extraídas das doutrinas contidas nos textos traduzidos deste livro, puderem ajudar, o mínimo que seja, a despertar a atenção do Ocidente quanto ao extremo perigo ao qual ele se tem inclinado, em grande medida devido a uma ciência médica ignorante quanto à Arte de Morrer, elas vão incrementar as preces dos lamas ao ajudar a dissipar essas Trevas de Ignorância que, como Buda percebeu, envolvem o mundo. Segundo ensinaram o Plenamente Iluminado e todos os Supremos Guias da Humanidade, é somente por meio da Luz interior da Sabedoria — "a verdadeira luz, que ilumina todo homem que vem a este mundo"[4] — que as Trevas da Ignorância poderão ser dissipadas.

O Livro Egípcio dos Mortos, corretamente intitulado, é o Surgir do Dia, na arte sagrada egípcia de sair desta vida para outra ou, na linguagem do faraônico Egito, o *Per em Hru*.[5] De modo semelhante, *O Livro Tibetano dos Mortos*, no original tibetano, é o *Bardo Thodöl*, que significa "Libertação pela Audição no Plano do Pós-morte", e implica um método yogue de chegar à Libertação nirvânica, para além do Ciclo do Nascimento e da Morte. Cada um desses dois livros sobre a morte incute, mediante seu método peculiar, uma Arte de Morrer e de Sair para uma Nova Vida, porém de maneira simbólica e esotericamente mais profunda do que o faziam os tratados da Europa medieval cristã sobre a Arte de Morrer, entre os quais se encontra o *Ars Moriendi* (Arte de Morrer), que pode ser tomado como típico e ilustrativo dessa contrastante diferença.

É a ardente esperança do falecido Lama Kazi Dawa-Samdup, o tradutor, e dos outros ilustres lamas que orientaram a pesquisa do editor — uma esperança da qual este também compartilha — que, ajudado pelos ensinamentos do Mistério e pelas próprias versões cristianizadas de muitos dos seus princípios, o Ocidente possa reformular e praticar uma Arte de Morrer, assim como uma Arte de Viver. Para os povos do Ocidente, assim como o foi para os iniciados da Antiguidade e ainda o é para os povos do Oriente, a transição do plano humano da consciência para o do processo chamado

4. Cf. *São João*, I. 9.

5. Cf. H. M. Tirard. *The Book of the Dead*. Londres, 1910, pp. 48-9.

morte pode e deve ser acompanhada de solene alegria. Finalmente, segundo declaram os mestres yogues, quando a humanidade houver amadurecido e se fortalecido espiritualmente, a morte será vivida extaticamente, nesse estado conhecido pelos orientais como samādhi. Pela correta prática de uma fidedigna Arte de Morrer, a morte terá, então, perdido o sentido negativo e redundará em vitória.

Este prefácio está sendo escrito durante a Páscoa, na Califórnia. De acordo com o costume de tantas civilizações passadas, também aqui hoje, do alto das colinas, com preces e alegres cantos, está sendo prestada reverência ao novo sol que surge na aurora, em meio ao fresco e reluzente verdor das folhas renascentes e da fragrância das flores no esplendor da primavera. Na verdade, trata-se da contínua Ressurreição, o devir para uma nova vida de coisas que haviam morrido; e, de maneira semelhante, acontece com aqueles que adormeceram em Cristo para serem capazes de se levantarem dos seus túmulos. Por sobre a superfície da Mãe-Terra, em pulsantes vibrações, radiante e vigoroso, corre o eterno Fluxo da Vida; e quem quer que tenha o poder de enxergar corretamente verá que, para os seres não emancipados, a morte não é senão o prelúdio, necessário e verdadeiro, para o nascimento.

W. Y. E.-W.
San Diego, Califórnia, Páscoa de 1948.

A Correta Orientação do Pensamento do Moribundo

Tanto os budistas quanto os hindus acreditam que o derradeiro pensamento que ocorre no momento da morte determina o caráter da próxima encarnação. Assim como o *Bardo Thodöl* ensina, da mesma maneira os antigos sábios da Índia ensinaram que o processo de pensamento de uma pessoa moribunda deveria ser corretamente orientado, de preferência por ela mesma, como se ela houvesse sido iniciada ou psiquicamente treinada para encontrar a morte, ou, em outras palavras, como se houvesse sido ensinada por um guru, amigo ou parente, na ciência da morte.

Sri Krishna, no *Bhagavad-Gītā* (VIII, 6), diz a Arjuna: "Uma pessoa alcança qualquer estado [do ser] no qual pensou por último, quando, ao abandonar o corpo, esteve o tempo todo absorto nesse pensamento".

Nosso pensamento passado determinou nosso estado presente, e nosso pensamento atual determinará nosso estado futuro; isso porque o homem é aquilo que pensa. Nas palavras do verso de abertura do *Dhammapāda*: "Tudo o que somos é o resultado do que pensamos: está baseado nos nossos pensamentos; é composto dos nossos pensamentos".

O mesmo ensinaram os sábios hebreus, segundo Provérbios 23.7: "O homem é aquilo que ele pensa em seu coração".

Prefácio à Primeira Edição

Na medida do possível, neste livro procuro suprimir minhas próprias opiniões e agir apenas como porta-voz de um sábio tibetano, de quem fui discípulo confesso.

Seu desejo era que eu tornasse conhecida sua interpretação dos mais elevados ensinamentos lamaicos, e do sutil esoterismo subjacente no *Bardo Thodöl*, de acordo com as instruções que lhe haviam sido transmitidas, oral e individualmente, pelo seu guru-ermitão no Butão, quando ele vivia a vida de um jovem asceta. Sendo ele próprio uma pessoa dotada de considerável volume de conhecimentos ocidentais, deu-se ao grande trabalho de ajudar-me a reproduzir ideias orientais de maneira a torná-las compreensíveis à mente europeia. Se, para efeito de enriquecimento, referi-me frequentemente a paralelos ocidentais de várias correntes místicas e ocultas no Oriente, eu o fiz amplamente porque, nas minhas andanças por lá, principalmente nos altos Himalaias e nas fronteiras tibetanas de Caxemira, Garhwal e Siquim, me deparei por acaso com sábios filósofos e homens santos que encontraram ou acreditavam ter encontrado, crenças e práticas religiosas — algumas registradas em livros, outras preservadas apenas pela tradição oral — não apenas análogas às deles mesmos, mas também tão semelhantes às ocidentais que se suspeita haver alguma conexão histórica entre elas. Se a suposta influência passou do Oriente para o Ocidente ou do Ocidente para o Oriente, isso eles não sabem com clareza. Contudo, certa semelhança parece ter a ver com a cultura dessas regiões geograficamente afastadas.

Portanto, dediquei mais de cinco anos a essa pesquisa, viajando do litoral do Ceilão, com suas palmeiras, através da maravilhosa terra dos hindus, até as gélidas Cordilheiras do Himalaia, à procura dos sábios do Oriente. Vivi por vezes nas cidades, outras vezes na solidão das florestas e montanhas, em meio aos yogues; às vezes em mosteiros, com os monges; às vezes fui em peregrinações, como alguém da multidão que busca a redenção. A Introdução — a qual, na sua incomum extensão, pretende servir como um comentário muito necessário à tradução — e as notas ao texto são o testemunho dos resultados mais importantes dessa pesquisa, mais especialmente em relação ao budismo do norte ou *Mahāyāna*.

No entanto, fui em verdade apenas pouco mais que o compilador e editor de *O Livro Tibetano dos Mortos*. Ao falecido tradutor — que combinava em si um conhecimento das ciências ocultas do Tibete e das ciências ocidentais maior que qualquer outro sábio tibetano da época — cabe, evidentemente, o principal crédito por este trabalho.

Além disso, no maior de todos os débitos que o estudante sempre tem para com o seu preceptor, reconheço minha dívida para com cada um dos vários e bons amigos e auxiliares que me ajudaram. Alguns deles pertencem a determinadas crenças, outros a outras; alguns são de longe, do Japão, da China; outros são da minha terra natal, os Estados Unidos; muitos vivem no Ceilão e na Índia, uns poucos no Tibete.

Aqui na Inglaterra, penso em primeiro lugar no dr. R. R. Marett, professor adjunto de Antropologia Social na Universidade de Oxford e da Exeter College, o qual, desde minha primeira chegada a Oxford, em 1907, tem orientado fielmente minhas pesquisas antropológicas. *Sir* John Woodroffe, ex-juiz da Suprema Corte, em Calcutá, atualmente professor de Direito Indiano na Universidade de Oxford, e a maior autoridade ocidental em matéria de tantras, leu do início ao fim nossa tradução, principalmente o aspecto da obra como um ritual mais ou menos tântrico, e ofereceu importantes conselhos. Sou-lhe muito grato também pelo Prefácio.

A Sj. Atal Bihari Ghosh, de Calcutá, secretário co-honorário de *Sir* John Woodroffe do *Āgamānusandhāna Samiti*, assim como a *Sir* E. Denison Ross, diretor da Escola de Estudos Orientais da London Institution e ao dr. F. W. Thomas, bibliotecário do Índia Office, de Londres — a todos estes sinto-me grato por todas as críticas construtivas a respeito do livro. Ao Major W. L. Campbell, representante político britânico no Tibete, no Butão e em Siquim, durante minha estada em Gangtok, pelo seu grande estímulo e sua erudita ajuda, assim como pela doação de duas valiosas telas preparadas por sua ordem no mosteiro principal de Gyantse, no Tibete, para ilustrar o simbolismo do texto do *Bardo Thodöl*. Com seu predecessor, assim como com seu sucessor naquele mesmo posto, *Sir* Charles Bell, encontro-me também em débito por seus importantes conselhos no início das minhas pesquisas, em Darjeeling. A Mr. E. S. Bouchier, M. A. (Universidade de Oxford), F. R. Hist. S., autor de *Syria as a Roman Province, A Short History of Antioch* etc., meus mais sinceros agradecimentos pela assistência que tão amavelmente me proporcionaram com a leitura deste livro, quando ainda estava em processo final de edição.

A Sardar Bahadur S. W. Laden La, chefe de polícia de Darjeeling, que me enviou a Gangtok com uma carta de recomendação ao Lama Kazi Dawa-Samdup, o tradutor do *Bardo Thodöl*; ao dr. Johan van Manen, secretário da Asiatic Society, de Calcutá, que me emprestou livros tibetanos que foram de grande ajuda enquanto a tradução tomava forma e foi quem, posteriormente, contribuiria com observações quanto à tradução; e ao dr. Cassius A. Pereira, de Colombo, Ceilão, que criticou partes da Introdução sob a luz do budismo theravāda — a todos estes devo também meus agradecimentos.

Assim, sob os melhores auspícios, este livro está sendo enviado ao mundo, com a esperança de que possa contribuir com algo à soma total do Correto Conhecimento e servir como mais um elo espiritual na cadeia da boa vontade e da paz universal, unindo o Ocidente e o Oriente em mútuo respeito e compreensão, e com tal amor que ultrapasse a barreira de credos, castas e raças.

W. Y. E.-W.
Jesus College, Oxford, Páscoa de 1927.

I. Renúncia

Alija-te das paixões da vida, das vaidades,
Da ignorância e da loucura da distração;
Rompe as amarras; só assim acabarás um dia
Com o Mal. Livra-te da Cadeia do nascimento
E morte, pois sabes o que eles significam.
Assim, liberta-te do desejo, nesta vida na terra,
E irás em teu caminho calmo e sereno.

Buda, *Salmos dos Primeiros Budistas*, I, LVI
(trad. para o inglês de Mrs. Rhys Davids).

II. Vitória

Mas a angústia tomou conta de mim, até de mim,
Enquanto eu meditava na minha pequena cela:
Ai de mim! Como pude entrar neste mau caminho!
Sob o poder da Ansiedade me perdi!
Curta é a vida que ainda me cabe viver;
A velhice, as doenças ameaçam assolar-me.
Em breve este corpo perecerá e se dissolverá;
Hei de ser ligeiro, pois não tenho tempo a perder.
E, contemplando como eles realmente são,
Os Agregados da Vida, que vêm e que vão,
Ergui-me e fiquei com a mente emancipada!
Para mim, as palavras de Buda haviam acontecido.

Mittakalī, um brâmane Bhikkhunī,
Salmos dos Primeiros Budistas, I. XLIII
(trad. para o inglês de Mrs. Rhys Davids).

Ilustrações

I. O Tradutor e o Editor p. 3

Detalhe de uma fotografia do tradutor com o editor, com indumentárias tibetanas, tomada em Gangtok, Siquim, no ano de 1919.

II. Fólios 35A e 67A do Manuscrito do *Bardo Thodöl* p. 4

Uma reprodução fotográfica (cerca de dois terços do tamanho original). As iluminuras, no original, são em cores (agora bastante descoradas), pintadas nos fólios (cf. p. 66 *et al.*)

A pintura de fólio de cima ilustra, com as cores, os emblemas e a orientação em estrita concordância com as tradições da arte monástica tibetana, a descrição contida no texto das mandalas unidas, ou conclaves divinos, das Divindades Pacíficas do Primeiro ao Sexto Dia do *Bardo* que descem reunidas num único conclave no Sexto Dia (cf. pp. 220-22). No círculo central (Centro) encontra-se o Dhyānī Buda Vairochana, abraçado à sua *shakti*, ou esposa divina, a Mãe do Espaço Infinito. No círculo seguinte, cada qual abraçado igualmente à sua *shakti*, encontram-se os Quatro Dhyānī Budas, os quais, com Vairochana, constituem a mandala dos Cinco Dhyānī Budas. No círculo mais externo estão os típicos Boddhisattvas e outras divindades que acompanham os Cinco Dhyānī Budas (cf. pp. 222-24); e nos quatro pequenos círculos externos as quatro fêmeas Guardiãs da Porta do conclave completo (cf. p. 223).

A pintura do fólio inferior ilustra, da mesma maneira, em cores, emblemas e orientação as mandalas unidas das Divindades Furiosas do Oitavo ao Décimo Quarto Dia, as quais descem reunidas num conclave completo no Décimo

Quarto Dia (cf. pp. 246-49). No desenho cruciforme do centro, encontram-se os Herukas de três cabeças de Buda — Vajra, Ratna, Padma e a Ordem do Karma — cada um com sua *shakti*, que descem, mandala após mandala, do Oitavo ao Décimo Segundo Dia (cf. pp. 242-44). O círculo externo mostra representações das várias divindades com cabeça de animais, as quais descem nos Décimo Terceiro e Décimo Quarto Dias (cf. pp. 244-45). Nos quatro pequenos círculos externos encontram-se as Quatro *Yoginīs* da Porta (cf. pp. 247).

A tradução do texto dos fólios está indicada por marcações especiais (barras verticais) nas páginas 223 e 246.

III. A Efígie do Morto *p. 131*

Reprodução (ligeiramente reduzida) de uma cópia de um papel *Chang-ku* tibetano impresso.

IV. A Grande Mandala das Divindades Pacíficas p. 221

Esta e a ilustração que a acompanha, a número V, são reproduções fotográficas (cerca de um quarto do tamanho original) de duas pinturas coloridas, em espesso tecido de algodão, feitas no mosteiro principal de Gyantse, Tibete, e sob as instruções do Major W. L. Campbell, para ilustrar nossa tradução do *Bardo Thodöl* (veja Prefácio à p. 16). As cores, os emblemas e as orientações, como nas iluminuras dos dois manuscritos descritos acima, estão de acordo com as estritas convenções da arte religiosa do Tibete. As correlações, também, entre o texto e as divindades pintadas, segundo ficou expresso na descrição das duas iluminuras do manuscrito, são igualmente aplicáveis a essas duas pinturas mais elaboradas.

O mais interno dos círculos (representando o Centro da orientação) apresenta: ao centro, Vairochana (branco) e sua *shakti*, no trono-leão (cf. pp. 209); acima, Samanta-Bhadra (azul) e sua *shakti*; no círculo inferior à esquerda, Chenrazee (acima), Manjushrī (embaixo, à esquerda), Vajra-Pān. I (embaixo, à direita); no círculo inferior à direita, Tson Khapa, famoso guru tibetano (acima), e seus dois principais *shishyas* (ou discípulos), Gendundub (embaixo, à esquerda) e Gyltshabje (embaixo, à direita).

No círculo inferior (Leste): no centro Vajra-Sattva (azul), o reflexo de Akshobhya e sua *shakti*, no trono-elefante; Pushpā (acima); Lāsyā (embaixo); e Boddhisattvas (à esquerda e à direita). (Cf. pp. 211 e 212.)

Círculo esquerdo (Sul): no centro, Ratna-Sambhava (amarelo) e sua *shakti*, no trono-cavalo: Dhūpa (acima); Mālā (embaixo); e Boddhisattvas (à esquerda e à direita). (Cf. p. 214.)

Círculo superior (Oeste): no centro, Amitābha (vermelho) e sua *shakti*, no trono-pavão; Āloka (acima); Gītā (abaixo); Boddhisattvas (à esquerda e à direita). (Cf. p. 215-16.)

Círculo direito (Norte): no centro, Amogha-Siddhi (verde) e sua *shakti* no trono-harpia; Naidevya (acima); Gandha (embaixo); Boddhisattvas (à esquerda e à direita). (Cf. p. 215-16.)

Ocupando os quatro cantos do grande círculo, encontram-se os quatro principais Guardiães da Porta (cf. p. 223) da mandala, cada par num lótus aureolado de fogo como trono: acima, à esquerda, *Yamāntaka* (amarelo) e sua *shakti*, os Guardiães da Porta do Sul; acima, à direita, Hayagrīva (vermelho) e sua *shakti*, os Guardiães da Porta do Oeste; embaixo, à direita, Amritā-Dhāra (branco) e sua *shakti*, os Guardiães da Porta do Norte; embaixo, à esquerda, Vijaya (verde) e sua *shakti*, os Guardiães da Porta do Leste. Embaixo, no centro, Padma Sambhava, o Grande Guru Humano da doutrina do *Bardo Thodöl*, em trajes reais e com o toucado dos pânditas, segurando, à mão esquerda, uma caveira cheia de sangue, símbolo de renúncia à vida, e, à direita, um *dorje*, símbolo de domínio da vida.

A seus pés encontram-se as dádivas: (1) o *Tri-Ratna* ou Três Tesouros da Doutrina Budista, (2) um par de presas de elefante, e (3) um ramo de coral vermelho. À direita do Guru está o Buda do *Loka* (ou Mundo) Humano (em amarelo), Shakyamuni, segurando um báculo *bhikkhu* e uma tigela de pedinte; à direita o Buda do *Loka* dos Brutos (azul), segurando um livro que simboliza a linguagem e a expressão, ou sabedoria divina, da qual carecem as criaturas brutas.

Nos quatro cantos encontram-se os outros quatro Budas dos Seis *Lokas* (cf. p. 224): acima, à esquerda, o Buda do *Deva-loka* (branco) segurando um violão, simbolizando com isso a maestria nas artes e ciências e a harmonia da existência no mundo dos *devas* (divindades); acima, à direita, o Buda do *Asura-loka* ou mundo dos demônios (verde), que segura uma espada, simbolizando a natureza guerreira dos *asuras*; embaixo, à esquerda, o Buda do *Preta-loka* (vermelho), segurando uma caixa com todos os objetos que satisfazem os anseios dos *pretas*; embaixo, à direita, o Buda do Inferno (de cor enfumaçada), segurando o fogo, para a destruição, e a água, para a purificação.

Entre outros adornos acrescentados pelo artista, encontram-se um espelho sagrado (simbolizando a forma ou corpo que ele reflete) próximo às árvores, à esquerda, assim como uma concha sagrada, que é a trombeta da vitória, simbolizando a vitória sobre o *Sangsāra* (símbolo do som); e entre os dois Budas de baixo, nas duas cavernas, os yogues ou homens sagrados, na floresta virgem tibetana.

No alto, ao centro, dominando toda a mandala, o Buda Amitābha (vermelho) sobre um lótus aureolado e no trono lunar, segurando uma tigela de pedinte, com lótus e a Lua (branco), à esquerda, e lótus e o Sol, à direita.

V. A Grande Mandala das Divindades Iradas e Detentoras do Conhecimento *p. 239*

Na parte mais interna do círculo: acima, no centro, Samanta-Bhadra (azul) e sua *shakti*, com aspecto irado; mais abaixo, no centro (Centro), o Buda Heruka (marrom-escuro) e sua *shakti* (cf. p. 238); mais abaixo à esquerda (Leste), o Vajra Heruka (azul-escuro) e sua *shakti* (cf. p. 240); mais acima à esquerda (Sul), o Ratna Heruka (amarelo) e sua *shakti* (cf. pp. 241); na parte superior direita (Oeste), o Padma Heruka (marrom--avermelhado) e sua *shakti* (cf. p. 242): mais abaixo, à direita (Norte), o Karma Heruka (verde-escuro) e sua *shakti* (cf. p. 243). Cada par dessas divindades se encontra sobre um lótus e no trono solar, aureoladas por chamas de sabedoria e mantendo sob os pés seres *mārā* (isto é, seres humanos, cuja existência, sendo puramente fenomenal ou kármica, é ilusão ou *māyā*, simbolizando a subjugação da existência *sangsārica* (mundana). Embaixo estão as ofertas dos cinco sentidos *sangsārica*, simbolizadas por: (1) dois olhos, (2) duas orelhas, (3) uma língua, (4) um coração (no centro) e (5) um nariz (acima do coração); também de três caveiras humanas cheias de sangue, sustentadas por outras pequenas caveiras, todas simbolizando a renúncia ao mundo.

Segundo círculo: as Oito Kerimas (cf. p. 244).

Terceiro círculo: as Oito Htamenmas (cf. p. 245) e as Quatro Fêmeas Guardiãs da Porta (cf. pp. 246).

No mais externo dos círculos: as 28 Poderosas Divindades de Várias Cabeças (cf. p. 246-47); quatro das quais são as Quatro *Yoginīs* da Porta (cf. p. 247).

Embaixo, no centro (Centro), encontra-se a Divindade Detentora do Conhecimento, o Senhor do Lótus da Dança (vermelho, para as cinco cores do texto) e sua *shakti*. Nos quatro cantos, suas quatro divindades acompanhantes: embaixo, à esquerda (Leste), o Detentor do Conhecimento Habitante da Terra (branco) e sua *shakti*; mais acima, à esquerda (Sul), o Detentor do Conhecimento com Poder Sobre a Duração da Vida (amarelo) e sua *shakti*; mais acima, à direita (Oeste), a Divindade Detentora do Conhecimento do Grande Símbolo (vermelho) e sua *shakti*; mais abaixo, à direita (Norte), o Detentor do Conhecimento Autodesenvolvido (verde) e sua *shakti*. Cada casal de divindades dessa mandala, que assoma como intermediária (entre as mandalas das Divindades Pacíficas e as mandalas das Divindades Iradas) no Sétimo Dia (cf. pp. 229-30), tem aspecto pacífico, sobre um lótus no trono lunar, realizando uma dança mística, tântrica.

No alto, ao centro, presidindo o conjunto maior da mandala, encontra-se Samanta-Bhadra (azul-escuro), o Buda-Ādi e sua *shakti* (branco), de aspecto pacífico, sobre um lótus e no trono lunar, aureolado nas cores do arco-íris, com lótus e a Lua (branco) à sua direita, e lótus e o Sol (ouro) à esquerda.

VI. O Juízo *p. 270*

Reprodução fotográfica (cerca de um quarto do tamanho original) de uma pintura monástica em cores, sobre espesso tecido de algodão, feita sob instruções do editor, em Gangtok, Siquim, por um artista tibetano, Lharipa-Pempa-Tendup-La, para ilustrar o Juízo (*vide* p. 146).

Ocupando a posição central está o Dharma-Rāja, o Rei da Verdade, ou Administrador da Verdade e da Justiça, também chamado de Yama-Rāja, Rei e Juiz dos Mortos. Ele é o aspecto irado de Chenrazee, o Protetor Divino Nacional do Tibete. Na sua testa está o terceiro olho do discernimento espiritual. Ele se encontra envolto em chamas de sabedoria, num trono solar apoiado sobre um trono-lótus, mantendo sob os pés um ser *mārā*, símbolo da natureza *māyā* (isto é, ilusória) da existência humana. Seu toucado é adornado com caveiras humanas e uma serpente lhe serve de colar. Sua coleira é uma pele humana cuja cabeça assoma da parte de trás do seu lado direito, enquanto um pé e uma mão pendem junto ao seu peito. Uma guirlanda de cabeças humanas envolve-lhe os quadris. Seu pavilhão e as paredes da sua Corte estão adornados com caveiras, símbolos de morte. Sua espada é a espada do poder espiritual. O espelho em sua mão esquerda é o Espelho do karma, no qual são refletidos todos os atos, bons e maus (cf. p. 268), de cada um dos mortos que estão sendo julgados, um após o outro. No espelho encontra-se a inscrição em tibetano: "Hri", o *bij* ou principal mantra de Chenrazee.

Na frente do Dharma-Rāja encontra-se o Cabeça-de-Macaco, Sprehu-gochan (em tibetano, *Spre-hu-mgo-chan*), também chamado Shinje (cf. p. 144), o qual segura os pratos da balança, num dos quais está um monte de seixos negros, que representam as más ações, e, no outro, seixos brancos, simbolizando as boas ações. À esquerda de Shinje acha-se o Pequeno Deus Branco, despejando um saco de seixos brancos; do outro lado, o Pequeno Deus Negro, esvaziando um saco de seixos negros (cf. p. 268).

Guardando a pesagem estão o Cabeça-de-Touro, Wang-gochan (em tibetano, *Glang-mgo-chan*), segurando outro espelho do karma, e o Cabeça-de-Serpente, Dul-gochan (em tibetano, *Sbrul-mgo-chan*), com um látego e um laço.

Uma divindade amarela, à direita do Dharma-Rāja, segurando uma tábua de escrever e uma pluma, e uma divindade marrom, à esquerda, segurando uma espada e um laço, são os dois Advogados. O advogado amarelo é o defensor e o marrom é o advogado de acusação. Seis divindades — cinco das quais têm cabeças de animais — sentadas na Corte do Juízo, três de cada lado, como um júri de juízes subordinados, supervisionam os processos a fim de assegurar regularidade e justiça imparcial (cf. pp. 144-45). A primeira delas, acima, à direita, segura o espelho do karma e uma tigela-caveira de sangue; a segunda, uma lança e uma tigela-caveira de sangue; a terceira, um laço. A primeira, acima, à esquerda, segura uma lança e uma tigela-caveira de sangue; a segunda, um pequeno vaso de flores na mão direita; e a terceira, um *dorje* e uma tigela-caveira de sangue.

Junto ao portão da esquerda e da direita acha-se uma das fúrias vingadoras, que age como sentinela. Há dez tibetanos no pátio da Corte aguardando julgamento. Aquele com uma peça cônica (em vermelho) na cabeça é um lama de gorro vermelho; o outro, com uma peça redonda (em amarelo) na cabeça é um representante do governo. Os demais são pessoas comuns. Os três portões, através dos quais os condenados entram no Inferno, abaixo, são guardados por três porteiros com cabeças de animais, cada qual segurando um laço.

Partindo da Corte, de cada lado do Juiz, estão os Seis Caminhos kármicos que conduzem os Seis Budas dos *Seis Lokas*, nos quais os caminhos terminam; cada caminho de cada Buda está pintado em cor própria (cf. p. 214 e ilustração IV.) Ao longo dos caminhos estão doze dos mortos recém-julgados.

O que se encontra mais ao alto, à esquerda, no caminho de luz branca que dá acesso ao Buda do *Deva-loka*, é um lama de gorro amarelo; próximo a ele está um representante do governo, no caminho de luz amarela que dá acesso ao Buda do *Loka* Humano; na parte mais alta, à direita, no caminho de luz verde que dá acesso ao Buda do *Asura-loka*, está um lama de gorro vermelho.

No Mundo Inferior, na parte de baixo da pintura, estão representadas as punições típicas em vários Infernos; contudo, nenhuma delas é eterna. À esquerda, no canto superior, dois pecadores estão imersos numa região glacial, representando-se, ali, os Oito Infernos Frios. Próximo à margem da pintura, do lado oposto, um pecador em meio às chamas simboliza os Oito Infernos Quentes. Qualquer um dos dez atos profanos, cometidos deliberadamente e por motivos egoístas, leva à purgação nos Infernos Frios. Qualquer um desses mesmos atos cometidos com ódio conduz à purgação nos Infernos Quentes.

Logo abaixo dos Infernos Frios acha-se o Inferno da "Árvore Espinhosa" ou "Monte de Espinhos" (em tibetano: *Shal-ma-li*), no qual um malfeitor foi esquartejado e seus pedaços afixados nos espinhos. Ao lado dele, a cargo de uma fúria infernal, está a "Casa de Ferro sem Portas" (em tibetano, *Lachagskhang-sgo-med*). Próximo a ela encontram-se quatro lamas, mantidos sob o peso descomunal de um enorme livro sagrado tibetano; eles estão sendo punidos por se haverem, na vida terrena, apressado e omitido passagens na leitura de textos sagrados. O triângulo no qual um malfeitor está preso simboliza o terrível Inferno Avitchi, no qual a culpa por um pecado abominável, tal como o uso de bruxarias para destruir inimigos ou erros deliberados na prática de rituais tântricos, sofre punição durante um período de tempo imensurável. Próximo ao triângulo, uma fúria infernal está derramando colheradas de metal fervente sobre uma mulher condenada por prostituição. A pessoa próxima a ela, curvada sob o peso de uma pesada pedra amarrada às costas, está sendo punida dessa maneira por haver matado pequenos animais domésticos, como vermes ou outros insetos. O pecador que está sendo segurado por uma fúria infernal e estendido sobre um tabuleiro de ferro com cravos, enquanto outro se prepara para cortá-lo em pedaços (cf. p. 268) é culpado por um dos dez atos heréticos. Do mesmo modo o foi a mulher que está em vias de ser cortada verticalmente em duas metades; seu pecado foi um assassinato. Como no *Inferno* de Dante, outros pecadores, incapazes, segundo nosso texto explica, ou que sucumbem ao processo (cf. p. 268), estão sendo cozidos num caldeirão de metal no canto esquerdo, mais abaixo, no quadro.

Três figuras infernais (uma marrom, uma amarela e outra azul, no original) são vistas segurando os laços com que arrastam à devida punição três pecadores que acabaram de ser lançados ao Inferno.

Na parte mais alta do quadro, no centro, num lótus aureolado e, sobre o trono lunar, com a Lua (branco) à sua direita e o Sol (ouro) à esquerda, presidindo tudo, está o *Dorje Chang* (azul), o Guru Divino da Escola do Chapéu Vermelho de Padma-Sambhava; ele é, pois, considerado a Fonte Espiritual e Eterna de onde continuam a emanar, como nos tempos do Buda Shakyamuni, todas as doutrinas esotéricas que formam o *Bardo Thodöl*, as quais são referidas às páginas 235 e 236 da presente tradução.[1]

1. Deve-se observar que cada morto tem um corpo apropriado ao reino do paraíso ou ao inferno, em cujo karma se realiza o nascimento; e, quando termina qualquer um dos estados pós-morte humanos da existência, ocorrem outra vez um processo de morte e o despojamento de um corpo (cf. pp. 139-42 e Livro II passim). O *Bardo* é o estado intermediário do qual se pode renascer neste mundo num corpo humano, ou no mundo dos espíritos sob a forma de um corpo correspondente, ou num dos reinos do paraíso, tal como o *Deva-loka*, num corpo divino, ou no *Asura-loka*, num corpo asura, ou ainda num dos infernos num corpo capaz de suportar sofrimento e incapaz de morrer até que a purgação esteja consumada. Após a morte no inferno, ou em qualquer outro dos estados pós-morte humanos, o processo normal é renascer na Terra como ser humano. A Verdadeira Meta, como explica repetidamente o *Bardo Thodöl*, encontra-se além de todos os estados de incorporações, além de todos os infernos, mundos e paraísos, além do *Sangsāra* e além da Natureza; é o que se chama Nirvana (em tibetano *Myang-hdas*). Veja Adendo V, pp. 189-95.

Símbolos

1. O *Dorje* Cruzado Lamaico

Símbolo de equilíbrio, imutabilidade e poder onipresente (cf. pp. 169, 218 n. 105).

2. A Roda Tibetana da Lei *p. 222*

A Roda de Oito Raios (cf. pp. 189), num trono de lótus envolto em Chamas de Sabedoria, representa a Roda de Mil Raios da Bondosa Lei de Buda, símbolo da simetria e da plenitude da Lei Sagrada do *Dharma* ou Escrituras. O desenho, ao centro, chamado em tibetano *rgyan-k'yil*, composto de três segmentos giratórios, simboliza — assim como a *svastika* (suástica) no centro da Roda Indiana da Lei — o *Sangsāra*, a incessante mudança ou "devir".

3. O *Dorje*, Cetro Lamaico *p. 240*

Um tipo de Raio de Indra, o Júpiter indiano, usado principalmente nos rituais lamaicos (cf. pp. 211 n. 84, 238, 244-48), símbolo de domínio sobre a existência *sangsārica* (ou mundana).

4. O Mantra de Chenrazee (Avalokiteshvara) *p. 271*

Caracteres indianos *Ranja* ou *Lantsa* aproximadamente do século VII d.C. Os caracteres *Lantsa*, ligeiramente modificados, são usados nos manuscritos tibetanos, geralmente nas folhas de rosto. Em caracteres tibetanos, o *Mantra* sagrado é ཨོཾམཎིཔདྨེཧཱུྃ; que literalmente significa "Ōm! O Tesouro no Lótus! Hūm!" (cf. pp. 236 n. 161, 250-51 n. 194, 307).

O Livro Tibetano dos Mortos

Comentário Psicológico Dr. C. G. Jung[1]

Traduzido por R. F. C. Hull de *Das Tibetanische Totenbuch.*

Antes de iniciar o comentário psicológico, gostaria de dizer algumas palavras sobre o texto em si. *O Livro Tibetano dos Mortos*, ou *Bardo Thodöl*, é um livro de instruções para os mortos e para os moribundos. Como *O Livro Egípcio dos Mortos*, o *Bardo Thodöl* pretende ser um guia para os mortos durante o período da sua existência no *Bardo*, simbolicamente descrita como um estado intermediário, de 49 dias de duração, entre a morte e o renascimento. O

1. O editor encontra-se em débito com o dr. James Kirsch — psicanalista de Los Angeles, Califórnia, um dos mais bem-sucedidos discípulos de Jung, que discutiu este *Comentário Psicológico* com Jung em Zurique e ajudou em sua tradução para o inglês — pela importante admoestação, à guisa de prefácio, feita ao leitor oriental:

"Este livro é destinado, primariamente, ao leitor ocidental e procura descrever, em termos ocidentais, importantes experiências e concepções orientais. O dr. Jung procura atenuar essa dificuldade por meio do seu *Comentário Psicológico*. Contudo, foi inevitável que, ao fazê-lo, ele empregasse termos familiares à mente ocidental, mas que, em certos casos, parecerão objetáveis à mente oriental.

"Um desses termos objetáveis é 'alma'. De acordo com a crença budista, a alma é efêmera, uma ilusão e, portanto, não têm existência real. O termo alemão *Seele*, tal como é empregado no original do *Comentário Psicológico*, não é sinônimo do termo inglês *soul*, apesar de comumente ser traduzido assim. *Seele* é uma palavra antiga, ratificada pela tradição germânica e usada por notáveis místicos alemães, como Eckhart, e grandes poetas alemães, como Goethe, significando a Realidade Última, simbolizada na figura feminina da *shakti*. O dr. Jung usa aqui o termo poeticamente, com referência a *psique*, como a psique coletiva. Na linguagem psicológica, representa o Inconsciente Coletivo como matriz de tudo. É o útero de tudo, até mesmo do *Dharma-Kāya*: é o próprio *Dharma-Kāya*.

"Assim sendo, os leitores orientais são conclamados a deixarem de lado, por ora, sua concepção de 'alma' e a aceitarem o uso que o doutor Jung faz da palavra, para que suas mentes se abram e possam segui-lo nas profundezas, no seu intento de estabelecer uma ponte entre as margens do Ocidente e do Oriente, assim como revelar os diversos caminhos que conduzem à Grande Libertação, a *Una Salus*."

texto está dividido em três partes. A primeira, chamada *Chikhai Bardo*, descreve acontecimentos psíquicos no momento da morte. A segunda parte, ou *Chönyid Bardo*, trata dos estados de sonho que começam imediatamente após a morte, assim como daquilo a que chamamos de "ilusões kármicas". A terceira parte, ou *Sidpa Bardo*, diz respeito ao surgimento do impulso de nascimento e aos acontecimentos pré-natais. Nessa parte, é característico que a suprema compreensão e a iluminação — e, portanto, a maior possibilidade de alcançar a libertação — sejam concedidas durante o verdadeiro processo da morte. Logo após começam as "ilusões" que conduzem finalmente à reencarnação; as luzes iluminadoras vão ficando cada vez mais opacas e variadas, e as visões mais e mais aterradoras. Essa descida traduz o afastamento da consciência da verdade libertadora, à medida que ela se aproxima do renascimento físico. O propósito da instrução é fixar a atenção do homem morto, a cada etapa sucessiva de engano e de confusão, na sempre presente possibilidade de libertação, assim como explicar a ele a natureza das suas visões. O texto do *Bardo Thodöl* é recitado pelo lama na presença do cadáver.

Não acredito que possa dar melhores provas da minha dívida de gratidão para com os primeiros tradutores do *Bardo Thodöl* — o falecido Lama Kazi Dawa-Samdup e o dr. Evans-Wentz — que procurando, por meio de um comentário psicológico, tornar o magnífico mundo de ideias e os problemas contidos nesse tratado um pouco mais inteligível à mente ocidental. Estou certo de que todos os que lerem este livro com atenção e se deixarem tocar sem preconceitos pelo seu conteúdo terão valiosa recompensa.

O *Bardo Thodöl*, apropriadamente intitulado pelo seu editor, o dr. W. Y. Evans-Wentz, de *O Livro Tibetano dos Mortos*, causou grande comoção nos países de língua inglesa quando da sua primeira edição, em 1927. Ele pertence àquela categoria de escritos que não interessam apenas aos estudiosos do budismo Mahāyāna, mas também e especialmente — isso pelo fato de ser dotado de profundo humanismo e compreensão ainda mais profunda dos segredos da psique humana — ao leitor comum que procura ampliar seus conhecimentos da vida. Durante anos, desde que foi publicado pela primeira vez, o *Bardo Thodöl* tem sido meu companheiro constante e a ele devo não apenas muitas estimulantes ideias e descobertas, mas também muitos esclarecimentos fundamentais. Ao contrário de *O Livro Egípcio dos Mortos*, que sempre nos induz a falar demais ou muito pouco, o *Bardo Thodöl* nos oferece uma filosofia inteligível endereçada a seres humanos mais do que a deuses ou a selvagens primitivos. Sua filosofia contém a quintessência da crítica psicológica budista; nessa qualidade, podemos realmente dizer que ele é de uma superioridade ímpar. Não só as divindades "iradas", mas também as "pacíficas", são concebidas como projeções *sangsāricas* da psique humana, ideia que parece óbvia demais ao europeu instruído, já que o faz se lembrar das suas próprias simplificações banais. No entanto, embora o europeu possa facilmente explicar essas divindades como projeções, seria completamente incapaz de pressupô-las ao mesmo tempo como reais. O *Bardo Thodöl* pode fazer isso porque, em algumas das suas mais essenciais premissas metafísicas, ele suplanta não só o europeu não instruído como também o instruído. O frequente pressuposto implícito no *Bardo Thodöl* é o antinômico caráter de toda afirmação metafísica, assim como a ideia da diferença qualitativa dos vários níveis de consciência e das realidades metafísicas condicionadas por eles. O pano de fundo deste raro livro não é o mesquinho "ou/ou" europeu, mas uma magnífica afirmativa "ambos/e". Essa postulação pode parecer questionável ao filósofo ocidental, já que o Ocidente ama a clareza e a não ambiguidade; consequentemente, um filósofo mantém a posição "Deus existe", enquanto um outro, com igual fervor, afirma que "Deus não existe". O que pensariam tais confrades hostis diante de uma declaração como esta:

> Reconhecendo o vazio do teu próprio intelecto como sendo o estado de Buda, e sabendo que ele é ao mesmo tempo tua própria consciência, permanecerás no estado da divina mente de Buda.

Penso que esse postulado é tão indesejável para nossa filosofia ocidental como o é para nossa teologia. O *Bardo Thodöl*, na sua concepção das coisas, é do mais elevado caráter psicológico; contudo, entre nós, a filosofia e a teologia acham-se ainda no estágio medieval, pré-psicológico, em que apenas as declarações são ouvidas, explicadas, defendidas, criticadas e disputadas, enquanto a autoridade que as faz tem sido, por consenso geral, colocada de lado como não pertinente ao objetivo da discussão.

No entanto, as postulações metafísicas são *afirmações da psique* e, por conseguinte, psicológicas. Para a mente ocidental, que compensa os conhecidos sentimentos de indignação por um respeito servil pelas explicações "racionais", essa óbvia verdade parece ser óbvia demais, ou então parece ser uma inadmissível negação da "verdade" metafísica. Toda vez que o ocidental ouvir a palavra "psicológico", ela sempre lhe soará como "apenas psicológico". Para ele, a alma é algo deploravelmente pequeno, sem valor, pessoal, subjetivo e muitas outras coisas mais. Portanto, o ocidental prefere utilizar a palavra *mente*, embora goste de fingir, ao mesmo tempo, que uma afirmação que pode ser de fato muito subjetiva é, na verdade, feita pela "mente", como é natural, pela "Mente Universal", ou mesmo — em caso de apuros — pelo próprio "Absoluto". Essa presunção, bastante ridícula, é, provavelmente, uma compensação para a lamentável pequenez da alma. É como se Anatole France houvesse proferido uma verdade válida para todo o mundo ocidental, quando, no seu livro *A Ilha dos Pinguins*, Cathérine d'Alexandrie dá este conselho a Deus: "*Donnez leur une âme, mais une petitte*" ["Dê a eles uma alma, mas uma alma pequena!"].

É a alma que, pelo poder criativo divino inerente a ela, faz a declaração metafísica; é ela que estabelece as distinções entre as entidades metafísicas. A alma não é apenas a condição de toda realidade metafísica — ela é essa realidade.[2]

O *Bardo Thodöl* inicia com essa importante verdade psicológica. O livro não é um cerimonial fúnebre, mas um conjunto de instruções para os mortos, um guia pelos cambiantes fenômenos do reino do *Bardo*, esse estado de existência que continua por 49 dias após a morte até a próxima encarnação. Se, por um momento, deixarmos de lado a supratemporalidade da alma — que o Oriente aceita como um fato óbvio por si —, nós, como leitores do *Bardo Thodöl*, poderemos colocar-nos facilmente na posição do morto, e consideraremos atentamente o ensinamento apresentado na seção inicial do livro, ensinamento esboçado no fragmento citado anteriormente. Nesse ponto, são pronunciadas as seguintes palavras, não presunçosamente, mas de maneira cortês:

> Ó nobre filho [fulano de tal], escuta. Agora estás vivenciando o Resplendor da Clara Luz da Realidade Pura. Reconhece-a. Ó nobre filho, teu presente intelecto, vazio em sua real natureza, não formado no que respeita a características ou cor, naturalmente vazio, é a verdadeira Realidade, o Todo-bondoso.

---

2. Este parágrafo torna manifesta a importância interpretativa da nota anterior, à p. 65, relativa à diferença de significado do termo alma [*soul* da versão em inglês e do termo *Seele*, no original alemão]. Quanto a isso, remetemos o leitor a uma releitura da nota anterior.

> Teu próprio intelecto, que agora é vacuidade, não deve, contudo, ser visto como vazio de nada, mas como sendo o próprio intelecto, desobstruído, claro, vibrante e jubiloso, é a própria consciência, o Todo-bondoso Buda.

Essa realização é o estado de *Dharma-Kāya* de iluminação perfeita; ou, como deveríamos expressar na nossa própria linguagem, o fundamento criativo de toda postulação metafísica é consciência, como manifestação invisível, intangível, da alma. A Vacuidade ou Vazio é o estado transcendente que suplanta toda asserção e toda predicação. A plenitude de suas manifestações discriminativas ainda permanece latente na alma.

O texto continua:

> Tua própria consciência, brilhante, vazia e inseparável do Grande Corpo de Resplendor, não tem nascimento nem morte: é a Luz Imutável — o Buda Amitābha.

A alma [ou, como aqui foi apresentado, a própria consciência de cada um] certamente não é pequena, pois é o próprio Deus. O Ocidente considera essa afirmação muito perigosa, quando não francamente blasfema, ou mesmo aceita-a impensadamente e, assim, cai no mal da retórica teosófica vazia. Porém, se pudermos controlar-nos o suficiente para nos prevenirmos do nosso erro principal, de sempre querer fazer algo com as coisas e dar a elas um uso prático, poderemos talvez ser bem-sucedidos em aprender uma importante lição a partir desses ensinamentos; ou, pelo menos, sermos capazes de apreciar a grandeza do *Bardo Thodöl*, que confere ao morto a verdade última e suprema, ou seja, que mesmo os deuses são o resplendor e a reflexão da nossa própria alma. Por conseguinte, nenhum sol é eclipsado para o oriental como o seria para o cristão, que se sentirá roubado pelo seu Deus; pelo contrário, sua alma é a luz da própria Divindade, e a própria Divindade é a alma. O Oriente pode sustentar esse paradoxo melhor que o desafortunado Angelus Silesius, que mesmo hoje em dia estaria psicologicamente bem mais adiante do seu tempo.

Pode-se observar com nitidez que o *Bardo Thodöl* se preocupa em deixar claro ao morto a primazia da alma, já que essa é uma das coisas que a vida não nos esclarece. Estamos tão oprimidos, condicionados e obstruídos pelas coisas que nunca temos uma oportunidade, em meio a todas essas coisas "dadas", de perguntar quem as "deu". É desse mundo das coisas "dadas" que o morto se liberta; e o propósito da instrução é o de ajudá-lo no sentido dessa libertação. Se nos colocarmos em seu lugar, obteremos uma recompensa não menor, já que aprendemos, logo no primeiro parágrafo, que o "doador" de todas as coisas "dadas" habita dentro de nós mesmos. Essa é uma verdade que, diante de todas as evidências, tanto nas pequenas como nas grandes coisas, nunca é conhecida, apesar de frequentemente ser tão necessário, mesmo vital, para nós, conhecê-la. Sem dúvida, esse conhecimento é conveniente só aos contemplativos, que estão inclinados a compreender a razão da existência, aos que são gnósticos por temperamento e que, portanto, acreditam num salvador, o qual, como salvador dos mandeanos, se autoproclama "gnose da vida" (*manda d'hajie*). Talvez não seja dado a muitos de nós ver o mundo como algo "dado". É necessária uma reestruturação radical do ponto de vista, à custa de muito sacrifício, antes que possamos ver o mundo como coisa "dada" pela própria natureza da alma. Trata-se de algo muito mais direto, mais vívido, mais impressionante e, por conseguinte, mais convincente ver que as coisas acontecem para mim do que observar como eu as faço acontecer. De fato, a natureza animal do homem faz com que ele resista a enxergar a si mesmo como o autor das suas circunstâncias. Essa é a razão pela qual as tentativas desse tipo foram sempre objeto de iniciações secretas, culminando, via de regra, numa morte figurativa que simbolizava o caráter total dessa inversão. Na realidade, a instrução dada no *Bardo Thodöl* serve para lembrar ao morto as experiências de sua iniciação e os ensinamentos do seu guru, já que a instrução, em última instância, é nada menos que a iniciação do morto na vida do *Bardo*, assim como a iniciação do vivo foi uma preparação para o Além. Pelo menos, esse foi o caso de todos os cultos misteriosos das antigas civilizações, desde os tempos dos mistérios egípcios ou eleusinos. No entanto, na iniciação do vivo, esse "Além" não é um mundo além-morte, mas uma inversão das intenções da mente e em suas perspectivas; um "Além" psicológico ou, em termos cristãos, uma "redenção" das restrições do mundo e do pecado. Redenção é separação e libertação de uma condição anterior de obscuridade e de inconsciência, que levam à condição de iluminação e livramento, à vitória e à transcendência sobre todas as coisas "dadas".

Então, o *Bardo Thodöl* é, como observa igualmente o dr. Evanz-Wentz, um processo de iniciação cujo propósito é o de restaurar na alma a divindade que ela perdeu ao nascer. Trata-se de uma característica da literatura religiosa oriental que invariavelmente o ensinamento se inicie com o item mais importante, com os princípios básicos e mais elevados, que, de acordo com o gosto ocidental, viriam por último, por exemplo em Apuleio, em que Lúcio é adorado como Hélio apenas no final. Por isso, no *Bardo Thodöl*, a iniciação é uma série de clímaxes decrescentes que terminam com o renascimento no ventre. O único "processo de iniciação" ainda vigente e praticado hoje no Ocidente é a análise do inconsciente tal como a realizada pelos médicos com propósitos terapêuticos. Essa penetração nas camadas mais profundas da consciência é uma espécie de maiêutica racional no sentido socrático, implicando a emergência de conteúdos psíquicos que se encontram ainda em estado germinal, subliminal, como que ainda não nascidos. Originariamente, essa terapia tomou a forma de psicanálise freudiana e esteve preocupada, sobretudo, com fantasias sexuais. Esse é o domínio que corresponde à última e mais inferior região do *Bardo*, conhecida como *Sidpa Bardo*, em que o morto, incapaz de assimilar os ensinamentos do *Chikhai* e do *Chönyid Bardo*, começa a cair vítima de fantasias sexuais e é atraído pela visão da copulação de casais. Finalmente, ele é capturado por um ventre e nascerá de novo no mundo terrestre. Enquanto isso, como seria de supor, o Complexo de Édipo começa a funcionar. Se seu karma o destinar a nascer como homem, ele se enamorará daquela que deve ser sua mãe e nutrirá pelo pai ódio e desgosto. Ao contrário, se for do sexo feminino, se sentirá atraído por aquele que deve ser seu pai e rejeitará a mãe. O europeu passa por esse domínio especificamente freudiano quando os conteúdos do seu inconsciente são trazidos à luz por meio da análise, mas ele vai na direção oposta. Viaja de volta através do mundo da fantasia sexual infantil em direção ao ventre. Em círculos psicanalíticos, tem sido até mesmo sugerido que o trauma por excelência é a própria experiência do nascimento; ou, ainda mais, há psicanalistas que afirmam ter investigado até memórias de origem intrauterina. Nesse ponto, infelizmente a razão ocidental se depara com seus limites. Digo "infelizmente" porque desejaríamos que a psicanálise freudiana tivesse, apropriadamente, continuado a analisar essas experiências chamadas intrauterinas ainda mais antigas; se ela houvesse logrado esse ousado empreendimento, teria certamente ultrapassado o plano do *Sidpa Bardo* e penetrado nas regiões inferiores do *Chönyid Bardo*. É verdade que, com o aparato dos nossos atuais conhecimentos biológicos, esse tipo de aventura não poderia ser coroada de êxito; seria necessária uma preparação filosófica totalmente diferente da baseada nos pressupostos científicos correntes. No entanto, se essa viagem regressiva tivesse sido realizada com sucesso, teria indubitavelmente conduzido à postulação de uma existência pré-uterina, uma verdadeira vida *Bardo*, caso se pudesse encontrar pelo menos algum vestígio de um sujeito dessa experiência. Da maneira como tem sido, a psicanálise nunca foi além dos aspectos meramente conjecturais das experiências intrauterinas, e mesmo o famoso "trauma do nascimento" permaneceu um truísmo óbvio demais, a ponto de não poder mais explicar, de não poder dizer mais que a hipótese de que a vida é uma doença com um mau prognóstico, já que seu efeito é sempre fatal.

Em todos os aspectos essenciais, a psicanálise freudiana nunca foi além das experiências do *Sidpa Bardo*; isto é, ela não foi capaz de libertar-se das fantasias sexuais e de outras tendências "incompatíveis" semelhantes que causam ansiedade e outros estados emotivos. Não obstante, a teoria freudiana é a primeira tentativa, no Ocidente, de investigar, como a partir de baixo, da esfera animal do instinto, o território psíquico que corresponde, no lamaísmo tântrico, ao *Sidpa Bardo*. Um medo bastante justificável da metafísica impediu Freud de penetrar na esfera do "oculto". Além disso, o estado de *Sidpa*, se aceitarmos a psicologia do *Sidpa Bardo*, é caracterizado por forte sopro do karma, que faz com que o morto rodopie até chegar à "porta do ventre". Em outras palavras, o estado do *Sidpa* não permite retorno, já que se encontra selado contra o estado do *Chönyid* por intensa força que puxa para baixo, em direção à esfera animal do instinto e do renascimento físico. Isso equivale a dizer que aquele que penetrar no inconsciente com simples postulados biológicos estará fadado a deter-se na esfera dos instintos e será incapaz de avançar além dali, pois será puxado de volta, cada vez mais, para a existência física. Portanto, não é possível à psicologia freudiana chegar a qualquer resultado além de uma avaliação essencialmente negativa do inconsciente. Trata-se apenas de um "nada". Ao mesmo tempo, é necessário admitir que essa visão da psique é tipicamente ocidental, só que expressada de modo mais espalhafatoso, mais direto e cruel do que outros poderiam expressá-la, embora, no fundo, não seja diferente. No que diz respeito ao sentido de "mente" nesse contexto, podemos apenas acalentar a esperança de que nos traga alguma convicção. No entanto, como até mesmo Max Scheler observou com pesar, o poder dessa "mente" é, no mínimo, duvidoso.

Assim, penso que podemos estabelecer como fato que, com a ajuda da psicanálise, a mente racionalista ocidental foi impelida para aquilo que poderíamos chamar de *neuroticismo* do estado *Sidpa* e, então, levada a uma inevitável paralisação pelo pressuposto acrítico de que tudo o que é psicológico é subjetivo e pessoal. Mesmo assim, esse avanço representou uma grande conquista, posto que nos possibilitou dar mais um passo atrás em nossa vida consciente. Esse conhecimento nos dá, igualmente, uma sugestão de como deveríamos ler o *Bardo Thodöl* — isto é, de trás para a frente. Se, com a ajuda da nossa ciência ocidental, formos bem-sucedidos em captar o caráter psicológico do *Sidpa Bardo*, nossa próxima tarefa consistirá em ver o que poderemos fazer em relação ao *Bardo* anterior, o *Chönyid*.

O estado do *Chönyid* é o da ilusão kármica — isto é, ilusões que resultam dos resíduos psíquicos de existências anteriores. De acordo com a visão oriental, o karma implica uma espécie de teoria psíquica de hereditariedade baseada na hipótese da reencarnação, que, em última instância, é uma hipótese da supratemporalidade da alma. Nem nosso conhecimento científico nem nossa razão podem acompanhar essa ideia. Há "se" e "porém" demais em seu enfoque. Além disso, infelizmente sabemos muito pouco a respeito das possibilidades da existência contínua da alma individual após a morte; tão pouco que nem sequer podemos conceber como pode alguém provar o que quer que seja a esse respeito. Além do mais, sabemos muito bem, a partir de fundamentos epistemológicos, que tal prova seria tão impossível quanto provar a existência de Deus. Daí podermos prudentemente aceitar a ideia de karma se a entendermos como herança psíquica, no sentido mais amplo possível desse termo. A hereditariedade psíquica existe — isto é, existe a herança de características psíquicas, tais como predisposição a doenças, traços de caráter, aptidões especiais etc. Isso não violenta a natureza psíquica desses fatos complexos se a ciência natural os reduz ao que aparenta ser aspectos físicos (estruturas nucleares nas células etc.). Há fenômenos essenciais da vida que se expressam, em geral, psiquicamente, assim como há outras características herdadas que se expressam, em sua maioria, fisiologicamente, no nível físico. Entre esses fatores psíquicos herdados há uma classe especial, não confinada à família ou à raça. Há as disposições universais da mente, que devem ser entendidas como as formas (*eidola*) de Platão, de acordo com as quais a mente organiza seus conteúdos. Poder-se-ia igualmente descrever essas formas como *categorias* análogas às categorias lógicas, presentes sempre, e onde quer que seja, como postulados básicos da razão. Acontece apenas, no caso das nossas "formas", que não estamos tratando com categorias da razão, mas com categorias da *imaginação*. Como os produtos da imaginação são sempre essencialmente visuais, suas formas devem, de início, ter o caráter de imagens, além disso de imagens *típicas*, razão por que, seguindo Santo Agostinho, eu as chamo de "arquétipos". A religião e a mitologia comparadas são ricas minas de arquétipos, do mesmo modo que o é a psicologia dos sonhos e das psicoses. O assombroso paralelismo entre essas imagens e as ideias que elas servem para expressar tem com frequência dado margem às mais descabidas teorias, se bem que teria sido muito mais natural pensar na notável semelhança da psique humana em todos os tempos e lugares. Formas de fantasia arquetípicas são, na verdade, reproduzidas espontaneamente em qualquer lugar e tempo, sem que haja qualquer vestígio de transmissão direta. Os componentes estruturais originais da psique são de uma uniformidade não menos surpreendente que aqueles do corpo visível. Os arquétipos, por assim dizer, são órgãos da psique pré-racional. São formas e ideias eternamente herdadas que não têm, a princípio, nenhum conteúdo específico. Seus conteúdos específicos aparecem somente no curso da vida do indivíduo, quando a experiência pessoal se fixa precisamente nessas formas. Se os arquétipos não preexistissem de maneira idêntica em todos os lugares, como se poderia explicar o fato, postulado praticamente em toda parte pelo *Bardo Thodöl*, de que o morto não sabe que está morto, e que essa afirmação pode ser encontrada na sombria e mal acabada literatura do espiritualismo europeu e americano? Ainda que encontremos a mesma afirmação em Swedenborg, o conhecimento dos seus escritos dificilmente pode ser difundido o suficiente para que essa pequena parcela de informação possa ser captada pelo "médium" de cada vilarejo. E uma comparação entre Swedenborg e o *Bardo Thodöl* é completamente impensável. Trata-se de uma ideia primordial, universal, de que os mortos seguem suas existências terrenas e não sabem que são espíritos desencarnados — uma ideia arquetípica que se manifesta imediatamente quando alguém vê um "espírito". É igualmente significativo que os "espíritos" de todos os cantos do mundo tenham certas características comuns. Naturalmente, estou cônscio da inverificável hipótese espírita, embora não queira defendê-la. Devo contentar-me com a hipótese de uma estrutura psíquica onipresente, mas diferenciada, estrutura que é herdada e dá necessariamente certa forma e direção a toda experiência. Isso porque, assim como os órgãos do corpo não são apenas massas informes de matéria passiva, indiferente, mas sim complexos dinâmicos, funcionais, que se fazem valer com imperiosa urgência — do mesmo modo os arquétipos, como órgãos da psique, são complexos instintivos, dinâmicos, que determinam a vida psíquica num grau extraordinário. É por isso que também eu os chamo de *dominantes* do inconsciente. A camada dessa psique não consciente, constituída dessas formas dinâmicas universais, foi por mim chamada de *inconsciente coletivo*.

Que eu saiba, não existe uma herança de memórias individuais pré-natais ou pré-uterinas, mas arquétipos, sem dúvida, herdados, embora desprovidos de conteúdo; isso porque, em primeiro lugar, não contêm experiências pessoais. Eles só emergem à consciência quando as experiências pessoais os tornam visíveis. Como já vimos, a psicologia do *Sidpa* consiste numa vontade de viver e de nascer. (O *Sidpa Bardo* é o "*Bardo* da Busca do Renascimento".) Portanto, esse estado impossibilita qualquer experiência de realidades psíquicas transubjetivas, a menos que o indivíduo se recuse, de maneira categórica, a nascer novamente no mundo da consciência. De acordo com os ensinamentos do *Bardo Thodöl*, é ainda possível para ele, em cada um dos estados do *Bardo*, alcançar o *Dharma-Kāya* pela transcendência do quadrifacetado Monte Meru, isso desde que ele não ceda aos seus desejos de seguir as "luzes opacas". Isso equivale a dizer que o morto deverá resistir desesperadamente aos ditames da razão, tal como a entendemos, e abrir mão da supremacia do ego, visto pela razão como sacrossanto. Na prática, isso significa uma completa capitulação dos poderes objetivos da psique, com tudo o que isso envolve: uma espécie de morte simbólica, correspondendo ao Juízo dos Mortos no *Sidpa Bardo*. Isso significa o fim de toda conduta de vida moralmente responsável, racional, consciente, bem como uma voluntária renúncia ao que o *Bardo Thodöl* chama de "ilusão kármica". A ilusão kármica se origina na crença num mundo visionário de natureza extremamente irracional, que não combina nem deriva dos nossos julgamentos racionais, mas, sim, é um produto exclusivo da imaginação desinibida. Trata-se de puro sonho ou "fantasia", contra a qual qualquer pessoa bem-intencionada cuidará logo de precaver-nos; de fato, não é possível distinguir, num primeiro momento, as fantasias desse tipo e a fantasmagoria de um maluco. Muito frequentemente, basta um pequeno *abaissement du niveau mental* para desfazer esse mundo de ilusões. O terror e o obscurantismo desse momento equivalem às experiências descritas nas primeiras seções do *Sidpa Bardo*. Mas os conteúdos desse *Bardo* revelam também os arquétipos, as imagens kármicas, que aparecem primeiro em sua forma pavorosa. O estado de *Chönyid* equivale a uma psicose deliberadamente provocada.

É frequente ouvirmos falar ou lermos sobre os perigos do yoga, em particular da mal-afamada yoga *Kundalini*. O estado psicótico deliberadamente provocado, que em certos indivíduos inseguros pode acarretar verdadeira psicose, constitui um perigo que realmente deve ser levado a sério. De fato, essas coisas são perigosas e não devemos nos ocupar delas da nossa maneira de ser tipicamente ocidental. Trata-se de uma interferência no destino, que toca nas verdadeiras raízes da existência humana e pode acarretar uma carga de sofrimentos com que uma pessoa sã jamais sonhou. Esses sofrimentos correspondem aos infernais tormentos do estado de *Chönyid*, descrito no texto da seguinte maneira:

> Então, o Senhor da Morte colocará em torno do teu pescoço uma corda e te arrastará; ele cortará tua cabeça, arrancará teu coração, extrairá teus intestinos, devorará teu cérebro, beberá teu sangue, comerá tua carne e roerá teus ossos; porém, não morrerás. Mesmo quando teu corpo estiver reduzido a pedaços, ele reviverá. O repetido esquartejamento te causará intensa dor e tortura.

Essas torturas descrevem perfeitamente a natureza real do perigo: trata-se de uma desintegração da totalidade do corpo do *Bardo*, uma espécie de "corpo sutil" que constitui o invólucro visível do eu psíquico no estado de pós-morte. O correspondente psicológico desse desmembramento é a dissolução psíquica. Em sua forma danosa, poderia ser a esquizofrenia (divisão da psique). Esta, a mais comum de todas as doenças mentais, consiste essencialmente num acentuado *abaissement du niveau mental*, que abole os controles normais impostos pela mente consciente e, assim, dá ilimitada margem à ação dos "dominantes" inconscientes.

Então, a transição do estado do *Sidpa* para o do *Chönyid* é uma perigosa reversão dos objetivos e intenções da mente consciente. Trata-se de um sacrifício da estabilidade do ego e de uma rendição à extrema incerteza daquilo que deve ser visto como uma caótica orgia de formas fantásticas. Quando Freud cunhou a expressão segundo a qual o ego era "o verdadeiro lugar da ansiedade", estava expressando uma intuição muito verdadeira e profunda. No fundo, o medo do autossacrifício está oculto em cada ego, e esse medo é, com frequência, apenas a necessidade precariamente controlada de as forças inconscientes irromperem com plena energia. Ninguém que se esforce por obter personalidade (individuação) está livre dessa passagem perigosa, pois aquilo que é temido também pertence à totalidade do eu — o mundo subumano ou supra-humano dos "dominantes" psíquicos, do qual o ego originalmente se emancipou com enorme esforço e, portanto, apenas parcialmente, com vistas a uma liberdade mais ou menos ilusória. Essa libertação é, por certo, uma tarefa muito necessária e bastante heroica, mas não representa nada de definitivo: trata-se da mera criação de um *sujeito*, o qual, para se realizar plenamente, tem ainda de se ver confrontado com um *objeto*. À primeira vista, isso poderia ser o mundo, que se enche com projeções para esse mesmo fim. Aqui, procuramos e encontramos nossas dificuldades; aqui procuramos e encontramos nossos inimigos; aqui procuramos e encontramos o que é caro e precioso para nós; e é consolador saber que todo o mal e todo o bem devem ser encontrados aqui, no objeto visível, onde ele pode ser conquistado, punido, destruído ou desfrutado. Mas a própria natureza não permite que esse estado paradisíaco de inocência continue para sempre. Existe, e sempre existiram, aqueles que não conseguem ver senão que o mundo e suas experiências têm natureza simbólica e realmente refletem algo que jaz escondido no próprio sujeito, na sua própria realidade transubjetiva. É dessa profunda intuição, de acordo com a doutrina lamaísta, que deriva o verdadeiro significado do estado do *Chönyid*, e é por isso que esse *Bardo* se chama "*Bardo* da Experiência da Realidade".

Como ensina a última seção do *Bardo* correspondente, a realidade que é vivenciada no estado do *Chönyid* é a realidade do pensamento. As "formas-pensamento" aparecem como realidades, a fantasia assume forma real e dá início ao terrível sonho evocado pelo karma e representado pelas "dominantes" inconscientes. O que aparece em primeiro lugar (se lermos o texto de trás para a frente) é o todo-destruidor Deus da Morte, epítome de todos os terrores; ele é seguido pelos 28 "detentores do poder", pelas deusas sinistras, 58 deusas "bebedoras de sangue". Apesar de seu aspecto demoníaco, que aparece como um confuso caos de pavorosos atributos e monstruosidades, pode-se perceber, no entanto, certa ordem. Observamos grupos de deuses e deusas dispostos de acordo com os quatro pontos cardeais e diferenciados por cores místicas características. Aos poucos, torna-se claro que todas essas divindades estão organizadas em mandalas ou círculos que contêm uma cruz nas quatro cores. As cores estão coordenadas com os quatro aspectos da sabedoria:

1. Branco = caminho de luz da sabedoria semelhante ao espelho.
2. Amarelo = caminho de luz da sabedoria da igualdade.
3. Vermelho = caminho de luz da sabedoria discernente.
4. Verde = caminho de luz da sabedoria que tudo realiza.

Num plano superior de compreensão, o morto sabe que as formas-pensamento reais emanam todas dele mesmo e que os quatro caminhos de luz da sabedoria que aparecem diante dele são as irradiações das suas próprias faculdades psíquicas. Isso nos leva diretamente à psicologia da mandala lamaísta, já comentada no livro que escrevi em colaboração com o falecido Richard Wilhelm, *Das Geheimnis der Goldenen Blüte* [*O Segredo da Flor de Ouro*].

Continuando nossa ascensão — de trás para a frente — através da região do *Chönyid Bardo*, chegamos afinal à visão dos Quatro Grandes: o Amogha-Siddhi verde, o Amitābha vermelho, o Ratna-Sambhava amarelo e o Vajra-Sattva branco. A ascensão termina com uma brilhante luz azul do *Dharma-Dhātu*, o corpo de Buda, que fulgura no centro da mandala a partir do coração do Vairochana.

Com essa visão final terminam as ilusões kármicas; a consciência, afastada de toda forma e de todo apego aos objetos, retorna ao estado atemporal e incipiente do *Dharma-Kāya*. Assim (lendo de trás para a frente), alcança-se o estado *Chikhai*, que apareceu no momento da morte.

Acredito que essas poucas indicações serão suficientes para dar ao leitor atento alguma ideia da psicologia do *Bardo Thodöl*. O livro descreve um caminho de iniciação, em sentido inverso, a qual, diferentemente das expectativas escatológicas do cristianismo, prepara a alma para uma descida à existência física. A inclinação mundana do europeu, profundamente intelectualista e racionalista, aconselha-nos a inverter a sequência do *Bardo Thodöl* e considerá-lo como uma descrição de experiências orientais de iniciação, mesmo podendo, se o desejarmos, substituir os símbolos cristãos pelos deuses do *Chönyid Bardo*. De qualquer maneira, a sequência de acontecimentos, como os descrevi, oferece um paralelo bem próximo da fenomenologia do inconsciente europeu quando este passa por um processo de iniciação, isto é, quando está sendo analisado. A transformação do inconsciente que ocorre durante a análise torna-se no análogo natural das cerimônias de iniciação religiosa, as quais, no entanto, diferem, em princípio, do processo natural, à medida que antecipam o curso natural de desenvolvimento e substituem, para a produção espontânea de símbolos, um conjunto deliberadamente seleto de símbolos prescritos pela tradição. Podemos ver isto nos *Exercitia* de Inácio de Loiola ou nas meditações do yoga dos budistas e dos tantristas.

A inversão da ordem dos capítulos, que sugiro para facilitar o entendimento do texto, de modo algum corresponde à intenção original do *Bardo Thodöl*. Tampouco o uso psicológico que fazemos dele, que não traduz senão uma intenção secundária, embora possivelmente seja sancionado pelo costume lamaísta. O verdadeiro propósito deste livro é instruir o morto na sua jornada através das regiões do *Bardo*, o que certamente parecerá muito estranho ao europeu esclarecido do século XX. A Igreja Católica é o único lugar no mundo do homem branco em que se pode encontrar algum tipo de cerimonial para a alma do morto. Entre os protestantes, com sua otimista visão do mundo, encontramos apenas alguns poucos "centros de salvação" mediúnicos, preocupados mais em instruir os mortos quanto ao fato de que estão mortos. Porém, falando de modo geral, não há nada no Ocidente comparável ao *Bardo Thodöl*, à exceção de alguns escritos secretos que permanecem inacessíveis ao grande público e aos cientistas comuns. De acordo com a tradição, o *Bardo Thodöl* também foi incluído entre os livros "secretos", segundo o dr. Evans-Wentz deixa claro na sua Introdução. Como tal, ele forma um capítulo especial na mágica "cura da alma", que se estende mesmo além da morte. Esse culto da morte está racionalmente fundado na crença da atemporalidade da alma, mas sua base irracional reside na necessidade psicológica dos vivos em fazer algo por aqueles que partiram desta vida. Trata-se de uma necessidade elementar que se impõe mesmo sobre os mais "iluminados" quando se deparam com a morte de parentes ou amigos. Se Lênin teve de submeter-se a ser embalsamado e depositado num suntuoso mausoléu como um faraó egípcio, podemos estar totalmente certos de que isso não foi feito porque seus seguidores acreditavam na ressurreição do corpo. No entanto, à parte das missas rezadas na Igreja Católica para benefício da alma, pouco fazemos de resto nesse sentido e permanecemos, quanto a essa questão, num grau rudimentar e o mais inferior possível, e isso não porque não possamos nos convencer da imortalidade da alma, mas porque racionalizamos essa necessidade psicológica e a descartamos do âmbito da existência. Comportamo-nos como se não tivéssemos tal necessidade e, como não conseguimos acreditar numa vida após a morte, preferimos nada fazer a esse respeito. As pessoas de mentalidade mais simples seguem seus próprios sentimentos e, como no caso da Itália, constroem para si mesmas monumentos funerários de grande beleza. As missas católicas pela alma encontram-se num nível consideravelmente superior a esse, porquanto são destinadas expressamente ao bem-estar psíquico daqueles que partiram deste mundo, e não são apenas mera gratidão de sentimentos lacrimosos. A mais alta dedicação de esforços espirituais para o bem-estar do morto é, certamente, a que encontramos nos ensinamentos do *Bardo Thodöl*. Esse tratado a respeito dos mortos é tão detalhado e tão adaptado às aparentes modificações na condição do morto que qualquer leitor sério se verá propenso a perguntar se esses velhos sábios lamas não teriam, afinal de contas, apreendido algo da quarta dimensão e levantado o véu de um dos maiores segredos da vida.

Ainda que a verdade esteja sempre fadada a ser uma decepção, somos compelidos a atribuir pelo menos alguma realidade à visão de vida existente no *Bardo*. Seja como for, é, no mínimo, desconcertantemente original encontrar o estado do pós-morte, do qual nossa imaginação religiosa concebeu as formas mais grandiosas, pintadas em espantosas cores como um terrível estado onírico de caráter progressivamente degenerativo. A visão suprema não vem no fim do *Bardo*, mas sim no início, no momento da morte; o que ocorre depois é uma descida cada vez mais profunda na ilusão e na obscuridade, até a última degradação do novo nascimento físico. O clímax espiritual é alcançado no momento em que a vida finda. Portanto, a vida humana é o veículo da máxima perfeição que é possível alcançar; ela gera o karma, que torna possível ao morto permanecer sob a luz perpétua do Vazio, longe de todo objeto e, assim, descansar no centro da roda do renascimento, livre de toda ilusão de gênese e decadência. A vida no *Bardo* não traz recompensas ou punições eternas, mas apenas uma descida para uma nova vida, que levará o indivíduo para mais próximo do seu objetivo final. Mas essa meta escatológica é aquilo que ele mesmo leva consigo, o que ele gerou como o último e supremo fruto dos seus esforços e aspirações na existência terrena. Essa visão não é apenas sublime, mas nobre e heroica.

O caráter degenerativo da vida no *Bardo* é comprovado pela literatura espiritualista do Ocidente, a qual reiteradamente nos dá uma repugnante impressão de absoluta tolice e banalidade de comunicações do "mundo dos espíritos". A ciência não hesita em explicar esses relatos como emanações do inconsciente dos "médiuns" e daqueles que tomam parte nas sessões, e chega mesmo a estender essa explicação à descrição do Além encontrada em *O Livro Tibetano dos Mortos*. Portanto, é um fato irrecusável que o livro inteiro foi criado a partir dos conteúdos arquetípicos do inconsciente. Por trás deles e nisso nossa razão ocidental está totalmente correta — não há realidades físicas ou metafísicas, mas "apenas" a realidade de fatos psíquicos, os dados da experiência psíquica. Ora, se uma coisa é "dada", subjetiva ou objetivamente, o fato é que ela existe. O *Bardo Thodöl* não diz mais que isso, já que seus Cinco Budas *Dhyānī* não são mais que dados psíquicos. É exatamente isso o que morto tem de reconhecer, se já não lhe ficou claro durante a vida que o seu próprio eu psíquico e o doador de todos os dons são uma só e a mesma coisa. Na verdade, o mundo dos deuses e dos espíritos "nada mais é que" o inconsciente coletivo dentro de mim. Se invertermos essa frase, teremos a seguinte: o inconsciente coletivo é o mundo dos deuses e dos espíritos fora de mim, não sendo necessária nenhuma acrobacia intelectual, mas uma vida humana inteira, talvez mesmo várias existências, de crescente *integridade*. Observem que não digo "de crescente perfeição", porque os que são "perfeitos" realizam outro tipo de descoberta completamente diferente.

* * *

O *Bardo Thodöl* começou sendo um livro "fechado", e assim tem permanecido, a despeito do tipo de comentário que se possa tecer sobre ele. Isso porque se trata de um livro que só se abrirá ao entendimento espiritual, aptidão com que nenhum de nós nasce, mas que se pode obter por meio de treino e experiência especiais. É bom que existam livros "inúteis" para todos os fins e propósitos. Eles são destinados a essa "gente rara" que não dá tanta importância aos hábitos, às metas e aos significados da "civilização" atual.

Prefácio Introdutório

Lama Anagarika Govinda

Pode-se argumentar que ninguém poderá falar da morte com autoridade se antes não tiver morrido; e, uma vez que, aparentemente, ninguém retornou da morte, como pode alguém saber o que é a morte ou o que acontece depois dela?

Os tibetanos responderão: "Não há *uma* pessoa, na verdade, *nenhum* ser vivo, que *não* tenha retornado da morte. De fato, todos nós morremos várias mortes antes de virmos para esta encarnação. E aquilo a que chamamos nascimento é apenas o lado inverso da morte, como um dos dois lados de uma moeda, ou ainda como uma porta, que chamamos de 'entrada', a partir do lado de fora, e de 'saída', a partir do lado de dentro de um aposento".

É ainda mais surpreendente que nem todos se lembrem de sua morte anterior. E, por causa desse lapso de memória, a maioria das pessoas não acredita que tenha havido uma morte anterior. Mas do mesmo modo não se lembram do seu mais recente nascimento, embora não duvidem de terem nascido recentemente. Essas pessoas se esquecem de que a memória ativa é uma pequena parte da nossa consciência normal, e que nossa memória inconsciente registra e preserva cada impressão e experiência passadas das quais nossa mente desperta não consegue se lembrar.

Há aqueles que, por meio de concentração e outros recursos e práticas yogues, são capazes de trazer o inconsciente para o âmbito da consciência discriminativa e, desse modo, têm acesso ao ilimitado tesouro da memória do subconsciente, onde estão alojados os registros não apenas da nossa vida passada, mas também da nossa raça, o passado da humanidade e de todas as formas pré-humanas de vida, e mesmo o passado da própria consciência, que torna possível a vida neste universo.

Se, por algum truque da natureza, os portões da subconsciência fossem repentinamente abertos, aquele que não tivesse uma mente preparada para isso sucumbiria esmagado. Por isso, os portões do subconsciente são vigiados por todos os iniciados e escondidos atrás do véu de mistérios e símbolos.

Por essa razão, o *Bardo Thodöl*, livro tibetano que proporciona a libertação do estado intermediário entre a vida e o renascimento — estado este que os homens chamam de "morte" — foi escrito em linguagem simbólica. Trata-se de um livro lacrado com os sete selos do silêncio — não porque o seu conhecimento deva permanecer inacessível ao não iniciado, mas pelo risco de ele ser mal compreendido e, por conseguinte, causar danos àqueles que não estiverem preparados para apreendê-lo. Porém, chegou o momento de romper esses selos de silêncio; isso porque a raça humana se encontra numa encruzilhada em que deve decidir entre contentar-se com a subjugação do mundo material ou buscar a conquista do mundo espiritual, subjugando os desejos egocêntricos e transcendendo as limitações autoimpostas.

De acordo com a tradição tibetana, o *Bardo Thodöl* é uma dessas obras do Padma-Sambhava que foram secretamente escondidas para serem preservadas para as futuras gerações, e que deveriam ser reveladas ao mundo quando os tempos se mostrassem propícios para isso. Seja como for, o fato é que, durante a perseguição ao budismo por Langdarma, no início do século XIX da era cristã, inúmeros livros budistas do período mais antigo da penetração dessa religião no Tibete foram escondidos sob rochas, em cavernas e outros lugares para evitar que fossem destruídos. Posto que quase todos os membros da ordem budista e seus seguidores tenham sido mortos ou expulsos do Tibete, muitas dessas escrituras permaneceram onde haviam sido guardadas. Muitas foram redescobertas durante os séculos posteriores e passaram a ser designadas como *Termas*, termo derivado da palavra tibetana *Gter* — pronuncia-se *Ter* —, que significa "tesouro". Os que descobriram esses tesouros espirituais e propagaram seus ensinamentos foram chamados *Tertöns*, do tibetano *Gterbs-ton* — que se pronuncia *Tertön* —, isto é, "Revelador de Tesouros". Essa me parece uma explicação bem mais razoável quanto à tradição dos *Tertöns* — a qual, muito significativamente, é mantida nas mais antigas escolas do budismo tibetano, como a Nyingmapa e a Kargyütpa — do que as teorias de certos críticos ocidentais, que acreditam que essas escrituras teriam sido "falsificadas" por pessoas que desejavam impingir suas próprias ideias sob o pretexto de antigas revelações. Esses críticos subestimam a sinceridade religiosa e o respeito profundo pela santidade da tradição espiritual arraigada em cada tibetano, seja leigo ou lama. Acrescentar ou omitir uma única palavra ou letra das Sagradas Escrituras foi sempre visto pelos tibetanos como um pecado atroz, que mesmo os mais ímpios temeriam cometer.

Além disso, esses mesmos críticos subestimam as dificuldades de forjar e editar esses tipos de escrituras, pois a falsificação exigiria um conhecimento técnico e crítico de história e de linguística que não só não existia no Tibete como também exigiria uma inteligência superior para ser aplicado. Se um gênio desse quilate tivesse existido no Tibete, não teria tido necessidade de recorrer ao subterfúgio da falsificação, pois poderia ter sido mais original, como fizeram muitos gênios eruditos que escreveram e ensinaram usando seus próprios nomes. Tampouco é provável que homens capazes de criar e propagar pensamentos profundos e ideias sublimes, como as contidas nos *Termas*, se preocupassem com objetivos tão ínfimos como ludibriar seus semelhantes. Quando percebemos que a literatura em questão não se compõe apenas de alguns poucos tratados isolados, mas de cerca de cem grandes volumes (de acordo com a tradição, 108), que se desdobram em dezenas de milhares de fólios, então a teoria da fraude deliberada resulta não só improvável, mas também absurda.

Se considerarmos as influências da religião pré-budista do Tibete sobre o *Bardo Thodöl* — ou seja, a do Bön-pos —, deveremos levar em conta o fato de que todos aqueles *Termas* atribuídos ao Padma-Sambhava declaram, em termos precisos, sua adesão a ele, exatamente a personagem que se opôs ao Bön-pos e o derrotou. Por conseguinte, essas escrituras redescobertas não podem ser vistas como propagadoras das ideias do Bön-pos.

Ainda que Padma-Sambhava tenha incorporado ao sistema budista algumas das divindades locais tibetanas, para servirem de guardiãs da Fé, isso de modo algum significa que ele tenha cedido um palmo sequer do fundamento budista ao Bön-pos; ele agiu perfeitamente de acordo com os princípios do budismo ortodoxo, dentro do qual, em todos os países budistas, as divindades da Terra sempre foram honradas e veneradas como protetoras do *Dharma*. Assim, os seguintes versos pális ainda são recitados, durante o *pūjā* normal (cerimônia de adoração), pelos seguidores do budismo Theravāda, no Ceilão, em Burma, no Sião, no Cambodja e em outros locais:

Ākāsa.t.thā ca bhumma.t.thā, deva nāgā mahiddhikā, Puññantam. anumoditvā, ciram rakkhantu sāsanam.

Esses versos podem ser vertidos do seguinte modo:

Que os seres do céu [ou do espaço] e da Terra, *Devas* e *Nāgas* [isto é, deuses e espíritos-serpentes] de grande poder, após haverem participado do mérito [deste *pūjā*], protejam por longo tempo a Doutrina Sagrada.

Qualquer influência cultural, como as que possam haver entre o budismo e o bönismo, sempre foi mais do tipo sentido único do que de um intercâmbio mútuo de ideias. Isso porque o Bön-pos, que não possuía literatura própria, absorveu conceitos e símbolos budistas em tão ampla escala, criando com isso uma literatura e uma iconografia de semelhanças tão grandes com as do budismo que, para o observador descuidado chegam a ser quase indistinguíveis.

Há também a totalmente arbitrária afirmação corrente segundo a qual foi a influência Bön que incentivou a negligência na observação das regras monásticas budistas e levou a um declínio geral do padrão tibetano de saber e de moralidade. Quem quer que haja tido a oportunidade de permanecer, mesmo que por um curto espaço de tempo, num dos mosteiros Bön existentes no Tibete terá observado, com surpresa, que as regras do celibato e da disciplina monástica são mais estritas lá do que na maioria dos mosteiros budistas tibetanos. Terá observado também o paralelo existente entre as escrituras do *Bön-pos* e muitas das principais escrituras do cânon do budismo desse país. Eles têm seus *Prajnāpāramitā Sūtras*, seu *Pratīyasamutpāda* (representado na Roda da Vida por treze divisões), seus tantras e mantras, e suas divindades correspondentes mais ou menos aos vários Budas, *Boddisattvas*, Devatas e Dharmapādas do budismo.

Pode parecer paradoxal, mas, na realidade, enquanto as mais antigas escolas do budismo tibetano, apesar da intolerância pelas divindades locais, lograram romper com o poder do bönismo, foram, contudo, os Gelugpas, a mais jovem e vigorosa das escolas reformadas, que reintroduziram uma das mais influentes instituições do *Bön-pos*, a saber, os Oráculos Oficiais nos Templos dos Oráculos, nos mais importantes mosteiros da Seita Amarela. As divindades invocadas nesses Templos dos Oráculos são exclusivamente de origem Bön. Entre as mais antigas seitas do budismo, em especial entre os Kargyütpas, não existem esses Templos dos Oráculos. Isso mostra que as Antigas Escolas, ao contrário do que se acredita comumente, estão menos sob a influência do bönismo do que os Gelugpas, apesar das reformas dos Gelugpas e de sua disciplina monástica mais estrita. Essa disciplina monástica mais estrita dos Gelugpas coloca-os realmente mais próximos do supramencionado puritanismo do Bön-pos.

Portanto, devemos estar atentos para evitar declarações do tipo que define o que pode ou o que não pode ser atribuído à influência do bönismo. E isso se dá principalmente pelo fato de não sabermos em que exatamente consistiam os ensinamentos do Bön antes do advento do budismo, ainda que possamos seguramente pressupor que eles eram animistas, pois adoravam as forças espirituais do homem e da natureza, principalmente em seus aspectos aterrorizantes; certos rituais eram realizados para o benefício e a orientação do morto. Tais práticas religiosas são frequentemente encontradas em quase todas as antigas civilizações; e prevaleceram tanto na Índia como no Tibete. Esse "animismo" permeia todos os textos budistas, nos quais cada árvore ou bosque, cada localidade, é tido como possuidora de suas divindades peculiares, e o Buda é representado discursando com deuses e outros seres espirituais, habitantes da Terra e de outras regiões do Além, como se isso fosse a coisa mais natural. Somente um budismo completamente ocidental e intelectualizado, que procura separar o conteúdo do pensamento racional do budismo dos seus elementos mitológicos igualmente profundos, pode negar essa formação animista e, com isso, os fundamentos metafísicos do budismo.

O universo budista é completamente vivo; nele não há espaço para a matéria inerte ou para o simples mecanicismo. E, além disso, o budismo está alerta a todas as possibilidades de existência e a todos os aspectos da realidade. Se soubéssemos das terríveis aparições que assediaram Buda na noite que precedeu a sua iluminação não precisaríamos buscar influências Bön em relação aos monstros com cabeças de animais que surgem do abismo do subconsciente na hora da morte ou nas visões da meditação. Divindades iradas, demônios em forma de animal, assim como deuses com aparência demoníaca, são comuns tanto na Índia como no Tibete. A despeito dos usos populares segundo os quais o *Bardo Thodöl* tem sido relacionado com os rituais da morte — e, aqui, talvez distingamos o único traço da influência Bön digno de consideração —, a ideia central e o profundo significado do *Bardo Thodöl* são genuinamente budistas.

Os próprios tibetanos realizaram um esforço considerável no sentido de livrar suas Escrituras de erros e acréscimos não budistas, assim como de assegurar a autenticidade e inteligibilidade das suas tradições. Depois do estabelecimento das normas para a tradução dos textos sânscritos, e para a necessária terminologia tibetana correspondente, pelos primeiros tradutores tibetanos e pelos pioneiros do *Dharma*, "os tradutores foram expressamente proibidos de cunhar novos termos. Quando isso se tornava inevitável, eles eram obrigados a encaminhar a questão a um tribunal especial, conhecido como 'Tribunal da Doutrina do Bem-aventurado', anexo ao palácio real. A tradução de obras tântricas só poderia ser efetuada com a permissão do rei. Essas normas foram promulgadas pelo rei Ti-De Song-Tsen (Ral-pa-can, 817-36 d.C.), e desde então foram seguidas por todos os tradutores tibetanos".[1]

Com o advento das xilografias, foram mantidas precauções semelhantes, não apenas com respeito às traduções, mas também com relação a toda a literatura religiosa. Tornou-se norma que nenhum livro religioso poderia ser publicado sem a sanção das mais altas autoridades espirituais, as quais apontariam competentes revisores de provas com o objetivo de impedir versões incorretas ou interpolações injustificadas. No entanto, isso não impediu a diversidade de interpretações por várias escolas reconhecidas e pelos seus mestres. O objetivo principal era impedir a degeneração das tradições estabelecidas, fosse por descuido ou por ignorância de copistas e intérpretes não qualificados.

É por essa razão que as xilografias autorizadas contêm as mais confiáveis versões que se possa ter dos textos sagrados tradicionais. Porém, os livros manuscritos, embora por vezes sofrendo erros de ortografia e outros equívocos dos copistas, que demonstram frequentemente falta de entendimento quanto à linguagem clássica ou arcaica dos textos, são valiosos, especialmente pelo fato de recorrerem aos originais, bem mais antigos que as xilografias comuns, e também por representarem certa tradição menos conhecida e transmitida de guru para *chela* ao longo de várias gerações.

Portanto, se chamo a atenção do leitor para certas diferenças entre a versão oficialmente aceita da xilografia e a do manuscrito que serviu de base para a tradução do Lama Kazi Dawa-Samdup, não pretendo questionar o valor do manuscrito, mas simplesmente lançar luz sobre alguns pontos da

1. Cf. dr. George Roerich. *Introduction of Buddhism into Tibet*, in *Stepping Stones*. Kalimpong, 1951, vol. II, n. 5, p. 135.

tradição budista, o que poderá nos levar ao entendimento mais profundo, não só do ponto de vista histórico, mas também do espiritual.

Na verdade, o ponto de vista espiritual é que torna este livro tão importante para a maioria dos leitores. Se o *Bardo Thodöl* fosse visto meramente sob o aspecto folclórico, ou no sentido de especulação religiosa acerca da morte e de um estado hipotético do pós-morte, seria de interesse apenas para os antropólogos e estudiosos das religiões. Mas o *Bardo Thodöl* é bem mais que isso. É a chave para as regiões mais recônditas da mente e guia para iniciados e para quem procura o caminho espiritual da libertação.

Ainda que hoje o *Bardo Thodöl* seja amplamente utilizado no Tibete como breviário e lido ou recitado na ocasião da morte — motivo pelo qual foi corretamente chamado de *O Livro Tibetano dos Mortos* —, não se deve esquecer de que, originalmente, foi concebido para servir como guia, não só para os moribundos e mortos, mas também para os vivos. Essa é a razão pela qual *O Livro Tibetano dos Mortos* se tornou acessível a um público mais amplo.

Não obstante os costumes e as crenças populares que, sob a influência de antigas tradições de origem pré-budista, tenham crescido em torno das profundas revelações do *Bardo Thodöl*, o conteúdo do livro só tem valor para aqueles que praticam e compreendem seus ensinamentos durante a vida.

Há duas coisas que têm causado equívocos: uma é que os ensinamentos parecem estar endereçados ao morto ou moribundo; a outra é o fato de que o título contém a expressão "Libertação pela Audição" (em tibetano, *Thos-grol*). Como resultado disso, surgiu a crença de que é suficiente ler ou recitar o *Bardo Thodöl* na presença do moribundo, ou mesmo de alguém que acabou de morrer, para que sua libertação se efetive.

Esse equívoco só poderia ter surgido entre aqueles que não sabem que uma das práticas mais antigas e universais para o iniciado consiste em passar pela experiência da morte antes que possa renascer espiritualmente. Simbolicamente, ele deve morrer para o passado, para o antigo ego, antes que possa tomar lugar na nova vida espiritual na qual tenha sido iniciado.

O *Bardo Thodöl* dirige-se ao morto ou moribundo por três razões principais: (1) o praticante mais devoto desses ensinamentos deve observar cada momento de sua vida como se fosse o último; (2) quando um adepto desses ensinamentos está realmente morrendo, deve ser lembrado das experiências no momento da iniciação, ou das palavras (ou mantra) do guru, em especial se a mente do moribundo carecer de vigilância nos momentos cruciais; e

(3) alguém que ainda esteja encarnado deve tentar cercar o moribundo, ou o recém-morto, com pensamentos amáveis e auxiliadores nos primeiros estágios do novo estado ou pós-morte da existência, sem permitir que vínculos emocionais interfiram ou deem margem a um estado de mórbida depressão mental. Assim sendo, uma das funções do *Bardo Thodöl* parece ser mais a de ajudar os que foram deixados para trás, a fim de adotarem uma atitude correta em relação aos mortos e à própria morte, do que a de ajudar o morto, que, de acordo com a crença budista, não se desviará do próprio caminho kármico.

Aplicar os ensinamentos do *Bardo Thodöl* é sempre uma questão de se lembrar da coisa certa no momento certo. No entanto, para que nos lembremos disso, precisamos nos preparar mentalmente durante o período de vida; precisamos criar, cultivar essas faculdades que desejamos sejam de influência decisiva no momento da morte e do estado do pós-morte, para que nunca sejamos pegos de surpresa, mas possamos reagir espontaneamente, da maneira certa, quando o momento crucial da morte chegar.

Isso está claramente expresso nos Versos Básicos do *Bardo Thodöl*:

[Ó] tu que procrastinas, que não pensas na vinda da morte,
Dedicando-te às coisas inúteis da vida,
Imprevidente és tu ao desperdiçares tua grande oportunidade; Desenganado, com certeza, estará o teu propósito agora que retornas de mãos vazias [desta vida].
Uma vez que o Sagrado Dharma é tido como a tua verdadeira necessidade,
Não [te] devotarás ao Sagrado Dharma nem mesmo agora?

Um fato reconhecido por todos os que estão familiarizados com a filosofia budista é o de que o nascimento e a morte não são fenômenos que acontecem apenas uma vez numa vida humana; ocorrem ininterruptamente. A cada momento, algo dentro de nós morre e algo renasce. Por conseguinte, os diferentes *Bardos* representam diferentes estados de consciência na nossa vida: o estado da consciência desperta, a consciência normal de um ser nascido no nosso mundo humano, conhecido no Tibete como *skyes-nas bar-do*; o estado de consciência de sonho (*rmi-lam bar-do*); o estado de *dhyāna*, ou de consciência de transe, em profunda meditação (*bsam-gtan bar-do*); o estado da experiência da morte (*hchhi-kha bar-do*); o estado da experiência da Realidade (*chhos-nyid bar-do*); o estado da consciência do renascimento (*srid-pa bar-do*).

Tudo isso está claramente descrito nos *Versos Básicos dos Seis Bardos*, que, ao lado dos *Caminhos dos Bons Desejos*, formam o núcleo autêntico e original do *Bardo Thodöl*, em torno do qual as partes em prosa se cristalizaram como comentários. Isso prova que o *Bardo Thodöl* tem a ver com a própria vida, não sendo apenas a missa para o morto, a que foi reduzido nos últimos tempos.

O *Bardo Thodöl* destina-se não apenas aos que percebem a aproximação do fim da existência física ou que estejam muito próximos da morte, mas também aos que ainda têm anos de vida encarnada diante de si e entendem, pela primeira vez, o verdadeiro significado da existência humana. Nascer como ser humano é um privilégio, de acordo com os ensinamentos budistas, pois oferece a rara oportunidade de libertação mediante o esforço decisivo de cada um, por meio de uma "reviravolta no mais profundo da consciência", como estabelece o *Lankāvatāra Sūtra*.

Consequentemente, os *Versos Básicos dos Seis Bardos* começam com as palavras:

> Ó, agora, quando o *Bardo da Vida*[2] desponta em mim,
> — Após abandonar a indolência, já que não há tempo a desperdiçar na vida
> — Que eu atentamente entre no caminho da escuta, da reflexão e da meditação,
> De modo que [...] uma vez obtida a encarnação humana, Tempo algum seja perdido com distrações inúteis.

A escuta, a reflexão e a meditação são os três estágios do discipulado. A palavra tibetana para "escuta" ou "audição", *thos*, nessse contexto, assim como na expressão *Thödol* (*thos-grol*), não pode ser confundida com a mera

2. O Lama Kazi Dawa-Samdup diz, aqui, "Bardo do Lugar de Nascimento". Ao que tudo indica, seu manuscrito traz *skyes-gnas* em lugar de *skyes-nas*, segundo se lê na xilografia. O último significa, literalmente, "ter nascido", isto é, ter nascido no estado que os homens chamam de vida. *Skyes-gnas* refere-se ao ventre, o "lugar" (*gnas*) de nascimento; esse é o tema do sexto verso, que trata do *bardo* do renascimento, que, por conseguinte, não pode ser explicado aqui, pois, caso contrário, haveria apenas cinco *bardos* em vez de seis.

consciência sensorial da audição, como se pode observar pelo termo tibetano *nyan-thos*, o equivalente da palavra sânscrita *sravaka*, referente a discípulo e, mais particularmente, ao discípulo pessoal de Buda, não simplesmente a alguém que, ocasionalmente, aconteceu de ouvir o ensinamento de Buda. O termo se refere àquele que captou o ensinamento no coração e tornou-o seu. Assim, a palavra "escuta", nesse caso, implica "ouvir com o coração", isto é, com fé sincera (*shraddha*). Esta representa o primeiro estágio do discipulado. No segundo estágio, essa atitude intuitiva é transformada em conhecimento por meio da razão, enquanto, no terceiro, o sentimento intuitivo do discípulo, e o entendimento intelectual são transformados em realidade viva por meio da experiência direta. Assim, a convicção intelectual torna-se certeza espiritual, num conhecimento em que o conhecedor é o *mesmo* que o conhecido.

Esse é o elevado estado espiritual proporcionado pelos ensinamentos expressos no *Bardo Thodöl*. Desse modo, o discípulo iniciado obtém domínio sobre o âmbito da morte e, então, estando em condições de perceber a natureza ilusória da morte, fica livre do medo. Esse engodo da morte provém da identificação do indivíduo com sua forma temporal e ilusória, seja física, emocional ou mental, surgindo daí a noção incorreta de que há um estado de ego pessoal, separado do próprio indivíduo, e o medo de perdê-lo. No entanto, se o discípulo aprendeu, como o *Bardo Thodöl* ensina, a identificar-se com o Eterno, o *Dharma*, a Imperecível Luz do Estado de Buda dentro dele, então os temores da morte são dissipados como uma nuvem diante do Sol nascente. Então, ele sabe que tudo quanto possa ver, ouvir ou sentir na hora de sua partida desta vida não é senão o reflexo do seu próprio conteúdo mental consciente e subconsciente. Nenhuma ilusão criada na mente pode, então, exercer poder sobre ele, se ele conhece sua origem e é capaz de reconhecê-la. As visões ilusórias do *Bardo* variam de acordo com as condições e os elementos da tradição religiosa e cultural em que a pessoa cresceu, mas sua força motriz é a mesma em todos os seres humanos. Assim é que a profunda psicologia expressa no *Bardo Thodöl* constitui importante contribuição para o conhecimento da mente humana e do caminho que conduz a ela. Sob a forma de ciência da morte, o *Bardo Thodöl* revela o segredo da vida; e nisso reside seu valor espiritual, bem como seu interesse universal.

O *Bardo Thodöl* é um tratado que exige mais que conhecimentos psicológicos para sua tradução e interpretação; ou seja, é necessário profundo conhecimento dos seus fundamentos tradicionais e da experiência religiosa de alguém que tenha crescido nessa tradição ou que a tenha absorvido de um guru competente. No passado, "não se considerava que um simples conhecimento da língua bastasse para fazer de um homem um 'tradutor' no sentido sério da palavra; ninguém poderia encarregar-se de traduzir um texto se não o tivesse estudado durante muitos anos ao lado de um tradicional e autorizado expoente dos seus ensinamentos; muito menos podia ocorrer que alguém se considerasse qualificado para traduzir o texto de uma doutrina em cujos ensinamentos não acreditasse".[3]

Hoje, infelizmente, nossa atitude é totalmente inversa: um erudito é visto como muito mais competente ("academicamente") quanto menos acredita nos ensinamentos que se encarregou de interpretar. Os lamentáveis resultados disso são por demais evidentes, especialmente no campo da tibetologia, que esses eruditos têm abordado com ar de superioridade, deslegitimando desse modo o próprio propósito dos seus esforços.

O Lama Kazi Dawa-Samdup e o dr. Evans-Wentz foram os primeiros a restabelecerem o antigo método de *Lotsavas* (como são chamados os tradutores de textos sagrados no Tibete). Eles abordavam sua tarefa em espírito de verdadeira devoção e humildade, como uma responsabilidade sagrada que lhes chegou às mãos através de gerações de iniciados, responsabilidade com que deveriam lidar com o maior respeito pelos menores detalhes. Ao mesmo tempo, não consideravam sua versão como final ou infalível, mas antes como as traduções pioneiras da Bíblia, ou seja, um ponto de partida para futuras versões que pudessem ser ainda mais profundas e perfeitas à medida que aumenta nosso conhecimento das fontes da tradição tibetana.

Esse tipo de atitude não representa apenas o contraste entre entendimento espiritual e verdadeira erudição, mas faz o leitor sentir que está pisando em solo sagrado. Isso explica a profunda impressão que *O Livro Tibetano dos Mortos*, assim como outros volumes complementares da "Série Tibetana" da

---

3. Cf. Ananda K. Coomaraswami. *Hinduism and Bhuddism*. Nova York: Philosophical Library, s/d., p. 49; e Pallis, Marco,.*Peaks and Lamas*. Cassel & Co., 1946, pp. 79-81. Este último livro é, provavelmente, a melhor introdução ao budismo tibetano já escrita até hoje.

Oxford University Press, tem exercido sobre os leitores sérios de todo o mundo. O sucesso extraordinário alcançado por essas obras foi devido à seriedade e sinceridade dos seus objetivos. De fato, o mundo encontra-se em grande débito com esses dois dedicados sábios. *Sabbadānam dhammadānam jināti*: "A verdade é o melhor de todos os dons".[4]

A Memória de Buda

Na memória, todos os nascimentos anteriores desfilaram diante de seus olhos. Nascido em tal lugar, com tal nome, e até o seu nascimento presente, assim, através de centenas, milhares, infinidades. Ele conheceu todos os seus nascimentos e mortes.

Ashvaghosha, *A Vida de Buda*
(trad. para o inglês de Samuel Beal).

4. Cf. Dhammapāda, XXIV, 21.

Prefácio
A Ciência da Morte[1]

Sir John Woodroffe

Esforça-te pelo que é bom antes de te encontrares em perigo, antes que a dor te domine e antes que a mente perca sua vitalidade.

— *Kulārnava Tantra*, I, 27.

A ideia da morte sugere duas perguntas. A primeira é: "Como se pode evitar a morte, a não ser quando ela é desejada, como no caso da 'Morte voluntária' (*Ichchhāmrityu*)?". Evitar a morte é a meta quando se usa o *Hatha* yoga para prolongar a vida presente na carne. Não é, no sentido ocidental, um "dizer sim" à "vida", mas, por ora, a uma maneira particular de vida. O dr. Evans-Wentz nos diz que, de acordo com a crença popular tibetana, nenhuma morte é natural. Isso é o que crê a maioria dos povos primitivos, se não todos. Além disso, a própria fisiologia questiona essa "morte natural", no sentido de morte por mera velhice, sem lesão ou enfermidade. No entanto, esse texto, na linguagem do que renuncia à vida carnal, diz ao nobre filho que a Morte vem para todos e a espécie humana não deve se apegar à vida na Terra com seu incessante vagar pelos Mundos do nascimento e da morte (*Sangsāra*). O homem deveria, isto sim, implorar pela ajuda da Mãe Divina para uma passagem segura através do temível estágio subsequente à dissolução do corpo e que possa finalmente atingir o todo-perfeito estado de Buda.

1. Quanto ao título deste Prefácio, "A Ciência da Morte", ver *Thanatology*, do dr. Roswell Parks, in *The Journal of the American Medical Association*, 27 de abril de 1912.

A segunda pergunta, portanto, é: "Como aceitar a Morte e morrer?". É a isso que nos referiremos agora. Aqui, a técnica de morrer faz da Morte a entrada para boas vidas futuras, primeiro fora da carne e depois nela de novo a menos e até que a libertação (Nirvana) da vida errante (*Sangsāra*) seja conseguida.

Este Livro, de interesse extraordinário, seja pelo texto principal ou pela Introdução, trata do período (mais longo ou mais curto, de acordo com as circunstâncias) que, começando imediatamente após a morte, termina com o "renascimento". Segundo a visão dos budistas, a Vida consiste numa série de estados sucessivos de consciência. O primeiro é a Consciência do Nascimento; o último é a consciência existente no momento da morte ou Consciência da Morte. O intervalo entre os dois estados de Consciência, durante o qual ocorre a transformação do "velho" ser num "novo", é chamado de *Bardo* ou estado intermediário (*Antarābhāva*), dividido em três estágios, chamados *Chikhai, Chönyid* e *Sidpa Bardo*, respectivamente.

Este manual, comum em várias versões através do Tibete, pertence a uma das classes de escritos entre os quais o dr. Evans-Wentz inclui *O Livro Egípcio dos Mortos*, guia para o uso do *Ka* ou assim chamado "Duplo", o *De Arte Moriendi* e outros tratados medievais semelhantes sobre a arte de morrer, aos quais se pode acrescentar o manual órfico intitulado *A Descida ao Hades* (cf. "Ele Desceu ao Inferno") e outros, como os livros-guias para uso dos mortos, o *Pretakhanda* do hindu *Garuda Purāna, De Coelo et de Inferno*, de Swedenborg, *De Inferno*, de Rusca, e várias outras obras escatológicas antigas e modernas. O *Garuda Purāna* trata de ritos usados para o moribundo no momento da morte, e das cerimônias fúnebres, da aquisição, por meio do rito *Preta shrāddha*, de um novo corpo para o *Preta* ou falecido, em substituição àquele consumido pelo fogo, o Juízo e, posteriormente (cap. V), dos vários estágios através dos quais o finado passa até renascer de novo na Terra.

O texto original e a introdução do dr. Evans-Wentz formam uma contribuição muito valiosa para a Ciência da Morte, do ponto de vista do budismo *Mahāyāna* tibetano, do assim chamado tipo "tântrico". O livro é bem-vindo não apenas em virtude de seu tema em particular, mas porque as obras rituais de qualquer religião possibilitam-nos compreender mais plenamente a filosofia e a psicologia do sistema a que pertencem.

O texto tem três características. Em primeiro lugar, trata-se de uma obra sobre a Arte de Morrer, pois a Morte, assim como a Vida, é uma Arte, apesar de ambas serem confundidas com frequência. Há um dito bengali que afirma: "Para que servem *Japas* e *Tapas* (dois tipos de devoção) se não se sabe como morrer?". Em segundo lugar, trata-se de um manual de terapia religiosa para os últimos momentos e de uma psicurgia exorcizante, de uma instrução, consolação e fortalecimento, mediante os rituais fúnebres, para quem está em vias de passar para outra vida. Em terceiro lugar, este livro descreve as experiências do morto durante o período intermediário e o instrui em relação a ele. Portanto, trata-se de uma espécie de Guia do Viajante para os Outros Mundos.

A doutrina da "reencarnação", por um lado, e a da "ressurreição", por outro, constituem a principal diferença entre as quatro mais importantes religiões: o bramanismo, o budismo, o cristianismo e o islamismo. O cristianismo, em sua forma ortodoxa, rejeita a tão antiga e difundidíssima crença do *Kúklos geneseōn*, ou *Sangsāra*, ou "Reencarnação", e admite apenas um universo — *este*, primeiro e último —, assim como duas vidas: uma aqui, no corpo natural, e uma depois, no corpo da Ressurreição.

De maneira sucinta, tem sido dito que, assim como a metempsicose faz com uma mesma alma, a ressurreição faz com que um mesmo corpo sirva para mais de uma vida. Mas a segunda doutrina limita as vidas do homem ao número de duas, das quais a primeira, ou presente, determina para sempre o caráter da segunda, ou futura.

O bramanismo e o budismo admitem a doutrina de que "do modo como uma árvore cai, assim ela permanecerá", mas negam que ela permaneça assim para sempre. Para os adeptos dessas duas crenças análogas, o presente universo não é o primeiro e o último. É apenas um de uma série infinita, sem início ou fim absolutos, embora cada universo da série apareça e desapareça. O bramanismo e o budismo postulam também uma série de existências sucessivas, em que até a moralidade, a devoção e o conhecimento produzem essa elevada forma de desprendimento, que é a causa da Libertação do ciclo de nascimento e morte chamado "Perambulação" (ou *Sangsāra*). Liberdade é atingir o Estado Supremo chamado Vazio, Nirvana e outros nomes. Eles negam que haja apenas um universo, com uma vida para cada uma de suas unidades humanas, e, depois, uma divisão dos homens, por toda a eternidade, entre os que estão salvos no Céu, ou estão no Limbo, e os que estão perdidos no Inferno. Embora concordem em afirmar que há um corpo adequado para o prazer ou para o sofrimento no Céu e no Inferno, não se trata de um corpo ressuscitado, pois na morte o corpo carnal é dissolvido para sempre.

A necessidade de um corpo existe sempre, exceto para o não dualista, que acredita numa Libertação (*Mukti*) incorpórea (*Videha*). Cada uma das quatro religiões afirma que há um elemento — vital e psíquico — sutil e sobrevivente à morte no corpo físico de carne e sangue, seja ele uma entidade permanente ou o *Eu*, como no caso do Ātmā bramânico, o *Ruh* muçulmano e a "Alma" cristã, seja ele apenas um complexo de atividades (ou *Skandha*), físicas e psíquicas, tendo a vida como sua função — um complexo em contínua mudança e, por conseguinte, uma série de estados físicos e psíquicos momentâneos, gerados sucessivamente um a partir do outro, uma transformação contínua, segundo afirmam os budistas. Assim sendo, para nenhuma dessas crenças a morte é um fim absoluto; porém, para todas elas, a morte é apenas a separação entre a psique e o corpo físico. Ela entra, depois, numa nova vida, enquanto o corpo, tendo perdido seu princípio de animação, deteriora-se. Como o dr. Evans-Wentz diz de maneira muito concisa: a Morte desencarna o "complexo da alma" do mesmo modo que o Nascimento o encarna. Em outras palavras, a Morte é apenas uma iniciação numa outra forma de vida além daquela cujo fim representa.

No que diz respeito ao aspecto físico da Morte, chamamos a atenção do leitor para a notável análise feita, aqui, dos sintomas que a precedem. Estes são registrados porque é necessário que o moribundo e os que o atendem estejam preparados para o momento final e decisivo, quando ele chegar.[2] É igualmente importante a descrição de sons ouvidos como (para usar a linguagem do dr. Evans-Wentz) "resultantes psíquicos do processo desintegrante chamado morte". Lembram ruídos de coisas que se quebram, trepidantes, ouvidos antes da morte e depois dela por até quinze horas, os quais, reconhecidos por Greunwaldi, em 1618, e referidos posteriormente por outros escritores, foram, em 1862, objeto de estudo especial pelo dr. Collingues.

Contudo, é dito que a cadeia dos estados de consciência nem sempre é rompida com a morte, já que há *Phowa* ou poder de projetar a consciência e entrar no corpo de outro.[3] O ocultismo indiano fala do mesmo poder de abandonar o corpo (*Svechchhotkrānti*), poder que, de acordo com o *Tantrarāja* (cap. XXVII, versos 45-47 e 72-80), consuma-se pela operação (*Vāyudhārana*)

2. Cf. *Tantraraja*, cap. XXVII, versos 83-100, que trata dos sinais da morte próxima. Org. Arthur Avalon. *Tantrik Texts*, v. XII.

3. Cf. *Tantrik Texts*, v. VII, p. 23, o budista *Shrichakra-sambhara Tantra*.

da atividade vital (ou *Vāyu*) nos 38 pontos ou junções (*Marma*) do corpo. Como, então, poderíamos perguntar, essa prática se encaixaria na doutrina geral da "reencarnação"? Ficaríamos satisfeitos se o dr. Evans-Wentz tivesse elucidado esse ponto. Em princípio, parece que, no caso da entrada num corpo não nascido, ela poderia ser feita na *Matriz*, da mesma maneira como se tivesse ocorrido após uma quebra de consciência na morte. Porém, no caso da entrada em seres já nascidos, a operação do poder, ou *Siddhi*, aparentemente seria por meio da possessão (*Āvesha*), por uma consciência, da consciência e do corpo de um outro, diferindo do caso mais comum pelo fato de que uma consciência possessora não retorna ao seu corpo, que, *ex hypothesi*, está em vias de morrer quando a consciência o deixa.

Se a transferência de consciência é efetuada, não ocorre, naturalmente, o *Bardo*, que pressupõe a quebra da consciência pela morte. Se não, o texto é lido.

Então, quando a respiração está em vias de extinguir-se, é dada a instrução, e as artérias são pressionadas. Isso é feito para manter a pessoa moribunda consciente, com a consciência corretamente dirigida. Isso porque a natureza da Consciência da Morte determina o estado futuro do "complexo da alma", sendo a existência a transformação contínua de um estado de consciência em outro. Tanto no ritual católico como no hindu, para o moribundo há constantes preces e repetição dos nomes sagrados.

A pressão das artérias regula o caminho a ser tomado pela corrente vital que sai (*Prana*). O caminho correto é o que passa através da *Brāhmarandhra*, ou Forame de Monro. Essa ideia parece ter sido amplamente mantida (para citar um exemplo) mesmo num lugar tão remoto e primitivo como São Cristóvão, nas Ilhas Salomão (ver *Threshold of the Pacific*, de C. E. Fox). A função de uma pedra perfurada num dólmen lá encontrado (reminiscente do dólmen à *dalle percée* comum no distrito de Marne, na Europa Ocidental, no sul da Rússia e no sul da Índia) é "permitir a livre passagem para o seu lugar natural, a cabeça, do *adaro* ou 'duplo' do homem morto".

Segundo a crença hindu (ver *Pretakhianda* de *Garuda Purāna*) há nove aberturas no corpo que são os meios de experiência e que, sob o aspecto divino, são os Senhores (*Nātha*) ou Gurus.[4] Uma boa saída é a que se encontra acima do umbigo. Dessas saídas, a melhor é através da fissura no topo do crânio, chamada *Brāhmarandhra*. Essa se encontra acima do *cerebrum* físico e

4. Cf. *Tantrik Texts*, A. Avalon, v. VIII, p. 2.

do centro do yoga, denominado "Lótus das Mil Pétalas" (*Sahasrāra Padma*), onde o Espírito está mais manifesto, já que aí se encontra a base da Consciência. Por causa disso, o hindu ortodoxo usa uma mecha de cabelo (*Shikhā*) pendendo desse lugar; não, como alguns absurdamente supuseram, para que por aí o indivíduo seja agarrado e conduzido ao Céu ou ao Inferno, mas sim porque o *Shikhā* é como uma bandeira e seu mastro, içada diante e em honra da residência do Senhor Supremo, que é a Consciência Pura. (A imagem fantástica apresentada numa obra recente de C. Lancelin, *La Vie Posthume*, p. 96, não mostra o orifício de saída, que é apresentado na lâmina 8 da segunda edição, p. 93, de *Serpent Power*, de Arthur Avalon).

Qualquer que seja a base para a crença e prática dos povos primitivos, de acordo com a doutrina do yoga, a cabeça é o centro principal da consciência e regula outros centros subordinados na coluna vertebral. Com a retirada da corrente vital através do nervo (*nādi*) central ou *Sushumnā*, as partes inferiores do corpo são desvitalizadas, havendo um vívido funcionamento concentrado no centro cerebral.

O exoterismo fala no "Livro do Juízo". Trata-se de um símbolo objetivo do "Livro" da Memória. A "leitura" desse "Livro" serve para fazer o moribundo lembrar-se de toda sua vida passada na Terra antes de deixar essa condição.[5] A corrente vital finalmente escapa do lugar onde anteriormente funcionou. No yoga, sendo o pensamento e a respiração interdependentes, a saída através da *Brāhmarandhra* implica uma atividade prévia no centro mais superior. Antes dessa saída, enquanto perdura a consciência do eu, os conteúdos mentais são fornecidos pelo ritual, que é assim destinado a assegurar uma boa morte e, por conseguinte (mais tarde), a consciência do nascimento.

No momento da morte, a consciência empírica, ou consciência de objetos, se perde. Ocorre o que popularmente se chama "desfalecimento", o qual é, no entanto, o corolário da própria superconsciência ou Clara Luz do Vazio; isso porque o desfalecimento está na Consciência e fora dela como o conhecedor dos objetos (*Vijñāna Skandha*). Essa consciência empírica desaparece, desvelando a Consciência Pura, que está sempre prestes a ser "descoberta" pelos que têm vontade de procurá-la e poder para encontrá-la.

5. Essa como que revisão da vida na Terra, vivida pelo moribundo, tem sido frequentemente atestada por pessoas que começaram a morrer, por exemplo, num afogamento, e, então, ressuscitaram. (Nota de W. Y. Evans-Wentz.)

Essa Luz clara, incolor, é um símbolo sensível do Vazio informe, para "além da Luz do Sol, da Lua e do Fogo", para usar as palavras do indiano *Gitā*. É clara e incolor, mas os corpos *māyik* (ou "forma") são coloridos de várias maneiras. Isso porque cor implica e indica forma. O Informe é incolor. O uso do cromatismo psicofísico é comum nos *Tantras* hindu e budista, e pode ser encontrado também em alguns sistemas místicos islâmicos.

Então, o que é esse Vazio? Não é, absolutamente, o "nada". Trata-se do Alógico, ao qual nenhuma categoria do mundo de nomes e formas pode ser aplicada. Mas tudo o que pode ser postulado pelo Mādhyamika Bauddha, um vedantista diria que esse "Ser" ou "estado de ser" é aplicável mesmo no caso do Vazio, que é vivido como "é" (*asti*). Desse ponto de vista, o Vazio é então a negação de todas as determinações, mas não do "estado de ser", como pretende o "niilismo" budista; contudo, ele não é nada conhecido para a experiência finita na forma, e, por conseguinte, para aqueles que não tiveram outra experiência, o Vazio é "coisa nenhuma".

Uma descrição dos ensinamentos do budismo *mahāyāna* — a meu ver mais sucinta e clara que qualquer outra — encontra-se na obra tibetana *The Path of Good Wishes of Samanta-Bhadra*, publicada por mim no sétimo volume dos *Textos Tântricos* (p. XXI *ss*) e que aqui resumo e explico.

Tudo é ou *Sangsāra* ou Nirvana. O primeiro é a experiência finita nos "Seis Mundos" ou *Lokas* — palavra sânscrita que significa "aquilo que é vivenciado" (*Lokyante*). O segundo, ou Nirvana, falando negativamente, é a libertação dessa experiência, isto é, dos mundos do nascimento e da morte e dos sofrimentos a eles associados. O Vazio não pode, tampouco, ser estritamente chamado de *Nirvana*, já que esse é um termo relativo ao mundo, e o Vazio se encontra além de todas as relações. Positivamente, e concomitantemente com essa libertação, ele é a Experiência Perfeita, que é o estado de Buda, o qual, também, a partir do aspecto cognitivo, é a Consciência desobscurecida pelas trevas da Inconsciência, ou seja, a Consciência livre de qualquer limitação. Sob o aspecto emocional, é pura Bem-aventurança, não afetada pela aflição; e, sob o aspecto volitivo, é liberdade de ação e onipotência (*Amogha-Siddhi*). A Experiência Perfeita é um estado eterno, ou, mais precisamente falando, atemporal. A Experiência Imperfeita é também eterna no sentido de que a série de universos à qual ela se submete é infinita. O problema religioso, ou seja, prático, é, então, de que modo passar da experiência inferior para aquela que é completa, chamada pelos *Upanishads* de "total" ou *Pürna*. Isso é conseguido por meio da eliminação da obscuridade. No fundo, as duas são uma coisa só: o Vazio, não criado, independente, não composto, que está além da mente e da linguagem. Se assim não fosse, a Libertação não seria possível. O homem é, de fato, libertado, mas ele não sabe disso. Quando percebe isso, está livre. O grande dito do texto budista *Prajñà-Pāramitā* diz o seguinte: "Forma (*Rupa*) é Vazio e Vazio é Forma".[6] Perceber o Vazio é ser um Buda, ou "Conhecedor", e não percebê-lo é ser um "ser ignorante" no *Sangsāra*. Portanto, os dois caminhos são Conhecimento e Ignorância. O primeiro caminho conduz ao *Nirvana* — e como percepção real é o *Nirvana*. O segundo caminho significa continuação da vida carnal como homem ou animal, ou como habitante dos outros quatro *Lokas*. A ignorância do indivíduo é, em seu aspecto cósmico, *māyā*, que em tibetano (*sGyuma*) significa demonstração mágica. Em sua forma mais genérica, o conhecimento é o que produz a noção pragmática; mas, num sentido transcendental, é a noção "irreal" do eu e do não eu. Essa é a causa fundamental de erro (seja em conhecimento, sentimento ou ação) e que se torna manifesta como os "Seis Venenos" (que os hindus chamam de "Seis Inimigos") dos Seis *Lokas* do *Sangsāra* (dos quais o texto apresenta apenas cinco): orgulho, inveja, indolência (ou ignorância), rancor, avareza e luxúria. O texto exorta constantemente o moribundo ou o "morto" a reconhecer, nas aparições que está para ver ou vê, as criações da própria mente governada por *māyā* que lhe velam a Clara Luz do Vazio. Se assim fizer, ele se libertará de todos os estágios.

Esse esquema filosófico tem semelhança tão óbvia com o *Vedānta Māyāvada* indiano que o *Padma Purāna* Vaishnava taxa esse sistema de "escritura ruim e de budismo dissimulado" (*māyāvādam asachchāstram prachchhannam bauddham*). No entanto, seu grande escolástico, o "incomparável Shangkarā-chāryya", como *Sir* William Jones o chama, combateu os budistas em suas negações de um Eu Permanente (Ātmā), assim como o subjetivismo deles, ao mesmo tempo afirmando que a noção de um eu individual e a de um mundo de objetos eram apenas verdades pragmáticas, superadas assim que se obtém o estado de Libertação, que tem muito pouco — se é que tem algo — que o distinga do Vazio budista. A diferença entre os dois sistemas, ainda que real, é menor do que geralmente se supõe. No entanto, este é um assunto cujo estudo não caberia aqui.

6. Ver *Tantrik Texts*, v. VII, p. 33.

Por mais que seja assim, as aparições do pós-morte são "reais' o suficiente para o morto que não reconheça, à medida que elas aparecem e quando isso acontece, a insubstancialidade delas e abra através delas seu caminho para o Vazio. A Clara Luz é referida no *Bardo Thodöl* como um Deslumbramento, tal como o produzido por uma paisagem infinitamente vibrante na primavera. Esse alegre quadro não é, evidentemente, uma expressão do que ela é em si, pois ela não é um objeto e, sim, uma tradução em termos de visão objetiva de uma grande, mas em si indescritível, experiência de alegria interior. Minha atenção foi atraída, a propósito, para uma passagem de um estudo sobre o *Avatamsaka Sūtra* (cap. XV), do senhor Hsu, estudioso chinês, que diz: "O Boddhisattvas emite a luz denominada 'Visão de Buda' para fazer com que os moribundos pensem no Tathāgata e, assim, permitir que eles partam para os reinos puros do pós-morte posterior".

O moribundo ou morto é instado a reconhecer a Clara Luz e, assim, a libertar-se. Se ele agir dessa maneira, é porque está maduro para o estado de libertação que lhe é apresentado. Se não o fizer (como ocorre comumente), é porque a atração da tendência mundana (*Sangsāra*) leva-o embora. Então, é-lhe apresentada a Clara Luz secundária, que é para ele a primeira, um tanto ofuscada pela *māyā* geral. Se a mente não encontra seu lugar de descanso aqui, o primeiro *Bardo*, ou *Chikhai Bardo*, que pode durar vários dias ou "o tempo que se leva para um estalar de dedos" (de acordo com o estado do falecido), chega ao fim.

No estágio seguinte (*Chönyid Bardo*), há uma redescoberta da Consciência da Morte de objetos. Num sentido, ele é comparado a um desfalecimento; trata-se de um redespertar. Porém, não se trata de um estado de vigília tal como havia antes da morte. O "complexo da alma" surge da sua experiência do Vazio num estado semelhante ao do sonho. Este continua até ele alcançar um novo corpo carnal e, aí, realmente desperta de novo para a vida terrena. Isso porque essa experiência mundana é vida nesse tipo de corpo.

Quando li pela primeira vez a descrição dos quinze dias que se seguem ao "desfalecimento", acreditei tratar-se de um esquema de ascensão gradual da consciência limitada, análogo ao descrito nos 36 *Tattvas* pelo *Shaivāgama* do Norte e seus *Tantras*, processo que se dá em sua forma ritual no rito *Bhūtashuddhi* tântrico e no yoga *Lāya* ou *Kundalini*. Contudo, mediante um exame mais detido, constatei que não era assim. Após o término do primeiro *Bardo*, o esquema começa com a recuperação completa, sem estágios intermediários, da Consciência da Morte. A vida psíquica é interrompida e continua a partir desse ponto, isto é, do estágio que precede imediatamente o "desfalecimento".[7] A vida imediatamente após a morte é, de acordo com essa visão, e como os espíritas afirmam, semelhante à vida que a precedeu e uma continuação desta.

Como no relato de Swedenborg[8] e na recente peça teatral *Outward Bound*, a princípio o morto não sabe que está "morto". Swedenborg, que também fala de um estado intermediário, diz que, à exceção daqueles imediatamente transportados para o Céu ou para o Inferno, o primeiro estado do homem após a morte é como seu estado no mundo, pois ele não conhece outro mundo e julga que ainda está neste, apesar de estar morto.

Dois exemplos podem ser dados da doutrina da continuidade e da semelhança da experiência tanto antes quanto imediatamente após a morte. Na Índia, por um lado, há relatos de assombros causados por espíritos infelizes ou *Pretas*, que podem ser dissipados pela prática do ritual *Preta Shrāddha* na cidade sagrada de Gaya. Por outro lado, ouvi falar de um caso, na Inglaterra, em que uma assombração terminou assim que foi rezada uma missa de réquiem. Nesse caso, supôs-se que uma alma católica, no Purgatório, sentiu necessidade de um rito que, na sua vida terrena, tinha-lhe sido ensinado como capaz de dar paz aos mortos. Um espírito hindu exige um rito hindu, rito que lhe dá um novo corpo em substituição ao destruído na pira funerária. Essas almas (do ponto de vista indiano) não deixam de ser hindus ou católicas, nem perdem suas respectivas crenças a respeito da morte. Nem tampouco, de acordo com essa mesma visão, aquele que seguiu seu caminho necessária e imediatamente perde qualquer hábito, mesmo que seja o de fumar ou o de beber. Porém, no estado do pós-morte, o "uísque e os charutos" que conhecemos não são coisas grosseiras, materiais. Assim como os sonhos reproduzem experiências da vigília, da mesma maneira no estado do pós-morte uma pessoa que estava acostumada a beber e a fumar acredita que ainda o faz.

7. Cf. *Yogavāshis.h. .tha*, CLX, v. 41.
8. *De Coelo*, ed. 1868, pp. 493-97.

Trata-se do "uísque de sonho" e de "charutos de sonho", os quais, ainda que imaginários, são, para o sonhador, tão reais quanto as substâncias que ele bebia e fumava em seu estado de vigília.[9]

Em seguida, o falecido torna-se ciente de que *está* "morto". Porém, pelo fato de levar consigo reminiscências da sua vida passada, ele ainda pensa que tem o corpo físico de antes. Na verdade, trata-se de um corpo de sonho, tal como o das pessoas vistas em sonho. Trata-se de um corpo imaginário, que, como o próprio texto diz, não se reflete no espelho nem projeta sombra, é capaz de proezas tais como passar através das montanhas, isso porque a imaginação é o maior dos mágicos. Mesmo na vida terrena, um homem pode imaginar que possui um membro, quando de fato ele não o tem. Durante muito tempo depois que a perna de um homem foi amputada acima do joelho, ele ainda pode "sentir os dedos do pé" ou estar convencido de que a planta do seu pé, sepultado dias antes, ainda é sensível a cócegas. No estado do pós-morte, o falecido imagina possuir um corpo físico, embora na realidade tenha sido afastado deste pela suprema cirurgia da morte. Nesse tipo de corpo, o falecido passa pelas experiências descritas a seguir.

No Primeiro *Bardo*, o falecido capta sinais da Clara Luz, como o *Dharma-Kāya*, chamado pelo professor Sylvain Lévy de "Corpo Essencial". Este, que se encontra além da forma (*Arūpa*), é o *Dharma-Dhātu* ou *Matrix* da substância de *Dharma*, de onde todos os Bem-aventurados ou *Tathāgatas* procedem. Esse é o corpo de um Buda no Nirvana. O segundo corpo ou *Sambhoga-Kāya* tem uma tal forma sutil (*Rūpavān*), visível aos Boddhisattvas, sendo uma manifestação intermediária do *Dharma-Dhātu*. No terceiro corpo ou *Nirmāna-Kāya*, o Vazio ou *estado de Buda* é exteriorizado em múltiplos aspectos individuais mais materiais e, por conseguinte, visíveis aos sentidos grosseiros dos homens, tal como nas formas em que os

9. O editor ouviu falar de um agricultor europeu que, tendo morrido nas selvas de Malabar, no sudoeste da Índia, havia sido sepultado ali mesmo pelo povo local. Alguns anos depois, um amigo do morto encontrou seu túmulo repleto de garrafas de uísque e cerveja. Perplexo, sem entender tão insólito fato, pediu explicações, e disseram-lhe que o espírito do *sahib* morto havia causado muitos problemas e que um velho médico feiticeiro descobrira, por fim, que a única maneira de apaziguar-lhe o espírito seria com uísque e cerveja, bebidas nas quais ele era viciado e haviam sido a verdadeira causa da sua separação do corpo carnal. Os locais, ainda que religiosamente contrários ao álcool, começaram a comprar bebidas da mesma marca que o *sahib* costumava tomar. A seguir, com rituais regulares para o morto, começaram a despejar as bebidas no túmulo. Ao descobrirem que o ritual mantinha o espírito tranquilo, eles mantiveram essa prática como forma de autodefesa. (Nota de W. Y. Evans-Wentz.)

Budas manifestados (pois há muitos e não, como alguns pensam, apenas um ou "o" Gautama, têm aparecido na Terra. Se o falecido reconhece a Clara Luz do Primeiro Bardo, liberta-se no *Dharma-Kāya*. No Segundo Bardo, a Libertação ocorre no *Sambhoga-Kāya* (acredito que a passagem relativa para os Reinos do Paraíso não parece estar em desacordo com isso); e, no Terceiro Bardo, a Libertação é vivida no *Nirmāña-Kāya*.

Durante o Segundo e Terceiro *Bardos*, o falecido encontra-se no mundo de *Māyik* (ou mundo das formas) e, se a libertação for então alcançada, ela ocorrerá com a forma (*Rūpavān*). Estando ele no mundo da dualidade, constatamos que, a partir desse ponto, há uma visão paralela dupla para a sua consciência. Em primeiro lugar, há uma linha nirvânica, que compreende os Cinco Budas Dhyānī do *Sambhoga-Kāya*, simbolizado por várias cores deslumbrantes, com certas Divindades, pacíficas e iradas, que emanam deles; e, a seguir, uma linha *sangsārica*, que consiste de Seis *Lokas*. Estes últimos, com uma exceção (se for mesmo um, e não uma adulteração do texto, isto é, a associação da luz cor de fumaça ou negra do Inferno com o *Vajra-Sattva* azul), têm a mesma cor que suas contrapartes nirvânicas, mas com um matiz opaco. Com os *Lokas* se apresentam os seus "Venenos", ou seja, as características pecaminosas dos seus habitantes. O "complexo da alma" é, então, instado, por um lado, a procurar a libertação por meio da Graça misericordiosa da linha nirvânica de Budas e *Devatās* (Divindades) e, por outro lado, a se esquivar do mundo particular (*Loka*) que, concomitantemente, se apresenta à sua visão mental. Com esses *Budas*, *Devatās* e *Lokas* estão associados certos *Nidānas* (Relações Causais), *Skandhas* (Fatores Constituintes), elementos materiais e as cores dos últimos. Esse relato parece ter sofrido da adulteração do texto. Assim sendo, os *Nidānas* e *Skandhas* não estão completos. Logicamente, o *Vijnāna Skandha* deveria ir primeiro com *Vairochana*, e o *Nāma-Rūpa* com *Vajra-Sattva*. Apenas quatro dos cinco elementos são mencionados. O éter, que é omitido, deveria estar associado a *Vairochana* e a *Vijnāna*. As cores dos elementos estão de acordo com as apresentadas nos *Tantras* hindus, exceto no que diz respeito ao "ar", ao qual é atribuída uma cor verde, apropriada à inveja *asūrica*, embora não seja a da coloração hindu, que é verde-opaco. Além disso, a ordem dos Seis *Lokas* não é a usual, ou seja, em primeiro lugar, os *Lokas* melhores dos *Devas*, *Asuras* e Homens e, depois, os *Lokas* dos Espíritos (*Pretas*), dos Brutos e do Inferno. Cada *Loka* é caracterizado pelo seu "veneno" ou pecado costumeiro; contudo, destes apenas cinco são mencionados. No entanto, o editor referiu-se à adulteração do texto em alguns desses casos, e outras observei numa análise cuidadosa do texto traduzido.

Os *Devatās* pacíficos seguem-se imediatamente no sexto e no sétimo dias, e os *Devatās* irados no oitavo dia e nos subsequentes. Estes últimos são do tipo terrível, característicos tanto dos *Tantras Shākta* budistas como hindus, com seus *Bhairavas, Bhairavīs, Dākinīs, Yoginīs,* e assim por diante. O hinduísmo também faz essa distinção na natureza das divindades e interpreta as ordens iradas como representantes do chamado poder "destrutivo" do Senhor Supremo e de suas manifestações menores; embora, na verdade, "Deus nunca destrua" (*na devo nāshakah kvachit*), mas recolhe o Universo para Si.

Mas o Poder que assim dissolve o mundo é sempre terrível para aqueles que estão apegados ao mundo. Toda má ação (*Adharma*) é, também, destruidora; e, de acordo com o texto, o mau karma do morto no *Sangsāra* é refletido na linha nirvânica em suas formas como Divindades do *Bardo* Inferior, que, desse modo amedrontam o falecido, de maneira que ele foge delas e, por conseguinte, afunda mais e mais num estado tal que o levará finalmente a nascer num ou noutro dos *Lokas*.

É dito que os *Devatās* pacíficos procedem do coração, enquanto os irados procedem da cabeça. No entanto, não acredito que essa afirmação admita necessariamente a doutrina do yoga do "Poder da Serpente" e dos Seis Centros, que o editor do livro colocou resumidamente na Parte II do Adendo, afirmando (um tema sobre o qual não tenho conhecimento) que os tibetanos tanto praticam esse yoga como o ensinam na sua forma indiana. Penso que a menção ao coração e à cabeça não se refere a esses lugares como centros de yoga, mas possivelmente ao fato de que as Divindades Pacíficas refletem, como consta do texto, o amor do falecido que brota de seu coração.

Faço igualmente uma restrição no que diz respeito à questão dos *Mantras*, abordada na Parte III do Adendo. Não há dúvida de que os tibetanos usam os *Mantras* sânscritos, mas tais *Mantras* são encontrados com frequência numa forma infelizmente adulterada em seus livros — o que sugere que os tibetanos têm pouca estima pelo suposto sólido valor dos *Mantras*. Mas se a teoria dos tibetanos sobre esse assunto é a mesma, em todos os aspectos, que a dos hindus, isso não posso dizer.[10] A teoria hindu, que tentei elucidar alhures (cf. *Garland of Letters*), ainda permanece obscura em vários pontos; esse tema talvez seja o mais difícil de todos no hinduísmo. Embora o budismo tibetano possa ter *Mantra-Sādhanā*, sua representação provavelmente se distinga tanto quanto as características gerais dessas duas crenças.

Por volta do décimo quinto dia, ocorre a passagem para o Terceiro *Bardo*, no qual o falecido, se não foi previamente libertado, vai em busca de "Renascimento". Sua vida passada tornou-se agora obscura. A do futuro é indicada por certos sinais premonitórios que representam os primeiros movimentos do desejo no sentido da realização. O "complexo da alma" assume a cor do *Loka* no qual ele está destinado a nascer. Se o Karma do falecido o conduz ao Inferno, para lá ele irá após o Juízo, num corpo sutil que não pode ser ferido nem destruído, mas no qual pode sofrer dores atrozes. Ou ele pode ir para o mundo do Céu ou para outro *Loka*, e retornar, afinal, sempre (já que nem a punição nem o mérito são eternos) à Terra, pois só ali o novo Karma pode ocorrer. Esse retorno ocorre após a expiação dos seus pecados no Inferno, ou a expiração do tempo de deleite no Céu, proporcionado pelo seu Karma. Contudo, se a sorte do falecido é um imediato renascimento na Terra, ele tem visões de homens e mulheres copulando. Nesse estágio final rumo ao despertar para a vida terrena, ele sabe que não tem um corpo grosseiro, de carne e sangue. De maneira premente, deseja possuir um, para poder outra vez gozar a vida física no mundo terreno.

Aqui, o psicanalista freudiano encontrará uma passagem notável que pode apoiar a sua teoria da aversão ao pai pelo filho. Essa passagem diz que, se o falecido vai nascer homem, o sentimento de pertencer a esse sexo surpreende o conhecedor e ocorre um sentimento de intensa aversão pelo pai e de atração pela mãe, e vice-versa com respeito ao nascimento da mulher. No entanto, essa é uma antiga doutrina budista que pode ser encontrada alhures.

---

10. Do mesmo modo que os tibetanos assimilaram o tantrismo da Índia, como deixa claro a conhecida *Biography of Jetsün Milarepa* (o mais famoso yogue e santo do Tibete), devem também ter assimilado diversos sistemas de yoga, incluindo a *Laya* ou *Kundalini*. Embora seja indubitável que muitos mantras, também originários da Índia, sofreram infelizmente adulterações na língua tibetana, na prática do yoga *Laya* ou Kundalini pelos tibetanos parece ter sido preservado com considerável grau de pureza, principalmente por meio da transmissão oral de guru para guru, mais que por meio de registros escritos, exceção feita para as terminologias tibetanizadas e os métodos de aplicação. Certos tratados tibetanos de yoga que o editor possui, tanto no original como em sua tradução inglesa, levam a pensar assim. (Nota de W. Y. Evans-Wentz.)

O professor De La Vallée Poussin cita a seguinte passagem: "L'esprit troublé par le désir d'amour, il vá au lieu de sa destinée. Même três éloigné, il voit, par l'oeil né de la force de 1'acte, le lieu de sa naissance; voyant là son père et sa mère unis, il conçoit désir pour la mère quand il est mâle, désir pour le père quand il est femelle, et, inversement, haine" (*Bouddhisme: Études et Matériaux, Abhiddharmakosha*, III, 15, p. 25). ["O espírito atormentado pelo desejo do amor vai ao lugar do seu destino. Mesmo muito afastado, ele vê, pelo olho nascido da força do ato, o lugar do seu nascimento; vendo, ali, seu pai e sua mãe unidos, ele manifesta desejo pela mãe quando é homem, pelo pai quando é mulher e, inversamente, ódio.]" A obra citada também contém outros detalhes interessantes relativos ao embrião. (Ver também, do mesmo autor, *La Théorie des Douze Causes*).

Por fim, o falecido passa do mundo dos sonhos do *Bardo* para o ventre de carne e sangue, saindo dali, mais uma vez, para o estado de vigília da experiência terrena. Isso é o que se chama Reencarnação ou Renascimento na carne. O termo sânscrito é *Sangsāra*, isto é, "nascer e nascer de novo" (*Punarutpatti*) nos mundos do nascimento e morte. Nada é permanente, tudo é transitório. Na vida, o "complexo da alma" nunca é o mesmo em dois momentos consecutivos, como o corpo, em contínua mudança. Assim sendo, há uma série (*Santāna*) de estados sucessivos e, de certo modo, diferentes, mas que em si são momentâneos. Há ainda uma cadeia de união, visto que cada estado momentâneo é uma transformação atual representando todos os momentos passados, assim como ele será o gerador de todas as futuras transformações potencialmente envolvidas nele.

Esse processo não é interrompido pela morte. A mudança continua nos *Skandhas* (ou constituintes do organismo) de modo diferente do que ocorre no corpo grosseiro, que foi abandonado e sofre mudanças por si mesmo. Há, contudo, esta diferença: a modificação pós-morte é simplesmente o resultado da ação do Karma passado acumulado e não cria, como na vida terrena, novo Karma, para o qual é necessário um corpo físico. (O budismo, o hinduísmo e o cristianismo estão de acordo ao afirmarem que o destino do homem é decidido na Terra, embora esta última religião divirja das duas primeiras, como foi explicado antes, quanto à questão de se há mais de uma vida na Terra.) Não há ruptura (*Uchchheda*) da consciência, mas contínua transformação. A Consciência da Morte é o ponto de partida, seguido por outros estados de consciência já descritos. Por fim, o Karma gera um desejo, ou ação mental, plenamente formado. Este último é seguido pela consciência que recomeça sua residência numa *matriz* adequada, de onde nasce outra vez como Consciência do Nascimento. A que então nasce não é totalmente diferente da que existiu antes, pois é a transformação atual dela e não tem outra existência independente.

Assim sendo, há sucessivos nascimentos de um "complexo da alma fluido" (para usar o termo do professor De La Vallée Poussin), porque a série de estados psíquicos continua a intervalos de tempo para penetrar no ventre físico de seres vivos. A autoridade citada afirmou (*Way to Nirvana*, p. 85) que a Consciência do Nascimento de um novo ser infernal ou celestial faz, para si e por si mesma, a partir da matéria não organizada, o corpo que deve habitar. Portanto, o nascimento de tais seres ocorrerá imediatamente após a morte do ser que vai renascer como ser celestial ou infernal. Porém, é dito que, via de regra, o caso é diferente quando deve ocorrer "reencarnação", isto é, "renascimento" na carne. Então, a concepção e o nascimento pressupõem circunstâncias físicas que podem não estar realizadas no momento da morte do ser que deve ser "reencarnado". Tanto nesses casos quanto em outros, é alegado que a consciência da morte não pode ser continuada imediatamente na consciência do nascimento de um novo ser. O professor citado diz que essa dificuldade é resolvida pelas Escolas, que, defendendo a existência intermediária (*Antarābhāva*), afirmam que a consciência da morte continua num ser de vida curta, chamado *Gandharva*, que perdura por sete dias ou sete vezes sete dias (cf. os 49 dias do *Bardo*). Esse *Gandharva*, com a ajuda dos elementos concepcionais, cria um embrião tão logo encontre oportunidade. Essa doutrina, se foi corretamente compreendida, parece ser uma versão diferente e mais grosseira da doutrina do *Bardo*. Não pode haver, em nenhuma visão filosófica da doutrina do Karma, qualquer "impedimento" daquilo que constitui um processo de vida contínuo. Esse processo não consiste de seções independentes, que se seguem umas às outras. Assim sendo, o "complexo da alma" não pode estar preparado para reencarnar enquanto as circunstâncias não forem apropriadas para tanto. A lei que determina se um ser encarnará é a mesma que provê os meios e as condições nos quais e pelos quais a encarnação deve ocorrer. O corpo do ser infernal não é matéria grosseira, nem o do ser celestial. Isso fica claro no presente texto.

O dr. Evans-Wentz levanta de novo a já debatida questão da transmigração das "almas" humanas em corpos subumanos, processo que este texto, de um ponto de vista exotérico, parece admitir, e que é, como ele assinala, a crença geral de budistas e hindus. Parece ser uma visão irracional, embora possa ser popular, a crença segundo a qual a "alma" humana pode habitar permanentemente um corpo subumano como se fosse o seu. Isso porque o corpo não pode existir nesse tipo de discordância com seu ocupante. A doutrina correta parece ser aquela segundo a qual, como o homem se desenvolveu através das formas mais inferiores do ser (o hinduísmo fala de 8.400.000 tipos gradativos de nascimentos que culminam no homem),[11] pela má conduta e negligência em usar a oportunidade da condição humana, pode, igualmente, haver uma descida pelo "caminho descendente" para as mesmas formas inferiores de ser, das quais a humanidade, com dificuldade, emergiu. O termo sânscrito *Durlabham*, que significa "difícil de conseguir", refere-se a essa dificuldade de assegurar o nascimento humano.

Mas essa descida envolve (como diz o dr. Evans-Wentz) a perda da natureza humana e de enormes períodos de uma época da criação.

Se as séries de estados de consciência (*Santāna*) são determinadas pelo Karma passado, poderíamos perguntar como há essa liberdade de escolha que, ao longo de todo o texto, na forma de injunções, permite que o falecido faça isto e evite aquilo. Não há dúvida de que, numa mesma pessoa, há diversas tendências (*Sangskāra*). Mas a questão ainda permanece. Se o Karma prestes a amadurecer determina a ação, torna-se então inútil qualquer conselho ao incriminado. Se a "alma" é livre para escolher, não há determinação por parte do Karma. O hinduísmo afirma que, não obstante a influência do Karma, o Ātmā é essencialmente livre. Aqui, a resposta parece ser dupla. À parte do que é postulado adiante, as instruções dadas podem, pelas suas sugestões, ativar uma das várias tendências latentes que se orientam para a ação indicada. Além do mais, esse sistema permite que uma "alma" possa ajudar outra. Assim sendo, há preces em favor do falecido e aplicação dos méritos a ele, da mesma maneira que encontramos no hinduísmo o *Pretashrāddha*, no catolicismo a missa de réquiem e no islamismo a *Fatiha*. Nesse e em outros ritos, acredita-se que uma mente possa influenciar a outra por outros meios que aqueles dos sentidos comuns, e isso antes ou depois da morte. Há também uma tendência no sentido de negligenciar o Karma coletivo e seus efeitos. Uma pessoa não

11. Assim como plantas, animais aquáticos, répteis, aves, quadrúpedes, símios e o homem. Ver *Brihad Vishnu Purāna*.

é apenas influenciada e influenciável pelo próprio Karma, mas também pelo Karma da comunidade a que pertence. Então, surge uma questão mais ampla quanto ao significado da própria doutrina da reencarnação, mas este não é o lugar para discuti-la.

Há muitos outros pontos de interesse neste notável livro, mas devo parar, agora, e deixar que o próprio leitor os descubra por si mesmo. Contudo, gostaria de acrescentar uma palavra sobre sua composição. O texto teve a sorte de encontrar como editor o dr. Evans-Wentz, cujo conhecimento do tema e simpatia por ele possibilitaram-lhe proporcionar-nos uma explicação bastante compreensível. Ele próprio, por sua vez, teve a sorte de encontrar seu mestre e tradutor, o falecido Lama Kazi Dawa-Samdup (em tibetano: *Zla-va-bsam-hgrub*), que, à altura do primeiro encontro que tivemos, era o intérprete principal da equipe de Sua Excelência Lonchen Satra, o plenipotenciário tibetano junto ao governo da Índia. Ele também estava agregado ao corpo político de Sua Santidade o Dalai Lama, quando da visita deste à Índia. Por ocasião de sua prematura e lamentável morte, o Lama Kazi Dawa-Samdup era preletor de tibetano na Universidade de Calcutá. Essas e outras funções que o tradutor desempenhava foram suficientes para firmar sua alta competência tanto em tibetano como em inglês, conforme referiu o dr. Evans-Wentz. Posso acrescentar que ele tinha algum conhecimento de sânscrito, o que me pareceu de muita utilidade ao discutir com ele o significado de certos termos usados na doutrina e no ritual budista-tibetano. Então, posso falar das suas realizações, pois lidei o suficiente com ele quando estava preparando para mim uma tradução do *Tantra Shrīchkrasambhāra* tibetano que publiquei como o volume sétimo da série *Tantrik Texts* (pela Luzac & Co.). Igualmente, com base no meu próprio conhecimento, concordo com o que diz o dr. Evans-Wentz a respeito desse homem notável. Desejo que seu trabalho conjunto tenha o sucesso que merece e, assim, encoraje o dr. Evans-Wentz no sentido de publicar pelo menos alguns dos muitos outros textos que, segundo ele me disse, tem guardados.

Jonh Woodroffe.
Oxford,
3 de outubro de 1925.

Introdução[1]

Os fenômenos da vida podem ser comparados a um sonho, a um fantasma, a uma bolha, a uma sombra, a uma orvalhada cintilante ou a um raio luminoso; e como tal deveriam ser contemplados.

Buda, in *O Sutra Imutável.*

---

1. Em sua maior parte, esta introdução baseia-se e foi sugerida a partir das notas explicativas que o falecido Lama Kazi Dawa-Samdup, tradutor do *Bardo Thodöl*, ditou ao editor enquanto a tradução estava sendo feita, em Gangtok, Siquim. Era opinião do Lama que a tradução do *Bardo Thodöl* não deveria ser realizada sem que fosse acompanhada de um comentário exegético a respeito dos pontos mais obscuros do texto. Isso não apenas ajudaria a justificar a tradução, mas também estaria de acordo com o desejo de seu falecido guru (ver p. 74) com respeito a todas as traduções para a língua ocidental do legado esotérico da Grande Escola Perfeccionista na qual ele havia sido iniciado por este ultimo. Para esse fim, foi transmitido o comentário exegético ao editor, dr. Evans-Wentz, o qual está baseado, por sua vez, naquele que fora transmitido ao Lama Kazi Dawa-Samdup pelo seu guru.

A tarefa do editor, no sentido de correlacionar, sistematizar e por vezes ampliar as notas a ele ditadas, como incorporando congenitamente matéria de fontes separadas, tende a tornar essa exegese ainda mais inteligível ao ocidental, ao qual esta parte do livro é particularmente endereçada.

Do mesmo modo, o tradutor sentiu que, sem os elementos de salvaguarda que esta introdução é intencionada a fornecer, a tradução do *Bardo Thodöl* seria particularmente suscetível de interpretações incorretas e consequente mau uso, em particular por aqueles que, por uma razão ou outra, tendem a ser inimigos das doutrinas budistas, ou em especial da doutrina da Seita do budismo do Norte. Ele está igualmente cônscio de que esta introdução pode, ela mesma, ser objeto de crítica adversa, talvez pelo fato de apresentar aspectos de ecletismo filosófico. Como quer que seja, o editor não pode fazer mais que o que aqui está, como no prefácio, ou seja, que o seu objetivo, tanto aqui como nas notas relativas ao texto, foi apresentar a psicologia e os ensinamentos relacionados com o *Bardo Thodöl* tais como lhe foram ensinados pelos expoentes mais qualificados e que detêm o direito inquestionável de explicá-los. Se os críticos apresentarem o argumento de que o editor explicou o *Bardo Thodöl* do ponto de vista do budismo do Norte e não a partir de um ponto de vista cristão, que poderia rejeitar, no mínimo, algumas dessas doutrinas, o editor não tem nenhuma desculpa para dar; para ele, não há razão plausível para que explicasse essas doutrinas de outra maneira. A antropologia refere-se às coisas tais como elas são; a esperança de todos os pesquisadores de Religião Comparada, quando desprovidos de qualquer preconceito religioso, deveria ser sempre a de acumular conhecimento científico com o objetivo de permitir algum dia às futuras gerações descobrir a verdade por si mesmas, a Verdade Universal, na qual todas as religiões e seitas possam finalmente reconhecer a Essência da Religião e Catolicidade da Fé.

I. A Importância do *Bardo Thodöl*

Como contribuição à ciência da morte, da existência após a morte e do renascimento, *O Livro Tibetano dos Mortos* — em tibetano, *Bardo Thodöl* ("Libertação pela Audição no Plano do Pós-Morte")[2] — é único entre os livros sagrados do mundo. Como concisa exposição das doutrinas cardeais da Escola Mahāyāna, trata-se de um livro de grande importância, tanto religiosa e filosófica quanto histórica. Como tratado baseado essencialmente nas ciências ocultas da filosofia yoga, fundamentais no currículo da grande Universidade Budista de Nālanda, a Oxford da Índia antiga, esta é talvez uma das mais notáveis obras que o Ocidente até hoje recebeu dos orientais. Como manual místico para orientação no Outro Mundo, de regiões e ilusões várias, e cujas fronteiras são o nascimento e a morte, ele se assemelha a *O Livro Egípcio dos Mortos* o suficiente para sugerir alguma relação cultural entre os dois; contudo, sabemos com certeza somente que o germe dos ensinamentos tem sido preservado para nós por longa sucessão de santos e visionários da Terra Protegida por Deus das Cordilheiras Nevadas, o Tibete.

II. O Simbolismo

O *Bardo Thodöl* é único pelo fato de que se propõe a tratar racionalmente o ciclo completo da existência *sangsārica* (i. e., fenomenal) que intervém entre o nascimento e a morte, sendo a antiga doutrina do karma, ou consequências (chamada por Emerson de *compensação*), e do renascimento aceita como as mais essenciais leis da natureza que afetam a vida humana. No entanto, com frequência seus ensinamentos parecem ser a antítese do racional, já que grande número deles é formulado num código oculto. O dr. L. A. Waddell declarou, depois de minucioso exame, que "os lamas possuem as chaves que podem desvendar o significado de grande parte da doutrina de Buda que, até hoje, permaneceu inacessível aos europeus".[3]

Alguns dos mais sábios lamas, incluindo o falecido Lama Kazi Dawa-Samdup, acreditam que, desde os tempos mais remotos, tem havido um

2. O senhor Talbot Mundy, no seu interessante romance tibetano *Om*, ao fazer referência a este título — *O Livro Tibetano dos Mortos* — tomou-o por uma versão bastante livre do *Bardo Thodöl*. Contudo, esse não deveria ser o caso; esse título foi adotado porque pareceu ser o mais apropriado para o leitor inglês entender o verdadeiro caráter do livro como um todo.

3. L. A. Waddell. *The Buddhism of Tibet or Lāmaism*. Londres, 1895, p. 17.

código-símbolo internacional, secreto, de uso comum entre os iniciados, código que ainda é zelosamente preservado pelas irmandades religiosas da Índia, da China, da Mongólia e do Japão.

Do mesmo modo, os ocultistas ocidentais acreditam que a escrita hieroglífica do antigo Egito e do México parecem ser, em certa medida, a forma popularizada ou exotérica originária de uma linguagem secreta. Eles argumentam, também, que um código-símbolo foi por vezes usado por Platão e outros filósofos gregos, estando relacionado com a sabedoria pitagórica e órfica. Através do mundo céltico, os druidas registraram simbolicamente todos os ensinamentos esotéricos que possuíam. O uso das parábolas, como nos sermões de Buda e de Jesus, assim como de outros Grandes Mestres, ilustram essa mesma tendência.

Os ocultistas ocidentais argumentam, igualmente, que, por meio de obras como as *Fábulas* de Esopo e as peças teatrais miraculosas e misteriosas da Europa medieval, muitos símbolos orientais antigos foram introduzidos nas modernas literaturas do Ocidente.[4] Seja como for, o certo é que nenhum dos sistemas de pensamento antigo, nem mesmo as literaturas vernáculas, consideraram a

4. Há alguma evidência plausível para se supor que uma fonte da filosofia moral subjacente em algumas das Fábulas de Esopo (assim como, à maneira de comparação, no *Pancha-tantra* e no *Hitopadesha* indianos) possa ter sido esses primitivos contos orientais sobre animais e símbolos animais, que hoje os eruditos acreditam haver contribuído na conformação dos *Contos de Jātaka* que relatam os vá rios nascimentos de Buda (cf. *The Jātaka*. Org. E. B. Cowell. Cambridge, 1895-1907). Do mesmo modo, as peças de mistério cristãs contêm um simbolismo próximo àquele típico das que ainda florescem sob o patrocínio eclesiástico através de todo o Tibete e territórios vizinhos do budismo do Norte, o que levaria a uma outra corrente de orientalismo que teria aportado na Europa (cf. *Three Tibetan Mysteries*. Org. H. L Woolf. Londres, s.d.). A aparente canonização românica de Buda, sob a personagem medieval de São Josafá, é um exemplo a mais de como as coisas orientais parecem ter-se convertido em ocidentais (cf. *Baralām and Yĕwâsĕf*. Org. E. A. W. Budge. Cambridge, 1923). Além disso, o tratado popular medieval *De Arte Moriendi* (cf. *The Book of the Craft of Dying*. Org. F. M. M. Comper. Londres, 1917), do qual há muitas versões e variantes em latim, inglês, francês e outras línguas europeias, parece sugerir uma infiltração ainda maior das ideias orientais relativas à morte e à existência pós-morte, tais como as implícitas tanto em *O Livro Tibetano dos Mortos* como em *O Livro Egípcio dos Mortos*. Para mostrar ainda mais a pertinência dessas pressuposições, algumas outras passagens notáveis do livro *De Arte Moriendi*, que encontram paralelo em certas partes do *Bardo Thodöl*, foram acrescentadas à presente tradução em forma de notas de rodapé, e sua fonte é a excelente edição que o senhor Comper fez para *The Book of the Craft of Dying*.

Buddhist and Christian Gospels (Filadélfia, 1908), estudo pioneiro a respeito do notável paralelismo entre os textos do Novo Testamento e os do Cânone Budista, obra de A. J. Edmunds, sugere igualmente que um dos mais promissores campos de estudos é o que se ocupa dessas correspondências entre o pensamento oriental e sua literatura e o pensamento e a literatura ocidentais.

linguagem do dia a dia adequada para expressar doutrinas transcendentais, ou mesmo para trazer à tona o significado das máximas morais.

O carneiro, o dragão (ou serpente), o pombo sobre o altar, o triângulo dentro do qual se encontra o olho que tudo vê (como também na franco-maçonaria), o símbolo do peixe sagrado, o fogo eterno ou a imagem do Sol nascente sobre o receptáculo para a hóstia consagrada no ritual da missa católica, os símbolos arquitetônicos e a orientação das igrejas e catedrais, a própria cruz e até mesmo as cores e os motivos das vestes do padre, do bispo e do papa são alguns dos testemunhos silenciosos da sobrevivência, nas modernas igrejas cristãs, do simbolismo pagão. Mas a chave para a interpretação do significado interior de quase todos esses símbolos cristianizados foi inconscientemente jogada fora: clérigos não iniciados, reunidos em concílios ávidos de heresia, consideraram que o cristianismo primitivo, tão profundamente envolvido no simbolismo, chamado gnosticismo, como "imagística oriental desvairada", repudiaram-no como sendo "herético", enquanto, de seu próprio ponto de vista, ele era simplesmente esotérico.

Do mesmo modo, o budismo do Norte, para o qual o simbolismo é tão vital, foi condenado pelos budistas da escola do Sul por haver reivindicado a custódia de uma doutrina esotérica, transmitida, em sua maior parte, oralmente por reconhecidos iniciados, geração após geração e na linhagem direta de Buda, assim como pelos ensinamentos (por exemplo, no *Saddharma-Pandarīka*) que registram doutrinas que não estão de acordo com os *Ti-Pitaka* (em sânscrito: *Tripitaka*), o Cânone Páli. Contudo, ainda que o budismo do Sul postule comumente que não pode haver senão uma interpretação literal dos ensinamentos de Buda, as escrituras pális contêm inúmeras parábolas e expressões metafóricas, algumas das quais os lamas consideram simbólicas e confirmadoras da própria tradição esotérica, e para as quais eles dizem ser detentores — talvez não sem uma boa razão — da chave da iniciação.

Os lamas afirmam que os *Ti-Pitaka* ("Três Pitakas ou Cestos" [da Lei]) são, segundo postula o budismo do Sul, a palavra (ou doutrina) registrada pelos Antigos, isto é, pelos *Theravādas*; eles alegam que os *Pitakas* não contêm toda a Palavra, assim como não revelam muito dos ensinamentos yogues de Buda, e que são principalmente esses ensinamentos que, em muitos casos, foram transmitidos esotericamente até os dias atuais. O "budismo esotérico", como veio a ser chamado — correta ou incorretamente —, parece depender, em larga medida, das doutrinas desse tipo "sussurradas ao ouvido", transmitidas pelo guru ao *shishya*, e que se fazem de acordo com uma regra inviolável estabelecida há muito tempo.

O Cânone Páli registra que Buda não manteve nenhuma doutrina secretamente e de maneira mesquinha (cf. *Mahā Parinibbāna Sūttanta*, *Dīgha Nikāya* II), isto é, não havia qualquer doutrina essencial que ele mantivesse desconhecida dos membros do *Saṅgha* (clero), da mesma maneira que nenhum guru atualmente esconde, seja do seu iniciado ou dos seus discípulos, qualquer doutrina necessária à iluminação espiritual destes. No entanto, isso está longe de implicar que todos esses ensinamentos fossem suscetíveis de serem registrados de forma escrita para os não iniciados e para a multidão de leigos, ainda que tivessem sido registrados no Cânone Páli tal como de fato haviam sido transmitidos. O próprio Buda não escreveu nada dos seus ensinamentos, e os discípulos que compilaram as escrituras após sua morte podem não ter registrado tudo o que o mestre ensinara. Se foi esse o caso, e se há, como os lamas afirmam, certos ensinamentos de Buda que nunca foram registrados e ensinados aos que não faziam parte do *Saṅgha*, então sem dúvida há um budismo extracanônico ou esotérico. Porém, um budismo esotérico assim concebido não deve ser visto como algo discordante do budismo exotérico, mas antes como complementação deste, do mesmo modo que a matemática avançada está relacionada com a matemática elementar, ou ainda como o ápice da pirâmide de todo o budismo.

Resumindo, a alegada evidência fornece um apoio muito substancial ao argumento dos lamas de que há, como o *Bardo Thodöl* parece sugerir, um corpo não registrado das escrituras, de ensinamentos budistas transmitidos oralmente, complementares do budismo canônico.[5]

---

5. É provavelmente desnecessário que o editor lembre aos seus amigos que professam o budismo Theravāda, da Escola do Sul, que, ao preparar esta introdução, seu objetivo foi necessariamente o de apresentar o budismo do ponto de vista principalmente da Escola do Norte, e em particular tal como era concebido pela Seita Kargyutpa (ver p. 73), pela qual o *Bardo Thodöl* é aceito como livro sagrado e à qual o tradutor pertenceu. Embora o budista do Sul possa não concordar com os ensinamentos do *Bardo Thodöl* no todo, não obstante verá que, na essência, eles se baseiam em doutrinas comuns a todas as seitas e escolas do budismo; e pode mesmo julgar algumas delas, com as quais discorda, interessantes e possivelmente estimulantes para uma reconsideração das próprias crenças antagônicas.

III. O Significado Esotérico dos 49 Dias do Bardo

Voltando-nos agora para o nosso texto, perceberemos que estruturalmente ele se fundamenta no simbólico número 49, o quadrado de 7, número sagrado. Isso porque, de acordo com os ensinamentos ocultos comuns ao budismo do Norte e ao hinduísmo Superior, e que o Boddhisattva, nascido hindu, que se tornou Gautama Buda, o Reformador do hinduísmo Inferior e Codificador do Saber Sagrado, nunca repudiou, há sete mundos, ou sete graus de *Māyā*[6] no *Sangsāra*, [7] constituídos como sete globos de uma cadeia planetária. Em cada globo há sete ciclos de evolução, perfazendo 49 (sete vezes sete) fases da existência ativa. Como no estado embrionário da espécie humana o feto passa por todas as formas de estrutura orgânica, da ameba ao homem, o mais desenvolvido dos mamíferos, assim também, no estado do pós-morte, o estado embrionário do mundo psíquico, o Conhecedor ou princípio de consciência, anterior à sua reemergência na matéria grosseira, vivencia de maneira análoga condições puramente psíquicas. Em outras palavras, em ambos os processos de interdependência embrionária — um psíquico, outro físico — as consecuções voluntárias e involuntárias, que correspondem às 49 fases da existência, são ultrapassadas.

Do mesmo modo, os 49 dias do *Bardo* podem também simbolizar os 49 Poderes do Mistério das Sete Vogais. Na mitologia hindu, de onde provém muito do simbolismo do *Bardo*, essas Vogais eram o Mistério dos Sete Fogos e dos seus 49 fogos ou aspectos subdivisionários. Elas são também representadas pelos signos da *Suástica* sobre as coroas das sete cabeças da Serpente da Eternidade dos Mistérios budistas do Norte, originários da Índia antiga. Nos escritos herméticos, há sete zonas das experiências pós-morte ou Bardo, cada qual simbolizando a erupção no Estado Intermediário de um elemento sétuplo particular do complexo princípio da consciência, dando assim ao princípio da consciência 49 aspectos ou fogos, ou ainda campos de manifestação.[8]

---

6 Mayyā, o equivalente sâncrito do tibetano Gyama (Sgyuma), significa um show mágico ou ilusório, com referência direta ao fenômeno da Natureza. Num sentido mais elevado, no bramanismo, refere-se a *Shakti* do *Brahman* (o Espírito Supremo, o Ain Soph do judaísmo).

7 O termo sânscrito *Sangsāra* (ou *Saṃsāra*), em tibetano *Khorva* (*Hkhorva*) se refere ao próprio universo fenomenal, cuja antítese é Nirvana (em tibetano *Myang-hdas*), que está além dos fenômenos (cf. pp. 65-66).

8 No que diz respeito ao significado esotérico dos 49 dias do Bardo, comparar com H. P. Blavatsky. *A Doutrina Secreta* (Londres, 1888), I, 238, 411; e II, 617, 627-28. O falecido Lama Kazi

Há muito tempo o número sete tem sido um número sagrado entre os arianos e outras raças. Seu uso no Apocalipse de São João ilustra isso, assim como a concepção do sétimo dia é considerada sagrada. Na natureza, o número sete governa a periodicidade e os fenômenos da vida, como na série de elementos químicos, na física do som e da cor; e é com base no número 49, ou sete vezes sete, que o *Bardo Thodöl* é assim cientificamente baseado.

IV. O Significado Esotérico dos Cinco Elementos

Do mesmo modo, e de maneira muito marcante, os ensinamentos esotéricos que dizem respeito aos cinco elementos, como estão expostos simbolicamente no *Bardo Thodöl*, encontram paralelo, em sua maior parte, em alguns dos ensinamentos da ciência ocidental, como indica a seguinte interpretação, baseada na que foi feita pelo próprio tradutor:

Na Primeira Evolução do nosso planeta, apenas um elemento, o Fogo, foi produzido. Na bruma do fogo, que, de acordo com o Karma e sua lei que governa o *Sangsāra* ou cosmos, empreendeu um movimento de rotação e tornou-se um corpo globular flamejante de forças primitivas indiferenciáveis, todos os outros elementos permaneceram ainda em forma embrionária. A vida manifestou-se primeiramente envolta em vestes flamejantes; e o homem, se o concebermos tal como então existia, estava encarnado — como acreditavam que as salamandras do ocultismo medieval também estivessem — num corpo de fogo. Na Segunda Evolução, quando o Elemento Fogo assumiu forma definitiva, o elemento Ar separou-se dele e envolveu o planeta embrionário como a casca envolve o ovo. O corpo do homem, e de todas as criaturas orgânicas, tornou-se um composto de fogo e ar. Na Terceira Evolução, quando o Planeta, banhado e soprado pelo Elemento Ar, conseguiu aplacar sua natureza ardente, surgiu do ar vaporoso o Elemento Água. Na Quarta Evolução, na qual o planeta ainda se encontra, o ar e a água neutralizaram as atividades do seu Pai Fogo. E este, produzindo o Elemento Terra, ficou incrustado nela. Esotericamente, os mesmos ensinamentos são considerados transmitidos por meio do antigo mito hindu do agitado Mar de Leite, que era a Bruma de Fogo, do qual derivou, como manteiga, a Terra sólida. Na Terra, então formada, acredita-se que os deuses foram alimentados; ou, em

---

Dawa-Samdup era da opinião de que, a despeito das críticas adversas que haviam sido feitas às obras de Blavatsky, há suficiente evidência interna nesses escritos do profundo conhecimento da autora a respeito dos ensinamentos lamaístas superiores, nos quais ela afirma ter sido iniciada.

outras palavras, ansiando por existir em corpos físicos grosseiros, eles encarnaram neste Planeta e, dessa maneira, tornaram-se os Progenitores Divinos da raça humana. No *Bardo*, durante os primeiros quatro dias, esses quatro elementos se manifestam ou surgem para o falecido em suas formas primordiais, ainda que não na verdadeira ordem oculta.[9] O quinto elemento, o Éter, em sua forma primitiva, simbolizado como "o caminho de luz verde da Sabedoria das Ações Perfeitas", não se manifesta, pois, como o texto explica, a Faculdade de Sabedoria (ou *bódhica*) da consciência do morto não estava perfeitamente desenvolvida.

O elemento Éter, como o agregado de matéria (símbolo da bruma de fogo), está personificado em Vairochana, Aquele Que é em Formas e que torna visíveis todas as coisas. O atributo psíquico do Elemento Éter é — se quisermos traduzir a concepção lamaísta na linguagem da Psicologia ocidental — o do subconsciente; e a subconsciência, como consciência transcendental mais elevada que a consciência normal da humanidade, e comumente ainda não desenvolvida, acredita-se — como o veículo para a manifestação da faculdade *bódhica* — estar destinada a tornar-se a consciência ativa, da humanidade na Quinta Evolução. Estando latentes na subconsciência os registros da memória de todas as experiências passadas pelos vários estados de existência *sangsārica*, como implicam os próprios ensinamentos de Buda (ver pp. 65-66), as raças da Quinta Evolução na qual ela se tornou ativa serão capazes, desse modo, de relembrar todas as suas existências passadas. Em lugar de fé ou de simples crença, o homem possuirá então Conhecimento, e conhecerá a si mesmo no sentido implícito nos Mistérios da Grécia antiga; perceberá a irrealidade da existência *sangsārica*, alcançando a Iluminação e a Emancipação do *Sangsāra*, de todos os elementos; isso virá como processo normal na evolução humana. No entanto, é o objetivo de todas as escolas de yoga indiana e tibetana — como no *Bardo Thodöl* — romper o tedioso processo da evolução normal e alcançar a Liberdade agora mesmo.

9. É considerado também que, dos Cinco Dhyānī Budas, tal como encontramos no nosso texto, emanam os cinco elementos — éter ou agregado de matéria (Vairochana); ar ou agregado de volição (Amogha-Siddhi); fogo ou agregado de sentimentos (Amitābha); água ou agregado de consciência (Vajra-Sattva, esotericamente como reflexo de Akṣḥobhya); e terra ou agregado de tato (Ratna-Sambhava) — do Ādi-Buda (do qual, de acordo com a Escola do Ādi-Buda, os próprios Cinco Dhyānī Budas emanam) deriva o sexto elemento, que é a mente (*manas*). Vajra-Sattva, como divindade esotérica, às vezes ocupa (como o faz Vairochana) — de acordo com o ritual e a Escola — o lugar de Ādi-Buda, sendo, então, sinônimo dele.

No corpo do homem como ele é — na atual Quarta Evolução — há quatro reinos de seres vivos: (1) os do elemento Fogo, (2) os do elemento Ar, (3) os do elemento Água e (4) os do elemento Terra. Sobre essa vida coletiva de milhares de vidas o homem é rei. Se for um Grande Rei, pleno da consciência transcendente do triunfante yogue (ou santo), para ele a incontável multidão dos seus súditos elementares se revelará individualmente na sua verdadeira natureza e depositará nas suas mãos o Cetro (simbolizado pelo *dorje* tibetano ou raio) do Domínio Universal sobre a Matéria. Então, de fato, ele é o Senhor da Natureza, tomando-se por sua vez o Governador por Direito Divino, um *Chakravartin* ou Imperador Universal, Deus e Criador.[10]

V. Os Ensinamentos de Sabedoria

Igualmente envolto em linguagem simbólica, como doutrinas ocultas fundamentais do *Bardo Thodöl*, encontra-se o que o tradutor para o inglês chamou de "Wisdom Teachings" [Ensinamentos de Sabedoria], os quais — essencialmente doutrinas *Mahāyāna* — podem ser esquematizados da seguinte maneira:

O Vazio — em todos os sistemas tibetanos de yoga, a realização do Vazio (em tibetano *Stong-pa-ñid*, que se pronuncia *tong-pa-ñid*; em sânscrito, *Shūnyatā*) é a grande meta: pois realizá-lo é alcançar o não condicionado *Dharma-Kāya* ou "Divino Corpo da Verdade" (em tibetano *Chos-sku*, que se pronuncia *chö-ku*), o estado primordial da não criação, a celestial Consciência Total *bódhica* — o estado de Buda. A realização do Vazio (em páli, *Suññata*) é também a meta dos theravādistas.

Os Três Corpos — o *Dharma-Kāya* é o mais alto dos Três Corpos (em tibetano, *Sku-gsun*, que se pronuncia *kū-sum*; em sânscrito, *Tri-Kāya*) de Buda e de todos os Budas e seres que possuem Iluminação Perfeita. Os outros dois corpos são o *Sambhoga-Kāya* ou "Divino Corpo do Dom Perfeito" (em tibetano, *Longs-spyodrzogsku*; pronuncia-se *Longchöd-zo-ku*) e o *Nirmāna-Kāya*, ou "Divino Corpo de Encarnação" (em tibetano *Sprul-pahi-sku*; pronuncia-se *Tül-pai-ku*).

10. Manu, em *As Leis* (XII, 10-11), diz: "Aquele cujo sólido conhecimento consegue controlar suas palavras, seus pensamentos e todo o seu corpo, pode com justiça ser chamado de Triplo Comandante.

"O homem que exerce esse triplo autocomando com respeito a todos os seres animados, subjugando tanto a luxúria como o rancor, alcançará, assim, a Beatitude." (Cf. trad. de Sir William Jones.)

Uma vez que não há um conceito humano adequado para descrever o Sem Qualidade, o *Dharma-Kāya* é simbolizado como um oceano infinito, calmo e sem ondas, de onde surgem nuvens brumosas e arco-íris, que simbolizam o *Sambhoga-Kāya*, e as nuvens aureoladas na glória do arco-íris condensam-se e caem como chuva, simbolizando o *Nirmāna-Kāya*.[11]

O *Dharma-Kāya* é o *Bodhi* primordial, informe, a verdadeira experiência, livre de qualquer erro ou obscuridade inerente ou acidental. Nele reside a essência do Universo, incluindo tanto o *Sangsāra* como o Nirvana, que, como estados ou condições de dois polos de consciência, estão, em última análise, no âmbito do intelecto puro, idênticos.[12]

Em outras palavras, sendo o *Dharma-Kāya* (lit.,"Corpo da Lei") Sabedoria Essencial (*Bodhi*) não modificada, o Sambhoga-Kāya (lit.,"Corpo de Compensação" ou "Corpo Adornado") encarna, como nos Cinco Dhyāni Budas, a Sabedoria Refletida ou Modificada. Já o *Nirmāna-Kāya* (lit.,"Corpo Mutável" ou "Corpo Transformado") encarna, como nos Budas humanos, a Sabedoria Prática ou Encarnada.[13]

---

11. Sj. Atal Bihari Ghosh (ver nosso Prefácio à p. XXVI) acrescenta, aqui, o seguinte comentário: "A palavra Dharma deriva da raiz verbal *dhri*, que significa 'sustentar' ou 'manter'. *Dharma* é aquilo que sustenta ou suporta o Universo, como também o indivíduo. Na humanidade, *Dharma* é a Conduta Correta, o resultado do Verdadeiro Conhecimento. A Verdade, segundo o bramanismo, é Brahma, é Libertação — *Moksha*, Nirvana. *Sanbhoga* é Vida de Contentamento. *Nirmāna* é Processo de Construção. No plano brâmane, *Dharma* é a primeira coisa de que se necessita. A seguir vem *Artha* (isto é, Riqueza ou Posses), que corresponde a *Nirmāna*; depois vem *Sambhoga* e, por fim, *Moksha*, ou Libertação".

12. "Tudo o que é visível e invisível, seja *Sangsāra* ou Nirvana, é, no fundo, um [isto é, *Shūnyatā*], com dois Caminhos [*Avidyā*], Ignorância, e [*Vidyā*], Conhecimento e dois fins [*Sangsāra* e Nirvana]" [...] "A base de tudo é não criada e independente, não composta e além da mente e da linguagem. Dela nem a palavra Nirvana ou *Saṃsāra* pode ser a definição" (*The Good Wishes of the Ādi-Budha*, 1-2; cf. Lama Kazi Dawa-Samdup na sua tradução dos *Tantrik Texts*, vol. VII. Londres, 1919). *Shūnyatā*, o Vazio, sinônimo de *Dharma-Kāya*, encontra-se então além dos conceitos mentais, além da mente finita, com toda sua imaginação e uso de tais termos básicos do mundo dualista, como *Nirvana* e *Sangsāra*.

13. Cf. Waddell, op. cit., pp. 127 e 347.

Ashvaghosha, o grande filósofo do budismo *Mahāyāna* (ver p. 310), explicou a doutrina do *Tri-Kāya* — ou três corpos — numa obra traduzida por Suzuki (Chicago, 1900, pp. 99-103) sob o título *The Awakening of Faith*, como segue:

"Posto que todos os Tathāgatas são o próprio Dharmakāya, eles são a mais alta verdade (*paramārthasatya*) e não têm nada a ver com a condicionalidade (*samvrittisatya*) e ações compulsórias; ao passo que a visão, a audição etc. [ou seja, sentidos individualizantes] do ser senciente diversificam [por conta própria] a atividade dos Tathāgatas.

"Ora, essa atividade [em outras palavras, o *Dharmakāya*] tem um duplo aspecto. O primeiro depende da consciência particularizadora dos fenômenos, por meio da qual a atividade é concebida pelas

O Não Criado, o Não Formado, o Não Modificado é o *Dharma-Kāya*. A Descendência, a Modificação do Não Modificado, a manifestação de todos os atributos perfeitos num único corpo, é o *Shambhoga-Kāya*: "a encarnação de tudo o que é sábio, generoso e amoroso no *Dharma-Kāya* — como nuvens na superfície dos céus ou um arco-íris na superfície das nuvens — é dito ser o *Sambhoga-Kāya*".[14] A condensação e diferenciação do Corpo Único em muitos é o *Nirmāna-Kāya* ou Encarnações Divinas entre seres sencientes, ou seja, entre seres imersos na Ilusão chamada *Sangsāra*, nos fenômenos, na existência mundana. Todos os seres iluminados que renascem neste ou em qualquer outro mundo com plena consciência, como seres que trabalham pelo melhoramento dos seus semelhantes, são considerados encarnados do *Nirmāna-Kāya*.

O budismo tântrico associa o *Dharma-Kāya* ao Buda Primordial *Samanta-Bhadra* (em tibetano, *Kün-tu-bzang-po*; pronuncia-se *Kün-tu-zang-po*). Aquele Que Não Tem Princípio Nem Fim, a Fonte de Toda Verdade, o Pai Todo-bondoso da Fé Lamaísta. Nesse mesmo reino superior de Buda, o lamaísmo coloca *Vajra-Dhāra* (em tibetano, *Rdorje-Chang*; pronuncia-se *Dorje-Chang*), o "Detentor do Dorje (ou Raio)", o "Expositor Divino da Doutrina Mística chamada *Vajra Yāna* (em tibetano, *Rdorje Theg-pa*; pronuncia-se *Dorje Theg-pa*) ou *Mantra-Yāna*"; e também o Buda Amitābha (em tibetano, *Hod-dpag-med*; pronuncia-se *Wod-pag-med*; ou, como consta no texto à p. 215 n. 98), o Buda da Luz Ilimitada, Aquele Que é a Fonte da Vida Eterna. No Sambhoga-Kāya estão colocados os Cinco Dhyāni Budas (ou Budas de Meditação), os Herukas do Lótus e as Divindades Pacíficas e Iradas; todos os quais aparecerão nas visões *Bardo*. Com o *Nirmāna-Kāya* está associado Padma-Sambhava, que,

---

mentes das pessoas comuns (*prithagjnana*), Crāvakas e Pratye-kabuddhas. Esse aspecto é chamado de Corpo de Transformação (*Nirmānakāya*).

"Mas, como os seres dessa classe não sabem que o Corpo de Transformação é simplesmente a sombra [ou reflexo] de suas próprias consciências desdobradas (*pravritti-vijn¯ana*), imaginam que ele proceda de algumas fontes externas e, consequentemente, lhe dão uma limitação corpórea. Mas o Corpo de Transformação [ou, o que dá no mesmo, o *Dharmakāya*] não tem nada a ver com medida e limitação.

"O segundo aspecto [do *Dharmakāya*] depende da consciência da atividade (*karma-vijnâna*), por meio da qual a atividade é concebida pelas mentes dos Boddisattvas enquanto passagem de seu primeiro estágio de aspiração (*cittotpāda*) à altura de estado de Boddisattva. Esse é chamado de Corpo da Bem-Aventurança (*Sambhoga-Kāya*)..."

"O *Dharmakāya* pode se manifestar em várias formas corpóreas exatamente porque essa é a sua verdadeira essência" (cf. p. 192, n. 16).

14. Cf. A. Avalon. *Tantrik Texts*, VII. Londres e Calcutá, 1919, pp. 36n e 41n.

sendo o primeiro mestre no Tibete a expor o *Bardo Thodöl*, é o Grande Guru de todos os devotos que seguem os ensinamentos Bardo.

A opinião em geral defendida por homens não iniciados nos mais altos ensinamentos lamaicos, segundo a qual o budismo do Norte reconhece no Ādi-Buda ou no Buda Primordial uma Divindade Suprema, talvez esteja incorreta. O tradutor afirmava que o Ādi-Buda, e todas as divindades associadas ao *Dharma-Kāya* não devem ser consideradas divindades pessoais, mas Personificações de forças, leis ou influências espirituais, primordiais e universais que sustêm — tal como o Sol sustém a vida física na Terra — a natureza divina de todas as criaturas sencientes em todos os mundos, e tornam possível, ao homem, a emancipação de todas as existências *sangsāricas*:

"No ilimitado panorama do universo existente e visível, quaisquer que sejam as formas que apareçam, quaisquer que sejam os sons que vibrem, quaisquer que sejam as radiações que iluminem ou o que quer que as consciências conheçam, tudo são jogos ou manifestações do *Trikāya*, ou Princípio Triplo das Causas de Todas as Causas, a Trindade Primordial. Impregnando tudo, encontra-se a Essência Todo-impregnante de Espírito, que é a Mente. Ela é incriada, impessoal, autoexistente, imaterial e indestrutível".

(Lama Kazi Dawa-Samdup.)

Assim sendo, o *Trikāya* simboliza a Trindade Esotérica do budismo superior da Escola do Norte, sendo a Trindade Exotérica, como na Escola do Sul, o Buda, o *Dharma* (ou Escrituras) e o *Saṅgha* (ou Clero). Considerado deste modo — uma doutrina trinitária esotérica e outra exotérica —, há correspondências diretas entre as duas Trindades. Como os lamas ensinam, a compreensão detalhada e abrangente da doutrina do *Trikāya* é privilégio dos iniciados, os únicos em condições de captá-la e realizá-la.

O próprio tradutor observou que a Doutrina do *Trikāya* tem sido transmitida por longa e ininterrupta linhagem de iniciados, alguns indianos, outros tibetanos, desde os tempos de Buda. Ele considerou que Buda, tendo redescoberto essa verdade, foi apenas seu transmissor a partir dos Budas anteriores; isto é, essa doutrina foi transmitida oralmente, de guru para guru, sendo que só em tempos relativamente recentes foi escrita, quando o budismo começou a decair e já não havia mais um número suficiente de gurus vivos para transmiti-la na forma antiga. A opinião dos estudiosos ocidentais, segundo a qual uma doutrina que não possui registros antes de certo tempo é, consequentemente, considerada como se não tivesse existido anteriormente, era, para ele, como um iniciado, digna de riso. Quanto aos esforços feitos pelos apologistas cristãos no sentido de reivindicar uma origem cristã para a doutrina do *Trikāya*, ele os considerava totalmente improcedentes. Ele havia sido um estudioso atento do cristianismo, bem como simpatizante dele, e, ainda jovem, fora com frequência procurado por missionários cristãos, que o viam, por sua notável erudição e alta posição social, como alguém cujas falas eram objeto de interesse incomum. Ele examinou detidamente essas teorias para então rejeitá-las, baseado no fato de que, em sua opinião, o cristianismo, tal como era apresentado por aqueles missionários, não passava de um budismo imperfeito, e que os missionários budistas Asoka, ao se dirigirem para a Ásia Menor e a Síria, bem como para Alexandria,[15] provavelmente por meio de relações como as dos essênios, devem ter influenciado profundamente o cristianismo. Ademais, para esse lama, se Jesus foi uma personagem histórica, sendo ele — como o lama interpretou que o Jesus do Novo Testamento claramente era — um Boddisattva (isto é, um candidato ao Estado de Buda), estava certamente bem familiarizado com a ética budista e a ensinava como ocorrera no Sermão da Montanha.

A Doutrina dos Três Corpos traz os ensinamentos esotéricos concernentes ao caminho dos Mestres, a descida do Superior para o Inferior, do limiar do Nirvana para o *Sangsāra*; e a progressão do Inferior para o Superior, do *Sangsāra* para o Nirvana, é simbolizada pelos Cinco Dhyānī Budas, cada qual personificando um atributo divino universal. Nos Cinco Dhyānī Budas está o Caminho Sagrado que conduz à Harmonia no *Dharma-Kāya*, ao estado de Buda, à Perfeita Iluminação, ao Nirvana — que é emancipação espiritual pelo Não Desejo.

As Cinco Sabedorias — como o Vazio Todo-impregnante, o *Dharma-Kāya*, é a forma (que é informe) do Corpo da Verdade; a essência que o constitui é o *Dhartna-Dhātu* (em tibetano *Chös-Kyi-dvyings*; pronuncia-se *Chö-kyi-ing*), a Semente ou Potencialidade da Verdade; e esta surge no Primeiro Dia do *Bardo* como a gloriosa luz azul do Dhyānī Buda Vairochana,

15. Cf. V. A. Smtíh. *Early History of India*. Oxford, 1914, p. 184.

o Manifestador, "Aquele Que em Formas torna Visível [o universo da matéria]". O *Dharma-Dhātu* é simbolizado como o Agregado da Matéria. Do Agregado da Matéria surgem as criaturas deste mundo, bem como de todos os mundos, nos quais a estupidez animal é a característica dominante, e a *mārā* (ou ilusão da forma) constitui, em todos os âmbitos do *Sangsāra* — assim como no reino humano, onde *manas* (ou a mente) começa a operar —, a Servidão, cuja emancipação é o Nirvana. Quando no homem, tornado tão perfeito quanto a vida humana pode fazê-lo, a estupidez de sua natureza animal e a ilusão da forma ou personalidade são transmutadas em Conhecimento Correto, em Sabedoria Divina, brilha na sua consciência a Sabedoria Todo-impregnante no *Dharma-Dhātu*, ou Sabedoria nascida do Vazio, que a tudo impregna.

Como o Agregado da Matéria, despontando no *Bardo* do Primeiro Dia, produz corpos físicos, assim também o elemento Água, despontando no Segundo Dia, produz o fluxo da vida, o sangue; a Cólera é uma paixão obscurecedora, a consciência é o agregado, e estas, quando transmutadas, tornam-se a Sabedoria Semelhante ao Espelho, personificada em Vajra-Sattva (o reflexo do *Sambhoga-Kāya* do Dhyānī Buda Akshobhya), o "Triunfante da Divina Mente Heroica".

O elemento Terra do Terceiro Dia, ao produzir os principais constituintes sólidos da forma humana e de todas as formas físicas, dá lugar à paixão do Egoísmo, e o agregado é o Tato; estes, quando transmutados divinamente, tornam-se a Sabedoria da Igualdade, personificada em Ratna-Sambhava, o "Nascido da Gema", o Embelezador.

O elemento Fogo do Quarto Dia, ao produzir o calor animal dos seres animais humanos encarnados, dá lugar à paixão do Afeto, ou Luxúria, e ao Agregado de Sentimentos. Aqui a transmutação gera a Sabedoria Todo-discernente, que permite ao devoto conhecer cada coisa separadamente e, ainda, todas as coisas como uma só; personificado no Dhyānī Buda Amitābha, "O da Luz limitada", o Iluminador ou Clareador.

O elemento Ar, do Quinto Dia, produz o sopro da vida. Suas qualidades ou paixões, no homem, são a Inveja ou o Ciúme. Seu agregado é a Volição. A transmutação está na Sabedoria Todo-realizadora, que fornece perseverança e ação correta nas coisas espirituais, personificada em Amogha-Siddhi, o "Conquistador Todo-poderoso", o Doador do Poder Divino.

Como já foi explicado na seção IV, o último elemento, o Éter, que Produz a mente ou o Conhecedor e o corpo de desejo dos habitantes do Estado intermediário, não se manifesta para o falecido, porque — como diz o texto — a faculdade de Sabedoria da Consciência, ou seja, a consciência celestial de Buda (ou *bhódica*), não foi desenvolvida na humanidade comum. A ela estão relacionados — como consta do nosso texto — Vajra-Sattva, e a Sabedoria Semelhante ao Espelho e o Agregado de Sabedoria *Bódhica*, sendo Vajra-Sattva, então, esotericamente, sinônimo de Samanta-Bhadra (que, por sua vez, é com frequência personificado em Vairochana, o Principal dos Cinco Dhyānī Budas), o Ādi-Buda, o Primordial, o Não Nascido, o Não Formado e Não Modificado *Dharma-Kāya*.

Quando o homem alcança a perfeição do Divino Agregado do Corpo, este se torna o Vajra-Sattva imutável, incambiável. Quando a perfeição do Divino Princípio de Linguagem é alcançada, com ela vem o poder da linguagem divina, simbolizado por Amitābha. A perfeição do Divino Princípio do Pensamento traz infalibilidade divina, simbolizada por Vairochana. Por sua vez, a perfeição das Divinas Qualidades de Bondade e Beleza é a realização de Ratna-Sambhava, que é quem as produz. Com a perfeição das Divinas Ações vem a realização de Amogha-Siddhi, o Conquistador Onipotente.

Como num drama simbólico de iniciação, o morto é apresentado a cada um desses atributos ou princípios divinos inatos em todo ser humano, para testá-lo e procurar descobrir se alguma parte de sua natureza divina (ou *bhódica*) se desenvolveu ou não. O desenvolvimento pleno de todos os poderes *bhódicos* dos Cinco Dhyānī Budas, que são suas personificações, leva à Libertação, ao estado de Buda. O desenvolvimento parcial leva ao nascimento num dos estados mais felizes: o *Deva-loka*, o mundo dos *devas* ou dos deuses; o *Asura-loka*, mundo dos *asuras* ou titãs; o *Nara-loka*, mundo dos homens. Após o Quinto Dia, as visões do *Bardo* tornam-se cada vez menos divinas; o morto mergulha cada vez mais no marasmo das alucinações *sangsāricas*; as irradiações da natureza superior se desvanecem nas luzes da natureza inferior. Então – terminando o sonho do pós-morte, enquanto o Estado Intermediário se exaure para o sujeito, e todas as formas-pensamento do seu conteúdo mental tendo-se lhe mostrado como espectros fantasmagóricos num pesadelo – ele passa do Estado Intermediário ao igualmente ilusório estado chamado vigília ou vida, tanto no mundo humano como numa das mansões da existência, por nascer ali. E, assim, girando a Roda da Vida, até que aquele que está preso a ela rompa os próprios limites por meio da Iluminação, e daí vem, como proclama Buda, o Fim da Dor.

Nas seções I a V anteriores, procuramos expor brevemente os ensinamentos ocultos mais proeminentes que embasam o *Bardo Thodöl*. Nas seções VI a XII, que seguem, serão explicados e interpretados os principais ritos e cerimônias, sua psicologia e outras doutrinas do *Bardo*. As últimas seções, XIII a XV, serão dedicadas a uma apreciação do nosso manuscrito, sua história, a origem dos textos do *Bardo Thodöl*, nossa tradução e edição.

Além dessas quinze seções, estão incluídas, como Adendos (ver pp. 313-338), seis seções complementares, dirigidas principalmente ao estudioso, que, mais que o leitor comum, estará interessado em algumas das mais intrincadas doutrinas e problemas que surgem de um estudo meticuloso da tradução e das suas anotações.

VI. As Cerimônias Fúnebres

Quando se completam os sintomas da morte, tais como vêm descritos nas primeiras seções do nosso texto, coloca-se um pano branco sobre a face do cadáver; e então ninguém toca o corpo, para que não sejam criados obstáculos para o culminante processo da morte, que termina apenas depois da total separação do corpo do *Bardo* da sua contraparte do plano terreno. Comumente é dito que esse processo leva, em geral, de três e meio a quatro dias, a não ser que seja assistido por um sacerdote, chamado *hpho-bo* (pronuncia-se *pho-o*) ou "extrator do princípio da consciência"; e que, mesmo que o sacerdote seja bem-sucedido ao extraí-lo, comumente o falecido não desperta para o fato de estar separado do corpo humano até que o referido período de tempo tenha expirado.

Ao chegar, o *hpho-bo* senta-se num tapete ou numa cadeira, na frente do cadáver. Despacha todos os lamuriosos parentes da câmara-ardente e ordena que todas as portas e janelas sejam fechadas, a fim de assegurar o necessário silêncio ao correto desempenho do serviço do *hpho-po*. O serviço consiste num canto místico que contém orientações para o espírito do morto, para que este encontre o caminho do Paraíso Ocidental de Amitābha e, assim, escape se o karma o permitir — do indesejável Estado Intermediário. Depois de ordenar ao espírito que deixe o corpo e o apego aos parentes vivos e aos seus bens, o lama examina a coroa da cabeça do cadáver à altura da sutura sagital, onde os dois ossos parietais se articulam — ponto chamado de "Abertura de Brahma" (em sânscrito, *Brāhma-randhra*) — para determinar se o espírito partiu dali mesmo, como deveria. Se o crânio não for calvo, ele arranca alguns fios de cabelo exatamente sobre a abertura. Se, por acidente ou outra razão qualquer, não houver cadáver, o lama se concentrará mentalmente no morto e, visualizando seu corpo, imagina-o presente. Então, invocando o espírito do falecido, realiza a cerimônia, que normalmente dura cerca de uma hora.

Enquanto isso, o *tsi-pa*, ou lama astrólogo, esteve ocupado em fazer o horóscopo da morte, baseado no momento da morte do falecido, para determinar quais pessoas poderão aproximar-se e tocar o cadáver, o método correto de se dispor dele, o tempo e o modo do funeral, assim como o tipo de ritual a ser realizado para benefício do finado. Então, o cadáver será atado em posição sentada — semelhante àquela em que foram encontrados esqueletos e múmias em antigas sepulturas ou tumbas em várias partes do mundo, às vezes chamada de postura de embrião —, símbolo do nascimento fora desta vida, na vida além da morte. O cadáver assim posicionado é então colocado num dos cantos da câmara-ardente que não seja o lugar atribuído ao espírito maligno da casa.

Parentes e amigos, ao serem informados da morte, reúnem-se na casa do falecido; ali, serão alimentados e alojados até que se disponha do cadáver. Se houver dúvidas quanto à completa separação do princípio da consciência (ou espírito) do falecido do seu corpo, não deverá ocorrer a remoção do cadáver antes dos três e meio a quatro dias após a morte. Enquanto continuar a hospedagem das carpideiras — normalmente não menos que dois, porém mais frequentemente por três dias —, é oferecida ao espírito do morto parte de toda a comida, líquida ou sólida, de cada refeição. Essa comida é colocada numa tigela em frente ao cadáver; depois, após o espírito do defunto ter extraído do alimento as essências sutis invisíveis, a comida é jogada fora. Após a remoção do cadáver da casa para o funeral, uma efígie do defunto é colocada no canto da casa que o cadáver ocupou; e, diante dessa efígie, a comida continua a ser oferecida até expirarem os 49 dias do *Bardo*.

Enquanto os ritos fúnebres — incluindo a leitura do *Bardo Thodöl* — estão sendo realizados, na casa do falecido ou no lugar da sua morte, outros lamas cantam, revezando-se durante todo o dia e à noite, com o objetivo de ajudar o espírito do falecido a alcançar o Paraíso Ocidental de Amitābha.

Esse serviço (cantado também pelo *hpho-bo*) é chamado, em tibetano, de *Dewa-chan-kyi-mon-lam*. Se a família for abastada, outro serviço de natureza semelhante pode ser realizado no templo em que o falecido costumava frequentar para orar, com a reunião de todos os monges.

Após o funeral, os lamas que leram o *Bardo Thodöl* retornam à casa do morto uma vez por semana, até que se cumpra o 49º dia do Estado Intermediário. No entanto, não é raro que eles suspendam um dia da primeira semana e de cada um dos períodos subsequentes para abreviar o serviço, de modo que retornam depois de seis, cinco, quatro, três, dois e um dia, respectivamente, e, com isso, concluem a leitura em cerca de três semanas.

Do Primeiro ao Décimo Quarto Dia, como sugere a disposição do Livro I do nosso texto, deverá ser lido e relido o *Chönyid Bardo* e, a partir do Décimo Quinto Dia, o *Sidpa Bardo*. Nas famílias mais pobres, os ritos podem cessar depois do Décimo Quarto Dia; para as famílias de melhores condições, em Siquim é comum continuar os ritos pelo menos até expirar o Vigésimo Primeiro Dia e, às vezes, durante todo o período dos 49 dias do *Bardo*. No primeiro dia dos ritos fúnebres, se o morto foi um homem de posses ou com uma posição social de destaque, até cem lamas podem assisti-lo; no funeral de um pobre, apenas um ou dois lamas costumam estar presentes. Após o Décimo Quarto Dia, como regra geral para todos, somente um lama é mantido para completar a leitura.

A efígie do corpo do falecido é feita colocando-se num escabelo, num bloco de madeira ou em outro objeto apropriado as roupas do morto; no lugar da face, coloca-se um papel com uma imagem, chamado *mtshan-spyang* ou *spyang-pu* (pronuncia-se *chang-ku*), de que reproduzimos a seguir um modelo típico.[16]

16. Essa reprodução, feita com permissão especial dada ao editor pelo doutor L. A. Waddell, é da p. XXI de *Gazetteer of Sikkim*. Org. H. H. Risley (Calcutá, 1894), seção "Lamaism in Sikkim", de L. A. Waddell.

A EFÍGIE DO MORTO

(1. Espelho; 2. Concha; 3. Lira; 4. Vaso de Flores; 5. Bolo Sagrado.)

Nesse *spyang-pu*, a figura central representa o falecido com as pernas unidas e em atitude de adoração, cercado por símbolos das "cinco coisas excelentes aos sentidos": (1) um espelho (o primeiro dos três objetos, à esquerda, de número 1), símbolo do corpo, que reflete todos os fenômenos ou sensações, assim como o da visão; (2) uma concha (número 2) e uma lira (número 3), símbolos do som; (3) um vaso de flores (número 4), símbolo do olfato; (4) bolos sagrados num recipiente parecido com o usado na eucaristia católico-romana (número 5), símbolo da essência de nutrição e do gosto; e (5) roupas de seda da figura central e baldaquim real dependurado, símbolos da arte de vestir e ornamentar e do sentido do tato. É diante dessa figura de papel, inserida na efígie à guisa de cabeça e face, que as oferendas de alimento para o espírito do morto continuam a ser feitas; e é para ela, quando visualizada pelo lama como se fosse o morto em pessoa, que é feita a leitura do *Bardo Thodöl*.

Tendo começado minhas pesquisas tibetanas logo depois de três anos de estudos da tradição fúnebre do Vale do Nilo, pude perceber, tão logo conheci os ritos fúnebres tibetanos — que, em grande parte, são pré-budistas – que a efígie do morto, como a usada hoje no Tibete ou em Siquim, é tão semelhante à efígie do morto chamada "estátua de Osíris (ou do falecido)" usada nos ritos fúnebres do Egito antigo, a ponto de se pensar terem ambas a mesma origem. Além disso, o *spyang-pu* em si, como peça para a cabeça da efígie, encontra paralelo egípcio nas imagens feitas para o *Ka* ou espírito. Às vezes, essas imagens eram simplesmente cabeças, completas, para substituir ou duplicar a cabeça da múmia e dar mais assistência ao *Ka* quando este procurava — tal como o Conhecedor, no *Bardo*, procura — um corpo para repousar, ou aquilo que nosso texto chama de uma escora para o corpo (ver p. 261). E, tal como os antigos egípcios liam para "a estátua de Osíris" *O Livro Egípcio dos Mortos*, do mesmo modo os lamas hoje leem para a efígie tibetana o *Bardo Thodöl* — tratados que nada mais são que livros-guias para o viajante no reino do além-morte.

Os rituais preliminares do funeral egípcio também se destinavam a conferir ao morto o poder mágico de elevar o corpo-espírito ou *Ka*, dotado de todos os dons dos sentidos, cujo serviço consistia em "abrir a boca e os olhos" e na restauração do uso de todas as demais partes do corpo. Do mesmo modo, o objetivo dos lamas, no início, é restaurar a consciência completa do falecido, depois do estado de desfalecimento imediatamente após a morte, e acostumá-lo ao ambiente não familiar do Outro Mundo, assumindo que ele seja, como a multidão dos homens, alguém não iluminado e, desse modo, incapaz de emancipação imediata.

De acordo com nossa opinião, segundo a qual essa parte dos rituais fúnebres tibetanos, diretamente relacionados com a efígie e o *spyang-pu*, veio até nossos dias como herança de um período dos tempos pré-budistas, provavelmente muito antigos, o dr. L. A. Waddell escreve o seguinte: "Essencialmente, trata-se de um rito Bön, que é citado nas histórias do Guru Padma-Sambhava como sendo praticado pelo Bön (a religião que prevalecia no Tibete antes do advento do budismo e, em seu transcendentalismo, muito semelhante ao taoísmo) e que incorreu na desaprovação do Guru Padma- Sambhava, fundador do lamaísmo".

O dr. Waddell observa a respeito do *spyang-pu*: "sua inscrição diz o seguinte [segundo nossa transcrição abaixo]:

"Eu, Aquele que parte do mundo... (e aqui é inserido o nome do falecido), adoro o meu lama confessor e busco refúgio nele e em todas as outras divindades, tanto as mansas [traduzido por nós como 'pacíficas'] como as iradas;[17] e [que] o 'Grande Misericordioso')[18] perdoe os meus pecados acumulados e impurezas das vidas anteriores e me mostre o caminho para outro mundo bom!".[19] No ombro esquerdo da figura central do *spyang-pu*, segundo a nossa cópia, e às vezes no meio, embaixo, em outras cópias, estão inscritos símbolos fonéticos referentes aos seis mundos da existência samsárica, traduzidos como segue:

S = *Sura* ou deus, referente ao mundo do deva;

A = *Asura* ou titã, referente ao mundo do asura;

Na = *Nara* ou homem, referente ao mundo do humano;

Tri = *Trisan* ou animal bruto, referente ao mundo do bruto;

Pre = *Preta* ou espírito infeliz, referente ao mundo do preta

e *Hung* (de hunu, que significa "caído") = inferno, referente ao mundo do inferno.[20]

Ao término dos ritos fúnebres, o *spyang-pu* ou papel facial é ritualmente incinerado na chama de uma lâmpada à base de manteiga e é dado adeus ao

17. "Das cem divindades superiores, supõe-se que 42 sejam *mansas* e 58 de natureza irada." — L. A. Waddell.

18. "Divindade aborígine ou chinesa, hoje identificada com *Avalokita*, com a qual ela tem muito em comum." — L. A. Waddell.

19. Nossa tradução está baseada na do dr. Waddell. Cf. *Gazetteer of Sikkim*, pp. 387-88.

20. Cf. Waddell. *Gazetteer of Sikkim*, p. 388.

falecido. Pela cor da chama e pelo modo como esta se mantém, é determinado qual o destino pós-morte que caberá ao falecido. As cinzas do *spyang-pu* cremado são recolhidas num prato e, depois de misturadas com argila, transformadas em *stupas* em miniatura, chamadas *sa-tschha*, feitas em moldes que normalmente deixam a impressão de ornamentação simbólica ou de letras sagradas. Uma dessas *stupas* é conservada no altar da casa do falecido e o resto é depositado num lugar protegido, em encruzilhadas ou no cume de uma colina, geralmente sob uma saliência rochosa que a protege, ou numa gruta, caso haja uma.

Com a queima do papel, o restante da efígie do morto é desmontado, sendo que as roupas são levadas pelos lamas, que as vendem ao primeiro comprador, ficando com os lucros como parte dos seus honorários. Quando houver transcorrido um ano da morte, costuma-se dar uma festa em honra ao morto e realiza-se o serviço dos Budas Médicos.[21] Depois disso, a viúva do falecido está livre para se casar de novo.[22]

Há um ritual muito interessante relacionado com o funeral tibetano. Por exemplo: quando o lama oficiante se prepara para assistir à remoção do cadáver da casa, presenteia este com uma "mantilha de honra" e, dirigindo-se a ele, aconselha-o a participar livremente da comida oferecida, prevenindo-o de que está morto e de que seu espírito não deve circular pelo local ou incomodar os parentes vivos, concluindo: "Lembra-te do nome do lama, teu mestre espiritual, que é ... [fulano de tal] e com ajuda dele tome o caminho certo — o branco. Segue por aqui!"[23]

Então, no momento em que o lama começa a guiar a procissão fúnebre, ele toma a ponta de um dos lados da longa mantilha — a outra extremidade é amarrada ao cadáver — e começa a cantar uma liturgia sob o acompanhamento de um cabuletê (instrumento do qual pendem pelas laterais fios com nós nas pontas que, batendo no tambor enquanto o lama o gira, produzem som) e de uma trombeta feita de um fêmur humano. Quando há certo número de sacerdotes, o principal deles, adiantando-se aos demais, toca uma sineta (tal como o sacerdote faz nos funerais dos aldeões bretões), os outros

21. "No Ceilão, as festas fúnebres são oferecidas aos *Bhikkhus* durante sete dias, um mês e um ano após a morte. Essas festas são feitas 'em nome' do morto, de quem também é o Mérito. Isso, sob certas circunstâncias, ajuda o morto a conseguir um renascimento superior." — Cassius A. Pereira.

22. Cf. Waddel. *Gazetteer of Sikkim*, pp. 383 e 391.

23. *Id.*, ibid.

acompanham com o canto e a música, enquanto um deles sopra, a intervalos, a concha sagrada e outro bate os címbalos de latão e, talvez, ainda outro gire o cabuletê ou sopre a trombeta de fêmur. De quando em quando o lama principal olha para trás para convidar o espírito a acompanhar o corpo e assegurá-lo de que a rota está na direção certa. Atrás dos que levam o cadáver, segue o grupo principal dos enlutados, alguns levando refrescos (em parte, para serem lançados na pira funerária para benefício do morto e, em parte, para serem distribuídos entre os sacerdotes e as carpideiras) e, por último, vão os parentes com lamentos e prantos. Essa condução sacerdotal do espírito do morto é só para os leigos, pois os espíritos dos lamas falecidos, tendo sido treinados nas doutrinas do *Bardo Thodöl*, conhecem o caminho certo e, portanto, não necessitam de orientação.

No Tibete usam-se todos os métodos religiosos conhecidos para a remoção de um cadáver; no entanto, devido à falta de combustível para fins de cremação, comumente o corpo, levado até o cume de uma colina ou rocha, é cortado em pedaços e, segundo o costume parse na Pérsia e em Bombaim, é dado aos pássaros e animais carnívoros. Se o cadáver for o de um nobre, cuja família possa custear uma pira funerária, ele pode ser cremado. Em alguns lugares distantes, o normal é o enterro, usado comumente sempre que a morte tenha sido causada por uma doença muito contagiosa e perigosa, como a varíola. Nos demais casos, os tibetanos fazem objeção ao sepultamento, pois acreditam que, quando um cadáver é enterrado, o espírito do morto, vendo isso, tenta reentrar nele, e que, se a tentativa for bem-sucedida, se origina um vampiro, enquanto a cremação ou outros métodos de dissipar rapidamente os elementos do corpo morto impedem o vampirismo. Às vezes também, como entre os hindus, os cadáveres são lançados nos rios ou em outros cursos de água. No caso do Dalai Lama e do Tashi Lama, assim como de algumas personalidades ou santos, usa-se o embalsamamento. Nesse caso, o cadáver, de maneira semelhante à dos processos de embalsamamento praticados pelos egípcios, é depositado numa caixa com sal por um período normalmente de três meses ou correspondente ao tempo que o sal leva para absorver toda a água contida no corpo. Então, bem curtido, o cadáver é envolto numa substância semelhante ao cimento, feita de argila, madeira de sândalo pulverizado, condimentos e remédios. Isso tudo adere e se solidifica, e, eliminadas com ela todas as partes rugosas ou encovadas do corpo — como os olhos, as bochechas e o estômago —, e retomando suas proporções naturais, resulta uma múmia semelhante às egípcias. Finalmente, depois de totalmente seca e então coberta com uma tinta feita de ouro dissolvido, a múmia é depositada como imagem numa espécie de Abadia de Westminster tibetana.

Em Shigatze, sede do Tashi Lama, há cinco desses templos fúnebres. Com tetos duplos, resplandecentes de ouro, assemelham-se aos palácios ou às capelas reais da China. Esses templos diferem em tamanho e adornos de acordo com a posição e a riqueza das múmias que os ocupam, sendo algumas incrustradas com ouro, outras com prata.[24] Diante dessas múmias encerradas são feitas preces, é queimado incenso e rituais são realizados, como nos cultos ancestrais dos chineses e japoneses.

Os quatro métodos dos budistas do Norte para dar fim a um cadáver correspondem aos mencionados em vários livros sagrados dos hindus: é dito que um corpo humano consiste de quatro elementos — Terra, Água, Ar e Fogo — e deve retornar a esses elementos o mais rapidamente possível. A cremação é considerada o melhor método a ser adotado. O sepultamento, como entre os cristãos, é o retorno do cadáver ao elemento Terra; o funeral na água é o retorno do cadáver ao elemento Água; a disposição ao ar livre é o retorno ao elemento Ar — os pássaros que o devoram são os habitantes do ar —, enquanto a cremação é o retorno do corpo ao elemento Fogo.

No Tibete, quando é adotada a entrega do cadáver ao elemento Ar, mesmo os ossos, após a carne ter sido devorada pelas aves, são reduzidos a pedaços e postos nas pequenas cavidades das pedras do monte funerário e, então, misturados com farinha, formam uma pasta, dada às aves para que a devorem.[25] Esse procedimento, quando realizado pelos tibetanos, é mais completo que até mesmo o dos parses, pois estes permitem que os ossos dos mortos permaneçam ao ar livre e sofram lenta decomposição.

Num funeral tibetano comum, não é usado nenhum ataúde ou caixão para o cadáver. O corpo, depois de ter sido posto de costas, com um lençol ou pedaço de pano estendido sobre uma armação normalmente feita de material leve afixado em duas estacas, é, em seguida, coberto com um pano totalmente branco. Dois homens, introduzindo a cabeça entre as extremidades

24. Cf. Ekai Kawaguchi, *Three Years in Tibet*. Madras, 1909, p. 394.

25. Os homens que desempenham essa função pertencem a uma casta especial e, considerados impuros, são em geral evitados pelos outros tibetanos.

das estacas, servem de carregadores. No entanto, em Siquim, o cadáver é carregado sentado, na postura de embrião descrita anteriormente.

Tanto em Siquim como no Tibete, todo funeral é guiado estritamente de acordo com as orientações dadas pelo astrólogo que faz o horóscopo do morto, no qual se encontram indicações quanto a quem deverá tocar ou manusear o cadáver, quem o carregará e qual o modo a ser adotado para o funeral.

O astrólogo declara também que tipo de espírito maligno causou a morte, pois, segundo a crença popular — comum também entre os povos célticos da Europa —, nenhuma morte é natural, mas, ao contrário, é sempre devida à interferência de um dos inumeráveis demônios da morte. Igualmente, o astrólogo anuncia quais cerimônias são necessárias para exorcizar o demônio da morte da casa do falecido, quais os rituais especiais que devem ser lidos em benefício do espírito do falecido, as precauções necessárias para assegurar-lhe um bom renascimento e a região e o tipo de família em que ocorrerá o renascimento.

Em Siquim, no espaço do solo nivelado para a pira funerária, um diagrama místico — símbolo do Reino Feliz de Sukhavati, ou o Reino Ocidental Vermelho da Felicidade (ver texto à p. 215) — é delineado com farinha e dividido em compartimentos, sendo o espaço central (sobre o qual a pira funerária é construída) dedicado ao Dhyāni Buda Amitābha. No início das cerimônias de cremação, o lama principal visualiza a pira funerária como a mandala do Amitābha e o fogo como Amitābha, o qual, como diz o texto (ver p. 216), personifica o elemento Fogo. Então o cadáver, estirado sobre a pira, é visualizado como a mandala de Amitābha e seu coração como a morada de Amitābha. À medida que o fogo começa a crescer em volume, óleos aromáticos e fragrâncias, lenha de sândalo e varinhas de incenso são lançados como sacrifício, como no ritual hindu do *Homa* ou sacrifício do fogo. Finalmente, concluindo as cerimônias de cremação, os sacerdotes e as carpideiras visualizam o espírito do morto purgado de todos os obscurecimentos kármicos pelo fogo que é Amitābha, a Luz Incompreensível.

Esse é, em resumo, o misticismo que inspira os belos rituais realizados para o morto no lugar da cremação, em Siquim.

Em todas as outras formas de funeral, no Tibete ou em territórios sob influência tibetana, é realizado um serviço fúnebre correspondente ou paralelo, baseado nos mesmos rituais simbólicos, com variações de acordo com a seita e a província.

VII. *O Bardo*[26] ou Estado Pós-Morte

A partir do momento da morte e por três dias e meio depois, ou, às vezes, quatro, o Conhecedor, ou princípio de consciência, no caso do falecido ser um homem comum, acredita estar num estado de sono ou de transe, e inconsciente, via de regra, do fato de ter-se separado do corpo no plano humano. Esse período é o Primeiro *Bardo*, chamado *Chikhai Bardo* (em tibetano, *Hchi-khahi Bar-do*) ou "Estado de Transição do Momento da Morte" e aí surge a Clara Luz, inicialmente em sua pureza primitiva, e, então, o percipiente, sendo incapaz de reconhecê-la, isto é, de se manter e de permanecer no estado transcendental da mente não modificada concomitante com ela, percebe-a carmicamente obscurecida, o que constitui seu aspecto secundário. Quando o Primeiro *Bardo* termina, o Conhecedor, despertando para o fato de que a morte ocorreu, vivencia o Segundo *Bardo*, chamado *Chönyid Bardo* (em tibetano: *Chös-nyid Bar-do*) ou "Estado de Transição da [Vivência ou Vislumbre da] Realidade"; então, este se funde no Terceiro *Bardo*, chamado *Sidpa* (ou *Sidpaí*) Bardo (em tibetano, *Srid-pahi-Bar-do*) ou "Estado de Transição do [ou da busca do] Renascimento", que termina quando o princípio de consciência adquire o renascimento no mundo humano ou em algum outro, ou num dos reinos do paraíso.

Como explicado anteriormente na Seção III, a passagem de um *Bardo* para outro é análoga ao processo de nascimento; o Conhecedor desperta de um estado de desfalecimento ou transe para entrar em outro, até que o Terceiro *Bardo* termine. Ao despertar no Segundo *Bardo*, surgem para ele, como visões simbólicas, uma por uma, as alucinações criadas pelos reflexos kármicos das ações que ele realizou no corpo no plano terreno. O que ele pensou e fez torna-se objetivo: as formas-pensamento, tendo sido conscientemente visualizadas e capacitadas a se enraizarem, crescerem, florescerem e produzirem, passam agora num panorama solene e poderoso, como o conteúdo da consciência de sua personalidade.[27]

---

26. *Bar-do* significa, literalmente, "entre (*Bar*) dois (*do*)", isto é, "entre dois [estados]" — o estado entre a morte e o renascimento —, e, por conseguinte, [Estado] "Intermediário" ou " Transitório". O tradutor para o inglês, em determinados casos, preferiu "[Estado] Incerto". Porém, poderia também ter traduzido por "[Estado] Crepuscular".

27. Alguns dos lamas mais ilustres – principalmente da seita Gelugpa ou do Chapéu Amarelo – acreditam que as visões altamente simbólicas de 110 divindades principais do *Chönyid Bardo* são vistas somente por devotos com certo avanço espiritual e que tenham estudado o tantrismo; e que as pessoas comuns, quando falecidas, terão visões semelhantes às descritas no *Sidpa Bardo*.

No Segundo *Bardo*, a menos que tenha sido instruído, o morto está mais ou menos sob a ilusão de que, embora esteja morto, ainda possui um corpo de carne e osso. Quando chega a perceber que realmente não possui esse corpo, lhe sobrevém um fortíssimo desejo de possuir um. Então, nessa procura, tornando-se a predileção kármica para a existência *sangsārica* a ser naturalmente decisiva, ele entra no Terceiro *Bardo* à procura de Renascimento e, finalmente, com o renascimento neste ou em algum outro mundo, finda o estado do pós-morte.

Para as pessoas comuns, esse é o processo normal; contudo, para as mentes muito excepcionais, dotadas de grande conhecimento do yoga e de grande instrução, somente os estágios mais espirituais do *Bardo* dos primeiros dias serão vivenciados. O mais iluminado dos yogues pode escapar de todo o *Bardo*, passando para um reino do paraíso ou ainda reencarnando neste mundo tão logo o corpo físico tenha sido descartado, e mantendo, o tempo inteiro, uma ininterrupta continuidade de consciência.[28] Como os homens pensam, assim eles são, tanto aqui como lá, sendo os pensamentos coisas, os pais de todas as ações, boas ou más; como houver sido a semeadura, assim será a colheita.

Se não conseguir escapar do Estado Intermediário, pelo renascimento em algum outro estado — já que o Inferno é para os malfeitores excepcionais, não para o homem comum, que paga pelas delinquências morais normais renascendo como ser humano —, dentro do período simbólico de 49 dias, período cuja duração real é determinada pelo karma, o falecido estará sujeito a todas as ilusões kármicas do *Bardo*, sejam elas felizes ou infelizes, conforme o caso, e o progresso torna-se impossível. Além da libertação obtida com o Nirvana após a morte — de modo a cortar todos os laços kármicos da existência *sangsārica* ou mundana num corpo ilusório de predileções —, a única esperança que resta ao homem comum de alcançar o estado de Buda está na possibilidade de ele renascer em forma humana; isso porque, nascer sob qualquer outra forma que não seja a do mundo humano provoca demora para quem deseja alcançar a Meta Final.

---

28. "Isso está confirmado no Cânone Páli, o *Ti-Pitaka*, que registra vários casos de nascimento de altas divindades (*devas*) imediatamente após a morte no plano humano." – Cassius A. Pereira.

VIII. A Psicologia das Visões do *Bardo*

Cada divindade que surge no *Bardo Thodöl* tem um significado psicológico definido. Mas para compreendê-lo o estudioso precisa ter em mente que — como sugerimos anteriormente — as visões fantasmáticas tidas pelo falecido no Estado Intermediário não são visões da realidade, não passando de encarnações alucinatórias de formas-pensamento nascidas do conteúdo mental do sujeito. Ou, em outras palavras, trata-se de impulsos intelectuais que assumiram forma personificada no estado de sonho do pós-morte.

Assim sendo, as Divindades Pacíficas (em tibetano, *Z'i-wa*) são formas personificadas dos sentimentos humanos mais sublimes que procedem do centro psíquico do coração. Como tais, são representados como os primeiros a surgirem, uma vez que, psicologicamente falando, os impulsos originários do coração precedem os originários do cérebro. Eles se apresentam com aspecto pacífico para controlar e influenciar o falecido, cujos vínculos com o mundo humano acabam de ser cortados; o falecido deixou parentes e amigos, trabalhos inacabados, desejos insatisfeitos e, na maioria dos casos, tem forte desejo de recuperar a oportunidade perdida fornecida pela encarnação humana para a iluminação espiritual. Em todos os impulsos e aspirações, o karma é que prepondera e, a menos que seja seu desígnio kármico obter libertação nos primeiros estágios, o morto perambulará para baixo nos estágios nos quais os impulsos do coração cedem lugar aos do cérebro.

As Divindades Pacíficas são personificações dos sentimentos, enquanto as Divindades Iradas (em tibetano, *To-wo*) são personificações dos raciocínios e procedem do centro psíquico do cérebro. Todavia, como os impulsos originários do coração podem transformar-se em raciocínios do centro do cérebro, do mesmo modo as Divindades Iradas nada mais são que Divindades Pacíficas sob um aspecto modificado.

À medida que o intelecto entra em atividade, após a cessação dos impulsos sublimes nascidos no coração, o morto passa a perceber cada vez mais o estado em que se encontra; com as faculdades sobrenaturais do corpo *Bardo*, do qual começa a fazer uso de maneira muito semelhante à de um recém-nascido no plano humano ao começar a usar as faculdades sensoriais, ele se considera capaz de pensar como poderá vencer este ou aquele estado de existência. Contudo, o karma ainda é o mestre e define suas limitações. Do mesmo modo que, no plano humano, os impulsos sentimentais são mais ativos na juventude e com frequência perdem a força na idade madura, quando a razão costuma substituí-los, assim também no plano do pós-morte, conhecido como *Bardo*, as primeiras experiências são mais felizes que as posteriores.

Sob outro aspecto, as divindades principais são encarnações de forças divinas universais, com as quais o morto está inseparavelmente relacionado, pois, por meio dele, que representa o microcosmo do macrocosmo, penetram todos os impulsos e forças, bons ou maus. Samanta-Bhadra, o Todo-bondoso, personifica a Realidade, a Clara Luz Primordial do Não Nascido, Não Formado *Dharma-Kāya* (cf. p. 199). Vairochana é o Originador de todos os Fenômenos, a Causa de todas as Causas. Como Pai Universal, Vairochana dissemina como semente, ou sêmen, todas as coisas; sua *shakti*, a Mãe do Grande Espaço, é o Ventre Universal no qual a semente cai e se desenvolve como os sistemas dos mundos. Vajra-Sattva simboliza a Imutabilidade. Ratna-Sambhava é o Embelezador, a Fonte de toda a Beleza do Universo. Amitābha é a Compaixão Infinita ou o Amor Divino, o *Christos*. Amogha-Siddhi é a personificação da Força Todo-poderosa ou Onipotência. E as divindades menores — heróis, *dākinīs* (ou "fadas"), deusas, senhores da morte, *rākshasas*, demônios, espíritos e todas as outras — correspondem aos pensamentos humanos definidos — paixões, impulsos, altos e baixos, humanos, subumanos e sobre-humanos — em forma kármica, à medida que tomam forma nas sementes do pensamento que determina o conteúdo de consciência do sujeito (cf. p. 320).

Como o *Bardo Thodöl* deixa claro, por meio de repetidas afirmações, nenhuma de todas essas divindades ou seres espirituais tem qualquer existência individual real além da que têm os seres humanos: "É o suficiente para ti [isto é, para o falecido] saber que essas aparições são [os reflexos de] as tuas próprias formas-pensamento" (p. 208). Trata-se simplesmente do conteúdo da consciência visualizado, por meio da ação kármica, como aparições fantasmáticas no Estado Intermediário — insignificâncias imaginárias urdidas em sonhos.

O total reconhecimento dessa psicologia pelo morto liberta-o para a Realidade. É por essa razão que o *Bardo Thodöl*, segundo o nome implica, é a Grande Doutrina da Libertação pela Audição e pela Visão.

O ser humano morto torna-se o único espectador de um maravilhoso panorama de visões alucinatórias. Cada semente de pensamento em seu conteúdo de consciência revive carmicamente; e ele, como uma criança maravilhada olhando as figuras que se movem projetadas numa tela, olha para elas, não ciente da não realidade disso tudo, a menos que tenha sido um adepto do yoga.

A princípio, essa sequência de visões gloriosas e felizes, nascidas das sementes dos impulsos e das aspirações da natureza divina ou superior, espanta o não iniciado; a seguir, à medida que elas se fundem em visões nascidas dos elementos mentais correspondentes à natureza animal ou inferior, aterrorizam-no, e ele deseja *fugir* delas. Porém, infelizmente, como o texto explica, é impossível separar essas visões dele, e elas o seguirão para onde quer que ele queira fugir.

Não devemos supor que todos os mortos vivenciem, no Estado Intermediário, os mesmos fenômenos, assim como nem todos os seres vivos têm as mesmas experiências no mundo humano ou em sonhos. O *Bardo Thodöl* é simplesmente típico e sugestivo de todas as experiências do pós-morte. Ele apenas descreve, em detalhes, o que se espera que sejam as visualizações *Bardo* dos conteúdos de consciência do adepto comum da Escola do Chapéu Vermelho de Padma-Sambhava. O homem acredita naquilo que lhe é ensinado. Os pensamentos, sendo coisas, podem ser plantados como sementes na mente da criança e dominar por completo seu conteúdo mental. Sendo o solo favorável à vontade de acreditar, as sementes de pensamento — sejam boas ou más, puras superstições ou verdades compreensíveis — se enraízam, florescem e fazem do homem aquilo que ele é mentalmente.

Assim sendo, para um budista de alguma outra Escola, como para um hindu, um muçulmano ou um cristão, as experiências do *Bardo* seriam, em cada caso, diferentes: as formas-pensamento do budista ou do hindu, como num estado de sonho, dariam lugar às visões correspondentes às divindades do panteão budista e hindu; para um muçulmano, a visão do Paraíso muçulmano, enquanto, para um cristão, a visão do céu cristão; ou, ainda, para um índio americano, elas sugeririam o Feliz Território da Caça. Do mesmo modo, o materialista terá, no pós-morte, visões tão negativas e vazias como as ateias visões com que ele sempre sonhou quando estava no corpo humano. Explicadas de maneira racional, como os ensinamentos do *Bardo Thodöl* sugerem, as experiências que cada pessoa terá no plano do pós-morte dependem inteiramente do seu próprio conteúdo mental. Em outras palavras, como já foi explicado, o estado do pós-morte é muito parecido com o estado de sonho; e os sonhos são os filhos da mente do sonhador. Essa psicologia explica, cientificamente, por que alguns devotos cristãos, por exemplo, tiveram – se dermos crédito aos testemunhos dos santos e videntes cristãos — visões (em estado de transe, em sonho ou mesmo no estado de pós-morte) do Deus Pai sentado num trono na Nova Jerusalém e do Filho ao seu lado, assim como de todo o cenário bíblico e de outros atributos do Céu, ou ainda da Virgem, dos santos e arcanjos, ou do Purgatório e do Inferno.

Em outras palavras, o *Bardo Thodöl* parece estar baseado em dados verificáveis das experiências humanas, fisiológicas e psicológicas; e ele vê o problema do estado do pós-morte como sendo puramente psicofísico. Por conseguinte, é fundamentalmente científico. Ele postula reiteradamente que o que o sujeito vê, no plano do *Bardo*, é inteiramente devido ao seu próprio conteúdo mental e que não há visões de deuses ou demônios, céus ou infernos que não sejam originárias das suas formas-pensamento kármicas alucinatórias, que constituem sua tonalidade, que é um produto impermanente nascido da sede de existência e da vontade de viver e de crer.

As visões do *Bardo* modificam-se, então, dia após dia, de acordo com a erupção das formas de pensamento do sujeito, até que as impetuosas forças kármicas se exaurem; ou, visto por outro ângulo, as formas-pensamento, nascidas de predileções habituais, sendo registros mentais como as já referidas imagens do cinema quando o rolo termina, assim o pós-morte também acaba, e o Sonhador, saindo do ventre, começa a viver de novo o fenômeno do mundo humano.

A Bíblia dos cristãos, como o Corão dos muçulmanos, nunca parece considerar que as experiências espirituais em forma de visões alucinatórias de profetas ou devotos, registradas nesses livros, podem, em última análise, não ser reais. Porém, o *Bardo Thodöl* é tão contundente nos seus postulados que deixa o leitor com a exata impressão de que toda visão — sem qualquer exceção — em que aparecem entes espirituais, deuses ou demônios, paraísos ou lugares de tormento e purgação, no *Bardo* ou em qualquer outro plano semelhante de sonho ou êxtase, é puramente ilusória, pois está fundada nos fenômenos *sangsāricos*.

O objetivo principal do *Bardo Thodöl*, como já foi dito de outra maneira em outra ocasião, é provocar o despertar do Sonhador para a Realidade, livre da obscuridade das ilusões kármicas ou *sangsāricas*, num estado celestial ou nirvânico, para além de todos os paraísos fenomenais, céus, infernos, purgatórios ou mundos de encarnação. Assim, desse modo ele é genuinamente budista e diferente de qualquer outro livro não budista do mundo, seja secular ou religioso.

IX. O Juízo

A Cena do Juízo ou Juízo Final, tal como está descrita em nosso texto, é muito parecida com a que encontramos em *O Livro Egípcio dos Mortos*, nas partes essenciais, a ponto de nos sugerir uma origem comum, até hoje desconhecida, à qual já fizemos referência. Na versão tibetana, *Dharma-Rāja* (em tibetano, *Shinje-chho-gyal*), o Rei dos Mortos (comumente conhecido pelos theravādistas como *Yāma-Rāja*), o Plutão budista e hindu, como um Juiz dos Mortos, corresponde a Osíris na versão egípcia. Em ambas as versões encontramos a pesagem simbólica: diante de *Dharma-Rāja* são colocados, nos lados esquerdo e direito da balança, seixos pretos e brancos, símbolos das más e das boas ações. Da mesma maneira, diante de Osíris, o coração e a pluma (ou, em lugar da pluma, uma imagem da Deusa da Verdade que ela simboliza) têm seus pesos comparados, o coração representando a conduta ou consciência do morto e a pluma a retidão ou a verdade.

Em *O Livro Egípcio dos Mortos*, o morto, dirigindo-se ao seu coração, diz: "Não te ergas contra mim. Não sejas meu adversário ou Círculo Divino; não permitas que haja queda na balança contra mim na presença do grande deus, Senhor de Amenta". Na Cena Egípcia do Juízo é Thoth Cabeça de Macaco (menos frequentemente com cabeça de íbis), deus da sabedoria, que supervisiona a pesagem; na Cena do Juízo tibetano, é o Shinje Cabeça de Macaco. Em ambas as cenas, há um júri de divindades que observa, algumas com cabeça de animais, outras com cabeças humanas.[29] Na versão egípcia, há uma criatura monstruosa que espera pelo réu a fim de devorá-lo caso ele seja condenado, enquanto, na versão tibetana, os demônios esperam o malfeitor para conduzi-lo ao mundo infernal da purgação; a tabuleta com a qual por vezes Thoth é representado corresponde ao espelho do karma que porta o Dharma-Rāja ou, em outras versões tibetanas, por uma divindade do júri. Ademais, em ambos os Livros dos Mortos, o morto, quando se dirige pela primeira vez ao Juiz, alega não ter feito nenhum mal. Diante de Osíris, essa

---

29. Essas divindades com cabeça de animal, como aparecem no *Bardo Thodöl*, são, na maior parte, derivadas da religião tibetana pré-budista, Bön, e, por conseguinte, provavelmente, muito antigas. Como seus paralelos egípcios, essas divindades parecem ser mais ou menos totêmicas e, por meio de sua representação por sacerdotes mascarados, como nas peças dos Mistérios do antigo Egito e nas que sobreviveram do Tibete (como nosso texto sugere), são símbolos de atributos específicos, de paixões e de inclinações de seres *sangsāricos* ou encarnados — humanos, subumanos ou sobre-humanos (v. p. 243, n. 171).

alegação parece ser aceita, segundo todos os textos até hoje conhecidos; diante do Dharma-Rāja, ela é objeto do teste do Espelho do karma, e isso, evidentemente, parece constituir um acréscimo indiano ou budista à hipotética versão pré-histórica, de onde surgiram as versões egípcia e tibetana, sendo a primeira a menos afetada.

Platão também, ao abordar as aventuras do Outro Mundo realizadas por Er, no livro X de *A República*, descreve um Juízo semelhante, no qual se encontram juízes e tabuletas kármicas (afixadas nas almas julgadas) e caminhos — um para o bem, que leva para o Céu, outro para o mal, que leva para o Inferno —, assim como demônios que esperam para levar a alma dos condenados para os lugares de punição, precisamente como no *Bardo Thodöl* (ver p. 157).[30]

A doutrina do purgatório, ora cristianizada e associada a São Patrício no originalmente Purgatório pagão de São Patrício da Irlanda, todo o ciclo de lendas do Outro Mundo e do Renascimento dos povos celtas relacionados com a crença nas fadas, assim como o conjunto de tradições ligadas a Proserpina e registradas nos Livros Sagrados do mundo inteiro, as doutrinas semíticas do Céu, do Inferno e do Juízo, assim como na versão cristã, que é a adulteração de uma doutrina pré-cristã e judaica da ressurreição, e também a aludida passagem de Platão, tudo isso constitui um testemunho das crenças universais da humanidade a respeito desse tópico, provavelmente mais antigas que os mais antigos registros da Babilônia e do Egito.[31]

O quadro da Cena do Juízo tibetano aqui reproduzido (ver p. 270) foi pintado de acordo com uma severa tradição monástica, em Gangtok, Siquim, em 1919, pelo artista tibetano Lharipa-Pempa-Tendup-la, que residia ali

30. Aqui, remetemos o leitor à seção VII do nosso Adendo (pp. 328-41), que diz respeito à versão cristã do Juízo contida no curioso tratado medieval intitulado *The Lamentation of the Dying Creature*.

31. Em meu livro *Fairy-Faith in Celtic Countries* (Oxford, 1911, capítulo X) sugeri ser muito provável que a tradição do purgatório relacionada com as cavernas para as iniciações místicas pagãs que existiam anteriormente numa ilha em Loch Derg, Irlanda, e que é hoje um lugar famoso de peregrinação católica conhecido como o Purgatório de São Patrício, tenha dado origem à doutrina do Purgatório na Igreja Romana. A caverna purgatória original foi demolida por ordem do governo inglês da Irlanda, para destruir, como foi dito, a superstição pagã.

Além disso, os lugares subterrâneos de iniciação e culto dedicados ao Deus do Sol, Mithras e ainda preservados em países europeus meridionais, parecem-se tanto com o original purgatório irlandês — assim como com outros lugares subterrâneos de iniciação dos países célticos, como New Grange, na Irlanda, e Gavrinis, na Bretanha — que poderiam indicar uma origem pré-histórica comum, essencialmente religiosa e relacionada com o culto do mundo do *Bardo* e dos seus habitantes.

nessa época. Um protótipo anterior dessa cena foi preservado, até recentemente, como um dos antigos afrescos da pintura da Roda da Vida no templo de Tashiding, em Siquim, descrita da seguinte maneira pelo dr. L. A. Waddell: "O Juízo é imposto, em cada caso, pelo imparcial *Shinje-chho-gyal* ou 'Rei Religioso dos Mortos' (Dharma-Rāja), uma forma de *Yama*, deus hindu dos mortos que tem às mãos um espelho no qual está refletida uma alma desnuda, enquanto seu criado, *Shinje*, pesa na balança os atos bons e os maus, os primeiros representados por seixos brancos e os segundos por seixos negros".[32] O dr. Waddell investigou a origem da pintura de uma Roda da Vida semelhante, comumente conhecida, ainda que de maneira incorreta, como o "Zodíaco", situada na entrada da caverna nº XVII, de Ajantā, na Índia (ver p. 162). Por conseguinte, isso estabelece a antiguidade da Cena do Juízo, da qual nosso texto contém uma versão.

Na literatura canônica e apócrifa do budismo do Norte acham-se numerosas outras versões. No Cânone Páli do budismo do Sul há versões paralelas, por exemplo no *Devadūta Vagga do Anguttara Nikāya*, assim como no *Devadūta Sūttam do Majjhima Nikāya*. A última versão pode ser resumida da seguinte maneira: o Exaltado, Buda, quando de sua estada no Mosteiro de Jetavana, dirigiu-se aos monges locais a propósito do estado pós-morte da existência. Como homem de clara visão, sentado entre duas casas, cada qual com seis portas, ele observa todos os que entram e saem. Uma das casas simboliza o *Bardo* ou estado de existência desencarnada; a outra, o estado de existência encarnada, e as doze portas, as seis entradas e as seis saídas dos seis *lokas* ou mundos. A seguir, depois de ter explicado a maneira pela qual o karma governa todos os estados de existência, Buda descreveu como o malfeitor é levado diante do Rei da Morte e questionado sobre os Cinco Mensageiros da Morte.

O primeiro mensageiro é simbolizado por um bebê recém-nascido deitado de costas, e a mensagem é que, tanto para este quanto para todas as criaturas vivas, a velhice e a morte são inevitáveis. O segundo mensageiro tem a aparência de uma pessoa idosa, de 80, 90 ou 100 anos de idade, decrépita, curvada como um teto arqueado, sustentada por uma bengala, tremendo à medida que anda, pateticamente miserável, com toda a juventude esvaída, dentes quebrados, cabelos grisalhos e já quase calva, além da testa enrugada;

32. Cf. *The Gazetteer of Sikkim*. Org. H. H. Risley, p. 269.

seu significado é que o bebê cresce, amadurece e definha para tornar-se vítima da morte. O terceiro mensageiro é uma pessoa restringida pela doença, revolvendo-se nas próprias sujeiras, incapaz de levantar-se ou deitar-se sem a ajuda de um atendente. Ela traz a mensagem da doença que, assim como a morte, também é inevitável. O quarto mensageiro é um ladrão sendo submetido a uma terrível punição, e significa que as punições que possam ser desferidas neste mundo contra os malfeitores não são nada se comparadas às punições que o karma inflige após a morte. O quinto mensageiro, para enfatizar a mesma mensagem da morte e do caráter perecível do corpo, é um cadáver incolor e putrefato.

Em cada caso, o Rei Yama pergunta ao morto se ele viu o mensageiro e recebe a seguinte resposta: "Não". Então, o Rei explica quem era o mensageiro e o significado da mensagem. O morto, lembrando-se, é obrigado a confessar que, não havendo praticado bons atos, não agira de acordo com as mensagens, mas, ao contrário, praticou o mal, esquecendo-se da inevitabilidade da morte. Com isso, Yama pronuncia a sentença, porquanto o falecido, não tendo praticado bons atos, deverá sofrer as consequências kármicas. Então, as fúrias infernais apoderam-se do morto e infligem-lhe cinco tipos de castigos purgatórios, e, embora o sentenciado sinta dores insuportáveis, é incapaz de morrer, segundo deixa claro o *Bardo Thodöl*.

Na versão do *Anguttara Nikāya*, em que existem três mensageiros — a pessoa idosa, homem ou mulher acometido de doença, e o cadáver —, Buda conclui seu discurso da seguinte maneira:

"Aqueles que, avisados por mensageiros celestes, permanecem indiferentes à religião sofrem longamente, renascendo numa condição inferior.

"Os virtuosos, avisados pelos mensageiros celestes neste mundo, não negligenciam em professar as doutrinas sagradas. Vendo o perigo do apego, que é a causa do nascimento e da morte, eles extinguiram, nesta vida, as misérias da existência, chegando a uma condição livre do medo, feliz e liberta de paixões e de pecados."[33]

---

33. Cf. tradução de E. R. J. Gooneratne. *Anguttara Nikāya, Eka Duka and Tika Nipāta*. Galle, Ceilão, 1913, pp. 160-65.

X. A Doutrina do Renascimento

Ao examinar a doutrina do Renascimento em particular, tal como se apresenta no nosso texto, duas interpretações devem ser levadas em consideração: a interpretação literal ou exotérica, que é a interpretação popular, e a interpretação simbólica ou esotérica, tida como a correta pelos poucos iniciados que reivindicam não autoridade bíblica ou fé, mas conhecimento. Com respeito ao Tibete, esses poucos são principalmente alguns lamas instruídos, considerados bem-sucedidos na aplicação de métodos semelhantes aos que Buda expôs para lembrar-se de encarnações passadas e para a aquisição do poder yóguico, de ver o que realmente ocorre no processo natural da morte e do renascimento. Ao devoto que procura antes entender do que simplesmente acreditar na autoridade dos sacerdotes ou dos livros, Buda ofereceu a seguinte orientação:

"Se ele deseja ser capaz de relembrar os vários estados temporários nos dias idos, como um nascimento, ou dois, três, quatro, cinco, dez, vinte, trinta, quarenta, cinquenta, cem, mil ou cem mil, seus nascimentos em muitas eones de destruição e de renovação [de modo a poder dizer]: 'Nesse lugar, tal era o meu nome, a minha família, a minha casta, o meu modo de subsistência, a minha experiência de alegria ou de dor, e o limite de minha vida; e, após abandonar aquela, tomei forma outra vez nesse outro lugar, onde meu nome era fulano, tal era minha família, a minha casta, o meu modo de subsistência, a minha experiência de alegria ou de dor, e tal foi o fim da minha vida; e, daí, renasci aqui — assim, sou capaz de recordar meus vários estados temporários de existência nos dias idos' —, nesse estado de autoconcentração, se a mente estiver fixada na obtenção de qualquer objetivo, esse objetivo será alcançado".

"Se ele deseja ver com visão pura e celestial, superior à dos homens, como os seres saem de um estado de existência e tomam forma em outros — seres baixos ou nobres, belos ou feios, felizes ou miseráveis, segundo o karma herdado —, nesse estado de autoconcentração, se a mente está fixada na obtenção de qualquer objetivo, esse objetivo será alcançado." (*Lonaphala Vagga, Anguttara Nikāya.*)

Além disso, no *Brāhmaṇa Vagga, Anguttara Nikāya,* onde o método yogue de recuperação do conteúdo da subconsciência (que — confirmando a psicologia de Buda — a ciência ocidental provou agora que "é a morada de tudo o que se encontra latente"[34]) é igualmente descrito, encontramos ainda a seguinte passagem: "Assim, ele traz à mente as várias aparências e formas de seus nascimentos anteriores. Esse é o primeiro estágio do seu conhecimento; sua ignorância [dos nascimentos anteriores] dissipou-se, seu conhecimento (dos nascimentos anteriores) surgiu: a escuridão desapareceu e a luz chegou, o resultado devido àquele que viveu em meditação, dominando prontamente suas paixões".[35]

Segundo estamos informados, não há em nenhum lugar, nos dias atuais como foi dito haver existido nos tempos de Buddhaghosa — yogues entre os budistas do Sul que tenham exercido essa prática de maneira bem-sucedida. É somente entre os budistas da Escola do Norte (assim como entre os hindus) que esse tipo de yoga, de acordo com o testemunho digno de confiança de indianos e tibetanos bem informados, parece ser uma ciência praticada ainda em nossos dias, produzindo santos modernos, alguns dos quais dignos de serem considerados perfeitos santos ou *Arhants*.

Como a questão sobre qual é a interpretação correta, ou errada, da doutrina do Renascimento ainda não foi resolvida pelos povos orientais que cultivam essa doutrina, temos de reconhecer o problema como altamente controverso. Por conseguinte, nesta seção do presente estudo, vamos tentar ponderar as duas interpretações cuidadosamente e, se possível, chegar a uma conclusão plausível, a fim de guiar o leitor corretamente para o mais fundamental da doutrina subjacente ao *Bardo Thodöl*. Assim sendo, seria interessante recorrermos à ciência ocidental, cujas contribuições parecem ser diretamente aplicáveis.

Quanto à interpretação esotérica, o editor descobriu que os iniciados que se apoiam nela seguem invariavelmente os preceitos de Buda contidos no *Kalama Sūtta, Anguttara Nikāya*, ou em qualquer equivalente hindu em obras sobre yoga, de não aceitar qualquer doutrina como verdadeira, até que seja testada

34. William James, *Varieties of Religious Experiences*. Nova York, 1902, p. 483. [*As Variedades da Experiência Religiosa*: Editora Cultrix, São Paulo, 2a edião, 2017, p. 439.]

35. Cf. tradução de E. R. J. Gooneratne. *Anguttara Nikāya, Eka Duka and Tika Nipāta*. Galle, Ceilão, 1913, pp. 188-9 e 273-4. Passagens paralelas estão contidas no *Kandaraka Sūttanta* e *Potaliya Sūttanta* do *Majjhima Nikāya* (ver traduções dos Bhikkhus Narada e Mahinda em *The Blessing* Colombo, Ceilão, janeiro e fevereiro de 1925, vol. I, ns. l e 2). Buddhaghosa, em seu *Vissudi Magga* (isto é, "Caminho da Pureza"), dá em mais detalhes yóguicos semelhantes métodos para recuperar (a partir do subconsciente) memórias de nascimentos passados.

e comprovada como legítima, mesmo que "conste das escrituras". Eles eram da opinião de que nenhuma Escritura é infalível, em se tratando desta ou de outra doutrina, ou livre de corrupção, seja ela páli, sânscrita, tibetana ou outras.

A interpretação exotérica — especialmente no sentido de que o fluxo humano da consciência, isto é, o fluxo da vida humana, não apenas pode, mas, frequentemente, reencarna em criaturas subumanas imediatamente após haver estado em formas humanas — é universalmente aceita pelos budistas, tanto da Escola do Norte como do Sul, assim como pelos hindus, os quais, ao se referirem às Escrituras, as consideram invariavelmente inquestionáveis. A crença desses hindus, baseada na autoridade do texto e nas teorias não comprovadas de gurus e sacerdotes que não são adeptos do yoga e consideram os textos escritos interpretados literalmente como infalíveis, é considerada hoje como sendo a interpretação ortodoxa.

Em contraposição à interpretação exotérica — que o *Bardo Thodöl*, sem dúvida alguma, se entendido literalmente, comunica — a interpretação esotérica pode ser explicada — de acordo com vários filósofos, tanto hindus como budistas, de quem o editor recebeu instruções — do seguinte modo:

A forma humana (mas não a natureza divina do homem) é uma herança direta dos reinos subumanos e evoluiu a partir de formas mais inferiores de vida, guiada por um contínuo fluxo de vida em constante crescimento e modificação. Esse fluxo de vida é, potencialmente, a consciência e pode, metaforicamente, ser chamado de semente da força da vida, relacionada com ou envolvendo cada criatura senciente, sendo, em essência, psíquica. Como tal, trata-se do princípio evolutivo, o princípio de continuidade, capaz de obter conhecimento e compreensão de sua própria natureza — princípio cuja meta normal é a iluminação. E, do mesmo modo que a semente física de um organismo vegetal ou animal — ou mesmo a semente do homem — pode, como se vê, produzir somente um ser da própria espécie, assim também acontece com o que podemos chamar metaforicamente de semente psíquica do fluxo vital do homem, que os olhos não podem ver e que, se for de um ser humano, não pode nem encarnar nem se envolver com esse tipo de corpo ou ligar-se intimamente a ele, seja neste mundo, no *Bardo* ou em qualquer reino ou mundo da existência *sangsārica*. Essa é considerada uma lei natural que governa a manifestação da vida, tão inviolável quanto a lei do karma, que a coloca em ação.

Um fluxo de vida humana passar à forma física de um cachorro, pássaro, inseto ou verme é tão inviável quanto seria transferir as águas do — digamos

– lago Michigan para a depressão geográfica ocupada pelas águas do lago Killarney, ou ainda — como diriam os hindus — colocar no leito do Ganges as águas do oceano Índico.

A degeneração de uma planta que apresenta flores e frutos numa maçã, ou legume, ou cereal, ou animal, é, naturalmente, concomitante à negligência cultural; mas nesse período de criação — pelo menos até onde a ciência conseguiu penetrar nessa questão —, a flor não degenera em maçã, nem em milho, nem uma espécie de animal degenera em outra, tampouco o homem pode degenerar em outra coisa senão num selvagem — mas nunca numa criatura subumana. No que diz respeito ao processo do fluxo de vida que os olhos humanos não podem ver, os ensinamentos esotéricos coincidem com os dos antigos místicos gregos e egípcios: "Assim em cima como embaixo", o que implica o fato de que há uma lei kármica harmoniosa que governa com justiça firme e imparcial as operações visíveis e invisíveis da natureza.

Daí advém o corolário que os defensores orientais da interpretação esotérica proclamam: a progressão e o retrocesso — nunca um estado neutro imutável de inatividade — são as alternativas dentro do *Sangsāra*; mas nenhuma delas pode, em quaisquer das mansões da existência, conduzir o fluxo da vida para o limiar dessa mansão — nem o subumano para o humano, ou o humano para o subumano —, a não ser passo a passo. A progressão e o retrocesso são processos temporais: passaram-se eras até que a bruma de fogo se tornasse um planeta solidificado; um Iluminado é o fruto raro de milhares de encarnações, e o homem, o mais avançado dos seres animais, não pode se tornar o mais inferior deles assim de repente, por mais hediondos que possam haver sido seus crimes.

Após eras de contínuo retrocesso, o fluxo vital, que hoje é humano, pode deixar de sê-lo, devido a que seus constituintes humanos se atrofiam ou são desativados por falta de exercício, mais ou menos como a atrofia frustra a atividade do órgão ou função de um corpo não utilizado. Por conseguinte, não sendo mais cinético, mas apenas potencialmente humano — assim como o cachorro, o cavalo e o elefante são potencial, mas não cineticamente humanos —, esse fluxo vital pode e comumente recairá nos reinos subumanos, de onde pode de novo recomeçar a elevar-se ao estado humano ou continuar a retrogredir, no sentido de um mundo ainda mais inferior que o mundo dos brutos.

O Lama Kazi Dawa-Samdup, o tradutor, deixou registrada a própria opinião complementar, da seguinte maneira: "Os 49 dias do *Bardo* simbolizam idades tanto de evolução como de degeneração. Os intelectos capazes de apreender a Verdade não caem em condições inferiores da existência.

"A doutrina da transmigração do humano para o subumano pode ser aplicada somente aos constituintes inferiores ou completamente brutos do princípio humano da consciência, pois o Conhecedor não encarna nem reencarna – ele é o Espectador.

"No *Bardo Thodöl* o morto é representado retrogredindo, passo a passo, aos estados cada vez mais baixos de consciência. Cada passo para baixo é precedido de um desfalecimento na inconsciência; e, provavelmente, o que constitui sua mentalidade nos níveis inferiores do *Bardo* é algum elemento mental, ou composto de elementos mentais, que anteriormente foi parte de sua consciência no plano terreno, separado, durante o desfalecimento, dos elementos superiores ou mais espiritualmente iluminados dessa consciência. Essa mentalidade não deveria ser considerada no mesmo nível que a mentalidade humana; pois ela parece ser um desbotado e incoerente reflexo da mentalidade humana do morto. É possível que seja uma coisa tal como a que encarna nos corpos animais subumanos — se é que isso ocorre no sentido literal."

Essa teoria vinda do tradutor é excepcionalmente interessante, pois ele a expressou quando ainda não tinha nenhum conhecimento da sua semelhança com a teoria defendida esotericamente pelos sacerdotes egípcios e registrada exotericamente por Heródoto, o qual, aparentemente, se tornou discípulo deles no colégio monástico de Heliópolis. Julgando a partir do que Heródoto e outros gregos antigos, bem como os romanos, escreveram a respeito disso, chegamos ao seguinte resumo: acreditava-se que a alma humana permanecia no estado do pós-morte durante um período de três mil anos. Desintegrando-se o corpo do plano humano no momento da morte, os constituintes vão formar os corpos de animais e plantas, transmigrando de um para o outro durante os três mil anos. Ao cabo desse período, a alma reúne as partículas idênticas de matéria que estiveram, assim, em contínua transmigração e que constituíram o primeiro corpo no plano terreno no momento da morte e, a partir delas, reconstrói, pelo hábito — como um pássaro constrói o ninho —, um novo corpo, renascendo nele como ser humano.[36] E essa teoria, corrigida com algumas modificações necessárias, ajuda a ilustrar a interpretação simbólica ou esotérica da doutrina do Renascimento no *Bardo*.

Num outro exemplo, aplicável ao budismo e ao hinduísmo superiores, representantes dessa doutrina fazem ver que, mesmo antes da dissolução final do corpo humano no momento da morte, há uma incessante transmigração de átomos corporais. Uma vez que o corpo é receptáculo do princípio da consciência, é dito que se renova completamente a cada sete anos. Como os

---

36. Cf. Heródoto, II, 123; Lucrécio. *De Rerum Natura*, III, 843-61. De acordo com os filósofos e historiadores, Heródoto (II, 171) recusa-se a divulgar de maneira literal os ensinamentos superiores ou esotéricos dos mistérios da Antiguidade:

"Neste lago [dentro do recinto sagrado do templo de Sais] os egípcios encenam, à noite, a representação de suas aventuras [isto é, aventuras simbólicas relativas ao nascimento, à vida, à morte e à regeneração de Osíris — 'cujo nome', escreve Heródoto, 'eu considero ímpio divulgar'], que eles chamam Mistérios. Contudo, a esse respeito, embora eu esteja muito bem familiarizado com os pormenores, preciso observar [como iniciado] um discreto silêncio. Assim também, com respeito aos mistérios de Deméter [celebrados em Elêusis, na Grécia], que os gregos chamam de 'Thesmoforias', eu os conheço [como iniciado], mas não os mencionarei, a não ser que eu o faça sem cometer impiedade [ou seja, legalmente]".

Ficou comprovado recentemente, por pesquisas arqueológicas e outras, que os Mistérios consistiam em encenações dramáticas acessíveis apenas aos iniciados e neófitos dignos de iniciação, o que ilustra os ensinamentos esotéricos universalmente difundidos a respeito da morte e da ressurreição (isto é, do renascimento); e que a doutrina da transmigração da alma humana nos corpos de animais – se representada — não era para ser entendida literalmente (como o era pelos não iniciados), mas sim, simbolicamente, como em *A República* de Platão, a que nos referiremos detalhadamente mais adiante. (Cf. Heródoto, II, 122.)

Heródoto, na última passagem mencionada, relata simbolicamente a descida ao Hades e o retorno ao mundo humano do rei Rhampsinito, em cuja honra os sacerdotes do Egito instituíram aquilo que provavelmente — se fosse interpretado de maneira racional — era uma festa do renascimento. O mais antigo paralelo registrado de que se tem notícia está no *Rig Veda* (*Mandala X*, *Sūkta* 135), onde, como Sāyana em seu *Comentary no Atharva Veda* (XIX), parece explicar, o menino mencionado é o mesmo menino Nachiketas do (*Taittirīya*) *Brāhmana*, que foi ao reino de Yama, rei da morte, no *Yama-loka*, e retornou, depois, ao reino dos homens. O antigo *Katha-Upanishad* confirma que essa lenda primitiva do Hades era interpretada esotericamente como ensinamento de uma doutrina do renascimento, sendo a história de Nachiketas usada ali como veículo literário a fim de transmitir os mais altos ensinamentos vedânticos relativos ao nascimento, à vida e à morte. (Cf. *Katha-Upanishad*, II, 5; III, 8, 15; IV, 10-11; VI, 18.)

Uma lenda muito semelhante do Hades está preservada num antigo manuscrito javanês do século XIV, lenda na qual o *Yaksha Kun¯jarakarn̦a* é instado pelo Senhor Vairochana a "ir ao reino de Yama para ver o que está preparado para os malfeitores". Há um interesse particular em torno dessa versão, já que ela registra uma doutrina — afim com a referida pelos escritores gregos e romanos — dos períodos de milhares de anos de transmigração em plantas, animais e seres humanos deficientes antes de renascer num corpo humano livre dos defeitos kármicos. O texto menciona, igualmente, que, do reino de Yama, Pûrṇavijaya foi chamado de novo à vida humana. (Cf. *The Legend of Kun¯jarakarn̦a*, traduzido do texto holandês do professor Kern pela senhora L. A. Thomas, no Indian Antiquary. Bombaim, 1903, vol. XXXII, pp. 111-27.)

constituintes do homem físico transmigram por todos os reinos, orgânicos e inorgânicos, e a mente permanece inalteravelmente humana durante o breve ciclo de uma vida, ele também, normalmente, permanece humano durante o ciclo evolutivo maior, isto é, até alcançar o fim de toda a evolução *sangsārica*, a saber, a iluminação nirvânica.

O ensinamento esotérico relativo a esse aspecto pode ser postulado literalmente: o que é comum aos mundos humano e subumano — a saber, a matéria, nos seus aspectos variados — sólido, líquido e gasoso — transmigra eternamente. O que é especificamente humano e especificamente subumano permanece assim, de acordo com a lei da natureza, segundo a qual os iguais se atraem e produzem outro igual, que todas as forças sempre seguem a linha da menor resistência e que esses compostos mentais, altamente desenvolvidos, como os associados ao complexo da consciência humana, não podem ser desintegrados instantaneamente, mas requerem a devida cooperação do tempo para se degenerarem e para a dissolução e transmigração derradeiras.[37]

---

37. O exame das *Leis de Manu*, cuja autoridade é considerada inquestionável pelos hindus ortodoxos, parece confirmar a interpretação esotérica, de acordo com a tradução de *Sir* William Jones, revisada por G. C. Haughton (in *Institutes of Hindu Law or The Ordinances of Manu*. Londres, 1825) e com a G. Bühler (in *The Sacred Books of The East*, vol. XXV, Oxford, 1886).

Manu estabelece, a princípio, as leis fundamentais segundo as quais "A ação que se origina da mente, da fala e do corpo produz resultados tanto bons como maus; da ação resultam as [várias] condições do homem, as mais altas, as médias ou as mais baixas"; e que "[O homem] obtém [os resultados] de uma [ação] mental boa ou má em sua mente, [o de] uma ação verbal em sua fala e [o de] uma ação física no seu corpo" (tradução de Bühler, XII, 3, 8)

A seguir, Manu continua a mostrar como o homem não é um ser simples, mas complexo:

"Essa substância, que dá poder de movimento ao corpo, os sábios a chamam de *kshētrajna* [isto é, o 'conhecedor do campo' — trad. de Bühler] ou *jīvātman*, o espírito vital; e esse corpo, que por conseguinte obtém funções ativas, eles chamam de *bhūtātman*, ou *composto de elementos*:

"Outro espírito interior, chamado *mahat* ou *grande alma*, acompanha o nascimento de todas as criaturas encarnadas e, portanto, em todas as formas mortais transmite a percepção de prazer ou dor.

"Estes dois — o espírito vital e a alma racional — estão intimamente unidos aos *cinco* elementos, mas conectados ao espírito supremo ou essência divina, que impregna todos os seres, superiores ou inferiores" (trad. de Jones, XII, 12-4).

Pelo que segue, Manu parece querer dizer que é somente esse "espírito vital" ou alma animal que pode transmigrar em formas subumanas, e não a "alma racional" ou princípio superanimal:

"Quando a alma vital tiver colhido o fruto dos pecados, que advém do amor ao prazer sensual [isto é, animal ou bruto], mas que deve produzir sofrimento, e, quando sua mácula tiver sido removida, ela se aproxima novamente daquelas duas essências fulgentíssimas, a *alma intelectual e o espírito divino*:

"Os dois, intimamente unidos, examinam sem remissão as virtudes e os vícios dessa alma sensitiva [ou animal] e, de acordo com essa união, obtém prazer ou dor nos mundos presente e futuro".

Se o espírito vital praticou principalmente virtudes, e vícios em menor medida, desfruta o deleite nas moradas celestiais vestido com um corpo formado de partículas elementares [isto é, etéreas] puras;

Por conseguinte, os esoteristas afirmam ser anticientífico acreditar que um fluxo de vida humano ou princípio de consciência possa reencarnar no corpo de uma criatura subumana durante o período de 49 dias após a sua extração da forma humana, conforme acredita o exoterista, que interpreta

---

"Porém, se geralmente se dedicou ao vício, e raramente procurou a virtude, então será abandonado por esses elementos puros e, *possuindo um corpo mais grosseiro de nervos sensíveis*, sentirá as dores às quais Yama o condenará:

"Tendo suportado esses tormentos segundo a sentença de Yama, e estando a mácula quase removida, ele obtém outra vez aqueles cinco elementos puros na ordem de sua distribuição natural" (tradução de Jones, XII, 18-22).

Depois de discorrer adicionalmente sobre a ciência do renascimento em seus aspectos esotéricos e racionais, Manu chega ao seguinte resumo:

"Assim sendo, condescendendo com os apetites sensuais [isto é, animais ou brutos] e negligenciando o cumprimento dos deveres, os homens mais torpes, ignorantes das sagradas expiações, assumem [na forma de seu espírito vital, mas não na forma de sua alma racional] as formas mais torpes.

"Ouça agora, na íntegra e pela ordem, quais os corpos que o espírito vital penetra neste mundo e em consequência dos quais são cometidos pecados aqui" (tradução de Jones, XII, 52-3).

Evidentemente, Manu empenha-se, à parte do tema principal do seu tratado, conforme todo o livro *As Leis* sugere, em tratar, com sanção legal e divina, o dogma segundo o qual a pessoa de um brâmane é peculiarmente sagrada e inviolável e, desse modo, dá proeminência ao pecado de matar um brâmane, mencionando-o em primeiro lugar; depois, alude ao pecado que é um sacerdote tomar bebidas alcoólicas e, mais adiante, ao pecado do sacerdote que rouba ouro. Em todos esses exemplos, bem como em todos os seguintes, a implicação, como já observamos acima, é a de que o "espírito vital", ou alma animal, separado dos dois elementos superiores da constituição complexa do homem, que são a "alma racional" e a "essência divina", sofre a penalidade da migração em criaturas subumanas.

"O assassino de um *Brāhmen* [isto é, o espírito vital ou alma animal irracional de um assassino de um *Brāhmen*] deve penetrar, *segundo as circunstâncias do crime*, o corpo de um cachorro, um varrão, um asno, um camelo, um touro, um bode, um carneiro, um veado, um pássaro, uma *Chandāla* ou um *Puccasa*"; e assim por diante para os outros crimes" (tradução de Jones, XII, 55-7).

Quanto a isso, é interessante observar algumas correspondências entre causa e efeito que outros casos das *Leis* sugerem. Destarte, se um homem rouba coisas preciosas, ele "nascerá *na tribo dos ourives* [considerada uma casta das mais baixas] ou entre *pássaros chamados hēmacāras ou fazedores-de-ouro*. Se um homem rouba cereais, nascerá como rato; se rouba um metal amarelo misto, nascerá como ganso [que é dessa cor mista]; se rouba água, nascerá como plava ou mergulhão [...] Se rouba carne comestível, nascerá como abutre; [...] se rouba óleo, nascerá como um *blatta* ou besouro bebedor de óleo; [...] se rouba perfumes deliciosos, nascerá como rato almiscarado" (tradução de Jones, XII, 61-5).

Entendendo Manu no sentido que esta nota pretende abordar, os esoteristas desaprovam a interpretação popular e literal das *leis* de Manu de acordo com o que os brâmanes, em seu próprio benefício – segundo os esoteristas —, promulgam entre a gente comum no tocante às doutrinas do renascimento e do karma.

O leitor deve observar que as palavras não sânscritas grifadas nas passagens transcritas nesta nota da tradução de Sir William Jones assinalam as interpolações feitas aos comentários sobre Manu, especificamente as de *Gloss of Cukkuca*, e que as palavras entre colchetes indicam nossas próprias interpolações. Como as interpolações em itálico pretendem ressaltar os significados mais obscuros das passagens citadas, foi dada preferência à tradução de Jones, embora a de Bühler, mais literal e, portanto, mais técnica, ser, no essencial, praticamente a mesma.

literalmente essa doutrina do renascimento segundo o *Bardo Thodöl*, quando visto exotérica ou literalmente.

Os símbolos do renascimento do *Bardo* deveriam agora ser considerados do ponto de vista da interpretação esotérica; e, para elucidá-los, inúmeros paralelos poderiam ser escolhidos a partir de fontes muito diferentes. Contudo, dada sua autoridade reconhecida, nenhum paralelo poderia ser mais apropriado que o do livro X de *A* República de Platão, que descreve alguns dos heróis gregos no *Sidpa Bardo* prestes a escolherem seus corpos para as próximas encarnações:

A legenda do *Bardo*, relatada em *A República*, fala de Er, filho de Armênio, panfílio de nascimento, que, como Platão nos diz: "foi morto em batalha e, dez dias após, quando estavam sendo recolhidos os corpos dos mortos já em estado de putrefação, seu corpo foi encontrado íntegro e levado para casa para ser sepultado. No décimo segundo dia, quando já estava na pira funerária, ele retornou à vida e contou-lhes o que tinha visto no outro mundo. Disse que, quando sua alma deixou o corpo, ele partiu numa viagem com um grande grupo e chegaram a um lugar misterioso, no qual havia duas aberturas para a Terra; estas estavam próximas entre si e acima delas havia outras duas aberturas para o céu. No espaço intermediário, havia juízes que ordenavam aos justos, após terem julgado estes e proferido suas sentenças diante deles, a subirem pelo caminho celestial à direita; e, igualmente, aos injustos, para descerem pelo caminho inferior à esquerda; estes também portavam os símbolos de seus atos, mas pregados às costas".

Havendo, assim, descrito o Juízo no outro mundo — muitíssimo semelhante ao Juízo descrito no nosso texto —, Platão prossegue na descrição das almas dos heróis gregos em seu *Sidpa Bardo*, preparando-se para as próximas encarnações: "O espetáculo era curiosíssimo — disse ele —, triste, risível e estranho, pois a escolha das almas, na maioria dos casos, baseava-se em suas próprias experiências da vida anterior. Ali ele viu a alma que antes fora Orfeu a escolher a vida de um cisne, longe da inimizade da raça das mulheres, odiando ter nascido de uma mulher, porque elas o haviam assassinado; ele viu, também, a alma de Tâmira escolhendo a vida de um rouxinol; aves, por outro lado, como o cisne, e outros músicos, esperando ser homens. A alma que obteve a vigésima sorte escolheu a vida de um leão — era a de Ájax, filho de Telemão, que não queria mais ser homem, lembrando-se da injustiça que sofrera no julgamento das armas. O próximo foi Agamenão, que tomou a vida de uma águia, pois, como Ajax, odiava a natureza humana por causa dos seus sofrimentos. Mais ou menos no meio vinha a sorte de Atalanta, que, vendo a grande fama de um atleta, não foi capaz de resistir à tentação: depois dela seguiu-se a alma de Epeu, filho de Panopeu, que passou à natureza de uma mulher hábil nas artes. Mais adiante, e entre os últimos, a alma do bufão Tersites, que assumiu a forma de um macaco. Veio também a alma de Ulisses, tendo ainda que fazer sua escolha, e sua sorte foi a última de todas. *A lembrança dos trabalhos passados o havia desencantado da ambição e ele partiu, por longo tempo, à procura de uma vida privada e sem preocupações; descobriu-a a custo, ali, em qualquer canto e desprezada pelos outros;* ao vê-la, disse que, se houvesse sido o primeiro, teria procedido exatamente da mesma maneira e tomou-a alegremente. E não apenas os homens passavam a formas animais, mas devo dizer também que havia animais domésticos e selvagens que intercambiavam suas formas e passavam para naturezas humanas correspondentes — o bom para o manso e o mau para o selvagem, em todo tipo de combinações".

Como o *Bardo Thodöl*, esse relato de Platão a respeito do processo do renascimento, se lido superficialmente, pode ser compreendido de maneira literal, e não é impossível imaginar que Platão, iniciado nos mistérios gregos, e que, como Heródoto, nunca se refere abertamente aos seus ensinamentos esotéricos, mas apenas de modo figurativo e com palavreado intencionalmente dúbio, pretendesse ser entendido desse modo pelos não iniciados. Não obstante, quando essa passagem é examinada mais detidamente, a doutrina exotérica da transmigração do humano para o subumano, ou vice-versa, não é evidentemente o sentido principal. A referência da escolha feita por Ulisses, por nós destacada em itálico, fornece a chave do verdadeiro significado. A escolha de Ulisses foi a última. Cada um dos heróis que o haviam precedido negligenciaram aquela porção "da vida privada e sem preocupações", e Ulisses a escolheu como a melhor de todas.

Se considerarmos o tipo de vida escolhido pelos gregos que precederam Ulisses, perceberemos que cada escolha simboliza definitivamente o caráter de cada um deles:

Assim, Orfeu, o fundador dos mistérios órficos, mestre divino enviado por Apolo, deus do canto e da música, para instruir os homens, tido pelos gregos como o maior harpista e o mais iluminado poeta e cantor, escolhe muito apropriadamente "a vida de um cisne", pois, desde tempos imemoriais, o cisne simbolizou — como ainda hoje — a canção e a música. A linguagem figurada de Platão, interpretada corretamente, implica que Orfeu reencarnaria como grande poeta e músico, o que seria mais que natural. Pressupor, como podem fazer os exoteristas, que alguém como Orfeu pudesse renascer de fato como cisne é indefensável do ponto de vista do esoterista.

Da mesma maneira Tâmira, antigo bardo trácio, famoso harpista e cantor, escolhe simbolicamente a vida de um rouxinol, o pássaro de canto suave.

Ájax, herói homérico, que, depois de Aquiles, foi o mais bravo dos gregos, escolhe muito adequadamente a vida de um leão, pois o rei dos animais, como se sabe desde tempos imemoriais, é símbolo de bravura e destemor, reconhecido por quase todas as nações e raças.

Agamenão, o próximo a escolher, prefere a vida de uma águia; entre os heróis gregos, ele era o principal, como Zeus o era entre os deuses do Olimpo. Visto como encarnação de Zeus e adorado como divindade, era-lhe atribuído o símbolo de Zeus, a águia.

Atalanta, a mais rápida corredora entre os mortais e famosa pelas corridas com suas muitas seguidoras, renasce muito naturalmente como grande atleta. E no caso dela, Platão não usa símbolos, tampouco o faz com Epeu, notável pela destreza na construção do cavalo de madeira para o cerco de Troia, e cuja covardia mais tarde tornou-se proverbial, o qual passa para "a natureza de uma mulher hábil nas artes".

Já o bufão Tersites, que assume a forma de um macaco, dispensa comentários.

Assim sendo, as expressões relativas ao horror dos heróis em nascerem de mulher parecem ser puramente metafóricas e usadas para confirmar logicamente o uso literário dos símbolos animais, assim como as passagens que falam de "animais domésticos e selvagens que intercambiavam suas formas e passavam para naturezas humanas correspondentes — *o bom para o manso e o mau para o selvagem, em todo tipo de combinações*", e, "por outro lado, de aves, como o cisne e outros músicos, que queriam ser homens".

Mesmo a alma comum, a primeira que Er viu ao fazer a escolha — embora ele não fosse uma divindade como Orfeu ou Agamenão, nem um herói como Ajax —, embora possuindo uma mente caracterizada por tendências sensuais, não é destinada por Platão, como acreditaria um adepto da doutrina do renascimento exotérico, a renascer em forma subumana. Também nesse caso, não foi feito o uso de um símbolo animal:

"Aquele que foi o primeiro a escolher avançou e logo escolheu a maior tirania; seu espírito, obscurecido pela loucura e pela sensualidade, não refletiu antes de escolher e não percebeu logo que estava fadado, entre outros males, a devorar os próprios filhos [...] Ora, ele era um dos que haviam descido do céu e, numa vida anterior, vivera num Estado bem ordenado, mas sua virtude era apenas questão de hábito e ele não tinha uma filosofia".

Do mesmo modo que o *Bardo Thodöl* ensina, com outra linguagem, insistindo na necessidade do Conhecimento Correto para o adepto que segue o Caminho *Bódhico*, Platão ensina:

"Pois se um homem, desde sua chegada neste mundo, se houvesse dedicado sempre à verdadeira filosofia, e tivesse sido moderadamente afortunado no número da sua sorte, poderia, como disse o mensageiro, ter sido feliz aqui e também sua viagem para a outra vida e o retorno a esta, em vez de acidentados e furtivos, teriam sido fáceis e celestiais".[38]

Com a ajuda de símbolos e metáforas, Píndaro, Empédocles, Pitágoras e Sócrates, assim como Platão e os Mistérios gregos, ensinaram a doutrina do renascimento.

Numa lápide funerária dourada, enterrada perto de Sibáris, havia a seguinte inscrição: "E assim escapei do ciclo, doloroso e cheio de misérias".[39] Isso, como os ensinamentos órficos que conhecemos, é genuinamente budista ou hindu, e sugere que, na antiga Grécia, a doutrina do renascimento era amplamente difundida, pelo menos entre os gregos cultos iniciados nos mistérios.

Simbolismo semelhante ao de Platão era usado pelos encarregados de registrar as Escrituras budistas, tal como, por exemplo, no relato da Escola do Norte sobre o nascimento do próprio Buda. Esse relato, do *Vinaya Pitaka* tibetano ou *Dulva* (a mais fidedigna e, provavelmente, mais antiga parte do *Bkah-hgyur*), III, fólio 452ª da cópia que se encontra no East Indian Office, em Calcutá, declara:

"Ora, o futuro Buda estava no Céu de Tushita e, sabendo que sua hora havia chegado, fez os cinco exames preliminares: primeiro, da família adequada na qual nasceria; segundo, do país; terceiro, do dia; quarto, da raça; e cinco, da mulher. E tendo decidido que Mahāmāyā era a mãe certa, na vigília da meia-noite ele penetrou em seu ventre sob a forma de um elefante. Então,

38. Cf. B. Jowett. *Dialogues of Plato*. Oxford, 1892, III, pp. 336-37; *Republic*, X, pp. 614-20.
39. *Incr. gr. Sicil. et Ital.* p. 641; cf. Waddell. *The Buddhism of Tibet*, p. 1092.

a rainha teve quatro sonhos: no primeiro, viu um elefante branco com seis presas entrar em seu ventre; no segundo, ela se movia no espaço do céu; no terceiro, subia numa grande montanha rochosa; e, no quarto, uma grande multidão fazia-lhe reverências.

"Os adivinhos predisseram que ela poria no mundo um filho com os 32 sinais do grande homem. 'Se ele ficar em casa, se tornará um monarca universal; mas se cortar os cabelos e a barba, usar túnica alaranjada e deixar sua casa pela vida sem lar, renunciando ao mundo, se tornará um Tathāgata, um Arhant, um Buda perfeitamente iluminado.'"

Além disso, o *Jatāka* — da Escola do Sul, uma compilação de folclore, crenças e mitologia populares relativas a Buda e às suas várias encarnações, cristalizadas em torno de sua personalidade do mesmo modo que as lendas arturianas em torno do rei Artur, durante o terceiro século após sua morte[40] atribuiu-lhe muitos nascimentos anteriores em forma subumana. E, ainda que o esoterista admitisse que, em eras remotas de evolução, tais encarnações tivessem sido realmente subumanas, ele daria às encarnações ocorridas nesse período do mundo significado simbólico, enquanto o theravādista ortodoxo interpretaria todas elas literalmente.

Em todo caso, uma interpretação literal do *Jatāka* — visto que é, de acordo com os esoteristas, essencialmente um tratado exotérico dirigido ao povo[41] – parece ser mais plausível que a do relato do *Dulva* sobre o nascimento de Buda. Além disso, já que existe um relato paralelo nas escrituras pális, em que o mesmo símbolo animal, ou seja, o elefante branco de seis presas, é usado, temos aqui um exemplo do uso do simbolismo, com propósito definido, comum tanto ao budismo do Norte quanto ao do Sul, uso que mesmo o exoterista não poderia interpretar senão simbolicamente.

Do mesmo modo, como a interpretação popular parece ter moldado fundamentalmente o *Jatāka*, ela pode ter afetado também a compilação do *Bardo Thodöl*; isso porque, como todos os tratados que tiveram pelo menos um princípio embrionário em tempos muito remotos e, então, cresceram por um processo comum de amalgamar material congênito, da mesma maneira o

---

40. Os theravādistas, ao contrário, acreditam que o *Jatāka* data do tempo de Buda, e que seus versos, mas não sua prosa, são os verdadeiros versos de Buda.

41. Aqui, outra vez, em oposição a esse ponto de vista, os budistas do Sul afirmam que o *Jatāka*, em seus versos, é a parte mais transcendental do *Sūttta Pitika*, sendo destinado mais ao estudo pelos Boddhisattvas que por pessoas comuns.

Bardo Thodöl, como doutrina da Morte e do Renascimento, parece ter existido, inicialmente, apenas sob forma não escrita, como quase todos os livros sagrados ora registrados em páli, sânscrito ou tibetano, sendo um produto de muitos séculos. Então, com o tempo, ao se desenvolver plenamente e ser posto em linguagem escrita, sem dúvida deve ter perdido algo da pureza primitiva. Pela própria natureza e uso religioso, o *Bardo Thodöl* teria sido muito suscetível à influência da visão popular ou exotérica; ao nosso ver, ele de fato caiu sob essa influência, de modo a tentar o impossível, ou seja, a harmonização das duas interpretações. Não obstante, seu esoterismo original é ainda discernível e predominante. Tomemos, por exemplo, os tronos em forma de animais dos Cinco Budas Dhyānī, segundo o *Bardo Thodöl* os descreve, de acordo com a simbologia budista do Norte: o trono-Leão está associado a Vairochana; o trono-Elefante, a Vajra-Sattva; o trono-Cavalo, a Ratna-Sam-bhava; o trono-Pavão, a Amitābha; e o trono-Harpia, a Amogha-Siddhi. Ao interpretar os símbolos, percebemos que descrevem poeticamente os atributos de cada divindade: o Leão simboliza coragem ou poder e força soberana; o Elefante, imutabilidade; o Cavalo, sagacidade e beleza da forma; o Pavão, beleza e poder de transmutação, pois, na crença popular, a ele é creditado o poder de comer venenos e transformá-los na beleza de suas penas; a Harpia, poder e conquista sobre todos os elementos. Também as divindades são, em última análise, símbolos de atributos *bódhicos* particulares do *Dharma-Kāya* e das forças celestiais da Iluminação que deles emanam e das quais o devoto pode depender para guiar-se no Caminho para o estado de Buda.

Se tentarmos uma interpretação esotérica dos símbolos animais usados no *Sidpa Bardo* — interpretação que encontra paralelo na interpretação esotérica obviamente pretendida no episódio do *Sidpa Bardo* de Platão, bem como no relato do Dulva sobre o nascimento de Buda —, teremos suficientes símbolos de renascimento budistas, cuja interpretação esotérica é claramente conhecida e geralmente aceita para guiar-nos.

O dr. L. A. Waddell, conhecida autoridade em lamaísmo, no seu livro *Lamaism in Sikkim*[42], se refere ao simbolismo da famosa pintura mural, que foi há pouco tempo destruída, do *Sī-pa-ī-khor-lo* ou "Círculo de Existência", do mosteiro de Tashiding, em Siquim, da seguinte maneira: "Essa pintura é um dos mais genuínos emblemas budistas que os lamas preservaram para nós.

42. *Gazetteer of Sikkim*. Org. Risley, p. 266.

Foi por meio dessa pintura que pude restaurar o fragmento de um ciclo na entrada da Caverna nº XVII de Ajantā, até hoje mal interpretado e simplesmente conhecido como 'o Zodíaco'. Ali estão retratados, de forma simbólica e concreta, os três pecados originais e as reconhecidas causas de renascimento (*Nidānas*) para que eles sejam percebidos com clareza e evitados, enquanto os males da existência, em suas várias formas, e as torturas do réprobo servem para intimidar os malfeitores". Nesse quadro, os três pecados originais são descritos como um porco, um galo e uma cobra, cujos significados esotéricos são dados pelo doutor Waddell: "O porco simboliza a ignorância da estupidez; o galo o desejo animal ou a luxúria; e a cobra o ódio".[43] Nas ilustrações simbólicas que acompanham as Doze *Nidānas*, somente a terceira é um animal, sendo as outras símbolos humanos ou figurativos; no caso do animal, trata-se de um macaco comendo frutas, simbolizando o conhecimento completo (em tibetano, *Nam-she*; em sânscrito, *Vijnāna*) dos frutos bons e dos maus, pela degustação de todo fruto ou experiência sensual à maneira de um errante libertino não guiado filosoficamente, gerando assim a consciência.[44]

Assim sendo, as formas animais e os ambientes citados no Segundo Livro do *Bardo Thodöl* (ver pp. 281-84, 287), como possíveis formas e ambientes nos quais o princípio de consciência humano vai entrar ao renascer neste mundo, podem ser interpretados da seguinte maneira:

1) A forma de cão (como a do galo na "Roda da Vida") simboliza a sexualidade ou sensualidade excessivas.[45] Na ciência tibetana popular, simboliza também o ciúme. E o canil simboliza viver ou persistir num estado de sensualidade.

2) O porco simboliza (como na "Roda da Vida") a ignorância da estupidez dominada pela luxúria, assim como egoísmo e impureza. A pocilga simboliza a existência mundana dominada por essas características.

3) A formiga simboliza (como entre os povos ocidentais) trabalho e cobiça de bens mundanos. O formigueiro, a vida dominada por essa característica.

4) O inseto ou verme simboliza uma condição terrena ou abjeta, e sua toca, a vida dominada por essa condição (ver texto, p. 282).

---

43. Idem; ibid., p. 267.

44. Ibid, p. 268.

45. Compare a seguinte passagem do *Yoga Vāshishtha* (*Nirvāṇa Prekaraṇa*, *Sarga* 28, versos 78-9): "Aqueles sábios pânditas, instruídos nos Shāstras, devem ser considerados chacais se não abandonarem o desejo e o rancor".

5) As formas do veado, do cabrito, da ovelha, do cavalo e da ave (ver texto, p. 282) simbolizam, da mesma maneira, as características comuns correspondentes a esses animais e aos animais superiores, os homens, tal como quase todos os povos civilizados o fizeram, ilustrando-as popularmente em sua mitologia como aquela na qual Esopo baseou suas *Fábulas*. No Antigo Testamento, as visões do profeta Esequiel e, no Novo Testamento, o Apocalipse de São João, mostram como a simbologia animal afetou até mesmo a Bíblia. E, a nosso ver, os exoteristas budistas e hindus devem reler as próprias Escrituras à luz da ciência dos símbolos e, talvez, sua oposição ao esoterismo seja abandonada. Por conseguinte, os símbolos animais do *Sidpa Bardo* — a despeito de evidentes adulterações do texto e da doutrina esotérica do renascimento indicada por esses símbolos — deveriam, na verdade, ser entendidos no sentido de que, de acordo com o próprio karma, um princípio humano de consciência, a não ser que ocorra a Libertação, continuará, sob as condições kármicas normais de progressão gradual que governam a maioria da humanidade, a renascer sob a forma humana nesse período de criação, com os traços mentais ou características simbolizadas por animais. Sob condições kármicas anormais ou excepcionais de retrogressão, ele pode, por outro lado, com o correr do tempo, perder gradualmente sua natureza humana e cair de novo nos reinos subumanos.

Como explicou o tradutor, basta olhar em volta, no mundo humano, para encontrar o homem-tigre sedento de sangue, ou seja, o assassino; o homem-porco, luxurioso; o homem-raposa, enganador; o homem-macaco, ladrão e imitador; o homem-verme, abjeto; o homem-formiga, trabalhador e, amiúde, avaro; o homem-borboleta, efêmero e, às vezes, declaradamente esteta; o homem-boi, forte; o homem-leão, destemido. A vida humana é muito mais rica em possibilidades de sair, pouco a pouco, do mau karma — não importa quanto o karma possa ser animal — que quaisquer espécies subumanas. As crenças populares incultas — tão comuns em terras budistas e hindus segundo as quais o assassino deve, inevitavelmente, renascer como animal feroz de rapina, o homem sensual como porco ou cachorro, o avarento como formiga, são, portanto, como muitas outras crenças populares, baseadas evidentemente em falsas analogias — algumas das quais se insinuaram nas Escrituras orientais — e numa visão excessivamente limitada das inúmeras condições oferecidas pela encarnação humana, do santo para o criminoso, do rei-imperador para o favelado e do homem culto para o selvagem mais baixo.

De acordo com nossas descobertas, esse ensinamento superior e racional relativo ao renascimento, que no *Bardo Thodöl* está, talvez, confuso, devido às alterações do texto, pode, agora, ser resumido. Se, no Plano da Incerteza, a influência de tendências inatas ou *kármicas* do desejo pelas sensações mais grosseiras da existência *sangsārica*, como as que governam a vida num corpo humano, pode ser dominada pelo exercício da influência mais poderosa do Conhecimento Correto, essa parte do princípio da consciência capaz de compreender o estado de Buda triunfa, e o falecido, em vez de ser tomado por visões de terríveis espectros alucinantes da sua natureza inferior ou animal, passa o intervalo entre a morte e o renascimento humano num dos reinos do paraíso, e não no *Bardo*. No caso de alguém mais iluminado ser dotado de espiritualidade excepcionalmente desenvolvida, isto é, se for um grande santo yogue, poderá alcançar o mais alto dos paraísos e renascer entre os homens sob o poder orientador dos "Senhores do Karma", os quais, ainda que sendo seres *sangsāricos*, são descritos pelos lamas como incomensuravelmente mais evoluídos que o homem. Guiado assim pelos "Guardiães da Grande Lei", aquele que retorna à Terra é tido como reencarnado por compaixão, para ajudar a espécie humana; ele vem como mestre, missionário divino, *Nirmāna-Kāya* encarnado. No entanto, normalmente o renascimento é do tipo inferior ou comum e — devido à falta de iluminação de quem se sujeita a ele — desprovido da consciência do processo. Da mesma maneira que uma criança que não conhece nada de matemática superior não pode medir a velocidade da luz, do mesmo modo o homem animal não pode tirar proveito da lei superior que governa o renascimento do homem divino. Ao beber do Rio do Esquecimento, ele entra pela porta do ventre e renasce diretamente no mundo do desejo denominado *Bardo*. Esse renascimento inferior, quase bruto, em muitos casos, já que é controlado principalmente pelos instintos animais comuns às criaturas humanas e subumanas, difere, no entanto, daquele dos animais propriamente dito, em virtude da atividade funcional do elemento puramente humano da consciência, o qual está latente, e não ativo, em todas as criaturas subumanas; e, para esse elemento, mesmo na humanidade mais inferior, tornar-se latente em vez de ativo, é preciso que transcorra um período de tempo tão longo quanto o necessário à consciência subumana para desenvolver seu elemento humano latente em plena atividade humana. O equívoco popular da doutrina superior ou esotérica do Renascimento presenciou, ao que parece, o surgimento da crença obviamente irracional, encontrada em quase toda parte ao longo das Escrituras do budismo e do hinduísmo, de que o princípio bruto da consciência em seu todo, e o princípio humano da consciência podem trocar alternadamente de lugar um com o outro.

Foi o falecido dr. E. B. Tylor, pai da moderna ciência da Antropologia, que, depois de minucioso exame dos dados, declarou que a doutrina superior do renascimento é a mais razoável:

"Assim, é possível que a ideia original da transmigração tenha sido direta e razoável ao dizer que as almas humanas renascem em novos corpos humanos [...] O animal é a própria encarnação das qualidades familiares do homem; e nomes como leão, urso, raposa, coruja, papagaio, víbora, verme, quando atribuídos por nós como epítetos aos homens, resumem, numa palavra, alguma característica principal de uma vida humana".[46]

Que essa é a verdadeira interpretação está confirmada — no que diz respeito à Europa —, pelos ensinamentos dos druidas, sacerdotes da religião científica pré-cristã da Europa, instruídos como os brâmanes, ensinamentos esses preservados pelas nações célticas.[47]

No livro *The Fairy-Faith in Celtic Countries*, de 1911, sugeri que a doutrina do renascimento, em sua forma druídica direta, concorda no essencial com a ciência psicológica do Ocidente, quando diz que o subconsciente é o armazém de todas as memórias latentes; que essas memórias não se limitam apenas a uma vida; que esses registros da memória, recobrados, provam que a doutrina está baseada em fatos demonstráveis. Desde 1911 a tendência geral das pesquisas psicológicas ocidentais no campo do subconsciente e na psicanálise tem sido no sentido de confirmar essa visão.

Quando escrevi *The Fairy-Faith*, não estava inteirado de que Huxley defendia a teoria da reencarnação humana para oferecer a melhor explicação até mesmo dos fenômenos fisiológicos e biológicos comuns. E, uma vez que o testemunho de Huxley, um dos maiores biólogos, coincide com o supramencionado do dr. Tylor, um dos mais destacados antropólogos modernos, e também confirma, do ponto de vista da nossa própria ciência ocidental, a

46. E. B. Tylor. *Primitive Culture*. Londres, 1891, II, p. 17.

47. Cf. César. *De B. G.*, VI, 14-5; 18-I; Diodorus Siculus. V, 31-4; Pomponius Mela. *De situ Orbis*, III, c. 2; Lucano. *Pharsalia*, I, 449-62; *Barddas*, Llandovery, 1862, I, 177, 189-91; e W. Y. Evans-Wentz. *The Fairy-Faith in Celtic Countries*. Oxford, 1911, caps. VII e XII.

interpretação mais elevada ou esotérica da doutrina do Renascimento tal como é oferecida pelas ciências ocultas do Oriente, nós o registramos aqui como uma conclusão apropriada para esta seção:

"As experiências cotidianas nos familiarizam com os fatos agrupados sob o nome de hereditariedade. Cada um de nós traz em si marcas óbvias de parentesco, talvez das mais remotas ancestralidades. Mais particularmente, o conjunto das tendências para agir de certa maneira, que chamamos 'caráter', pode frequentemente ser reencontrado no curso de longa série de ascendentes e parentes. Assim, podemos dizer, com justiça, que esse 'caráter' — essa essência moral e intelectual de um homem — passa, na verdade, de um tabernáculo de carne para outro e transmigra realmente de geração para geração. No recém-nascido, o caráter da linhagem permanece latente e o ego é um pouco mais que um feixe de potencialidades. No entanto, ainda bem cedo estas se tornam realidade; da infância à idade madura, se manifestam em obscuridade ou em claridade — em fraqueza ou força, em vício ou virtude; e, sendo cada aspecto modificado pelo contato com outro caráter, se não por alguma outra coisa, o caráter então passa às suas encarnações em novos corpos. Os filósofos indianos chamam a esse caráter, assim definido, de 'karma' [...]

"Na teoria da evolução, a tendência de um germe para se desenvolver de acordo com certo tipo específico — por exemplo, do feijão que leva a planta a ter todas as características do *Phaseolus vulgaris* — é seu karma. Trata-se do 'último herdeiro e do último resultado' de todas as condições que afetaram uma linha de ancestralidade que remonta a milhões de anos, aos tempos em que a vida surgiu sobre a Terra [...]

"Como disse com acerto o professor Rhys-Davids (em suas *Hibbert Lectures*, p. 114), o copo-de-leite é copo-de-leite e não carvalho, isso porque ele é o resultado do karma de uma série ininterrupta de existências passadas."[48]

48. T. H. Huxley. *Evolution and Ethics*. Londres, 1894, pp. 61-2 e 95. William James, conhecido psicólogo norte-americano, chegou independentemente, no essencial, à mesma conclusão que Huxley, porque, depois de explicar sua "incapacidade de aceitar tanto o cristianismo popular como o teísmo escolástico", diz ele, "não conheço o Budismo e falo dele salvo erro, e tão só para descrever melhor meu ponto de vista geral; mas pelo que apreendo da doutrina budista do Karma, concordo em princípio com ela" (*As Variedades da Experiência Religiosa*, p. 473).

XI. A Cosmografia

A cosmografia budista, tal como é entendida pelos lamas e à qual aludimos continuamente ao longo do nosso texto, em particular em relação à doutrina do Renascimento, é um tema muito vasto e complexo. Considerá-la aqui em detalhes envolveria a interpretação, tanto exotérica como esotérica, de enorme quantidade de doutrinas, de origem mais ou menos bramanista, que dizem respeito aos muitos estados dos seres sencientes no *Sangsāra* ou cosmos — alguns planetários, como neste mundo, alguns nos vários céus e paraísos, e outros nos numerosos estados de purgação chamados inferno. Generalizando, poderíamos dizer que, quando se examinam minuciosamente os ensinamentos bramanistas e budistas relativos à cosmografia (do ponto de vista do iniciado oriental e não do frequentemente preconceituoso ponto de vista do filólogo cristão), eles parecem sugerir profundo conhecimento, transmitido desde os tempos antigos, de astronomia, da forma e do movimento dos corpos celestes, assim como da interpenetração dos mundos e dos sistemas de mundos, alguns sólidos e visíveis (tal como são conhecidos apenas pela ciência ocidental) e outros etéreos e invisíveis, existindo naquilo que poderíamos chamar quarta dimensão do espaço.

Do ponto de vista esotérico, o Monte Meru (em tibetano, *Ri-rab*), a montanha central da cosmografia hindu e budista, em torno da qual o nosso cosmos está disposto em sete círculos de oceanos separados por sete círculos concêntricos de montanhas douradas, é o eixo universal, o suporte de todos os mundos. Poderemos, possivelmente, considerá-lo o Sol central da astronomia ocidental, o centro gravitacional do universo conhecido. Fora dos sete círculos de oceanos e dos sete círculos intermediários das montanhas douradas, encontra-se o círculo dos continentes.

Como exemplo, uma cebola com quinze camadas poderia representar, *grosso modo*, a concepção lamaica do nosso universo. O centro, ao qual estão unidas essas quinze camadas, é o Monte Meru. Abaixo, encontram-se os vários infernos; acima, sustentado pelo Monte Meru, estão os céus dos deuses, os mais sensuais, como os 30 céus onde reina Indra, e os que estão sob o poder de Mārā, dispostos, em sua gradação regular, sob os céus menos sensuais de Brāhma. Como ápice, acima de tudo, está o último céu, chamado "O Supremo" (em tibetano, *Og-min*). Sendo o último ponto do nosso universo, *Og-min*, como vestíbulo do Nirvana, é o estado de transição que leva do mundano ao divino; e assim é presidido pela influência divina de "O Melhor de Todos" (em tibetano, *Kuntu-zang-po*; em sânscrito, *Samanta-Bliadra*), personificação lamaica do Nirvana.

No mesmo nível do reino de Indra, em seus próprios mundos celestiais, vivem as oito Deusas Mães (em tibetano, *Hlāmo*), todas as quais aparecem em nosso texto. São as Deusas Mães dos antigos hindus, chamadas, em sânscrito, *Mātris*.

Dentro do próprio Monte Meru, acima do qual se encontram os Céus, há quatro reinos, um sobre o outro. Destes, os três mais baixos são habitados por vários tipos de gênios e, no quarto, imediatamente abaixo dos Céus — dos quais foram expelidos, como anjos caídos da tradição cristã, por causa do seu orgulho — habitam os *Asuras*, "Espíritos ímpios" (em tibetano, *Lha-ma-yin*) ou Titãs, os quais, como rebeldes, vivem e morrem em contínua luta com os deuses acima.

A camada mais interior da cebola é o Oceano que circunda o Monte Meru. A camada seguinte, em direção ao exterior, é a das Montanhas Douradas; a próxima mais além é outro Oceano; e assim por diante, um ciclo de Montanhas Douradas sempre vindo após um ciclo de Oceanos, até alcançar a décima quinta camada, que contém o Oceano mais externo e no qual flutuam os continentes e seus satélites. A casca da cebola é uma parede de ferro que circunda esse universo.

Para além desse universo há outro, e assim por diante, infinitamente[49] Cada universo, como um grande ovo cósmico, encontra-se dentro da parede de ferro em forma de concha que encobre a luz do Sol, da Lua e das estrelas, parede essa que simboliza as trevas perpétuas que separam um universo do outro. Todos os universos estão sujeitos à lei natural, cujo sinônimo, comumente, é karma; isso porque, no budismo, não há nenhuma necessidade científica de afirmar ou de negar a existência de um Deus Criador supremo, uma vez que a lei do karma fornece uma explicação completa de todos os fenômenos, e ela mesma é demonstrável.

---

49. Se pudéssemos tomar a concepção lamaísta do universo como sendo a de um sistema cósmico, e a pluralidade de universos como uma pluralidade de sistemas cósmicos que formam um universo, poderíamos então correlacionar melhor a cosmografia do budismo do Norte (e a do brāhmanismo, do qual parece que ele se originou) com a cosmografia da ciência do Ocidente.

Cada universo, como o nosso, repousa sobre uma "trama" de ar azul (isto é, de éter), simbolizada por dorjes cruzados. Acima desse encontra-se o "corpo das águas" do Oceano externo. Cada Oceano simboliza um estrato de ar (ou éter), e cada uma das montanhas intermediárias, um estrato de ar congelado (ou éter), isto é, de substância material. Ou, de um ponto de vista mais oculto, os Oceanos representam o sutil, e as montanhas, o grosseiro, ambos alternando-se entre si como opostos.

Como os setes dias da versão mosaica da criação, as dimensões numéricas que os lamas atribuem ao nosso universo devem ser frequentemente tomadas de modo sugestivo ou simbólico, e não literal. Dizem eles que o Monte Meru tem 130 mil quilômetros de altura acima do Oceano Encantado Central e se estende por baixo da superfície das águas à mesma distância, sendo que o Oceano Central tem também 130 mil quilômetros de profundidade e o mesmo tanto de largura. O cinturão seguinte das Montanhas Douradas tem apenas a metade desse número de quilômetros de altura, largura e profundidade, e o Oceano seguinte tem 65 mil quilômetros de profundidade e 65 mil de largura. Os círculos consecutivos de pares alternados compostos de Montanhas Douradas e um Oceano Encantado diminuem gradualmente em largura, profundidade e altura, sendo, respectivamente, de 32 mil, 16 mil, 8 mil, 4 mil, 2 mil e mil quilômetros. Isso nos leva aos continentes do Oceano Externo do espaço.

Desses continentes, os quatro principais — como estão descritos no Segundo Livro do *Bardo Thodöl* — estão situados nas quatro direções. Em cada lado de cada um desses quatro continentes encontram-se os satélites, ou planetas menores, perfazendo doze o número total dos continentes, mais uma vez um número simbólico, como o número sete da ordem cosmográfica.

O continente do Leste é chamado, em tibetano, *Lü-pa* (*Lushpags*) ou "Vasto Corpo" (em sânscrito, *Virāt-deha*). Sua forma simbólica é semelhante à da lua crescente; sua cor é igualmente branca, sendo que faces crescentes são atribuídas aos seus habitantes, que dizem ser tranquilos e virtuosos. O diâmetro desse continente é dado como sendo de 15 mil quilômetros.

O continente do Sul é o nosso planeta Terra, chamado *Jambuling* (em sânscrito, *Jambudvīpa*), palavra provavelmente onomatopaica — como acreditava o tradutor do livro para o inglês — imitando o fruto do jambo ao cair na água; ling significa "lugar" ou "região". Assim, *Jambuling* deveria significar a região ou continente onde o jambo cai na água. Sua forma simbólica é semelhante à da escápula de um carneiro, isto é, subtriangular, ou melhor, a forma de uma pera, com a qual a face dos habitantes se assemelha. Sua cor é azul. Há riquezas e fartura nele, assim como o bem e o mal. É tido como o menor dos quatro continentes, tendo cerca de 11 mil quilômetros de diâmetro.

O continente do Oeste é chamado *Balongchöd* (*Ba-glang-spyöd*), que significa literalmente *vaca + boi + ação* (em sânscrito, *Godhana*, ou "Riqueza de Bois"). Sua forma é a do Sol, e sua cor, a vermelha. Seus habitantes, cujas faces são redondas como o Sol, são considerados muito poderosos e habituados a se nutrirem de gado, como o próprio nome do continente sugere. Seu diâmetro é de 13 mil quilômetros.

O continente do Norte é o *Daminyan* ou *Graminyan* (*Sgrami-snyan*), o que equivale, em sânscrito, a *Uttara Kuru*, que significa "[raça] Kuru do Norte". Sua forma é quadrada, e sua cor, verde. Seus habitantes têm as faces igualmente quadradas como as dos cavalos. As plantas fornecem tudo de que necessitam como alimento, e o Kuru, ao morrer, assombra as árvores como espírito das árvores. Esse é o maior dos continentes, tendo 16 mil quilômetros de diâmetro.

Cada continente-satélite assemelha-se ao continente ao qual está ligado e tem metade do tamanho dele. O satélite esquerdo do nosso planeta (*Jambuling*), chamado *Ngāyabling*, é, por exemplo, o mundo dos *Rākṣḥasas*, para os quais Padma Sambhava, o grande guru do lamaísmo, é tido como o guru que para lá partiu a fim de ensinar aos *Rākṣḥasas* a bondade e a salvação e que lá ficou como rei.[50]

Subjacente a essa cosmologia lamaica encontraremos, se o buscarmos, um simbolismo elaborado. Tomemos como exemplo a descrição do Monte Meru segundo o dr. Waddell: "Sua face leste é de prata, a do sul é de jaspe, a do oeste de rubi e a do norte de ouro".[51] Isso ilustra o uso de antigos símbolos muito semelhantes aos do Apocalipse de João. A explicação racional completa de todo o simbolismo relativo à cosmografia hindu e, por outro lado, budista, não caberia de modo algum nesta Introdução, mesmo que nos fosse possível fazê-la. Basta dizer que a posse da chave dessa explicação encontra-se nas mãos de alguns professores especialistas em ciências ocultas na Índia e no Tibete. Segundo esses mestres, comparada com esses conhecimentos ocultos no reino do espírito e da matéria, nossa ciência ocidental ainda se encontra no Umbral do Templo da Compreensão.

---

50. Cf. *Gazetter of Sikkim*, pp. 320-23.
51. Cf. ibid. p. 322.

XII. Resumo dos Ensinamentos Fundamentais

Antes de passarmos às seções finais desta Introdução, que tratam do próprio manuscrito, podemos agora resumir, da seguinte maneira, os ensinamentos principais sobre os quais o *Bardo Thodöl* é baseado:

1. Que todas as condições ou estados possíveis, ou reinos da existência *sangsārica*, céus, infernos e mundos, dependem inteiramente dos fenômenos ou, em outras palavras, não passam de fenômenos.

2. Que todos os fenômenos são transitórios, ilusórios, irreais e inexistentes, salvo para a mente *sangsārica* que os percebe.

3. Que, na realidade, não existe em lugar algum seres tais como deuses, demônios, espíritos ou criaturas sencientes — todos não passam de fenômenos que dependem de uma causa.

4. Que essa causa é um apelo ou sede de sensação, de acordo com o estado da instável existência *sangsārica*.

5. Que, enquanto essa causa não for superada pela Iluminação, a morte se seguirá ao nascimento e o nascimento à morte, incessantemente, assim como acreditava o sábio Sócrates.

6. Que a existência do pós-morte não é senão a continuação, sob condições modificadas, de todos os fenômenos nascidos da existência do mundo humano — sendo ambos igualmente estados kármicos.

7. Que a natureza da existência que intervém entre a morte e o renascimento, neste ou em qualquer outro mundo, é determinada pelas ações antecedentes.

8. Que, do ponto de vista psicológico, a existência do pós-morte é um estado prolongado semelhante ao sonho, no que poderia ser descrito como a quarta dimensão do espaço, que é pleno de visões alucinatórias resultantes diretas do conteúdo mental daquele que as percebe: felizes e celestiais, se seu karma for bom; miseráveis e infernais, se o karma for ruim.

9. Que, a menos que a Iluminação seja alcançada, o renascimento no mundo humano, seja diretamente a partir do *Bardo* ou de qualquer outro mundo, paraíso ou inferno ao qual o karma o tenha levado, será inevitável.

10. Que a Iluminação é o resultado da percepção da irrealidade do *Sangsāra*, da existência.

11. Que essa percepção espiritual é possível no mundo humano, ou no importante momento da morte terrena, ou ainda durante todo o pós-morte ou estado do *Bardo*, ou em certos outros reinos não humanos.

12. Que a prática do yoga — isto é, o controle dos processos do pensamento de maneira a conseguir concentrar a mente num esforço para o Conhecimento Real — é essencial.

13. Que essa prática é realizada da melhor maneira sob a orientação de um guru ou um mestre humano.

14. Que o maior dos gurus conhecido pela humanidade neste ciclo em que vivemos é Gautama Buda.

15. Que sua doutrina não é única, mas é a mesma que tem sido propalada no mundo humano para alcançar a Salvação, para a Libertação do Ciclo de Renascimento e Morte, para a Passagem pelo Oceano do *Sangsāra*, para a realização do Nirvana, desde tempos imemoriais, por longa e ilustre dinastia de Budas predecessores do Gautama.

16. Que seres espiritualmente menos dotados, Boddhisattvas ou gurus, neste mundo ou em outros, ainda que não libertos da Rede das Ilusões, podem, no entanto, conceder graça e poder divinos ao *shishya* (isto é, o *chela*, ou discípulo) que está menos adiantado no Caminho do que eles.

17. Que a Meta é e só pode ser a Emancipação do *Sangsāra*.

18. Que essa Emancipação advém da Realização do Nirvana.

19. Que o Nirvana é não *sangsārico*, estando além de todos os paraísos, céus, infernos e mundos.

20. Que ele é o Fim do Sofrimento.

21. Que é a Realidade.

Aquele que realizou espiritualmente o Nirvana, o próprio Gautama Buda, falou disso aos seus discípulos nos seguintes termos:

"Há um reino, ó discípulos, desprovido de terra e de água, de fogo e de ar. Não é um espaço infindo, nem um pensamento infinito; nem o nada, nem ideias, tampouco não ideias. Não é nem este mundo nem aquele. Eu não chamo isso de chegada, nem de partida, e tampouco permanência; não se trata de morte, nem de nascimento. Trata-se de algo sem base, sem progresso e sem parada; trata-se do fim do sofrimento.

"Para aquele que se apega a alguma coisa, há uma queda; mas para aquele que não se apega a nada nenhuma queda é possível. Onde não há queda, há repouso, e, onde há repouso não há ansiedade. Onde não há ansiedade, nada vem ou vai, e onde nada vem ou vai, não há morte nem nascimento. Onde não há nascimento nem morte, não há nem este mundo nem aquele, ou mesmo algum outro — é o fim do sofrimento.

"Há, ó discípulos, um Não Tornado, Não Nascido, Não Criado e Não Formado; se não houvesse esse Não Tornado, Não Nascido, Não Criado e Não Formado, não haveria uma via de saída para aquele que é tornado, nascido, criado e formado, mas, já que existe um Não Tornado, Não Nascido, Não Criado e Não Formado, há uma saída para aquele que é tornado, nascido, criado e formado".[52]

XIII. O Manuscrito

Nossa cópia manuscrita do *Bardo Thodöl* foi cedida ao editor no início de 1919, por um jovem lama da seita Kargyütpa da Escola do Chapéu Vermelho, ligada ao Mosteiro do Bhutia Basti, Darjeeling. Segundo ele, o manuscrito havia sido transmitido através de sua família por várias gerações. Esse manuscrito difere de qualquer outro visto pelo tradutor ou pelo editor, pelo fato de ser ilustrado com pinturas coloridas dentro dos fólios do próprio texto. Todos os outros manuscritos tibetanos ilustrados vistos por nós tinham as ilustrações feitas em separado ou sobre pedaços de tecido de algodão colados nos fólios. Quando esse texto nos foi cedido, estava desgastado e muito corroído, e foi remediado por nós mediante a inserção de um mesmo tipo de papel tibetano que passou a proteger o manuscrito. Felizmente, todos os fólios ilustrados, embora desbotados, achavam-se em bom estado de conservação. Um deles, o de número III, estava faltando, e foi substituído por uma cópia fiel da mesma passagem encontrada numa versão xilográfica do *Bardo Thodöl* que pertencia ao doutor Johan Van Manen, secretário da Sociedade Asiática de Calcutá e conhecido tibetólogo. Na nossa tradução, há referência a essa versão xilográfica. Nosso manuscrito e a xilogravura do dr. Manen mostraram ser idênticos, tanto em trechos essenciais como, no geral, palavra por palavra.

---

52. *Udāna*, VIII, 1,4,3; baseado numa tradução do original páli feita por F. J. Payne Londres, Inglaterra.

Na grafia de alguns nomes próprios de divindades de origem sânscrita havia variações nas duas versões, assim como certo número de erros. O manuscrito é bem mais velho que a xilogravura e parece haver sido copiado de um manuscrito ainda mais antigo.

O manuscrito não é datado, mas o tradutor achava que deveria ter de 150 a 200 anos. Ele deve ter presenciado muitos serviços e ter sido lido inúmeras vezes em serviços fúnebres. Seu estado de desgaste e corrosão, contudo, não é — como podia parecer — critério para avaliar sua idade. Sua caligrafia é excelente, sobre papel comum usado para manuscritos pelos tibetanos e pelos povos do Himalaia. Esse papel é feito com a pasta da casca do Hdal (pronuncia-se *Dāā*), conhecido também como Daphne, tipo de louro, algumas de cujas espécies dão flores branco-violáceas e outras branco-amareladas. Em geral, são os próprios lamas que fabricam o papel nos mosteiros. Em Siquim, é usada também a casca de *Hdal* para o fabrico de cordas.

O número total de fólios que compõem o manuscrito é de 137, cada qual medindo cerca de 24,1 cm por 8,25 cm. À exceção do primeiro fólio e da primeira metade do segundo, o espaço efetivamente ocupado pelo texto mede, via de regra, 21 cm por 5,7 cm. A maioria dos fólios contém cinco linhas de conteúdo, poucos apresentam quatro. A página-título contém duas linhas, num espaço de 17,8 cm por 2,5 cm; a segunda página do primeiro fólio, junto com a primeira página do segundo fólio, que tratam das Obediências, possuem três linhas, ocupando um espaço de 10,8 cm por 5,7 cm, respectivamente, e estão escritas, como a página-título, em ouro (agora bastante desbotado), sobre fundo preto. As ilustrações aparecem em quatorze dos fólios, estando cada uma delas no centro do texto, de um dos lados do fólio (ver o frontispício), da seguinte maneira:

No fólio 18, Vairochana, abraçado por sua *shakti*, a Mãe do Espaço do Céu, sentada sobre um trono-leão, são as divindades do Primeiro Dia.

No fólio 20, Vajra-Sattva, abraçado por sua *shakti*, a Mãe Māmakī, cercado por suas quatro divindades acompanhantes do Segundo Dia.

No fólio 23, Ratna-Sambhava, abraçado por sua *shakti*, a Mãe Sangyay Chanma ("A do Olho de Buda"), cercada por suas quatro divindades acompanhantes do Terceiro Dia.

No fólio 26, Amitābha, abraçado pela sua *shakti*, a Mãe Gökarmo ("A de Roupa Branca"), cercados pelas quatro divindades acompanhantes do Quinto Dia.

No fólio 31, Amogha-Siddhi, abraçado pela sua *shakti*, a Fiel Dölma (ou, em sânscrito, *Tārā*), rodeados por suas quatro divindades acompanhantes do Quinto Dia.

No fólio 35, as mandalas unidas das divindades que despontam no Sexto Dia.

No fólio 44, a mandala das Dez Divindades Detentoras do Conhecimento do Sétimo Dia.

No fólio 55, o Buda Heruka e sua shakti do Oitavo Dia. No fólio 57, o Vajra Heruka e sua *shakti* do Nono Dia. No fólio 58, o Ratna Heruka e sua *shakti* do Décimo Dia.

No fólio 59, o Padma Heruka e sua *shakti* do Décimo Primeiro Dia.

No fólio 61, o Karma Heruka e sua *shakti* do Décimo Segundo Dia.

No fólio 64, as Oito Kerimas e as Oito Htamenmas do Décimo Terceiro Dia; e as Quatro Fêmeas Guardiãs da Porta do Décimo Quarto Dia.

No fólio 67, a mandala das divindades com cabeças de animais do Décimo Quarto Dia.

Cada divindade é representada de acordo com a descrição dada no texto, tais como cor, posição, postura, mudrā e símbolos.

Todas as ilustrações no manuscrito pertencem ao *Chönyid Bardo* do Primeiro Livro. Nossa tradução contém anotações abundantes que explicam o nome textual de cada divindade e o equivalente sânscrito, quando há, como frequentemente é o caso.

Nenhuma tentativa foi feita no sentido de comparar nosso texto com outros manuscritos do mesmo texto, já que nenhum estava disponível. Não há dúvida de que tais manuscritos são numerosos no Tibete, e a produção de um texto-padrão ou uniforme exigiria anos de cuidadoso trabalho. Trata-se de uma tarefa para os pesquisadores do futuro. A única comparação levada a cabo foi a que fizemos com a versão xilográfica do doutor Van Manen, a qual provavelmente não tem mais que vinte ou trinta anos. O tradutor disse que, pelas informações que tinha, as versões xilográficas do *Bardo Thodöl* apareceram — pelo menos em Siquim e em Darjeeling — bem recentemente, não obstante no próprio Tibete essa técnica fosse conhecida há bem mais tempo, isso porque na China a impressão em xilografia é praticada desde tempos bem remotos, daí ter sido levada ao Tibete, muito antes de a imprensa ter aparecido na Europa.[53]

De acordo com a opinião do tradutor, cada seita budista do Tibete tem provavelmente sua versão do *Bardo Thodöl* mais ou menos modificada em alguns detalhes, mas não no essencial. A versão usada pela reformada Gelugpa, conhecida como a Escola do Chapéu Amarelo, é a mais alterada, pois dali foram expurgadas todas as referências a Padma-Shambhava, fundador do Ningmapa, a Escola do Chapéu Vermelho do lamaísmo, assim como os nomes das divindades peculiares a essa escola.

O Major W. L. Campbell, representante político britânico em Siquim durante minha estada ali, escreveu-me o seguinte de sua residência em Gangtok, a 12 de julho de 1919, a propósito das várias versões do *Bardo Thodöl*: "A Seita Amarela tem seis versões, a Vermelha sete e a *Kar-gyut-pas* cinco".

---

53. Essas xilografias são, normalmente, compostas de tratados separados pertencentes ao ciclo do *Bardo Thodöl*. Uma delas — adquirida em Gyantse, no Tibete, em 1919, pelo Major W. L. Campbell, então representante político britânico no Tibete, no Butão e em Siquim, e presenteada ao editor — contém dezessete tratados, cujos títulos tibetanos foram traduzidos pelo Lama Kazi Dawa-Samdup de forma ligeiramente abreviada, como segue:

I. "Claras Orientações Sobre o Divino *Bardo*, chamado 'Grande Libertação pela Audição', da 'Profunda Doutrina da Autolibertação Divina Pacífica e [Irada]'."

II. "Exposição do Aspecto Irado [ou Ativo] do *Bardo*."

III. "Bons Desejos [ou Preces] Invocando o Auxílio de Budas e Boddhisattvas."

IV. "Versos Básicos do Bardo."

V. "Prece para Livrar [-se] dos Estreitos Lugares do Bardo."

VI. "Confrontação do *Sidpa Bardo*."

VII. "Salvação pelo Apego [com o que] o Agregado de Corpo se Liberta" — uma versão da Doutrina *Tahdol* (veja pp. 237-38 n. 166, 253 n. 199, 295 do nosso texto).

VIII. "Prece para Proteger [-se] dos temores do *Bardo*."

IX.. "Diagnóstico Autolibertador dos Sintomas da Morte" (cf. pp. 80, 83-93 de nosso texto).

X. "Confrontação chamada 'Visão Nua' e a Autolibertação [por meio dela]."

XI. "Ensinamento Especial Mostrando as Formas de Mérito ou de Demérito, quando no *Sidpa Bardo*, chamado 'A Autolibertação no *Sidpa-Bardo*'."

XII. "Adendo ['Ensinamento Especial' ao anterior]";

XIII. "Prece à Linguagem [dos Gurus] da Divina Doutrina Autolibertadora".

XIV. "Resgate do Moribundo."

XV. "Autolibertação chamada 'Absolvição pela Confissão'."

XVI. "*Tadhol* dos 'Melhores Votos' — outra forma da doutrina *Tahdol*".

XVII. "Ritual chamado 'A Autolibertação das Inclinações Habituais'."

Nesse particular, os tratados de números I, II, III, IV, V, VI e VIII correspondem — em versões ligeiramente diferentes — ao tema contido no nosso manuscrito. No entanto, esse manuscrito está mais completo no Apêndice não contido nessa xilografia. A xilografia é bem recente, mas os blocos a partir dos quais foi impressa podem ser bastante antigos — não conseguimos precisar-lhes a idade.

Nosso texto, sendo da Escola primitiva ou Escola do Chapéu Vermelho, e atribuído ao próprio Grande Guru Padma-Sambhava, que introduziu o budismo tântrico no Tibete, foi considerado por nós como sendo substancialmente representativo da versão original, que, com base em evidências internas derivadas do nosso texto manuscrito, era provavelmente, pelo menos no essencial, pré-budista.

Como observamos em outra ocasião, nosso texto manuscrito está disposto como uma obra em duas partes ou livros, com treze fólios de texto das preces *Bardo* como apêndices. A versão xilografada compõe-se de dois livros diferentes e carece do apêndice das preces. Contudo, no fim do primeiro livro dessa versão há um relato muito importante sobre a origem do *Bardo Thodöl*, relato que não se encontra em nosso manuscrito; dele apresentamos uma tradução na seção que segue.

XIV. A Origem do *Bardo Thodöl*

Então, a partir da versão xilografada, assim como por outras fontes tibetanas, sabemos que o *Bardo Thodöl* originou-se, ou melhor, foi pela primeira vez redigido no tempo de Padma-Sambhava, no século VIII d.C. Então ele foi guardado e só quando os tempos estavam maduros para seu aparecimento no mundo foi que veio à luz por Rigzin Karma Ling-pa. É o seguinte o relato da versão xilografada:

"Ele foi trazido da Colina de Gampodar (em tibetano, *Gampo-dar*) para as margens do Serdan (em tibetano, *Gser-ldan*, que significa 'Que possui Ouro' ou 'Dourado') por Rigzin Karma Ling-pa (em tibetano, *Rigs-hdzin-Kar-ma Gling-pa*)".

Rigzin, tal como é citado, é um pronome de tratamento, e *Karma Ling-pa* o nome de um lugar no Tibete, que significa "Terra do karma". O tradutor fez ver que *Rigs* é a grafia errada de *Rig*, isso porque, se *Rigs* fosse correto, o nome *Rigzin* significaria "Detentor da Casta" (*Rigs* + *hzin*). O fato de que se trata de *Rig* — o que leva, então, o nome a significar "Detentor do Conhecimento" (*Rig* + *hd-zin*), designação de uma casta ou classe[54] — foi confirmado por uma pequena seção de um manuscrito do *Bardo Thodöl* que o tradutor

54. *Rig-hdzin*, tradução tibetana do termo sânscrito *Vidyā-Dhara*, empregado, aqui, para designar uma pessoa instruída, tal como um pândita; denota igualmente uma classe de seres sobrenaturais, como certas ordens de fadas.

possuía, no qual Rigzin Karma Ling-pa é também chamado de *Tertön* (em tibetano, *Gter-bston*) ou "Extrator ou Exumador de Tesouros". O *Bardo Thodöl* é, por conseguinte, um dos livros tibetanos perdidos recuperado por Rigzin do Karma Ling-pa, considerado uma emanação ou encarnação de Padma Sambhava, fundador do lamaísmo.

Foi no século VIII d.C. que o lamaísmo — que podemos definir como budismo tântrico — fincou raízes no Tibete. Um século antes, sob o primeiro monarca a reger um Tibete unificado, o rei Srong-Tsan-Gampo (morto em 650 d.C.), o budismo faria sua entrada no Tibete por duas vias: pelo Nepal, país dos ancestrais de Buda, por ocasião do casamento do rei tibetano com uma filha da família real nepalesa, e pela China, também por meio do seu casamento — em 641 — com uma princesa da família imperial chinesa. Esse rei havia sido criado sob a antiga fé Bön do Tibete, a qual, com sua doutrina primitiva do renascimento, servia perfeitamente para uma aproximação com o budismo. E o rei, sob a influência das suas duas esposas budistas, aceitou o budismo, tornando-o religião oficial. Contudo, o avanço do budismo no Tibete seria pequeno até um século mais tarde, quando seu poderoso sucessor, Thī-Srong-Detsan, subiu ao trono, permanecendo ali de 740 a 786. Foi Thī-Srong-Detsan que convidou Padma-Sambhava (em tibetano, *Pēdme Jungnē*, isto é, "Nascido do Lótus"), mais conhecido pelos tibetanos como Guru *Rin-po-ch'e*, ou "Precioso Guru", para ir ao Tibete. O famoso Guru era, por esse tempo, professor de yoga na Grande Universidade Budista de Nālanda, Índia, e muito famoso pelos conhecimentos de ciências ocultas. Era natural de Udyāna ou Swat, hoje uma região do Afeganistão.

O Grande Guru viu a excelente oportunidade que o convite do rei oferecia e aceitou-o prontamente, atravessando o Nepal e chegando a Samye (*Sam-yas*), no Tibete, no ano de 747. Em Samye, o rei o convidou a exorcizar os demônios da localidade, pois esse monarca edificara ali um mosteiro que fora destruído por terremotos tão logo suas paredes foram erguidas, e a causa para isso fora atribuída aos demônios que se opunham ao budismo. Quando o Grande Guru expurgou os demônios, os terremotos cessaram, para admiração do povo; e ele próprio supervisionou o término das obras do mosteiro real, aí estabelecendo, em 749, a primeira comunidade de lamas budistas tibetanos.

Durante sua permanência no Tibete por essa época e durante as visitas subsequentes, Padma Sambhava fez com que vários livros tântricos fossem traduzidos para o tibetano a partir dos originais sânscritos; alguns desses livros foram preservados nos mosteiros e ocultos, com cerimônias místicas apropriadas, em vários lugares secretos. Padma Sambhava dotou também alguns de seus discípulos com o poder yogue de reencarnar no tempo propício, conforme determinava a astrologia, para que recolhessem esses textos enterrados, com os tesouros ocultos com eles e outros requisitos necessários ao correto desempenho dos rituais contidos nos textos. Essa é a tradição geralmente aceita. Mas, segundo outra tradição, esses *Tertöns* devem ser vistos como as várias encarnações do Grande Guru. De acordo com uma estimativa feita por alto, o número de textos já exumados por esses *Tertöns* ao longo dos séculos formariam uma enciclopédia de cerca de 65 volumes xilografados, cada um contendo, em média, quatrocentos fólios do tipo comum.

Nosso texto, o *Bardo Thodöl*, sendo um desses livros apócrifos redescobertos, deveria, por conseguinte, ser visto como tendo sido compilado (pois as evidências internas sugerem que se trata mais de uma compilação tibetana que de uma tradução direta de qualquer original sânscrito desconhecido) nos primeiros séculos do lamaísmo, no tempo de Padma Sambhava — como parece ser o caso — ou então logo depois. Seu atual uso generalizado, ao longo de todo o Tibete, como manual de ritual fúnebre e sua aceitação pelas diferentes seitas, em versões variadas, não o apontariam como o produto de poucas gerações; ele convence muito quanto à antiguidade, confirma sua origem pré-budista e, pelo menos parcialmente, a origem Bön que lhe atribuímos, e sugere alguma validade nas asserções feitas em relação aos *Tertöns*.

Estamos plenamente conscientes das críticas adversas feitas pelos críticos europeus à tradição dos *Tertöns*. Contudo, não faltam boas razões para suspeitarmos de que essa crítica europeia não é de todo correta. Por isso, parece-nos que a única atitude certa a ser adotada diante do problema do *Tertön* é a de mantermos a mente alerta até que novos dados tenham sido acumulados para emitirmos um juízo. Ainda que essa tese do *Tertön* possa vir a ser provada como falsa, o fato é que o *Bardo Thodöl* é aceito no Tibete como um livro sagrado e tem sido, já por bom tempo, recitado diante dos mortos pelos lamas. Estaria sujeita à revisão apenas a teoria relativa à compilação textual daquilo que, em essência, é aparentemente um ritual pré-histórico.

Quanto às próprias fontes de Padma Sambhava, à parte esses ensinamentos tradicionais convenientes que ele, sem dúvida, incorporou em alguns dos seus tratados, fomos informados, por tradição oral hoje corrente entre os lamas, de que ele teve na Índia oito gurus, cada um representando uma das oito principais doutrinas tântricas.

Numa xilografia tibetana do Grande Guru, pertencente ao tradutor, que tratava do registro da história, mas muito mesclada com mitos, intitulada *Orgyan-Padmas-mzad-pahi-bkahthang-bsdūd-pa* (pronuncia-se *Ugyan- Padmay-zad-pai-ba-thang-dü-pa*), o que significa " Testamento Abreviado Feito por Ugyan Padma" (ou "pelo Ugyan Nascido do Lótus" — Padma Sambhava), que consiste em dezessete fólios, encontramos a seguinte passagem que confirma a tradição histórica relativa à origem do texto do *Bardo Thodöl*: "Veja! A Décima Sexta Seção, mostrando os Oito Lingpas, os Condutores da Religião, é [assim]:

> As Oito Encarnações dos Grandes Boddhisattvas são:
> Ugyan-ling-pa, no centro;
> Dorje-ling-pa, no leste;
> Rinchen-ling-pa, no sul;
> Padma-ling-pa, no oeste;
> Karma-ling-pa, no norte;
> Samten-ling-pa e Nyinda-ling,
> [E] Shig-po-ling (ou Terdag-ling).
> Esses Oito Grandes *Tertöns* virão;
> Eles não são senão minhas próprias encarnações."

O próprio Padma Sambhava está aí representado, declarando que os *Tertöns*, ou seja, os "Extratores" dos livros ocultos, são suas próprias encarnações. De acordo com esse relato, o *Tertön* do nosso *Bardo Thodöl* é o quinto, denominado em homenagem ao lugar chamado Terra do karma, confirmando, assim, a xilografia de *O Livro Tibetano dos Mortos*. A Terra do karma fica na parte norte do Tibete. Não nos foi possível determinar em que época exatamente esse *Tertön* viveu, embora ele seja uma figura popular na história tradicional do Tibete. O nome Rigzin, que lhe é atribuído na xilografia anteriormente mencionada, e que significa o "Detentor do Conhecimento", refere-se ao seu caráter de devoto religioso ou de lama *Karma Ling-pa*, tal como se encontra nos dois relatos, e alude também a um antigo mosteiro tibetano do lamaísmo primitivo na Província de Kams, norte do Tibete.

Segundo nosso ponto de vista, a melhor atitude a ser adotada no que diz respeito à história e origem incertas do *Bardo Thodöl* é a de um crítico pesquisador da verdade que reconhece a significação antropológica do passar dos tempos e da quase inevitável remodelação de ensinamentos antigos transmitidos a princípio oralmente e, depois, uma vez cristalizados, registrados por escrito. Como no caso do *Bardo Thodöl* egípcio, conhecido popularmente como *O Livro Egípcio dos Mortos*, também em *O Livro Tibetano dos Mortos*, há, sem dúvida, o registro da crença de inumeráveis gerações num estado de existência pós-morte. Nenhum escriba sozinho poderia ter sido seu autor nem apenas uma geração foi sua criadora. Sua história como livro, se for completamente conhecida algum dia, será apenas a de sua compilação e registro. A questão é se essa compilação e registro teriam sido feitos em tempos relativamente recentes, no tempo de Padma Sambhava, ou antes, questão essa que fundamentalmente não afetaria os antigos ensinamentos nos quais o livro se baseia.

Embora seja notavelmente científico no essencial, não se pode julgá-lo exato em todos os detalhes, isso porque, sem dúvida alguma, o texto foi consideravelmente alterado. No entanto, em linhas gerais, ele parece transmitir uma verdade sublime, vetada até aqui a muitos estudiosos de religião, uma filosofia tão sutil como a de Platão, assim como uma ciência psíquica bem mais avançada que a que entre nós ainda se encontra na infância na Sociedade de Pesquisa Psíquica. E, como tal, esse texto merece séria atenção por parte do mundo ocidental que ora desperta para uma Nova Era, livre, em grande medida, das incrustações de medievalismo, e ávido por absorver sabedoria de todos os livros sagrados da humanidade, não importando a fé a que pertençam.

XV. A Tradução e a Edição

Não obstante a tradução desse manuscrito tenha sido inteiramente feita na presença do editor, em Gangtok, em Siquim, o crédito principal desta edição deve ser dado ao falecido Lama Kazi Dawa-Samdup, o tradutor para o inglês. O próprio lama resumiu com acerto a parte do editor no trabalho dizendo que este funcionou como seu dicionário vivo de inglês. De fato, o editor foi apenas um pouco mais que isso, pois seu conhecimento de tibetano era quase nulo.

O objetivo tanto do tradutor quanto do editor foi manter o mais estritamente possível a correspondência de sentido nas estruturas idiomáticas do tibetano e do inglês. Em alguns casos, o tradutor, preferindo verter para o inglês o verdadeiro significado que um lama inferiria de um conjunto de frases mais ou menos tecnicamente redigidas, partiu para uma tradução quase literal.

O tibetano de texto tântrico, como o nosso, é especialmente difícil de se verter para um bom inglês; e, dada a concisão de várias passagens, foi necessário interpolar palavras e frases, colocadas entre colchetes.

Nos próximos anos, é bem provável que nossa tradução — como aconteceu com as traduções pioneiras da Bíblia — venha a ser objeto de revisão. Uma versão estritamente literal de uma obra como esta, tão obscura em seu verdadeiro significado e escrita em linguagem simbólica, se tentada por europeus — que, achando difícil sair da mentalidade ocidental, costumam ser primeiro cristãos e depois eruditos, quando trabalham textos sagrados não cristãos —, seria, talvez, tão enganosa quanto algumas das versões dos antigos *Vedas* sânscritos. Mesmo para um tibetano, a menos que ele seja um lama e bastante versado em tantrismo, como era o caso do tradutor, o *Bardo Thodöl* é um livro quase hermético.

Sua profunda instrução lamaica, sua fervorosa fé nos ensinamentos yóguicos superiores da Grande Escola Perfeccionista do Guru Padma- Sambhava (sendo ele um iniciado da seita semirreformada conhecida como Kargyutpa, fundada pelos grandes yogues Marpa e Milarepa), seu conhecimento prático das ciências ocultas, como lhe foram ensinados pelo seu falecido guru no Butão, e seu notável conhecimento do tibetano e do inglês — tudo isso me leva a acreditar que dificilmente, neste século, poderá surgir um estudioso mais competente para traduzir o *Bardo Thodöl* que o falecido Lama Kazi Dawa-Samdup, o verdadeiro tradutor. É com ele que cada leitor deste livro se encontra em débito, já que ele abriu, em parte, aos povos do Ocidente, a casa do tesouro da literatura tibetana e do budismo do Norte, há tanto tempo rigorosamente fechada.

Como seu discípulo íntimo por vários meses, reconheço formalmente essa dívida de gratidão e respeito que o discípulo sempre tem para com o mestre. Embora a tradução tenha sido completada e revisada pelo tradutor durante o ano de 1919, quando ele era o Mestre Principal da Escola-Internato Bhutia de Maharaja, destinada principalmente a meninos siquemeses de boa estirpe tibetana, perto de Gangtok, em Siquim (anteriormente, parte do Tibete), lamentamos que hoje ele não esteja mais neste mundo para ler as provas tipográficas como teria desejado ler.

No que diz respeito às transliterações, os filólogos podem fazer objeções, e com razão, quanto ao fato de não serem tecnicamente tão exatas como poderiam ser. No entanto, o editor, preferindo preservar na versão inglesa as transliterações mais simples, de acordo com um estilo à moda antiga — ao qual os leitores comuns ingleses estão mais acostumados —, deixou-as tais como haviam sido ditadas pelo tradutor, salvo em alguns casos óbvios de erro. O próprio editor não pode esperar, num livro dessa natureza, que suas interpretações sobre questões controvertidas tivessem aceitação universal. Tampouco pretende ter escapado de erros. Contudo, ele confia que os críticos, reconhecendo o caráter pioneiro desta obra, concedam, tanto ao tradutor quanto ao editor, essa medida de indulgência, que talvez eles mereçam.

Um relato sucinto da carreira incomum do tradutor será, sem dúvida, de interesse para todos aqueles que lerem este livro. O falecido Lama *Kazi* Dawa-Samdup — o honorífico termo Kazi indica sua alta posição social como membro de uma família de latifundiários de origem tibetana estabelecida em Siquim — nasceu a 17 de junho de 1868.

De dezembro de 1887 até outubro de 1893, como jovem cujos conhecimentos já haviam sido reconhecidos pelas autoridades britânicas na Índia, trabalhou como intérprete do governo britânico em Buxaduar, Butão. (Anos mais tarde, também trabalharia como intérprete para o governo do Tibete.) Foi em Buxaduar que encontrou pela primeira vez seu guru, conhecido ali como Guru Eremita Norbu (*Slob-dpon-mtshams-pa-Norbu*, que se pronuncia *Lob-on-tsham-pa-Norbu*), homem de vasto conhecimento e hábitos estritamente ascéticos, do qual o tradutor receberia, mais tarde, iniciação mística.

O Lama Kazi Dawa-Samdup confiou-me certa vez que, por aquela época, havia feito todos os preparativos necessários para, na condição de *shishya* em período de experiência, renunciar completamente ao mundo. Mas sendo chamado pelo pai, então idoso, cedeu ante seu pedido para que assumisse as obrigações habituais de filho mais velho, que se casasse e perpetuasse a família. O filho não teve opção e se casou, e nasceram-lhe dois filhos e uma filha. Em 1906, o Mahārāja de Siquim nomeou-o Principal Mestre da Escola de Gangtok, onde, no primeiro semestre de 1919, eu o conheci mediante uma carta de apresentação do senhor S. W. Laden La, Sardar Bahadur, chefe de Polícia em Darjeeling e conhecido estudioso do budismo de linhagem tibetana. Cerca de um ano mais tarde, depois que nossa obra conjunta estava terminada, o lama foi nomeado preletor de tibetano na Universidade de

Calcutá. Porém, infelizmente, como é comum com os povos habituados às altas regiões do Himalaia, perdeu completamente a saúde no clima tropical de Calcutá e partiu deste mundo a 22 de março de 1922.

Como registro da amadurecida erudição do lama, há seu *English-Tibetan Dictionary*, publicado pela Universidade de Calcutá em 1919, e sua edição do *Shrīchakrasambhāra Tantra*, com tradução para o inglês e texto tibetano publicada por *Sir* John Woodroffe (pseudônimo: Arthur Avalon) como volume II dos *Tantrik Texts*, em Londres, em 1919. Além desses e de alguns breves trabalhos publicados pela Sociedade Asiática de Calcutá, o lama deixou muitas importantes traduções do tibetano, ainda não publicadas, algumas das quais se encontram com o editor e outras com *Sir* E. Denison Ross e com W. L. Campbell.

Que este livro ajude também a perpetuar a memória daquele que reverenciou os ensinamentos dos grandes mestres da sabedoria tibetana e legou essa tradução do *Bardo Thodöl* aos povos ocidentais de língua inglesa.

Verás o *Dharma-Kāya* de tua própria mente; e,
vendo-o, terás visto o Todo — a Visão Infinita,
o Ciclo de Morte e Nascimento e o Estado de Libertação.

Milarepa. *Jetsün Kahbum*, XII
[Trad. para o inglês do Lama Kazi Dawa-Samdup.]

LIVRO I

O *CHIKHAI BARDO* E O *CHÖNYID BARDO*

Aqui se encontra a confrontação com a realidade no estado intermediário: a grande libertação pela audição no plano do pós-morte, da "profunda doutrina da emancipação da consciência por meio da meditação sobre as divindades pacíficas e iradas".[1]

1 Texto: *Zab-chös Zhi-Khro Dgongs-pa rang-gröl las bar-dohl trös-grol chen-mo chös-nyid bar-dohi ngo spröd bzhugs-so* (pronuncia-se: *Zab-chö shi-hto gong-pa rang-döl lay bar-doi thodöl chen-mo chö-nyid bar-doi ngo-töd zhu-so*).

OS MENSAGEIROS DA MORTE

Todos aqueles que, imprudentes, não atentam
Para quando aparecem os mensageiros da Morte,
Durante muito tempo sentirão a dor
Habitando algum corpo-forma inferior.
Mas todos os homens bons e santos,
Ao verem os mensageiros da Morte,
Não agem impensadamente, mas dão ouvidos
Ao que a Nobre Doutrina diz,
E, no apego, amedrontados, veem
Do nascimento e da morte a fértil fonte,
E se libertam do apego,
Extinguindo, assim, o nascimento e a morte.
Esses são seguros e felizes,
Livres de todo esse espetáculo fugaz;
De todo pecado e medo isentos,
Dominaram todo o sofrimento.

Anguttara-Nikāya, III, 355
[Trad. para o inglês de Warren.]

SEÇÕES INTRODUTÓRIAS

As Obediências

Ao Divino Corpo da Verdade,[1] o Incompreensível, Infinita Luz;

Ao Divino Corpo dos Dons Perfeitos,[2] que são o Lótus e as Divindades Pacíficas e Iradas;[3]

À Encarnação do Lótus, Padma Sambhava,[4] que é o Protetor de todos os seres sencientes;

Aos Gurus, aos Três Corpos,[5] devemos obediência.

Introdução

Esta Grande Doutrina da Libertação pela Audição, que confere liberdade espiritual aos devotos de espírito comum quando se encontrarem no Estado Intermediário, é dividida em três partes: prolegômenos, assunto propriamente dito e conclusão.

---

1. e 2. Ver pp. 121-128.

3. "Estas divindades estão em nós mesmos. Não são algo fora de nós. Somos um todo com tudo o que existe, em cada estado da existência senciente, desde os mais inferiores mundos de sofrimento aos mais elevados estados de beatitude e Perfeita Iluminação. Nesse sentido esotérico, a Ordem do Lótus das Divindades representa em nós o princípio divinizado das funções vocais; as Pacíficas representam o princípio divinizado do coração e dos sentimentos; as Iradas representam, do mesmo modo, as funções da nossa mentalidade — tais como pensamento ou raciocínio, imaginação ou memória, funções centradas no cérebro." Lama Kazi Dawa-Samdup. (Ver p. 224 n. 155.)

4. Padma Sambhava (em tibetano, *Pedma Jungnē*), isto é, aquele que "Nasceu do Lótus", refere-se ao nascimento ocorrido sob condições puras ou sagradas, comumente chamado pelos tibetanos *Guru Rin-po-ch'e* ("O Precioso Guru"), ou simplesmente "Guru" (o equivalente sânscrito a "professor", "mestre"); é visto pelos seguidores como a encarnação da essência do Buda Shakyamuni em seu aspecto tântrico ou profundamente esotérico.

5. Ver pp. 121-128.

Primeiro, os prolegômenos, os *Livros-guias*,[6] para a emancipação dos seres, devem ser dominados pela prática.

A Transferência do Princípio de Consciência[7]

Com os *Livros-guias*, intelectos mais elevados devem certamente libertar-se, mas, caso isso não ocorra, então eles devem, no Estado Intermediário dos momentos da morte, praticar a Transferência, que lhes proporciona libertação automática pelo simples ato de relembrar.

Os devotos de espírito comum deverão, certamente, libertar-se dessa maneira. Caso isso não ocorra, então, no Estado Intermediário [período da experiência] da Realidade, devem perseverar atentando para esta Grande Doutrina da Libertação pela Audição.

Assim sendo, o devoto deve primeiro examinar os sintomas da morte à medida que gradualmente vão surgindo [no seu corpo moribundo] seguindo a *Autolibertação [pela Observação] das Características [dos] Sintomas da Morte*.[8] A seguir, quando todos os sintomas da morte estiverem completos [ele deve] aplicar a Transferência, que confere libertação pelo simples relembrar [do processo].[9]

---

6. Os *Livros-guias* são diversos tratados que oferecem orientação prática aos devotos a respeito do Caminho do Bodhi pelo mundo humano e pelo *Bardo*, o Estado do Pós-morte, e para o renascimento ou, então, o Nirvana.

7. O texto contém simplesmente a palavra tibetana *Hpho* (pron. *Pho*), que significa "transferência" (da soma total, ou agregado das inclinações kármicas ligadas à personalidade e à consciência). Como o uso do termo "alma" é questionável, uma vez que o budismo, como um todo, nega a existência de uma consciência pessoal, permanente e imutável, de uma entidade tal como as crenças semíticas e os credos animistas em geral a entendem, o tradutor evitou usar esse termo. Contudo, onde quer que o mesmo termo ou semelhante ocorra, deve-se compreendê-lo sob a conotação de algo semelhante ao princípio de consciência ou "composto de consciência", tal como é evocado no tibetano *Hpho*, ou mesmo ainda como sinônimo da expressão "fluxo vital", tal como é usada principalmente pelos budistas do Sul.

8. Obra tibetana do ciclo do *Bardo* usada em geral pelos lamas como suplemento ao *Bardo Thodöl* (ver parte IX, nota 53, p. 176). Trata dos sintomas da morte em particular, de maneira científica e minuciosa. O falecido Lama Kazi Dawa-Samdup havia planejado sua tradução para o inglês.

9. Nesse contexto, a Libertação não implica necessariamente — em especial para o devoto comum — a Libertação do Nirvana, mas antes a libertação do "fluxo vital" do corpo moribundo, de tal modo que ocorrerá a maior consciência possível no pós-morte e, por conseguinte, um feliz renascimento. De acordo com os lamas-gurus, para o yogue ou santo muito excepcional e altamente eficiente, o mesmo processo esotérico de Transferência pode ser adotado de maneira a fazer com que não seja rompido o fluxo da consciência, do momento de uma morte consciente ao momento de um renascimento consciente. A julgar a partir de uma tradução feita pelo Lama Kazi Dawa-Samdup de um manuscrito tibetano antigo que contém orientações práticas para a realização da Transferência, e que se encontra em posse do editor, esse

Se a transferência houver sido efetivamente realizada, não há necessidade da leitura deste *Thodöl*; mas, se a transferência não tiver sido realizada com êxito, então este *Thodöl* deverá ser lido de maneira correta e inteligível junto ao corpo morto.

Se não há cadáver, a cama ou a cadeira utilizada pelo morto deve então ser ocupada [pelo leitor], que precisa expor o poder da Verdade. Então, invocando o espírito [do morto], o leitor deve imaginá-lo presente e escutando a leitura do texto.[10] Durante esse tempo, não se admite a presença de parentes ou companheiros lamuriosos ou em prantos, pois isso não é bom [para o morto]; portanto, eles devem ser coibidos.[11]

Se o corpo estiver presente, exatamente quando a expiração houver cessado, ou o lama [que terá sido como um guru para o morto], ou um irmão de fé em quem o morto confiava ou mesmo um amigo pelo qual o morto nutria grande afeição, pondo os lábios bem próximos do ouvido [do morto] sem realmente tocá-lo,[12] deve ler este Grande *Thodöl*.

---

processo é essencialmente ióguico e só poderá ser utilizado por uma pessoa acostumada à concentração mental ou unidirecionamento da mente e dona de tal grau de domínio da técnica, que já lhe seja assegurada maestria sobre as funções do mental e do físico. O simples lembrar do processo no importante momento da morte — como o texto sugere — é equivalente, para um yogue, à realização da própria Transferência, isso porque, uma vez que a mente treinada esteja concentrada no processo, o resultado almejado é instantaneamente — ou, como o texto diz, automaticamente — alcançado.

10. O lama ou leitor que permanece na casa do morto conforme o combinado, esteja o cadáver ali ou não, deve convocar o defunto em nome da Verdade dizendo: "Visto que a Trindade é verdadeira, e visto que a Verdade proclamada pela Trindade é verdadeira, por meio do poder dessa Verdade eu te convoco". Embora o cadáver não esteja presente (como seria o caso de uma pessoa cuja morte tenha sido violenta ou acidental, em que ocorre a perda ou destruição do corpo do plano humano; ou quando, de acordo com cálculos astrológicos, o corpo tenha sido removido ou despachado imediatamente após a morte, o que não é raro no Tibete), o espírito do defunto, no corpo invisível do plano Bardo, deve, não obstante, estar presente à leitura, a fim de que lhe seja dada a guia necessária para o Outro Mundo — como também orienta *O Livro Egípcio dos Mortos* (p. 127).

11. No bramanismo há também essa proibição.

12. De acordo com a crença tibetana e lamaica, o corpo de um moribundo não deve ser tocado, para que a saída normal do princípio de consciência, que deve ocorrer através da abertura bramânica situada no topo da cabeça, não sofra interferência. Por outro lado, essa saída pode se dar através de outra abertura do corpo e levar a nascer num dos estados não humanos. É afirmado, por exemplo, que, se a saída se der através do ouvido, o defunto será obrigado — antes que possa retornar ao nascimento humano — a nascer no mundo dos Gandharvas (músicos celestiais semelhantes a fadas), onde o som, como na canção e na música, é a condição principal de existência.

Agora, para a explicação do próprio *Thodöl*:

Se podes reunir uma grande oferenda, oferece-a em culto à Trindade. Se não podes fazê-lo, arranja então qualquer coisa que possa ser reunida, tais como objetos nos quais podes concentrar teus pensamentos e criar mentalmente uma oferenda e um culto tão ilimitados quanto possível.

Em seguida, o "Caminho dos Bons Desejos Invocando a Ajuda dos Budas e Boddhisattvas"[13] deve ser recitado sete ou três vezes.

Depois disso, o "Caminho dos Bons Desejos que Protege do Medo no *Bardo*"[13] e o "Caminho dos Bons Desejos que Livra das Perigosas Ciladas do *Bardo*"[13] precisam ser lidos claramente e com entonação adequada.[14]

Então, esse Grande *Thodöl* deve ser lido sete ou três vezes,[15] segundo a ocasião. [Primeiro vem] a confrontação [com os sintomas da morte] quando eles ocorrem durante os momentos da morte; [em segundo lugar] a aplicação da grande advertência vívida, a confrontação com a Realidade no Estado Intermediário; e, em terceiro lugar, os métodos de fechamento das portas do ventre, no Estado Intermediário, durante a busca de renascimento.[16]

---

13. Ver Apêndice, pp. 299-311, em que cada uma dessas principais orações do *Bardo* (ou Caminhos dos Bons Desejos") está traduzida.

14. Cf. as duas passagens seguintes, a primeira de *The Book of the Craft of Dying*, cap. VI, in manuscrito *Bodleian* 423 (c. século XV), ed. de Comper, p. 39, e a segunda de *The Craft to Know Well to Die* (século XV), cap. IV, ed. de Comper, p. 74:

"Por último, é preciso saber que as orações que seguem podem ser convenientemente feitas para o homem enfermo que sofre com seu fim. E, caso se trate de pessoa religiosa, então, quando o convento estiver reunido com pesar à mesa, se for costume, então será feita primeiro a ladainha, com os salmos e as orações que ele costumava rezar com os demais. Mais adiante, se ele ainda estiver vivo, permite que algum homem se acerque dele e profira as orações que se seguem, quando as circunstâncias forem adequadas para isso. E elas podem ser repetidas para estimular a devoção do enfermo — caso ele tenha razão e capacidade de compreensão.

"E, se o homem ou a mulher enfermo não pode recitar as orações e preces acima mencionadas, alguns dos assistentes [isto é, circunstantes] devem recitá-las diante dele ou dela em voz alta, substituindo as palavras onde for necessário."

15. Cf. o seguinte trecho de *The Craft to Know Well to Die*, cap. IV, ed. de Comper, p. 73: "Após todas estas coisas, ele [o moribundo] deverá pronunciar três vezes, se puder, as seguintes palavras".

16. O primeiro *Bardo* é o *Chikhai Bardo*, o segundo o *Chönyid Bardo*, e o terceiro o *Sidpa Bardo*. (p. 206 n. 64-66.)

PARTE I

O *Bardo* dos Momentos da Morte

Instruções Sobre os Sintomas da Morte ou o Primeiro Estágio do *Chikhai Bardo*: A Clara Luz Primária no Momento da Morte

Na primeira confrontação com a Clara Luz, durante o Estado Intermediário dos Momentos da Morte, ocorre que:

Aqui [pode haver] aqueles que, não obstante tenham ouvido muito [as instruções religiosas], podem não reconhecê-las; e [alguns] que, embora reconhecendo-as, achem-se pouco familiarizados com elas. Porém, todas as pessoas que receberam os ensinamentos práticos [chamados] Guias[17] serão — se isso for aplicado a elas —postas em confrontação com a Clara Luz Fundamental; e, sem qualquer Estado Intermediário, obterão o Dharma-Kāya Nascituro, por meio do Grande Caminho Perpendicular. [18]

---

17. Ver p. 189 n. 4.

18. No texto, *Yar-gyi-sang-thal-chen-po*,"Grande Caminho Direto para Cima". Uma das doutrinas peculiares do budismo do Norte considera que a emancipação espiritual, e até mesmo o estado de Buda, pode ser alcançada instantaneamente, sem que se entre no plano do *Bardo* e sem sofrer períodos mais longos no caminho da evolução normal que atravessa os vários mundos da existência *sangsārica*. Essa doutrina está por trás de todo o *Bardo Thodöl*. A fé é o primeiro passo para o Caminho Secreto. Depois, vem a Iluminação; e, com ela, a Certeza. E, quando a Meta é alcançada, vem a Emancipação. Mas aqui também o sucesso depende muito da proficiência em yoga, assim como do mérito acumulado, ou do bom karma, por parte do devoto. Se o discípulo puder ser levado a ver e captar a Verdade tão logo o guru a revele, isto é, se ele tiver o poder de morrer conscientemente e puder, no momento supremo de deixar o corpo, reconhecer a Clara Luz que sobre ele então despontará, e tornar-se uno com ela, todos os laços *sangsāricos* de ilusão serão rompidos imediatamente: o Sonhador é despertado para a Realidade simultaneamente com a poderosa conquista do reconhecimento.

Eis a maneira da aplicação:

O melhor seria se o guru, do qual o moribundo recebeu as orientações, estivesse presente; mas, se não se conseguir o guru, pode ser um irmão de fé; ou, se isso também não for possível, então um homem instruído na mesma fé; ou, se não se conseguir nenhum destes, então a pessoa que for capaz de ler de maneira correta e clara deve lê-lo várias vezes. Desse modo [o falecido] guardará na sua mente aquilo que [previamente] ouviu sobre a confrontação e então reconhecerá a Luz Fundamental e obterá, sem dúvida, a Libertação.

Eis o tempo para a aplicação [dessas instruções]:

Quando a expiração houver cessado, a força vital penetrará no centro nervoso da Sabedoria[19] e o Conhecedor[20] experimentará a Clara Luz da condição natural.[21] Então, tendo a força vital[22] sido lançada para trás e voando para baixo através dos nervos esquerdo e direito,[23] a aurora do Estado Intermediário despontará momentaneamente.

Essas [normas] devem ser aplicadas antes que [a força vital] aflua para o nervo esquerdo [depois de, primeiro, ter atravessado o centro nervoso do umbigo]. O tempo [normalmente necessário para esse movimento de força vital] dura enquanto durar a inspiração, ou mais ou menos o tempo requerido para uma refeição.[24]

---

19. Aqui, como em outros lugares do nosso texto, "centro nervoso" refere-se a um centro nervoso psíquico. O centro nervoso psíquico da Sabedoria está localizado no coração (cf. pp. 318 ss.).

20. Texto: *Shespa* [pronuncia-se *Shepa*]: "Mente", "Conhecedor"; isto é, a mente em suas funções de conhecimento ou percepção.

21. Texto: *Sprosbral* (pronuncia-se *Todal*): "desprovido de atividade formativa"; isto é, a mente em seu estado natural ou primordial. A mente em seu estado não natural, isto é, quando encarnada num corpo humano, devido à força dos cinco sentidos, está continuamente em atividade de formação de pensamentos. Seu estado natural, ou desencarnado, é um estado de repouso, comparável, em sua condição, ao mais alto *dhyāna* (ou meditação profunda), quando ainda unida a um corpo humano. O reconhecimento consciente da Clara Luz induz a um estado extático de consciência, tal como o que os santos e místicos do Ocidente chamam de Iluminação.

22. Texto: *rlung* (pronuncia-se *lung*): "ar vital", "força vital" ou "força psíquica".

23. Texto: *rtsa-gyas-gyon* (pronuncia-se *tsa-yay-yön*): "nervos [psíquicos] esquerdo e direito"; em sânscrito, *Pingāla-nādī*: "nervo [psíquico] direito"; e *Idā-nādī*: "nervo [psíquico] esquerdo" (cf. p. 317).

24. Quando este texto tomou forma pela primeira vez, o cálculo do tempo era Primitivo, sendo desconhecida a utilização de meios mecânicos de cronometria. Condições semelhantes ainda prevalecem em muitas partes do Tibete, onde o tempo de uma refeição — período de 20 a 30 minutos de duração — é ainda mencionado em antigos livros religiosos.

Eis o modo da aplicação [das instruções]:

Quando a respiração estiver prestes a cessar, é melhor que a Transferência já tenha sido eficientemente aplicada; mas, se [a aplicação] foi ineficiente, então [deve-se dirigir ao morto] as seguintes palavras:

Ó nobre filho (nome do morto), chegou a hora de procurares o Caminho [na realidade]. Tua respiração está prestes a cessar. Teu guru te colocou em confrontação, antes, com a Clara Luz; agora, estás prestes a vivenciá-la em sua Realidade no estado do *Bardo*, onde todas as coisas são como o vazio e o céu desanuviado, e o intelecto nu e imaculado é como um vácuo transparente sem circunferência ou centro. Neste momento, conhece-te; e permanece nesse estado. Também eu estou, neste momento, pondo-te em confrontação.

Lido isso, repete o mesmo muitas vezes ao ouvido do moribundo, antes que a expiração tiver cessado, a fim de imprimir-lhe na mente essas palavras. Se a expiração estiver prestes a cessar, vira o moribundo para o lado direito, posição chamada "Postura do Leão Deitado". A palpitação das artérias [nos lados esquerdo e direito da garganta] deve ser pressionada.

Se o moribundo estiver disposto a adormecer, ou se lhe sobrevém o sono, é necessário evitá-lo, e as artérias devem ser pressionadas de modo suave, mas firme.[25] Com isso, a força vital não poderá retornar do nervo mediano[26] e passará certamente pela abertura bramânica.[27] A verdadeira confrontação pode ocorrer agora. Nesse momento, o primeiro [vislumbre] do *Bardo* da Clara Luz da Realidade, que é a Mente Infalível do *Dharma-Kāya*, é vivenciado por todos os seres sencientes.

O intervalo entre o cessar da expiração e o cessar da inspiração é o momento durante o qual a força vital permanece no nervo mediano.[28]

---

25. O moribundo deve morrer plenamente desperto e vividamente consciente do processo da morte; daí a pressão das artérias (cf. p. 99).

26. "Do sânscrito *dhutih* (pronuncia-se *dutî*), que significa 'nervo mediano', mas literalmente quer dizer 'trijunção'. O *Sanscrit-English Dictionary* (Poona. 1890) apresenta *dhūti* como a única palavra semelhante, definida como 'sacudimento' ou 'movimento', a qual, aplicada ao nosso texto, pode referir-se ao movimento vibratório da força psíquica atravessando o nervo mediano como canal." Nota do Lama Kazi Dawa-Samdup.

"Dutî" também pode significar 'lançar fora' ou 'expelir', com referência à saída da consciência no processo de morte." Nota do Sj. Atai Bihari Ghosh.

27. Ver pp. 129, 191 n. 12, e 316. Se não estiver distraído, mas alertamente consciente, nesse momento psicológico, o moribundo compreenderá, pelo poder conferido pela leitura do *Thodöl*, a importância de manter a força vital no nervo mediano até ela sair dali pela Abertura de Brahma.

28. Após a expiração haver cessado, é dito que a energia vital (lit., "sopro interior") permanece no nervo mediano enquanto o coração continua a pulsar.

As pessoas comuns chamam-no de estado no qual o princípio de consciência[29] desmaiou. A duração desse estado é incerta. [Isso depende] da constituição, boa ou má, e [do estado dos] nervos e da força vital. Mesmo com aqueles que possuem pouca experiência prática do firme e tranquilo estado de *dhyāna* e junto àqueles que possuem os nervos firmes, esse estado dura longo tempo.[30]

Na confrontação, a repetição [das palavras anteriores dirigidas ao falecido] deve persistir até que um líquido amarelado comece a aparecer de várias aberturas dos órgãos físicos [do falecido].

Naqueles que se guiaram por uma vida má e naqueles cujos nervos são frágeis, o estado anterior [referido] dura o que duraria um estalar de dedos. Para outros, dura o tempo que se leva para tomar uma refeição.

Em vários *Tantras* é dito que esse estado de desmaio dura cerca de três dias e meio. A maioria dos outros [tratados religiosos] diz quatro dias; e que esse se colocar em confrontação com a Clara Luz deve perseverar [durante todo o tempo].

Eis o modo de aplicar [essas orientações]:

Se [ao morrer] a pessoa for capaz de reconhecer por si mesma [os sintomas da morte], é porque antes ela deve ter-se servido desse conhecimento.[31]

---

29. Texto: *rnam-shes* (pronuncia-se *nam-she*); em sânscrito, *vijnāna* ou, de preferência, *chaitanya*: "princípio de consciência" ou "princípio de conhecimento objetivo".

30. Às vezes ele pode continuar por até sete dias, mas normalmente apenas por quatro ou cinco dias. No entanto, o princípio de consciência, salvo em certas condições de transe, tal como um yogue, por exemplo, pode induzir, não reside necessariamente no corpo durante todo o tempo; normalmente ele deixa o corpo no momento chamado morte, mantendo sutil relação magnética com o corpo até que o estado referido no texto chega ao fim. Somente para os adeptos do yoga a partida do princípio de consciência deve ser realizada sem ruptura de continuidade do fluxo de consciência, isto é, sem o estado de desmaio anteriormente referido.

O processo da morte é o reverso do processo do nascimento, sendo o nascimento a encarnação e, a morte, a desencarnação do princípio de consciência; porém, em ambos os casos há uma passagem de um estado de consciência para outro. E, assim como um bebê precisa despertar neste mundo e apreender por experiência a natureza deste mundo, do mesmo modo, na morte, uma pessoa deve despertar no mundo do *Bardo* e familiarizar-se com suas próprias condições particulares.

O corpo do *Bardo*, formado de matéria num estado invisível ou etéreo, é uma exata duplicata do corpo humano, do qual ele se separou no momento da morte. Retido no corpo do *Bardo* estão o princípio de consciência e o sistema nervoso psíquico (a contraparte, para o corpo psíquico ou do *Bardo*, do sistema nervoso físico do corpo humano). (Cf. p. 264 n. 21.)

31. O sentido pleno, implícito, é que a pessoa à beira da morte não só deve diagnosticar os sintomas da morte quando eles vêm, um por um, mas deve também, se possível, reconhecer a Clara Luz sem ser posta em confrontação com ela por uma segunda pessoa.

Se [o moribundo] for incapaz disso, então o guru, o *shishya* ou um irmão de fé do qual ele [o moribundo] era muito íntimo deve estar presente, para vividamente imprimir nele [no moribundo] os sintomas [da morte], de acordo com a devida ordem em que eles aparecem [primeiro dizendo, repetidamente] o seguinte:[32]

Agora se aproximam os sintomas de terra desaparecendo na água.[33] Quando todos os sintomas [da morte] estão prestes a serem completados, inculca então [no moribundo] a seguinte injunção, falada em tom de voz baixo, ao ouvido:

Ó nobre filho [ou, quando se tratar de um sacerdote: Ó venerável Senhor], que a tua mente não se distraia.

Quando se tratar de um irmão [de fé] ou de alguma outra pessoa, chama-o então pelo nome e [dize] assim:

Ó nobre filho, visto que isso que é chamado de morte vem agora para ti, toma a seguinte resolução: "Ó, esta é a hora da minha morte. Aproveitando-me desta morte, assim agirei, pelo bem de todos os seres sencientes que povoam a amplidão ilimitável dos céus, a fim de obter o Perfeito Estado de Buda, dedicando amor e compaixão [a eles e dirigindo todos os meus esforços] à Única Perfeição".

Preparando assim os pensamentos, especialmente nesse momento em que o *Dharma-Kāya* da Clara Luz [no estado] do pós-morte pode ser compreendido para benefício de todos os seres sencientes e animados, saiba que

---

32. Cf. as seguintes instruções, de *Ars Moriendi* (século XV), edição de Comper, p. 93: "Quando alguém vai morrer [isto é, provavelmente morrerá], então é extremamente necessário ter um amigo especial, o qual, de coração, o ajudará e rezará por ele, e com isso aconselhará o enfermo pela saúde de sua alma".

33. Os três principais sintomas de morte (que o texto simplesmente sugere ao mencionar o primeiro deles, pressupondo-se que o leitor oficiante conheça os outros e os mencione à medida que ocorrerem), com as contrapartes simbólicas, são: (1) sensação física de pressão, "a terra desaparecendo na água"; (2) sensação física de frio úmido, como se o corpo estivesse imerso na água, que gradualmente entra num calor fervente, "a água desaparecendo no fogo"; (3) sentimento como se o corpo estivesse explodindo em átomos, "o fogo desaparecendo no ar". Cada sintoma é acompanhado por visíveis mudanças externas no corpo, como perda de controle sobre os músculos faciais, perda da audição, da visão, a respiração se torna convulsiva exatamente antes da perda de consciência, com o que os lamas treinados na ciência da morte detectam, um por um, os fenômenos psíquicos interdependentes que culminam na libertação do corpo *Bardo* do invólucro do plano humano. Para o tradutor, o Lama Kazi Dawa-Samdup, a ciência da morte, como vem exposta neste tratado, foi alcançada por meio da experiência real da morte por parte dos instruídos lamas, os quais, quando moribundos, explicavam aos discípulos o verdadeiro processo da morte, de maneira analítica e detalhada. (Ver p. 265 n. 24.)

te encontras nesse estado; e [resolve-te no sentido de] que obterás o melhor proveito do Estado do Grande Símbolo,[34] no qual estás, [como segue]:

"Mesmo que eu não possa compreendê-lo, não obstante conhecerei este *Bardo* e, dominando o Grande Corpo de União no *Bardo*, aparecerei em qualquer [forma que] beneficiará [todos os seres vivos] quaisquer que sejam eles:[35] Servirei a todos os seres sencientes infinitos em número como os limites do céu". Mantendo-te inseparável dessa resolução, tentarás lembrar-te de qualquer prática devocional a que estavas acostumado a realizar durante o teu tempo de vida.[36]

Ao dizer isso, o leitor colocará os lábios próximos ao ouvido [do moribundo ou falecido] e o repetirá de maneira nítida, incutindo-o, com clareza, no moribundo, de modo a impedir que sua mente divague por um momento sequer.

Quando a expiração houver cessado por completo, pressiona firmemente o nervo do sono; e, quando se tratar de um lama ou de uma pessoa de posição mais elevada ou mais instruída que tu, pronunciarás com força estas palavras, assim:

Reverendo Senhor, agora que estás vivenciando a Clara Luz Fundamental, tenta permanecer neste estado que ora vivencias.

E também no caso de qualquer outra pessoa, o leitor a colocará em Confrontação, assim:

---

34. Nesse estado, a compreensão da Verdade Suprema é possível, proporcionando suficiente avanço no Caminho feito pelo falecido antes da morte. De outro modo, ele não pode se beneficiar agora, e precisa vaguear em estágios cada vez mais baixos do *Bardo*, como está determinado pelo karma, até o renascimento. (Ver p. 237 n. 164.)

35. O tibetano do texto é, aqui, insolitamente conciso. Literalmente, seria: "aparecerei no que quer que submeterá [para fins benéficos] quem quer que seja". Para submeter, nesse sentido, qualquer ser senciente do mundo humano foi adotada uma forma que contém um apelo religioso para esse ser. Assim sendo, para um devoto shivaíta, a forma de *Shiva* será adotada; para um budista, a forma do Buda Shakyamuni; para um cristão, a forma de Jesus; para um muçulmano, a forma do Profeta, e assim por diante para os outros devotos religiosos. E, para os modos e condições da humanidade, uma forma apropriada à ocasião, etc. Para as crianças subjugadas, por exemplo, os pais, e vice-versa; para os shishyas, os gurus e vice-versa; para o homem comum, os reis e governantes; e, para os reis, os ministros de Estado.

36. Cf. a seguinte passagem do *The Book o f lhe Craft of Dying*, cap. V, in manuscrito *Bodleian 423* (c. século XV), ed. de Comper, p. 35: "Também, se ocorrer que aquele que morre tiver muito tempo e condição para refletir e não for vitimado de morte brusca, então pode-se ler à sua cabeceira, pelos que lhe forem mais próximos, devotas histórias e devotas orações com as quais ele mais se aprazia quando tinha saúde".

Ó nobre filho (fulano de tal), escuta. Agora estás vivenciando o Esplendor da Clara Luz da Realidade Pura. Reconhece-a. Ó nobre filho, teu presente intelecto,[37] em sua real natureza vazio, não formado no que respeita a quaisquer características ou cor, naturalmente vazio, é a verdadeira Realidade, o Todo-bondoso.[38]

Teu próprio intelecto, que agora é vacuidade, não obstante não ser visto como a vacuidade do nada, mas como sendo o próprio intelecto, desobstruído, brilhante, vibrante e bem-aventurado, é a verdadeira consciência,[39] o Buda Todo-bondoso.[40]

Tua própria consciência, não formada de coisa alguma, na realidade vazia, e o intelecto, brilhante e bem-aventurado — são duas coisas inseparáveis. A união deles é o *Dharma-Kāya*, o estado da Iluminação Perfeita.[41]

---

37. Texto: *Shes-rig* (pronuncia-se *she-rig*) é o intelecto, a faculdade cognitiva ou do conhecimento.

38. Texto: *Chös-nyid Kün-tu-bzang-po* (pronuncia-se *Chö-nyid Küntu-zang-po*); em sânscrito, *Dharma-Dhātu Samanta-Bhadra*, a encarnação do *Dharma-Kāya*, o primeiro estado da condição de Buda. Nossa xilografia, aqui com erro, dá por Todo-bondoso (*Kuntu-Zang-po*, que significa "Pai Todo-bondoso"), *Kuntu-Zang-mo*, que significa "Mãe Todo-bondosa". De acordo com a Grande Escola Perfeccionista, o Pai é aquilo que aparece, ou os fenômenos, e a Mãe é a consciência dos fenômenos. Igualmente, o júbilo é o Pai, e o Vazio que o compreende, a Mãe; o esplendor é o Pai, e o Vazio que o compreende, a Mãe; e, como no nosso texto, o intelecto é o Pai, e o Vazio, a Mãe. A repetição de "Vazio" é para enfatizar a importância de reconhecer o intelecto como sendo, na realidade, vazio (ou da natureza da vacuidade), isto é, o Primordial não nascido, não criado, não formado.

39. Texto: *Rig-pa*, que significa "consciência", como distinta da faculdade do conhecimento por meio da qual ela percebe ou se conhece como tal. *Rig-pa* e *shes-rig* são normalmente sinônimos; contudo, num tratado filosófico intrincado como este, *rig-pa* refere-se à consciência no seu aspecto mais espiritual e puro (isto é, supramundano) e *shes-rig* à consciência nesse aspecto mais grosseiro, não puramente espiritual, pelo qual o conhecimento dos fenômenos existe.

Nesta parte do *Bardo Thodöl*, a análise psicológica da consciência ou mente é particularmente intrincada. Onde quer que no texto ocorra o termo *rig-pa*, nós o traduzimos por "consciência", e a palavra *shes-rig* por "intelecto"; ou ainda, para se ajustar no contexto, *rig-pa* como "Consciência" e *shes-rig* como "consciência dos fenômenos", que é "intelecto".

40. Texto: *Kun-tu-bzang-po*, em sânscrito *Samanta* ("Todo" ou "Universal" ou "Completo") Bhadra ("Bondoso" ou "Beneficente"). Nesse estado, a pessoa que vivencia e a coisa vivenciada são inseparavelmente um e o mesmo, por exemplo, o amarelo do ouro não pode ser separado do ouro, nem o salgado do sal. Para o intelecto humano normal, esse estado transcendental está além da compreensão.

41. Da união dos dois estados da mente ou consciência, implicados pelos dois termos *rig-pa* e *shes-rig*, e simbolizados pelo Pai Todo-bondoso e pela Mãe Todo-bondosa, nasce o estado do *Dharma-Kāya*, o estado da Iluminação Perfeita, o estado de Buda. *Dharma-Kāya* ("Corpo da Verdade") simboliza o estado mais alto e puro do ser, estado de consciência espiritual, desprovido de quaisquer limitações ou obscuridades mentais que surgem do contato da consciência primordial com a matéria.

Tua própria consciência, brilhante, vazia e inseparável do Grande Corpo de Esplendor, não tem nascimento nem morte: é a Luz Imutável — o Buda Amitābha.[42]

Conhecer isso é suficiente. Reconhecer o vazio de teu próprio intelecto como sendo o estado de Buda e considerá-lo como sendo tua própria consciência, significa manter-te na [no Estado da] divina mente[43] de Buda.[44]

Repete isso distinta e claramente três ou [mesmo] sete vezes, pois isso trará de novo à mente [do moribundo] a confrontação anterior [isto é, de quando ele era vivo] ensinada a ele pelo guru. Em segundo lugar, isso fará com que a consciência nua seja reconhecida como a Clara Luz; e, em terceiro lugar, reconhecendo [assim] o [seu] verdadeiro eu, a pessoa se torna permanentemente unida com o *Dharma-Kāya* e a Libertação será certa.[45]

---

42. Como o estado de Buda Samanta-Bhadra é o estado do Todo-bondoso, do mesmo modo o estado de Buda Amitābha é o estado de Luz Infinita; e, como o texto dá a entender, "ambos são, em última análise, o mesmo estado, só que observado de pontos de vista diferentes. No primeiro, enfatiza-se a mente do Todo-bondoso; no segundo, o poder *Bodhi* iluminador, simbolizado como Buda Amitābha (personificação da faculdade da Sabedoria), Fonte de Vida e Luz.

43. Texto: *dgongs-pa* (pronuncia-se *gong-pa*), "pensamentos" ou "mente", e, estando na forma honorífica, "divina mente".

44. Realização do Não *Sangsāra* — que é o Vazio, o Não Tornado, o Não Nascido, o Não Feito, o Não Formado — subentende o estado de Buda, a Iluminação Perfeita — o estado da Divina Mente de Buda. Compare a seguinte passagem do Sutra do Diamante [ou Imutável], com o comentário chinês (trad. de W. Gemmel, Londres, 1912, pp. 17-8): "Toda forma ou qualidade dos fenômenos é transitória e ilusória. Quando a mente compreende que os fenômenos da vida não são fenômenos reais, o Senhor Buda pode então ser claramente percebido". (Anotação chinesa: "O Buda espiritual deve ser percebido na mente; do contrário, não seria a verdadeira percepção do Buda".)

45. Se o moribundo estiver familiarizado com esse estado, em virtude de treino espiritual (ou *yóguico*) anterior no mundo humano, e tiver o poder de alcançar o estado de Buda nesse momento que tudo define, a Roda do Renascimento é detida e a Libertação é instantaneamente alcançada. Porém, essa eficiência espiritual é tão rara que a condição mental normal do moribundo é inconstante para o supremo de se manter no estado no qual brilha a Clara Luz; daí segue uma progressiva descida aos estados cada vez mais inferiores da existência *Bardo*, e depois para o renascimento. Uma agulha equilibrada por uma linha e posta para girar sobre ela é usada como símile pelos lamas para explicar essa condição. Assim que a agulha consegue o equilíbrio, se manterá sobre a linha. Finalmente, porém, a lei da gravidade a afeta, e ela cai. Do mesmo modo, no âmbito da Clara Luz, a mente de uma pessoa moribunda desfruta momentaneamente de uma condição de estabilidade, de perfeito equilíbrio e unidade. Dada a não familiaridade com esse estado, que é um estado extático do não ego, de consciência subliminar, o princípio de consciência do ser humano médio não dispõe das condições para funcionar nele. As inclinações kármicas obscurecem o princípio de consciência com pensamentos de personalidade, de ser individualizado, de dualismo, e, perdendo o equilíbrio, o princípio de consciência abandona a Clara Luz. É a ideação do ego, do eu, que impede a realização do Nirvana (que é o "apagar da chama dos anseios egoístas"); e, assim, a Roda da Vida continua a girar.

Instruções Sobre o Segundo Estágio do *Chikhai Bardo*: A Clara Luz Secundária Vista Imediatamente após a Morte

Assim, a Clara Luz Primária é reconhecida e a Libertação é alcançada. Porém, caso se tema que a Clara Luz Primária não tenha sido reconhecida, então [pode-se afirmar com certeza que] estará surgindo [para o morto] a chamada Clara Luz Secundária, que surge num período de tempo um pouco maior que o de uma refeição após ter cessado a expiração.[46]

De acordo com o bom ou o mau karma de cada um, a força vital corre tanto pelo nervo direito como pelo esquerdo, e sai através de qualquer uma das aberturas [do corpo].[47] A seguir, vem um estado lúcido da mente.[48]

Dizer que o estado [da Clara Luz Primária] dura o período de tempo de uma refeição [dependerá] da boa ou da má condição dos nervos e também se houve ou não prática anterior [na confrontação].

Quando o princípio de consciência houver saído [do corpo, ele dirá a si mesmo]: "Estou morto ou não?". E não poderá determiná-lo. Ele vê seus parentes e circunstantes como os via antes. Ouve até mesmo os lamentos. As terríveis ilusões kármicas ainda não apareceram. Tampouco surgiram as horríveis aparições ou experiências causadas pelos Senhores da Morte.[49]

---

46. Imediatamente após a passagem da força vital pelo nervo mediano, o moribundo encontra-se na Clara Luz, em sua pureza primitiva, o *Dharma-Kāya*, sem obscurecimento. E, se é incapaz de se manter nela, vivencia então a Clara Luz Secundária, descendo assim a um estágio inferior do Bardo, no qual o *Dharma-Kāya* é ofuscado por obscurecimentos kármicos.

47. Cf. p. 57.

48. Texto: *shes-pa*, aqui traduzido por "mente". O tradutor para o inglês acrescentou o seguinte comentário: "A força vital, que provém do centro nervoso psíquico do umbigo, e o princípio de consciência, que provém do centro nervoso psíquico do cérebro, unem-se no centro nervoso psíquico do coração e, ao deixarem o corpo a partir desse centro, normalmente através da Abertura de Brāhma, produzem no moribundo um estado de êxtase de grande intensidade. O estágio seguinte é menos intenso. No primeiro estágio, ou estágio primário, é vivenciada a Clara Luz Primária; no segundo, a Clara Luz Secundária. À maneira de uma bola que atinge o máximo da altura de seu impulso depois de bater pela primeira vez no solo e que, a cada nova batida, alcançará alturas cada vez menores, até imobilizar-se — do mesmo modo acontece com o princípio de consciência quando da morte do corpo humano. Seu primeiro pulo espiritual, imediatamente após abandonar o corpo físico do plano terrestre, é o mais alto; o seguinte, sempre mais baixo, até que, finalmente, exaurida a força do karma no estado pós-morte, o princípio de consciência atinge o repouso, um ventre é penetrado e ocorre então o nascimento neste mundo".

49. Texto: *Gshin-rje* (pronuncia-se *Shin-je*): "Senhor da Morte"; no entanto é permitida a forma plural, preferível nesse caso.

Durante esse intervalo, as orientações devem ser aplicadas [pelo lama ou leitor]:

Há os [devotos] que se encontram no estágio da perfeição e os que se encontram no estágio de visualização. Se se trata de alguém que se encontra no estágio da perfeição, chama-o então três vezes pelo nome e repete inúmeras vezes as instruções apresentadas para a confrontação com a Clara Luz. Se se trata de alguém que se encontra no estágio da visualização, lê para ele então as descrições introdutórias e o texto da meditação sobre sua divindade tutelar[50] e então dize:

Ó tu, nobre filho, medita sobre tua própria divindade tutelar. [Aqui o nome da divindade deve ser mencionado pelo leitor.[51]] Não te distraias. Concentra fervorosamente tua mente na tua divindade tutelar. Medita sobre ela como se ela fosse o reflexo da Lua na água, aparente mas inexistente [em si mesmo]. Medita sobre ela como se ela fosse um ser com um corpo físico.

Assim dizendo, [o leitor] incutirá isso [no morto]. Se [o defunto] for alguém do povo, dize:

Medita sobre o Grande Senhor da Compaixão.[52]

Sendo assim postos em confrontação, mesmo aqueles que não se esperava reconhecerem o *Bardo* [sem ajuda] estarão sem dúvida seguros de reconhecê-lo. As pessoas que, em vida, foram postas em confrontação [com a Realidade] por um guru, mas que não obstante não se familiarizaram com ela, não serão capazes de, por si sós, reconhecerem claramente o *Bardo*. Seja um guru ou um irmão de fé, terão de infundir vividamente isso nessas pessoas.[53]

Pode haver também aqueles que se familiarizaram com os ensinamentos e, não obstante, devido à violência da doença que lhes causou a morte, podem

---

50. Cf. a seguinte passagem de *The Craft to Know Well to Die*, cap. IV, na edição de Comper, p. 73:"E a seguir ele [o moribundo] deverá invocar os apóstolos, os mártires, os confessores e as virgens, e em especial todos os santos aos quais sempre mais amou".

51. A divindade favorita ou tutelar (em tibetano, *yi-dam*) é normalmente um dos Budas ou Bodhisattvas, dos quais Chenrazee é o mais popular.

52. Texto: *Jo-vo-thugs-rje-chen-po* (pronuncia-se *Jo-vo-thu-ji-chen-po*): "Grande Senhor Compassivo", sinônimo do tibetano *Spyan-ras-gzigs* (pronuncia-se *Chen-rā-zi*); sânscrito, *Avalokiteshvara*.

53. Uma pessoa pode ter ouvido uma descrição pormenorizada da arte de nadar e, contudo, nunca ter tentado nadar. Lançada de repente à água, ela se sentirá incapaz de nadar. O mesmo se dá com aqueles que aprenderam a teoria de como agir na hora da morte e não a aplicaram por meio de práticas do yoga: não conseguem manter ininterrupta a continuidade da consciência, atordoam-se diante da mudança de condições e não conseguem evoluir ou beneficiar-se da oportunidade oferecida pela morte, a menos que contem com a orientação ou ajuda de um guru vivo. Porém, apesar de tudo o que um guru poderá fazer, frequentemente eles, em decorrência do mau karma, não conseguem reconhecer o *Bardo* como tal.

ser mentalmente incapazes de resistir às ilusões. Para eles, também, essa instrução é absolutamente necessária.

Também [há aqueles] que, embora anteriormente familiarizados com os ensinamentos, foram sujeitos a passar pelos estados miseráveis de existência, devido ao não cumprimento de promessas ou por não terem desempenhado honestamente as obrigações essenciais. Para eles, essa [instrução] é indispensável.

Se o primeiro estágio do *Bardo* for devidamente aproveitado, tanto melhor. Se não, com a aplicação dessa evocação diferente [do falecido], no segundo estágio do *Bardo*, seu intelecto é despertado e ele alcança a libertação. Durante o segundo estágio do Bardo, o corpo da pessoa é da natureza daquilo que se chama corpo ilusório brilhante.[54]

Sem saber se [ele está] morto ou não, advém [um estado de] lucidez [para o falecido].[55] Se as instruções forem aplicadas com êxito ao falecido enquanto ele estiver nesse estado, então, encontrando a Realidade Mãe e a Realidade Filha,[56] o karma deixa de controlar.[57] Do mesmo modo que, por exemplo, os raios solares dissipam a escuridão, a Clara Luz, no Caminho, dissipa o poder do karma.

Aquilo que é chamado de segundo estágio do *Bardo* surge para o corpo de pensamento.[58] O Conhecedor[59] paira naqueles lugares nos quais suas atividades foram limitadas. Se, nesse momento, esse ensinamento especial foi aplicado de maneira eficiente, então o propósito será cumprido; pois as ilusões kármicas não terão vindo ainda, e, por conseguinte, ele [o falecido] não pode se desviar para aqui ou para ali [do objetivo de alcançar a Iluminação].

54. Texto: *dag-pah-sgyu-lus* (pronuncia-se *tag-pay-gyu-lü*, "corpo ilusório puro (ou brilhante)"; sânscrito, *māyā-rūpa*. Trata-se da contraparte etérea do corpo físico do plano terreno, o "corpo astral" da teosofia.

55. Com a saída do princípio de consciência do corpo humano, ocorre um frêmito psíquico que dá origem a um estado de lucidez.

56. Texto: *Chös-nyid-ma-bu*; sânscrito, *Dharma Mātri Putra*: "Realidade (ou Verdade) Mãe e Filha". A Verdade Filha é a que se alcança neste mundo mediante a prática da meditação profunda (sânscrito: *dhyāna*). A Verdade Mãe é a Verdade Primordial ou Fundamental, que se vivencia somente após a morte, quando o Conhecedor se acha no estado Bardo de equilíbrio, antes de as inclinações kármicas entrarem em ação. A Realidade Filha está para a Realidade Mãe como um objeto fotografado está para a fotografia.

57. Literalmente, "o karma não pode virar a boca ou a cabeça", expressão em que a imagem aludida é a de um cavaleiro que controla um cavalo com rédeas e freio. No *Tantra da Grande Libertação* encontra-se esta passagem semelhante: "O homem cegado pelas trevas da ignorância, o louco preso às malhas dos seus atos. e o iletrado, ouvindo este Grande *Tantra*, libertam-se dos vínculos do karma" (Cf. *Tantra of the Great Liberation*, na edição de Arthur Avalon, Londres, 1913, p. 359, linha 205.)

58. Texto: *yid-kyi-lüs* (pronuncia-se *yid-kyi-lü*), "corpo mental", "corpo de desejo" ou "corpo de pensamento".

59. Cf. pp. 196 n. 29, 199 n. 37 e 39.

PARTE II

O *Bardo* da Vivência da Realidade

Instruções Introdutórias Sobre a Experiência da Realidade Durante o Terceiro Estágio do *Bardo*, Chamado *Chönyid Bardo*, Quando Surgem Apaparições Kármicas

Porém, mesmo se a Clara Luz Primária não for reconhecida, sendo reconhecida a Clara Luz do Segundo *Bardo*, a Libertação será alcançada. Se não se libertar nem com o Segundo, advém então o que é chamado terceiro *Bardo*, ou *Chönyid Bardo*.

Nesse terceiro estágio do *Bardo*, despontam as ilusões kármicas. É muito importante que essa Grande Confrontação do *Chönyid Bardo* seja lida: ela tem muito poder e pode fazer um grande bem.

Mais ou menos nesse momento [o defunto] pode ver que a [sua] parte de alimento vai sendo deixada de lado, que o corpo vai sendo despido das vestes e que o lugar do tapete onde dormia está sendo limpo; [60] ele pode ouvir todos os murmúrios e lamentos dos amigos e parentes, e, embora possa vê-los e ouvir que o chamam, eles não podem ouvi-lo, e, assim, ele parte desgostoso.

Nesse momento, sons, luzes e raios — todos os três — são percebidos. Eles atemorizam, dão medo e terror e causam muita fadiga. Nesse instante, a confrontação com o *Bardo* [durante a vivência] da Realidade deve ser aplicada.

60. As referências são: (1) à porção de alimento que se está reservando para o defunto durante os ritos fúnebres; (2) ao seu cadáver, que está sendo preparado para receber a mortalha; e (3) à cama ou ao lugar onde ele dorme.

Chama o falecido pelo nome e, de maneira correta e inteligível, explica-lhe o seguinte:

Ó nobre filho, escuta com toda a atenção, sem te distraíres. Há seis estados de *Bardo*, a saber: o estado natural de Bardo, no ventre;[61] o *Bardo* do estado de sonho;[62] o *Bardo* do equilíbrio extático, em profunda meditação;[63] o *Bardo* do momento da morte;[64] o *Bardo* [durante a experiência] da Realidade;[65] e o *Bardo* do processo inverso da existência *sangsārica*.[66] Esses são os seis estados. Ó nobre filho, vivenciarás três *Bardos*, o *Bardo* do momento da morte, o *Bardo* [durante a experiência] da Realidade e o *Bardo* quando da procura de renascimento. Desses três, até ontem vivenciaste o *Bardo* do momento da morte. Embora a Clara Luz da Realidade tenha surgido sobre ti, foste incapaz de manter-te assim e, por isso, vagueias por aqui. Daqui por diante vivenciarás os [outros] dois, o *Chönyid* e o *Sidpa Bardo*.

Presta toda a atenção a isto com o que vou colocar-te em confrontação, e mantém-te assim:

Ó nobre filho, agora chegou o que se chama morte. Estás partindo deste mundo dos vivos, mas não és o único; [a morte] vem para todos. Não te apegues, por gosto ou fraqueza, a esta vida. Mesmo que te apegues, por fraqueza, não tens o poder de permaneceres aqui. Não ganharás [com isso] nada, senão vaguear neste *Saṃsāra*.[67] Não te apegues [a este mundo]; não sejas fraco. Lembra-te da Preciosa Trindade.[68]

---

61. Texto: *Skyes-gnas Bardo* (pronuncia-se *Kye-nay Bardo*): "Estado Intermediário" ou "Estado de Incerteza", do lugar de nascimento (ou quando no ventre).

62. Texto: *Rmi-lam Bardo* (pronuncia-se *Mi-lam Bardo*); "Estado Intermediário" ou "Estado de Incerteza [durante a experiência] do estado de sonho".

63. Texto: *Ting-nge-hzin Bsam-gtam Bardo* (pronuncia-se *Tin-ge-zin Sam-tam Bardo*)'; "Estado Intermediário" ou "Estado de Incerteza [durante a experiência] do *Dhyāni* (meditação) no *samādhi* (Equilíbrio Extático)".

64. Texto: *Hchi-khahi Bardo* (pronuncia-se *Chi-khai Bardo*), "Estado Intermediário" ou "Estado de Incerteza, do momento de morrer (ou momento da morte)".

65. Texto: *Chös-nyid Bardo* (pronuncia-se *Chö-nyid Bardo*), "Estado Intermediário" ou "Estado de Incerteza [durante a experiência) da Realidade".

66. Texto: *Lugs-hbyung Srid-pahi Bardo* (pronuncia-se *Lu-jung Sid-pai Bardo*), "Estado Intermediário" ou "Estado de Incerteza, no processo inverso da experiência *sangsārica* (mundana)" — estado em que o Conhecedor está buscando o renascimento.

67. Texto: *Hkhor-va* (pronuncia-se *Khor-wa*) — literalmente, "algo que gira ao redor", "coisa que gira"; sânscrito: *Sangsāra* (ou *Saṃsāra*).

68. Ou seja o *Buda*, o *Dharma*, o *Saṅgha*.

Ó nobre filho, qualquer que seja o medo ou terror que te sobrevenha no *Chönyid Bardo*, não te esqueças destas palavras; e, conservando o significado delas no coração, segue adiante: nelas reside o segredo vital do reconhecimento:

> Ai de mim! Quando a Incerta Experiência da Realidade raiar sobre mim,[69] Com todo pensamento de medo ou terror ou temor por tudo [as aparições fantasmais] afastado,
> Que eu reconheça quaisquer [visões] que apareçam, como reflexos de minha própria consciência;
> Que eu as reconheça como sendo da natureza das aparições do *Bardo*:
> Neste importantíssimo momento [da oportunidade] de alcançar um grande fim,
> Que eu não tema os bandos de [Deuses] Pacíficos e Irados, minhas próprias formas de pensamentos.[70]

Repete esses [versos] claramente e, relembrando seu significado à medida que os repetires, segue adiante [Ó nobre filho]. Assim, quaisquer que sejam as visões de temor ou terror que aparecerem, o reconhecimento estará seguro; e não te esqueças dessa secreta arte vital que se encontra neles.

Ó nobre filho, quando teu corpo e tua mente estiverem separados, deverás ter vivenciado o vislumbre da Verdade Pura, sutil, brilhante, viva, deslumbrante, gloriosa e radiosamente medonha, parecendo uma miragem que se move numa paisagem na primavera, num contínuo fluxo de vibrações. Não te assustes com isso, nem te aterrorizes, nem temas. Trata-se do esplendor de tua própria verdadeira natureza. Reconhece-a.

Do meio desse esplendor, virá o som natural da Realidade, reverberando como milhares de trovões soando simultaneamente. Trata-se do som natural de teu próprio eu verdadeiro. Não te assustes com isso, não te aterrorizes, nem temas.

---

69. A Realidade é vivenciada ou vislumbrada num estado de incerteza, pois o Conhecedor a vivencia mediante a contraparte *Bardo* das faculdades perceptivas ilusórias do corpo do plano terrestre e não mediante a consciência supramundana desobscurecida do estado do *Dharma-Kāya* puro, onde não pode haver *Bardo* algum (isto é, "Estado Intermediário" ou "Incerto").

70. Texto: *rang-snang* (pronuncia-se *rang-nang*), "visões [mentais] (ou formas de pensamento) próprias de uma pessoa".

O corpo que agora tens chama-se corpo-pensamento de inclinações.[71] Já que não tens mais um corpo material de carne e osso, o que quer que venha — sons, luzes ou raios — os três não podem te fazer mal: és incapaz de morrer. É suficiente, para ti, saber que essas aparições são tuas próprias formas-pensamento. Reconhece isso como sendo o *Bardo*.

Ó nobre filho, se não reconheceres agora tuas próprias formas-pensamento, qualquer que tenha sido a meditação ou devoção que tenhas praticado no mundo humano — se não receberes este presente ensinamento, as luzes te assustarão, os sons te amedrontarão e os raios te aterrorizarão. Se não conheceres esta importantíssima chave para os ensinamentos — não sendo capaz de reconhecer os sons, as luzes e os raios —, terás de vaguear no *Sangsāra*.

A Aurora das Divindades Pacíficas, do Primeiro ao Sétimo Dia

[Supondo-se que o defunto seja obrigado, pelo seu karma — como é o caso da maioria dos que partem —, a atravessar os 49 dias da existência do *Bardo*, a despeito das frequentes confrontações, das provações e dos perigos com que deve se deparar e tentará vencer, durante os primeiros sete dias, quando despontam as Divindades Pacíficas, tudo isso logo lhe será explicado em detalhe. O primeiro dia, como diz o texto, é contado a partir do momento em que, normalmente, ele despertaria para o fato de estar morto e de encontrar-se no caminho do renascimento, ou seja, três dias e meio ou quatro dias após a morte.]

Primeiro Dia

Ó nobre filho, tens estado em estado de desmaio durante os últimos três dias e meio. Tão logo te recuperes desse estado de desmaio, te ocorrerá pensar: "O que aconteceu?".

Age de modo a poderes reconhecer o *Bardo*. Neste momento, todo o *Sangsāra* estará em revolução,[72] e as aparências fenomenais que então verás

71. Texto: *bag-chags yid-lüs* (pronuncia-se *bag-chah-yid-lü*). *Yid-lüs*, "corpo mental" ou "corpo--pensamento"; *bag-chags*, "hábitos", "inclinações" (nascidas da existência *sangsārica* ou mundana).

72. Isto é, fenômenos ou experiências fenomenais vivenciados no mundo humano ocorrerão de maneira bastante diversa no mundo *Bardo*, de tal modo que para aquele que acaba de morrer eles aparecerão como confusão ou revolução; daí a advertência ao defunto, que deve se acostumar ao estado do pós-morte como um bebê precisa se acostumar, após o nascimento, com o nosso mundo.

serão esplendores e divindades.[73] Todos os céus aparecerão profundamente azuis.

Então, do Reino Central, chamado o Espalhador da Semente,[74] o Bhagavān Vairochana,[75] de cor branca e sentado sobre um trono-leão, segurando uma roda de oito raios e abraçado pela Mãe do Espaço do Céu,[76] se manifestará para ti.

Trata-se do agregado de *matéria* reduzido ao estado primitivo, que é a luz azul.[77]

A Sabedoria do *Dharma-Dhātu*, de cor azul, brilhante, transparente, gloriosa, ofuscante, saída do coração do Vairochana como Pai-Mãe,[78] se precipitará e te atingirá com uma luz tão radiante que mal serás capaz de mirá-la.

Com ela, brilhará também uma opaca luz branca provinda dos devas, que te atingirá na fronte.

---

73. A essa altura, quando as maravilhosas visões do Bardo começam a surgir, o estudioso que tentar racionalizá-las deve ter sempre presente que este tratado é essencialmente esotérico e que, especialmente daqui em diante, alegoriza e simboliza experiências psíquicas no estado do pós-morte.

74. Texto: *Thiglé-Brdalva* (pronuncia-se *Thigle-Dalwa*), "que espalha a Semente [de todas as coisas]". Esotericamente, é o *Dharma-Dhātu*.

75. Texto: *Rnam-par-Snang-mzad* (pronuncia-se *Nam-par-Nang-zad*); sânscrito: *Vairochana*, o Buda Dhyāni do Centro (ou do Reino Central). Vairochana significa, literalmente, "em formas que torna visível"; daí ser ele o Manifestador dos Fenômenos ou Noumena. A roda que ele segura simboliza poder soberano. O título de Bhagavān (aplicado a várias outras divindades que serão citadas), que significa "Possuidor do Domínio" (ou "dos Seis Poderes"), ou "O Vitorioso", qualifica-o como um Buda, isto é, aquele que conquistou ou tem domínio sobre a existência mundana ou *sangsārica*.

Sendo o Buda Dhyāni Central, Vairochana é o caminho supremo para a Iluminação da escola esotérica. Como um Sol Central, cercado pelos quatro Budas Dhyāni dos quatro pontos cardeais, que surgem nos quatro dias sucessivos, ele simboliza a Única Verdade circundada por seus quatro constituintes ou elementos. Como fonte de toda a vida orgânica, nele todas as coisas visíveis e invisíveis têm consumação e absorção.

Para referências gerais às divindades do *Bardo Thodöl*, ver L. A. Waddell, *The Buddhism of Tibet or Lamaism*. Londres, 1895; e A. Getty, *The Goods of Northern Buddhism*. Oxford, 1914.

76. Texto: *Nam-mkh-ah-dwyings-kyi-dvang-phyung-ma* (pronuncia-se *Nam-kha-ing-kya-wang--chug-ma*), Senhora Soberana do Espaço do Céu; sânscrito: *Ākāsa Dhātu Īshvarī*. A Mãe é a mulher principal do universo; o Pai, Vairochana, a semente de tudo o que existe.

77. Aqui, a xilografia diz que: "É o agregado de consciência (*Rnam-par Shes-pahi* — pronuncia-se Nam-par She-pay; sânscrito: *Vijñāna Skandha*) reduzido ao estado primordial que é a luz azul". No nosso manuscrito, o agregado de consciência brilha como luz branca em relação com Vajra-Sattva, no Segundo Dia (ver p. 212).

78. Aqui, como em passagens paralelas que se seguirão, a divindade principal personifica tanto o princípio masculino como o feminino da natureza, por isso é chamado Pai-Mãe, caracterizado como diz o texto, nas cores simbólicas próprias, no fólio ilustrado correspondente do nosso manuscrito, como o Divino Pai e a Divina Mãe em união (isto é, em reconciliação divina).

A seguir, devido ao poder do mau karma, a gloriosa luz azul da Sabedoria do *Dharma-Dhātu* produzirá em ti medo e terror e [desejarás] fugir [ás] dela. Mas sentirás afeição pela luz branca, opaca, dos *devas*.

Nesse estágio, não deves ficar atemorizado pela divina luz azul que parecerá brilhante, ofuscante e gloriosa; e não deves surpreender-te com ela. É a luz do Tathāgata,[79] chamada Luz da Sabedoria do *Dharma-Dhātu*. Põe tua fé, acredita nela firmemente, ora para ela tendo em mente que essa luz procede do coração do Bhagavān Vairochana que vem receber-te na perigosa emboscada[80] do *Bardo*. Essa luz é a luz da graça de Vairochana.

Não te deixes afeiçoar pela opaca luz branca dos *devas*. Não te apegues [a ela]; não sejas fraco. Se te apegares a ela, vaguearás pelas moradas dos devas e serás atraído pelo remoinho dos Seis *Lokas*. Trata-se de uma interrupção para obstruir-te no Caminho da Libertação. Não olhes para ela. Olha para a clara luz azul com profunda fé. Põe todo teu pensamento fervorosamente em Vairochana e repete comigo esta oração:

Ai de mim! quando perambular no *Saṃsāra*, devido à intensa estupidez,
Pelo caminho de luz da Sabedoria do *Dharma-Dhātu*
Que [eu] seja guiado pelo Bhagavān Vairochana.
Que a Mãe Divina do Espaço Infinito seja a [minha] retaguarda;
Que [eu] seja guiado com segurança através da terrível emboscada do *Bardo*;
Que [eu] seja posto no estado do Todo-perfeito Buda.[81]

Orando assim, com intensa e humilde fé, [tu] submergirás, no halo de luz arco-íris, no coração de Vairochana, e obterás o estado de Buda no *Sambhoga-Kāya*, no Reino Central do Densamente Acondicionado.[82]

---

79. Texto: *De-bzhing-shegs-pa* (pronuncia-se *De-shing-sheg-pa*); sânscrito: *Tathāgata*, que significa "[Aquele] que seguiu o mesmo caminho", isto é, Aquele que alcançou a Meta (Nirvana) — um buda.

80. Texto: *hphrang* (pronuncia-se *htang*): "passagem estreita", "emboscada".

81. Cf. as seguintes instruções ao moribundo e a prece do *The Craft to Know Well to Die*, cap. IV, da edição de Comper (p. 73): "Ele deve, em seguida, se puder, invocar os santos anjos dizendo:

'Ó espíritos do Céu, Gloriosíssimos Anjos, vos suplico assistência [isto é, que estejam presentes] para mim agora que começo minha partida e que me livreis das espreitas e ardis dos meus adversários; e que vos agrade receber minha alma em vossa companhia. O principal, meu guia e meu anjo da guarda, que pelo nosso Senhor foste incumbido de ser meu guardião e zelador, rezo a ti e peço-te que me ajudes e me socorras'".

82. Texto: *Stug-po-bkod-pahi zhing-khams* (pronuncia-se *Tug-po-kod-pai shing-kham*): "Reino Compactamente Formado ou Densamente Acondicionado", isto é, a semente de todas as forças e coisas universais estão aí densamente reunidas; também chamado, em tibetano, "*Ogmin*": literalmente, *Não queda*, é o reino de onde não há queda, o estado que leva ao Nirvana; é, preeminentemente, o reino dos Budas.

Porém, se a despeito dessa confrontação, pela força da cólera ou de obscuro karma, o falecido se espanta diante da luz gloriosa e foge, ou é dominado pelas ilusões, não obstante a oração, no Segundo Dia. Vajra-Sattva e suas deidades acompanhantes, assim como as más ações do morto [merecedoras] do Inferno, virão para recebê-lo.

Por isso, chamando o falecido pelo nome, a confrontação é feita assim:

Ó nobre filho, escuta atentamente. No Segundo Dia, a pura forma da água brilhará como uma luz branca. Nesse momento, do profundo e azul Reino Oriental da Preeminente Felicidade, o Bhagavān Akṣhobhya [como] Vajra-Sattva[83] de cor azul, segurando em sua mão o *dorje*[84] pentafurcado, sentado num trono-elefante e abraçado pela Mãe Māmakī,[85] aparecerá para ti, acompanhado pelos Boddhisattvas Kṣhitigarbha[86] e Maitreya[87] com os Boddhisattvas fêmeas Lasema e Pushpema.[88] Essas seis divindades *bódhicas* aparecerão para ti.

---

83. Texto: *Rdorje-sems-dpah Mi-bskyod-pa* (pronuncia-se *Dorje-sems-pa Mi-kyod-pa*); sânscrito: *Vajra-Sattva Akshobhya*. Akshobhya (o "Não Agitado" ou "Imóvel"), o Buda Dhyāni da Direção Leste, aqui, como ao longo de todo o texto, aparece como Espírito Vajra-Sattva (o "Espírito Heroico Divino ou Indestrutível"), seu *Sambhoga-Kāya*, ou reflexo ativo adornado. Vajra-Dhāra (o "Detentor Firme ou Indestrutível" [ver p. 123) é, também, um reflexo de *Akshobhya*; e ambos os reflexos são divindades muito importantes da Escola Esotérica.

84. O *dorje* é o cetro lamaico, tipo de raio de Indra (Júpiter).

85. Esta é a forma sânscrita incorporada em nosso texto tibetano. Aqui, a xilografia evidentemente errada, contém, em tibetano, *Sangs-rgyas-spyan-ma* (pronuncia-se *Sangyay Chan-ma*) que significa "A do Olho de Buda", que, no nosso texto manuscrito, vem com Ratna-Sambhava no Terceiro Dia. Māmakī é, também, um dos 108 nomes dados a Dölma (em sânscrito: *Tārā*), a deusa nacional do Tibete (ver p. 218 n. 107). No *Dharma Samgraha* consta que existem quatro *Devīs*, a saber: Rochanī, Māmakī, Pāndurā e Tārā.

86. Texto: *Sahi-snying-po* (pronuncia-se *Sayi-nying-po*); sânscrito, *Kshitigarbha*, "Ventre (ou Matriz) da Terra".

87. Texto: *Byams-pa* (pronuncia-se *Cham-pa*); sânscrito *Maitreya*: "Amor", o Buda vindouro, que reformará a humanidade pelo poder do amor divino.

88. *Lasema e Pushpema* são formas sânscritas adulteradas e incorporadas em nosso manuscrito. Seus equivalentes tibetanos são, respectivamente, *Sgeg-mo-ma* (sânscrito, *Lāsyā*), que significa "Bela" ou "Vaidosa", e *Me-tog-ma* (sânscrito, *Pushpā*), "Aquela que oferece (ou porta) Flores". *Pushpā*, representada segurando uma flor na mão, é uma personificação do florescimento. *Lāsyā*, a Bela, representada segurando um espelho em atitude vaidosa, personifica a beleza.

O agregado do teu princípio de consciência,[89] estando em sua forma pura, que é a Sabedoria Semelhante ao Espelho, brilhará como uma cintilante luz branca e radiante vinda do coração do Vajra-Sattva, o Pai-Mãe,[90] e te atingirá com um brilho e uma transparência tão deslumbrante que mal poderás mirá-lo. Uma luz opaca, cor de fumaça, vinda do Inferno, brilhará paralela à luz da Sabedoria Semelhante ao Espelho e [também] te atingirá.

Então, devido à força da cólera, estarás dominado pelo medo e assustado com a deslumbrante luz branca e [desejarás] fugir [ás] dela; dominar-te-á um sentimento de afeição pela luz cor de fumaça vinda do Inferno. Age, então, de maneira a não temer essa deslumbrante, brilhante luz, branca e transparente. Saibas que ela é Sabedoria. Põe a tua humilde e fervorosa fé nela. Ela é a luz da graça do Bhagavān Vajra-Sattva. Pensa, com fé: "Refugiar-me-ei nela"; e ora.

Essa luz é o Bhagavān Vajra-Sattva que vem para receber-te e salvar-te do medo e do terror do *Bardo*. Acredita nela; pois ela é o gancho dos raios da graça de Vajra-Sattva.[91]

Não te deixes afeiçoar pela luz opaca, cor de fumaça, do Inferno. Ela é o caminho que se abre para te receber devido ao poder do mau karma acumulado da cólera violenta. Se te deixares atrair por ela, cairás nos Mundos do Inferno; e, caindo ali, terás de sofrer insuportável pena, não havendo tempo certo para dali saíres. Como se trata de uma interrupção para obstruir-te no Caminho da Libertação, não olhes para ela; e evita o rancor.[92] Não te deixes atrair por ela; não sejas fraco. Acredita na ofuscante

89. Texto: *Rnampar-shes-pahi-phung-po* (pronuncia-se *Nam-par-she-pay-phung-po*), "agregado do princípio de consciência", o Conhecedor. A xilografia contém, em vez disso, *Gzugs-kyi-phung-po* (pronuncia-se *Zu-kyi-phung-po*), "agregado do corpo" ou agregado corpóreo".

90. Ver p. 209 n. 78.

91. Os raios da graça divina formam um gancho de salvação para agarrar o morto e afastá-lo dos perigos do *Bardo*. Às vezes se pensa que cada raio termina em forma de gancho, assim como cada raio que emana do deus-Sol Rá e que desce como um raio de graça sobre o devoto, é representado, nos antigos templos do Egito, terminando em forma de mão. Do mesmo modo, o cristão pensa na salvadora graça de Deus.

92. Aqui o falecido é considerado talvez como capaz de ver sua gente na Terra e, possivelmente, rancoroso ao vê-los disputar a divisão de seus bens ou percebendo avareza no comportamento do lama que dirige os rituais fúnebres. Mas a proibição com respeito ao rancor é essencialmente *yóguico*, uma vez que os *yogues* de todas as religiões reconhecem que o rancor impede o progresso espiritual. Isso corresponde aos ensinamentos morais contra o deixar-se levar pelo rancor, contidos nos antigos Preceitos de *Ptah-hotep*, do Egito.

e brilhante luz branca; [e] pondo todo teu coração fervorosamente no Bhagavān Vajra-Sattva, reza assim:

> Ai de mim! Quando perambular pelo *Sangsāra* devido ao poder do rancor violento,
> No radiante caminho de luz da Sabedoria Semelhante ao Espelho,
> Que [eu] seja guiado pelo Bhagavān Vajra-Sattva,
> Que a Divina Mãe Māmakī seja a [minha] retaguarda;
> Que [eu] seja guiado com segurança através da terrível emboscada do *Bardo*;
> E que [eu] seja posto no estado do Todo-perfeito Buda.

Orando assim, com intensa e humilde fé, submergirás, na luz arco-íris, no coração do Bhagavān Vajra-Sattva e obterás o estado de Buda no *Sambhoga-Kāya*, no Reino Oriental chamado Reino da Felicidade Suprema.

Terceiro Dia

Contudo, mesmo quando postas em confrontação dessa maneira, algumas pessoas, devido aos obscurecimentos do mau karma e ao orgulho, não obstante o gancho dos raios de graça [avance sobre elas], fogem dele. [Se se tratar de uma dessas pessoas], então, no Terceiro Dia, o Bhagavān Ratna-Sambhava[93] e suas divindades acompanhantes, bem ao longo do caminho de luz vindo do mundo humano, virão para recebê-la simultaneamente.

Mais uma vez, chamando o falecido pelo nome, a confrontação é feita assim:

Ó nobre filho, escuta atentamente. No Terceiro Dia, a forma primitiva do elemento-terra irradiará como uma luz amarela. Nesse momento, do Reino Sul Dotado de Glória, o Bhagavān Ratna-Sambhava, de cor amarela, levando uma joia na mão, sentado sobre um trono-cavalo e abraçado pela Divina Mãe Sangyay-Chanma,[94] brilhará sobre ti.

---

93. Texto: *Rinchen-hbyung-Idan* (pronuncia-se *Rinchen-Jung-dan*); sânscrito: *Ratna-Sambhava*, isto é, "Nascido de uma Joia". Ele é o Embelezador, de onde procede tudo o que e precioso; um atributo personificado do Buda.

94. Texto: *Sangs-rgyas-spyan-ma* (pronuncia-se *Sang-yay Chan-ma*): "Aquela do Olho [ou Olhos] de Buda".

Os dois Boddhisattvas, Akāsha-Garbha[95] e Samanta-Bhadra,[96] acompanhados por duas Boddhisattvas femininas, Mahlaima e Dhupema[97] — ao todo, seis formas *bódhicas* —, virão do meio de um halo arco-íris de luz para brilharem sobre ti. O agregado do tato, em sua forma primitiva, como a luz amarela da Sabedoria da Igualdade, deslumbrantemente amarela, glorificada com astros, tendo astros satélites de esplendor tão claro e brilhante que os olhos mal podem mirá-lo, te atingirá. Lado a lado com ela, a opaca luz amarelo-azulada do mundo humano também atingirá teu coração, com a luz da Sabedoria.

Logo após, por causa do poder do egoísmo, sentirás medo da deslumbrante luz amarela e [desejarás] fugir [ás] dela. Serás ternamente atraído para a opaca luz amarelo-azulada do mundo humano.

Nesse momento, não temas aquela luz brilhante amarela deslumbrante e transparente, mas saibas que ela é Sabedoria; nesse estado, mantendo tua mente resignada, confia nela de maneira fervorosa e humilde. Se a reconheceres como sendo a radiância do teu próprio intelecto — mesmo que não houveres praticado tua humildade, fé e coração —, o Corpo Divino e a Luz se fundirão em ti inseparavelmente e obterás o estado de Buda.

Se não reconheceres o esplendor de teu próprio intelecto, pensa, com fé: "É esplendor da graça do Bhagavān Ratna-Sambhava; buscarei refúgio nele"; e ora. Ela é gancho dos raios de graça do Bhagavān Ratna-Sambhava; acredita nela.

Não te deixes afeiçoar por essa opaca luz amarelo-azulada do [mundo] humano. Trata-se do caminho das tuas acumuladas inclinações para o violento egoísmo que vem para te receber. Se te deixares atrair por ela, nascerás no mundo humano e terás de sofrer nascimento, idade, doença e morte; e não terás oportunidade de escapar dos lodaçais da existência mundana. Trata-se de uma interrupção para obstruir teu caminho da Libertação. Portanto, não olhes para ela, abandona o egoísmo, abandona as inclinações; não te deixes atrair por ela; não sejas fraco. Age de maneira a confiar nessa luz brilhante e

---

95. Texto: *Nam-mkhahi-snying-po* (pronuncia-se *Nam-khai-nying-po*); sânscrito: *Ākāsha-Garbha*, "Ventre (ou Matriz) do Céu".

96. Texto: *Kuntu-bzang-po* (pronuncia-se *Küntu-zang-po*); sânscrito: *Samanta-Bhadra*, "Todo-bondoso". Não se trata do Ādi-Buda Samanta-Bhadra (cf. p. 199 n. 38), mas do filho espiritual do Buda Dhyāni Vairochana.

97. Texto: *Mahlaima*, "Aquela que Porta (ou leva) o Rosário"; e *Dhupema*, "Aquela que Porta (ou leva) o Incenso". Trata-se de formas adulteradas, híbridas, de sânscrito e tibetano, sendo os equivalentes sânscritos *Mālā* e *Dhūpa*, e os equivalentes tibetanos *Hphreng-ba-ma* (pronuncia-se *Phreng-ba-ma*) e *Bdug-spös-ma* (pronuncia-se *Dug-pö-ma*). A cor dessas deusas, que corresponde à da luz da Terra, é amarela.

deslumbrante. Põe teu pensamento mais fervoroso, concentrando-o unicamente no Bhagavān Ratna-Sambhava; e ora assim:

Ai de mim! Quando perambular pelo *Sangsāra* devido ao poder do violento egoísmo,
No radiante caminho de luz da Sabedoria da Igualdade, Que [eu] seja guiado pelo Bhagavān Ratna-Sambhava;
Que a Mãe Divina, Aquela do Olho de Buda, seja a [minha] retaguarda;
Que [eu] seja guiado com segurança através da terrível emboscada do Bardo;
E que [eu] seja posto no estado do Todo-perfeito Buda.

Orando assim, com profunda humildade e fé, te fundirás no coração do Bhagavān Ratna-Sambhava, o Divino Pai-Mãe, no halo da luz arco-íris, e obterás o estado de Buda no *Sambhoga-Kāya*, no Reino Sul Dotado de Glória.

Quarto Dia

Sendo assim posto em confrontação, não obstante quão fracas possam ser as faculdades mentais, não há dúvida quanto à pessoa obter a Libertação. Contudo, embora tão frequentemente postos em confrontação, há certos tipos de pessoas que, tendo criado um karma muito mau, ou por não terem conseguido cumprir os votos, ou cuja sorte [para o desenvolvimento superior] foi totalmente escassa, são incapazes de reconhecer: suas obscuridades e o mau karma causado pela cobiça e pela avareza causam-lhes espanto pelos sons e pelo esplendor, e elas fogem. [Se o defunto for uma dessas pessoas], então, no Quarto Dia, o Bhagavān Amitābha[98] e suas divindades acompanhantes, com o Caminho de luz do *Preta-loka*, procedente da avareza e da afetividade, virão para recebê-lo simultaneamente.

Uma vez mais, chamado o falecido pelo nome, a confrontação é feita assim:

Ó nobre filho, escuta atentamente. No Quarto Dia a luz vermelha, que é a forma primitiva do elemento fogo, brilhará. Nesse momento, do Reino Oeste Vermelho da Felicidade, o Bhagavān Buda Amitābha, de cor vermelha,

98. Texto: *Snang-wa-mthah-yas* (pronuncia-se *Nang-wa-tha-yay*); sânscrito: *Amitābha*, "Luz Infinita (ou Incompreensível)". Como encarnação de um dos atributos ou Sabedorias de Buda, a Sabedoria Amitābha personifica a vida eterna.

levando um lótus na mão, sentado sobre um trono-pavão e abraçado pela Divina Mãe Gökarmo,[99] brilhará sobre ti, [com] os Boddhisattvas Chenrazee[100] e Jampal,[101] acompanhados pelas Boddhisattvas femininas Ghirdhima e Āloke.[102] Os seis corpos da Iluminação brilharão sobre ti do meio de um halo de luz arco-íris.

A forma primitiva do agregado de sensações representado pela luz vermelha da Sabedoria Onidiscernente, cintilantemente vermelha, glorificada com astros e astros satélites, luminosa, transparente, gloriosa e deslumbrante, vinda do coração do Divino Pai-Mãe Amitābha, atingirá teu coração [de modo tão radiante] que mal poderás mirá-la. Não a temas.

Com ela, uma opaca luz vermelha do *Preta-loka*, vindo lado a lado com a Luz da Sabedoria, também brilhará sobre ti. Age de modo a não te afeiçoares a ela. Abandona a afetividade [e] a fraqueza [por ela].

Nesse momento, devido à influência de intensa afetividade, te sentirás aterrorizado pela deslumbrante luz vermelha, e [desejarás] fugir [ás] dela. E sentirás afeição por essa opaca luz vermelha do *Preta-loka*.

Nesse momento, não tenhas medo da gloriosa, deslumbrante e radiante luz vermelha. Reconhecendo-a como Sabedoria, conservando teu intelecto em estado de resignação, te fundirás [nela] inseparavelmente e obterás o estado de Buda.

---

99. *Gös-dhar-mo* (pronuncia-se *Gö-kar-mo*), "Aquela em Trajes Brancos".

100. Texto: *Spyan-ras-gzigs* (pronuncia-se *Chen-rä-zī*); sânscrito: *Avalokiteshvara*, "Aquele que Olha para Baixo", encarnação da misericórdia ou compaixão. Os Dalai Lamas são considerados suas encarnações; Amitabha, com que ele desponta aqui, é o pai espiritual, cujos representantes encarnados são os Tashi Lamas. Com frequência ele é representado com onze cabeças e mil braços; cada um com um olho na palma da mão — como "O Grande Piedoso" —, seus mil braços e olhos apropriadamente representam-no como estando sempre atento para descobrir o sofrimento e socorrer os aflitos. Na China, Avalokiteshvara transforma-se na Grande Deusa da Misericórdia, Kwanyin, representada por uma figura feminina segurando uma criança nos braços.

101. Texto: *Hgam-dpal* (pronuncia-se *Jam-pal*); sânscrito: *Manjushrī*, "De Glória Gentil". Uma forma tibetana mais completa é *Hgam-dpal-dvyangs* (pronuncia-se *Jam-pal-yang*), sânscrito, *Manjughosha*, "O de Voz Gentil Gloriosa". Ele é o "Deus da Sabedoria Mística", o Apolo budista, comumente representado com uma espada flamejante de luz, no alto, à mão direita, e, sobre um lótus, o Livro da Sabedoria, o *Prajnā-Pāramitā*, na mão esquerda.

102. Texto: *Ghir-dhi-ma* e *Āloke*, formas adulteradas do sânscrito *Gītā*, "Canção, e *Āloka*, "Luz"; tibetano, *Glu-ma* (pronuncia-se *Lu-ma*) e *Snang-gsal-ma* (pronuncia-se *Nang-sal-ma*). Gītā, comumente representada segurando uma lira, personifica (ou simboliza) a música e a canção, e Āloka, segurando uma lâmpada, personifica (ou simboliza) a luz. Relacionadas com o elemento Fogo, como nesta passagem, sua cor é o vermelho.

Se não a reconheceres, pensa: "São os raios da graça do Bhagavān Amitābha e nela buscarei refúgio"; e, confiando humildemente nela, ora para ela. Ela é o gancho dos raios da graça do Bhagavān Amitābha. Confia nela humildemente; não fujas. Mesmo se fugires, ela te acompanhará inseparavelmente [de ti mesmo]. Não a temas. Não te deixes atrair pela opaca luz vermelha do *Preta-loka*. Ela é o caminho de luz procedente das acumulações de teu intenso apego [à existência *sangsārica*] que vem para receber-te. Se te apegares a ela, cairás no Mundo dos Espíritos Infelizes e sofrerás insuportável pena de fome e sede. Não terás chance de ganhar a Libertação [ali].[103] Essa opaca luz vermelha é uma interrupção para obstruir-te no Caminho da Libertação. Não te deixes seduzir por ela, e abandona tuas inclinações habituais. Não sejas fraco. Confia na brilhante e deslumbrante luz vermelha. Põe tua confiança, concentrando-a no Bhagavān Amitābha, o Pai-Mãe, e ora assim:

> Ai de mim! Quando perambular pelo *Sangsāra* devido ao poder da intensa afinidade,
> No radiante Caminho de luz da Sabedoria Discernente Que [eu] seja guiado pelo Bhagavān Amitābha;
> Que a Divina Mãe, Aquela de Trajes Brancos, seja [minha] retaguarda;
> Que [eu] seja guiado com segurança através da perigosa emboscada do Bardo;
> E que [eu] seja colocado no estado do Todo-perfeito Buda.

Orando assim, de maneira humilde e fervorosa, te fundirás no coração do Divino Pai-Mãe, o Bhagavān Amitābha, no halo da luz arco-íris e atingirás o estado de Buda no *Sambhoga-Kāya*, no Reino Oeste chamado Feliz.

Quinto Dia

É impossível que o morto não se liberte com isso. Contudo, apesar de postos assim em confrontação, há seres sencientes que, devido à longa associação com suas propensões, são incapazes de abandoná-las e, devido ao mau karma e à inveja, sentem medo e terror dos sons e esplendores — o

---

103. Literalmente: "Da Libertação lá não haverá tempo". Uma vez que o morto se torna um *preta*, ou espírito infeliz, a obtenção pós-morte do Nirvana normalmente não é mais possível. Ele deverá, então, esperar pela oportunidade propiciada pelo renascimento no mundo humano, quando sua existência no *Preta-loka* [ou mundo do espírito infeliz] tiver terminado.

gancho de raios não consegue içá-los —, e eles vagueiam até entrarem no Quinto Dia. [Se o morto for um ser senciente desses], mais uma vez o Bhagavān Amogha-Siddhi,[104] com suas divindades acompanhantes e a luz e os raios de sua graça, virá para recebê-lo. Uma luz procedente do *Asura-loka*, produzida pela paixão maléfica da inveja, virá também para recebê-lo.

Nesse momento, a confrontação é feita chamando o morto pelo nome, assim:

Ó nobre filho, escuta atentamente. No Quinto Dia, a luz verde da forma primordial do elemento ar brilhará sobre ti. Nesse momento, do Rei no Norte Verde do Cumprimento Bem-sucedido das Melhores Ações, o Buda Bhagavān Amogha-Siddhi, de cor verde, portando um *dorje* cruzado na mão,[105] sentado sobre um trono-harpia cruza-céu,[106] abraçado pela Mãe Divina, a Fiel Dölma[107] brilhará sobre ti, com seus acompanhantes — os dois Boddhisattvas Chag-na-Dorje[108] e Dibpanamsel[109] —, acompanhados

---

104. Texto: *Don-yod-grub-pa* (pronuncia-se *Don-yöd-rub-pa*); sânscrito: *Amogha-Siddhi*: "Conquistador Todo-poderoso".

105. Isto é, um *dorje* com quatro cabeças, como representado na capa do volume da edição inglesa. Ele simboliza equilíbrio, imutabilidade e força onipotente.

106. Texto: *shang-shang*, referente a uma espécie de criatura como as fabulosas harpias da mitologia clássica, que possuíam forma humana do peito para cima, e de pássaro do peito para baixo. Mas, enquanto o pássaro mitológico grego era do sexo feminino, estas são de ambos os sexos. Entre os tibetanos, há a crença popular de que esse pássaro existe em algum lugar do mundo.

107. Texto: *Sgrol-ma* (pronuncia-se *Döl-ma*); *Dölma* (sânscrito: *Tārā*) = "Salvadora". Ela é a divina consorte da Avalokiteshvara. Agora existem duas formas reconhecidas dessa deusa: a Tara Verde, adorada no Tibete, e a Tara Branca, adorada na China e na Mongólia. A princesa real nepalesa que se tornou a esposa do primeiro rei budista do Tibete é tida como encarnação da Dölma Verde, e sua esposa, da Casa Imperial da China, é considerada encarnação da Dölma Branca (ver p. 178). O falecido Lama Kazi Dawa-Samdup contou-me que, devido ao fato de os tibetanos terem visto a figura da rainha Vitória nas moedas inglesas e a terem reconhecido como sendo a de Dölma, disseminou-se por todo o Tibete, durante a era vitoriana, a crença segundo a qual Dölma havia voltado a nascer outra vez para governar o mundo na pessoa da Grande Rainha da Inglaterra. Por isso, aliás, os representantes britânicos da Coroa encontravam uma receptividade amigável incomum em suas negociações com Lhassa, embora provavelmente não soubessem a origem dessa amabilidade.

108. Texto: *Phyag-na-rdorje* (pronuncia-se *Chag-na-dorje*), "Levando o *dorje* na mão"; sânscrito: *Vajra-Pāṇi*.

109. Texto: *Sgrib-pa-mam-sel* (pronuncia-se *Dib-pa-nam-sel*): "Clareador de Escuridões"; sânscrito: *Dīpanī*, também *Dīpikā*.

por duas Boddhisattvas femininas, Gandhema[110] e Nidhema.[111] Essas seis formas bódhicas, do meio de um halo de luz arco-íris, virão para brilhar.

A forma primal do agregado de volição, brilhando como a luz verde da Sabedoria Todo-realizadora, deslumbrantemente verde, transparente e radiante, gloriosa e aterrorizadora, embelezada com astros rodeados por astros satélites de esplendor, emanando do coração do Divino Pai-Mãe *Amogha-Siddhi*, de cor verde, atingirá teu coração [tão assombrosamente brilhante] que mal poderás mirá-la. Não a temas. Trata-se do poder natural da sabedoria de teu próprio intelecto. Fica no estado de grande resignação de imparcialidade.

Com ela [isto é, a luz verde da Sabedoria Todo-realizadora], uma luz de cor verde opaca do *Asura-loka* e produzida pelo sentimento de inveja, vindo lado a lado com os Raios da Sabedoria, brilhará sobre ti. Medita sobre ela com imparcialidade — sem repulsão ou atração. Não te deixes afeiçoar por ela: se tiveres pouca capacidade mental, não te deixes afeiçoar por ela.

Mais uma vez, devido à influência da intensa inveja,[112] te sentirás aterrorizado no deslumbrante esplendor da luz verde e [desejarás] fugir [ás] dela; e terás afeição por essa opaca luz verde do *Asura-loka*. Nesse momento, não temas a luz gloriosa e transparente, radiante e deslumbrante, mas saibas que ela é Sabedoria; nesse estado, faz com que teu intelecto permaneça em resignação. Ou então [pensa]: "É o gancho de raios da luz da graça do Bhagavān Amogha-Siddhi, que é a Sabedoria Todo-realizadora". Crê [portanto] nela. Não fujas dela.

Mesmo que fugires dela, ela te seguirá inseparavelmente [de ti]. Não a temas. Não te deixes afeiçoar por essa opaca luz verde do *Asura-loka*. Ela é o caminho kármico da intensa inveja adquirida, o qual vem receber-te. Se te sentires atraído por ela, cairás no *Asura-loka* e terás de empenhar-te em insuportáveis sofrimentos de rixas e guerras.[113] [Essa é uma] interrupção para

---

110. Texto híbrido de sânscrito e tibetano: tibetano, *Dri-chha-ma*; sânscrito, *Gandha*, "Aquela que Asperge Perfume", uma das oito deusas mães Mātris do panteão hindu. Ela é representada segurando um vaso-concha de perfume (*dri*).

111. Texto híbrido de sânscrito e tibetano: tibetano, *Zhal-zas-ma* (pronuncia-se *Shal-za-ma*), "Aquela QUE leva os Doces". Não obstante, uma deusa como Gandhema ou Nidhema (sânscrito: *Naivedya*) não pode ser incluída na lista formal das oito *Mātris*, já mencionadas em nosso texto. Ambas as deusas são de cor verde, cor da Sabedoria Todo-realizadora.

112. Aqui, como no parágrafo anterior e no seguinte, a inveja referida são as inclinações kármicas da inveja existente como parte do conteúdo da consciência (ou subconsciência) do morto e, irrompendo neste Quinto Dia da existência Bardo, produzem as "alucinações "astrais" correspondentes.

113. As rixas e as guerras são as principais paixões de um ser nascido como *asura* no *Asura-loka*.

obstruir teu caminho da libertação. Não te deixes atrair por ela. Abandona tuas inclinações. Não sejas fraco. Confia no esplendor verde e deslumbrante e, pondo teu inteiro pensamento, concentrando-o, no Divino Pai-Mãe, o Bhagavān Amogha-Siddhi, ora assim:

> Ai de mim! Quando perambular no *Sangsāra* devido ao poder da inveja intensa,
> No radiante caminho de luz da Sabedoria Todo-realizadora, Que [eu] seja guiado pelo Bhagavān Amogha-Siddhi;
> Que a Divina Mãe, a Fiel Tārā, seja a [minha] retaguarda;
> Que [eu] seja guiado com segurança através da perigosa emboscada do *Bardo;*
> E que [eu] seja posto no estado do Todo-perfeito Buda.

Orando assim com intensa fé e humildade, te fundirás no coração do Divino Pai-Mãe, o Bhagavān Amogha-Siddhi, no halo de luz arco-íris, e atingirás o estado de Buda no *Sambhoga-Kāya,* no Reino Norte das Boas Ações Acumuladas.[114]

Sexto Dia

Sendo desse modo posto em confrontação em vários estágios, não obstante quão fracas possam ser as relações kármicas da pessoa, ela deve ter feito o reconhecimento num ou noutro desses estágios, pois, em qualquer um deles, é impossível não ser libertada. Contudo, mesmo posta em confrontação dessa maneira tão frequente, a pessoa muito habituada a fortes inclinações e carente de familiarização com a Sabedoria, e que sinta afeição pura por ela, poderá ser levada para trás pela força das próprias más inclinações, não obstante essas várias iniciações. Se o gancho dos raios de luz da graça divina não puder agarrar a pessoa, esta pode ainda vaguear caminho abaixo devido ao fato de deixar-se dominar pelo sentimento de temor e terror das luzes e dos raios.

Em seguida, todos os Divinos Pais-Mães das Cinco Ordens [de Dhyānī Budas] com seus acompanhantes virão brilhar sobre a pessoa simultaneamente. Ao mesmo tempo, as luzes procedentes dos Seis *Lokas* virão também brilhar sobre ela, também de forma simultânea.

---

114. A xilografia diz "Reino dos Atos (ou Ações) Perfeitos", que é a forma mais correta.

A confrontação para isso é feita chamando o morto pelo nome, assim:

A GRANDE MANDALA DAS DIVINDADES PACÍFICAS
(descrita nas pp. 55-56, 219-20, 318-21)

A RODA TIBETANA DA LEI
(descrita na p. 63)

Ó nobre filho, até ontem cada uma das Cinco Ordens de Divindades brilhou sobre ti, uma por uma; e foste confrontado, mas, devido à influência de tuas más inclinações, ficaste atemorizado e aterrorizado por elas e permaneceste aqui até agora.

Se tivesses reconhecido os esplendores das Cinco Ordens da Sabedoria como emanações de tuas próprias formas-pensamento, terias obtido antes [deste dia] o estado de Buda no *Sambhoga-Kāya* mediante tua absorção no halo de luz arco-íris numa ou noutra das Cinco Ordens de Budas. Mas, agora, olha atentamente. Agora, as luzes de todas as Cinco Ordens, chamadas Luzes da União das Quatro Sabedorias,[115] virão para receber-te. Age de maneira a conhecê-las.

---

115. Os termos tibetanos filosóficos descritivos (não contidos no nosso texto) referentes a essas Quatro Sabedorias são: (1) *Snang-Stong* (pronuncia-se *Nang-Tong*), "Fenômenos e Vazio"; (2) *Gsal-Stong* (pronuncia-se *Sal-Tong*), "Esplendor e Vazio"; (3) *Bde-Stong* (pronuncia-se *De-Tong*), "Bem-aventurança e Vazio"; (4) *Rig-Stong* (pronuncia-se *Rig-Tong*), "Consciência e Vazio".

Esses termos correspondem aos quatro estágios de *dhyāna* que surgem na mesma ordem. Provavelmente, correspondem também, embora de maneira menos exata, às Quatro Sabedorias: a Sabedoria Semelhante ao Espelho, a Sabedoria da Igualdade, a Sabedoria Onidiscernente e a Sabedoria Todo-realizadora.

"*Dhyāna* consiste em estados mentais progressivos: análise (sânscrito: *vitarka*), reflexão (sânscrito: *vichāra*), afeição (sânscrito: *prītī*), bem-aventurança (sânscrito: *ānanda*) e concentração (sânscrito: *ekāgratā*). No primeiro estágio de *dhyāna*, o devoto se pergunta: "O que é este corpo? Ele é duradouro?

Ó nobre filho, neste Sexto Dia, as quatro cores dos estados primordiais dos quatro elementos [água, terra, fogo e ar] brilharão sobre ti simultaneamente. Nesse momento, procedente do Reino Central da Força Disseminadora da Semente, o Buda Vairochana,[116] o Divino Pai-Mãe, com as divindades acompanhantes, virão brilhar sobre ti. Do Reino Leste da Felicidade Suprema, o Buda Vajra-Sattva, o Divino Pai-Mãe, com as [divindades] acompanhantes, virão brilhar sobre ti. No Reino Sul Dotado de Glória, o Buda Ratna-Sambhava, o Divino Pai-Mãe, com as [divindades] acompanhantes virão brilhar sobre ti. Do Reino Oeste Feliz,[117] dos Lótus Amontoados, o Buda Amitābha, o Divino Pai-Mãe, com as divindades acompanhantes, virão brilhar sobre ti. Do Reino Norte das Boas Ações Perfeitas, o Buda Amogha-Siddhi, o Divino Pai-Mãe, com os acompanhantes, num halo de luz arco-íris, virão brilhar sobre ti nesse exato momento.

Ó nobre filho, no círculo externo desses cinco pares de Dhyānī Budas, os [quatro] Guardiães da Porta, os Irados: o Vitorioso,[118] o Destruidor do Senhor da Morte,[119] o Rei Pescoço de Cavalo,[120] o Urna de Néctar;[121] com

---

É uma coisa que deve ser salva?". E decide que é indesejável apegar-se a uma forma corporal impermanente, corruptível como essa, que ele acaba de reconhecer. Do mesmo modo, tendo alcançado conhecimento da natureza da Forma, ele analisa e reflete sobre o Tato, o Sentimento, a Vontade, a Cognição e o Desejo; e, vendo que a Mente é a realidade aparente, chega à concentração normal.

"No segundo estágio de *dhyāna*, é usada apenas a reflexão; em outras palavras, a reflexão transcende o processo mental inferior chamado análise. No terceiro estágio, a reflexão cede terreno a um estado feliz de consciência; e essa felicidade, que a princípio dá a impressão de uma sensação física, funde-se em puro êxtase no quarto estágio. No quinto estágio, a sensação de êxtase, embora sempre presente numa condição refreada ou secundária, cede terreno à completa concentração." (Lama Kazi Dawa-Samdup.)

116. Até aqui, cada uma das principais divindades tem sido chamada Bhagāvan ("O Vitorioso"). Mas, doravante, a designação passa a ser Buda ("O Iluminado"). O texto tibetano contém *Sangs-rgyas* (pronuncia-se *Sang-yay*) — em sânscrito, Buddha: *Sangs* = "desperto [do sono da estupidez]" + *rgyas* = "plenamente desenvolvido [em todos os atributos de perfeição (ou virtudes morais)]".

117. Entre essa barra e a barra da frase seguinte se encontra a tradução do texto tibetano no fólio superior (35A) do nosso frontispício.

118. Texto: *Rnam-por-rgyal-va* (pronuncia-se *Nam-par-gyal-wa*); sânscrito: *Vijaya*: "Vitorioso [O]", Guardião da Porta do Leste.

119. Texto: *Gshin-rje-gshed-po* (pronuncia-se *Shin-je-shed-po*); sânscrito: *Yamāntaka*; "Destruidor de Yama (Morte)", o Guardião da Porta do Sul, uma forma de Shiva e o aspecto irado de Avalokiteshvara. Ele, como Divindade Irada, personifica uma das dez formas do Rancor (tibetano: *K'ro-bo* — pronuncia-se *T'o-wo*; sânscrito: *Krodha*).

120. Texto: *Rta-mgrin-rgyal-po* (pronuncia-se *Tam-din-gyal-po*); sânscrito: *Hayagrīva*, "Rei com Pescoço de Cavalo", o Guardião da Porta do Oeste.

121. Texto: *Bdud-rtsi-hkhyil-va* (pronuncia-se *Dü-tsi-khyil-wa*); sânscrito: *Amrita-Dhara*, "[Aquele que é a], Urna de Néctar", cuja função divina é transformar todas as coisas em néctar (no sentido esotérico do yoga tântrico). *Amrita* significa exotericamente "néctar" e, esotericamente, "vazio". Ele é o Guardião da Porta do Norte.

as quatro Guardiãs da Porta fêmeas: a Portadora do Aguilhão,[122] a Portadora do Laço,[123] a Portadora da Corrente[124] e a Portadora do Sino;[125] com o Buda dos *devas*, chamado O do Poder Supremo,[126] o Buda dos *Asuras*, chamado de [O da] Textura Forte,[127] o Buda da humanidade, chamado Leão dos *Shākyas*, o Buda do reino bruto, chamado Leão Inabalável, o Buda dos *Pretas*, chamado O da Boca Flamejante, e o Buda do Mundo Inferior, chamado Rei da Verdade[128] — [esses], os Oito Pai-Mães Guardiães de Porta e os Seis Mestres, os Vitoriosos — virão brilhar [sobre ti], também.

O Pai Todo-bondoso e a Mãe Todo-bondosa,[129] os Grandes Ancestrais de todos os Budas: Samanta-Bhadra [e Samanta-Bhadrā], o Divino Pai e a Divina Mãe — esses dois, também virão brilhar [sobre ti].

Essas 42 divindades perfeitamente dotadas, emanando de dentro de teu coração e sendo o produto de teu próprio amor puro, virão brilhar. Conhece-as.

---

122. Texto: *Chags-kyu-ma* (pronuncia-se *Chak-yu-ma*); sânscrito: *Ankushā*, "Aquela que Segura o Aguilhão", a *shakti* ou contraparte fêmea de Vijaya.

123. Texto: *Zhags-pa-ma* (pronuncia-se *Zhag-pa-ma*); sânscrito: *Pāshadharī*, "Aquela que Segura o Laço", a *shakti* de Yamāntaka.

124. Texto: *Lghas-sgrog-ma* (pronuncia-se *Cha-dog-ma*); sânscrito: *Vajra-shringkhalā*, "Aquela que Segura a Corrente", a *shakti* de Hayagriva.

125. Texto: *Dril-bu-ma* (pronuncia-se *Til-bu-ma*); sânscrito: *Kinkini-Dharī*, "Aquela que Segura o Sino", a *shakti* de Amrita-Dhāra.

Todos os Guardiães de Portas e suas *shaktis* têm significados ocultos em relação às quatro direções e à mandala (ou conclave de divindades) às quais pertencem. Como divindades tântricas guardadoras da fé (tibetano: *Ch'os-skyon*; sânscrito: *Dharmapāla*) se nivelam com os Boddhisattvas. Simbolizam também os quatro métodos tranquilos ou pacíficos empregados pelos Seres Divinos para a salvação das criaturas sencientes (das quais a humanidade é a mais alta) e que são: a Compaixão, o Afeto, o Amor e a Justiça Rigorosa.

126. Texto: *Dvang-po-rgya-byin* (pronuncia-se *Wang-po-gya-jin*), "Poderoso dos Cem Sacrifícios"; sânscrito: *Shata-Kratu*, nome de *Indra* "[O de] Supremo Poder".

127. Texto: *Thag-bzang-ris* (pronuncia-se *Thag-zang-ree*): "[O de] Forte Textura" (sânscrito: *Virāchāra*, nome referente tanto à força física quanto à couraça de malha usada pelo Senhor do *Asura-loka*, o mundo onde a guerra é a paixão predominante da existência.

128. Texto: *Chös-kyi-rgyal-po* (pronuncia-se *Chö-kyi-gyal-po*); sânscrito: *Dharma-Rāja*.

129. Texto: *Küntu-bzang-mo* (pronuncia-se *Küntu-bzang-mo*), "Mãe Todo-bondosa"; sânscrito: *Samanta-Bhadra*. A Escola Tântrica crê que todas as divindades, mesmo a Suprema, têm sua *shakti*. Entretanto, algumas poucas divindades são representadas comumente sem *shakti* — por exemplo, Manjushrī, ou Manjughosha (ver p. 216 n. 101); não obstante, pode ser, como no caso da Prajna-Pāramitā (frequentemente chamada de Mãe), que essa divindade tenha alguma representação simbólica de uma *shakti*. Aparentemente, trata-se de uma doutrina de dualismo universal. Em última análise, entretanto, sendo todos os pares de opostos vistos como tendo Origem Única — no Vazio do *Dharma-Kāya* —, o aparente dualismo se torna monismo.

Ó nobre filho, esses reinos não vieram de um ponto exterior [a ti]. Eles vêm de dentro das quatro divisões do teu coração, as quais, incluindo o centro, compõem as cinco direções. Eles emanam dali de dentro e brilham sobre ti. As divindades também não vêm de um ponto exterior: existem desde eternamente nas faculdades de teu próprio intelecto.[130] Reconhece-as como sendo dessa natureza.

Ó nobre filho, o tamanho de todas essas divindades não é grande, nem pequeno, [mas] proporcional. [Elas têm] seus ornamentos, suas cores, suas posturas no sentar, seus tronos e seus próprios emblemas.

Essas divindades são formadas em grupos de cinco pares, cada grupo de cinco sendo cercado por um círculo quíntuplo de esplendores, com os Boddhisattvas masculinos partilhando da natureza dos Divinos Pais e as Boddhisattvas femininas partilhando da natureza das Divinas Mães. Todos esses conclaves divinos virão brilhar sobre ti num conclave completo.[131] Elas são tuas próprias divindades tutelares.[132] Conhece-as como tais.

Ó nobre filho, dos corações dos Divinos Pais e Mães das Cinco Ordens, os raios de luz das Quatro Sabedorias unidas, extremamente claros e sutis, como os raios do Sol escorridos em fios, virão e brilharão sobre ti e atingirão teu coração.

Nesse caminho de resplendor brilharão gloriosos astros de luz, de cor azul, emitindo raios, a [própria] Sabedoria do *Dharma-Dhātu*, cada qual parecendo uma taça de turquesa invertida, cercada de astros semelhantes, de tamanhos menores, gloriosos e deslumbrantes, radiantes e transparentes, cada qual mais glorioso com cinco astros [satélites] menores, circundados por cinco manchas estreladas da mesma natureza, não deixando o centro nem as bordas [do caminho de luz azul] sem a magnificência dos astros e seus [satélites] menores.

Do coração de Vajra-Sattva, o caminho de luz branca da Sabedoria Semelhante ao Espelho, branca e transparente, magnífica e deslumbrante, gloriosa e aterrorizante, tornada ainda mais gloriosa com astros circundados por

130. De acordo com o esoterismo do budismo do Norte, o homem é, no sentido implicado nas filosofias místicas do Egito e da Grécia antigos, o microcosmo do macrocosmo.

131. Texto: *dkyil-hkhor* (pronuncia-se *kyil-khor*); sânscrito: *mandala*, isto é, conclave de divindades.

132. As Divindades Tutelares, em última análise, também são visualizações da pessoa que acredita nelas. O *The Demchok Tantra* diz que os "Devatās são apenas símbolos que representam as diversas coisas que ocorrem no Caminho, tais como os impulsos de ajuda e os estágios alcançados por seus meios", e que, "em caso de surgirem dúvidas quanto à divindade desses Devatās, deve-se dizer: 'A *dākinī* é apenas uma lembrança do corpo" e lembrar que as divindades constituem o Caminho" (cf. A. Avalon. *Tantrik Texts*. Londres, 1919, VII, 41).

astros menores de luz transparente e radiante, cada qual como um espelho invertido, nele virá brilhar.

Do coração de Ratna-Sambhava, o caminho de luz amarela da Sabedoria da Igualdade, [glorificada] com astros [de esplendor], amarelos, cada qual como uma taça de ouro invertida, circundados por astros menores, e estes por outros ainda menores, virá brilhar.

Do coração de Amitābha, o caminho de luz vermelha, transparente, brilhante, da Sabedoria Discernente, no qual há astros, como taças corais invertidas, emitindo raios de Sabedoria, extremamente brilhantes e deslumbrantes, cada qual glorificado com cinco astros [satélites] da mesma natureza — não deixando o centro nem as bordas [do caminho de luz vermelha] sem a magnificência de astros e astros satélites menores —, virá bilhar.

Elas virão brilhar sobre teu coração simultaneamente.[133]

Ó nobre filho, todas elas são radiâncias de tuas faculdades que vêm brilhar. Elas não vêm de nenhum outro lugar. Não te deixes atrair por elas; não sejas fraco; não te aterrorizes; mas fica em estado de não formação de pensamento.[134] Nesse estado, todas as formas e esplendores se fundirão em ti e o estado de Buda será alcançado.

O caminho de luz verde da Sabedoria das Ações Perfeitas não brilhará sobre ti, pois a Faculdade da Sabedoria de teu intelecto não foi perfeitamente desenvolvida.

Ó nobre filho, essas são chamadas as Luzes das Quatro Sabedorias Unidas [de onde procede esse] que se chama o Caminho Interior através do Vajra-Sattva.[135]

---

133. Cada um desses esplendores místicos simboliza a qualidade *bódhica* particular ou Sabedoria do Buda, de onde ela resplandece. No tibetano do nosso texto há, aqui, um tal fervor na descrição poética dos caminhos de luz que o tradutor, a fim de transmitir algo da beleza da linguagem original, esboçou diversas versões, das quais a presente é o resultado final.

134. O "estado de não formação de pensamento" é obtido em *samādhi-yoga*. Esse estado, considerado primordial da Mente, é ilustrado na seguinte imagem: enquanto um homem boia passivamente nas águas de um rio, é carregado pelas águas serenamente; mas, se tentar agarrar um objeto fixado na água, a tranquilidade de seu movimento é interrompida. Do mesmo modo, a formação de um pensamento impede o fluxo natural da mente.

135. No estado transcendental da Iluminação do estado de Buda, através do Caminho Interior, ou Secreto, em Vajra-Sattva, fundem-se em unidade todas as Divindades Pacíficas e Iradas da mandala maior descrita no nosso texto; ao todo, são 110 divindades: 42 no centro do coração, dez no centro da garganta e 58 do centro no cérebro. (Cf. pp. 319-20.)

Nesse momento, precisas lembrar-te dos ensinamentos da confrontação que recebeste de teu guru. Se te houveres lembrado do significado da confrontação, terás reconhecido todas essas luzes que brilharam sobre ti como sendo reflexo de tua própria luz interior e, tendo-as reconhecido como a amigos íntimos, acreditarás nelas e compreenderás [a elas no] encontro, como um filho compreende a mãe.

E, acreditando na imutável natureza da Verdade pura e sagrada, terás produzido em ti o tranquilo fluxo do *samādhi*, e, tendo-te fundido no corpo do intelecto perfeitamente evoluído, terás alcançado o estado de Buda no *Sambhoga-Kāya*, de onde não há retorno.

Ó nobre filho, com os esplendores da Sabedoria, as impuras luzes ilusórias dos Seis *Lokas* [ou mundos] também virão brilhar. Se se perguntasse: "O que são?"; [elas são] uma opaca luz branca dos *devas*, uma opaca luz verde dos *usuras*, uma opaca luz amarela dos seres humanos, uma opaca luz azul dos brutos, uma opaca luz avermelhada dos *pretas* e uma opaca luz cor de fumaça do Inferno.[136] Essas seis luzes virão então brilhar com os seis esplendores da Sabedoria; portanto, não tenhas medo nem te deixes atrair por nenhuma [delas], mas procura permanecer em estado de não pensamento.

Se ficares espantado pelos resplendores puros da Sabedoria e fores atraído pelas luzes impuras dos Seis *Lokas*, assumirás então um corpo em qualquer um dos Seis Lokas e sofrerás penas *sangsāricas*; e jamais te emanciparás do Oceano de *Sangsāra*, onde rodopiarás continuamente e provarás os sofrimentos dali.

Ó nobre filho, se fores aquele que não obteve as seletas palavras do guru, terás medo dos resplendores puros da Sabedoria e das divindades dali. Estando assim espantado, serás atraído pelos objetos *sangsāricos* impuros. Não ajas [assim]. Confia humildemente nos resplendores da Sabedoria. Conforma tua

136. Entre a cópia xilográfica (25b) e nosso manuscrito há diferenças inconciliáveis no tocante às cores atribuídas a esses caminhos de luz. A cópia xilográfica descreve-as da seguinte forma: branco, dos *devas*; vermelho, dos *asuras*; azul, dos seres humanos; verde, dos brutos; amarelo, dos *pretas*; cor de fumaça, do Inferno. De acordo com o tradutor, as cores devem corresponder à cor do Buda de cada *loka*, do seguinte modo: *deva*, branco; *asura*, verde; humano, amarelo; bruto, azul; *preta*, vermelho; Inferno, cor de fumaça ou preto. Portanto, a xilografia está errada em todas, salvo na primeira e na última; enquanto o manuscrito está errado em atribuir o azul opaco ao mundo humano e o preto ou cor de fumaça ao mundo animal. No fólio 23, o manuscrito atribui corretamente o amarelo ao caminho de luz do mundo humano. Na tradução, as necessárias correções foram feitas nessa parte e nas correspondentes passagens do fólio 46, que se segue.

mente na fé, e pensa: "Os esplendores compassivos da Sabedoria das Cinco Ordens de Buda[137] chegaram para pegar-me por compaixão; refugio-me nelas".

Não entregando-te à atração das luzes ilusórias dos Seis *Lokas*, mas devotando toda a tua mente unicamente aos Divinos Pai e Mãe, os Budas das Cinco Ordens, ora assim:

> Ai de mim! Quando perambular pelo *Sangsāra* devido ao poder dos cinco venenos virulentos;[138]
> No caminho de resplendor brilhante das Quatro Sabedorias unidas,
> Que [eu] seja guiado pelos Cinco Vitoriosos Conquistadores;
> Que as Cinco Ordens das Divinas Mães sejam a [minha] retaguarda;
> Que [eu] seja resgatado dos caminhos de luz impura dos Seis *Lokas*;
> E, sendo salvo das emboscadas do terrível *Bardo*,
> Que [eu] seja posto dentro dos cinco Reinos Divinos puros.

Com essa prece, a pessoa pode reconhecer a própria luz interior;[139] e, fundindo-se com ela, em harmonia, alcançará o estado de Buda. O devoto comum, por meio de fé humilde, vem a conhecer a si mesmo e obtém a Libertação; mesmo o mais inferior, graças ao poder da oração pura, pode fechar as portas dos Seis *Lokas* e, compreendendo o verdadeiro significado das Quatro Sabedorias unidas, alcança o Estado de Buda pela via vazia por meio da Vajra-Sattva.[140]

---

137. Texto: *Bde-var-gshegs-pa* (pronuncia-se *De-war-sheg-pa*); sânscrito: *Sugata*, que significa, literalmente, "Aqueles que entraram na Felicidade (ou alcançaram o Nirvana)" — isto é, os Budas.

138. Os cinco venenos virulentos que, como as drogas, escravizam e aprisionam a humanidade aos sofrimentos da existência dentro dos limites dos Seis *Lokas*, são: a luxúria, o ódio, a estupidez, o orgulho, ou egoísmo, e a inveja.

139. Texto: *rang* ("pessoal") + *sNang* ("luz"), "luz interior", isto é, pensamentos ou ideias que aparecem no esplendor do princípio de consciência. O estado do *Bardo* é o sonho do pós-morte que segue ao estado de vigília ou de vivo sobre a Terra, segundo está explicado em nossa Introdução (pp. 113 ss). O objetivo básico de ensinamento do *Bardo Thodöl* é despertar o Sonhador para a Realidade — para um estado supramundano de consciência, para uma aniquilação de todos os liames da existência *sangsārica*, para a Iluminação Perfeita, o estado de Buda.

140. Vajra-Sattva, como divindade simbólica, reflexo de Akṣhobhya, é visualizado, nos rituais ocultos tibetanos, como sendo internamente vazio. Como tal, representa o Vazio, a cujo respeito existem vários tratados com elaborados comentários, essencialmente esotéricos. Por meio de Vajra-Sattva há certo caminho para a Libertação, pois ele é a encarnação de todas as 110 divindades que constituem a mandala dos Pacíficos e Irados (ver p. 226, n. 135). Para trilhar esse caminho com sucesso, o neófito precisa ser instruído pelo hierofante.

Sendo assim posto em confrontação dessa maneira detalhada, aqueles que estão destinados a se libertarem virão a reconhecer [a Verdade];[141] desse modo, muitos alcançarão a libertação.

Os piores, [aqueles] de um grave mau karma, que não têm a menor predileção por qualquer religião — e alguns que romperam com seus votos — por causa do poder das ilusões kármicas, não reconhecendo, embora postos em confrontação [com a Verdade], vaguearão caminho abaixo.

Sétimo Dia

No Sétimo Dia, as Divindades Detentoras do Conhecimento, procedentes dos sagrados reinos do paraíso, virão receber a pessoa. Simultaneamente, o caminho para o mundo bruto, produzido pela paixão obscura, pela estupidez, virá também para recebê-la.[142] Nesse momento, a confrontação é feita chamando o morto pelo nome, assim:

Ó nobre filho, escuta atentamente. No Sétimo Dia, o esplendor multicolorido das inclinações purificadas virão brilhar. Simultaneamente, as Divindades Detentoras do Conhecimento,[143] dos sagrados reinos do paraíso, virão para receber-te.

Do centro do Círculo [ou mandala], aureolada em esplendores de luz arco-íris, a suprema [Divindade] Detentora do Conhecimento, o Lótus Senhor da Dança, o Supremo Detentor do Conhecimento Que Colhe os Frutos Kármicos, radiante com todas as cinco cores, abraçado pela [Divina] Mãe, a *Ḍākinī*[144] Vermelha, [ele] segurando uma faca crescente e uma caveira [cheia]

---

141. Esta Verdade significa que não há realidade por trás de quaisquer fenômenos do plano do *Bardo*, salvo as ilusões armazenadas na mente da pessoa como acúmulos de experiências samsáricas. Reconhecer isso leva automaticamente à Libertação.

142. Assim como os átomos físicos brutos ou rudes de um corpo humano privado de vida gradualmente se separam e vão para os devidos lugares — alguns como gases, outros como líquidos e outros como sólidos —, do mesmo modo, no plano do pós-morte, ocorre gradual dispersão dos átomos psíquicos ou mentais do corpo-pensamento ou corpo do *Bardo*, em que cada propensão ou inclinação, dirigida por afinidade kármica, vai para o lugar mais conveniente para ela. Daí, como sugere o nosso texto, a paixão bruta da estupidez ter natural tendência a gravitar para o reino bruto e encarnar ali como parte desintegrada da mentalidade do defunto. (Ver pp. 152 ss.)

143. Texto: *Rig-hdzin* (pronuncia-se *Rig-zin*), "que possuem ou detêm o Conhecimento". Essas divindades são genuinamente tântricas. (Ver p. 177 n. 54.)

144. As *Ḍākinīs* (sânscrito; tibetano: *Mkhah-hgro-ma*) [ou "Que vão para o céu"], divindades semelhantes a fadas que possuem poderes ocultos tanto para o bem como para o mal, são também genuinamente tântricas; como tal, são invocadas na maioria dos principais rituais do budismo do Norte. (Ver p. 225, n. 132.)

de sangue,[145] dançando e fazendo o *mudrā* da fascinação,[146] [com a mão direita mantida] no alto, virá brilhar.

Do leste desse Círculo, a divindade chamada Detentora do Conhecimento Permanente na Terra, de cor branca, com sorriso radiante no semblante, abraçada pela *Ḍākinī* Branca, a [Divina] Mãe, [ele] segurando uma faca em forma de meia-lua e uma caveira [cheia] de sangue, dançando e fazendo o *mudrā* da fascinação [com a mão direita mantida] no alto, virá brilhar.

Do sul desse Círculo, a Divindade Detentora do Conhecimento, chamada [Aquele] Que tem o Poder Sobre a Duração da Vida, de cor amarela, sorridente e radiante, abraçada pela *Ḍākinī* Amarela, a Divina Mãe, [ele] segurando uma faca crescente e uma caveira [cheia] de sangue, dançando e fazendo o *mudrā* da fascinação, [com a mão direita mantida] no alto, virá brilhar.

Do oeste desse Círculo, a chamada Divindade Detentora do Conhecimento do Grande Símbolo,[147] de cor vermelha, sorridente e radiante, abraçada pela *Ḍākinī* Vermelha, a [Divina] Mãe, [ele] segurando uma faca crescente e uma caveira [cheia] de sangue, dançando e fazendo o *mudrā* da fascinação, [com a mão direita mantida] no alto, virá brilhar.

Do norte desse Círculo, a divindade chamada Detentora do Conhecimento Autoevoluído, de cor verde, com expressão semi-irada, semblante radiante meio sorridente, abraçada pela *Ḍākinī* Verde, a [Divina] Mãe, [ele] segurando uma faca crescente e uma caveira [cheia] de sangue, dançando e fazendo o *mudrā* da fascinação, [com a mão direita mantida] no alto, virá brilhar.

No Círculo Exterior, em torno desses Detentores do Conhecimento, inumeráveis bandos de *ḍākinīs* — *ḍākinīs* dos oito lugares de cremação, *ḍākinīs* das quatro classes, *ḍākinīs* das três moradas, *ḍākinīs* dos trinta lugares sagrados e

---

145. Esotericamente, a caveira (que é humana) com sangue (também humano) dentro significa, em certo sentido, renúncia à vida humana, abandono do *Saṃsāra*, autoimolação na cruz do mundo, e, no ritual do ofício do lamaísmo, há semelhanças entre o sangue (simbolizado por um líquido vermelho) na caveira e o vinho (como o sangue) no cálice da comunhão cristã.

146. O *mudrā* é um gesto místico feito pela postura da mão e dos dedos ou do corpo. Alguns *mudrās* são usados como sinais de reconhecimento por membros de irmandades ocultistas, à maneira do aperto de mão dos maçons. Já outros *mudrās*, principalmente alguns usados pelos *yogues*, como posturas do corpo, causam uma forma de curto-circuito nas correntes magnéticas do corpo. Colocando a ponta de um dedo contra a ponta de outro em *mudrā*, controla-se, igualmente, as forças do corpo ou correntes da vida. O *mudrā* da fascinação pertence a esse último tipo, sendo feito (com a mão direita) por meio do segundo dedo tocando o polegar, mantendo-se o indicador e o dedo mínimo levantados, enquanto o terceiro dedo é dobrado na palma da mão.

147. (Ver p. 237, n. 164).

dos 24 lugares de peregrinação[148] —, heróis, heroínas, guerreiros celestiais e divindades protetoras da fé, masculinas e femininas, cada qual adornado com os seis ornamentos de osso, portando tambores e trombetas de fêmures, pandeiros de caveiras, estandartes de gigantescas peles [semelhantes às] humanas,[149] baldaquins de pele humana, emblemas de pele humana, fumos de incenso de gordura humana e inumeráveis [outros] tipos de instrumentos musicais, preenchendo assim [com música] todos os sistemas do mundo e fazendo-os vibrar, trepidar e tremer com sons de tal modo poderosos a confundir o cérebro da pessoa, e, dançando de maneira variada —, virão receber o fiel e punir o infiel.[150]

Ó nobre filho, esplendores de cinco cores, da Sabedoria Nascida Simultaneamente,[151] que são as inclinações purificadas, vibrantes e deslumbrantes como fios coloridos, lampejantes, radiantes e transparentes, gloriosas e inspiradoras de temor, emanarão dos corações das cinco principais Divindades Detentoras do Conhecimento e atingirão teu coração de modo tão brilhante que os olhos não suportarão mirá-las.

---

148. As *ḍākinīs* são, aqui, representadas como várias ordens de seres semelhantes a fadas alguma habitando num lugar, outras em outro. Os oito lugares de cremação são aqueles oito conhecidos da mitologia hindu; as três moradas são o centro do coração, o da garganta e o do cérebro, os quais, esotericamente falando, são dirigidos por certas *ḍākinīs* (como personificações de forças psíquicas residentes em cada centro), da mesma maneira que outras *ḍākinīs* dirigem os lugares sagrados ou locais de peregrinação.

149. Isto é, peles de *rakṣhasas*, ordem de seres demoníacos gigantes de forma humana e que possuem certos *siddhis* (isto é, poderes sobrenaturais).

150. Os lamas tibetanos, ao cantarem seus rituais, usam sete (ou oito) tipos de instrumentos musicais: grandes tambores, címbalos (em geral, de cobre), buzinas de concha, sinos (como as sinetas usadas no serviço da missa cristã), adufes, pequenas clarinetas (cujo som se assemelha ao das cornamusas escocesas), grandes trombetas e trombetas feitas de fêmures humanos. Embora a combinação dos sons desses instrumentos esteja longe de ser melodiosa, os lamas afirmam que eles, psiquicamente, produzem no devoto uma atitude de profunda veneração e fé, uma vez que são as contrapartes dos sons naturais que nosso corpo está acostumado a ouvir quando tapamos os ouvidos para os sons exteriores. Ao tapar os ouvidos desse modo, escutamos um som surdo, semelhante à batida de um grande tambor; um som estrindente, com um quê de címbalos; um som sussurrado, como o do vento agitando as folhagens — semelhante ao de um sopro numa concha, um repique, como o dos sinos; um som agudo como os dos adufes; um som lamurioso, como o de uma clarineta; outro som estridente, como o de uma trombeta feita de fêmur.

Isso é interessante não apenas como teoria da música sagrada tibetana, mas fornece também a chave para a interpretação esotérica dos sons naturais simbólicos da Verdade (à qual é feita referência no segundo parágrafo que segue e em outros lugares do nosso texto), que, segundo dizem, são produto ou procedem — das faculdades intelectuais da mente humana.

151. Isto é, a Sabedoria que nasce simultaneamente com a conquista do Reconhecimento: a Sabedoria Nascida Simultaneamente.

Ao mesmo tempo, uma opaca luz azul do mundo bruto virá brilhar com os resplendores da Sabedoria. Então, devido à influência das ilusões das tuas propensões, sentirás medo do esplendor das cinco cores; e, [desejando] fugir delas, te sentirás atraído pela opaca luz azul do mundo bruto. Portanto, não tenhas medo desse brilhante resplendor de cinco cores nem te aterrorizes, mas reconhece-o como sendo tua própria Sabedoria.

Nessas radiações, o som natural da Verdade reverberará com mil trovões. O som virá como reverberação de ondas, [entre as quais] se ouvirá: "Mata! Mata!" e mantras inspiradores de temor.[152] Não temas. Não fujas. Não te aterrorizes. Reconhece-os [isto é, esses sons] como sendo [das] faculdades intelectuais de tua própria luz [interior].

Não te deixes atrair pela opaca luz azul do mundo bruto; não sejas fraco. Se te deixares atrair, cairás no mundo bruto, no qual a estupidez predomina e sofrerás as infinitas penas da escravidão, do mutismo, da bestialidade; [153] e levarás então longo tempo até poderes sair [dali]. Não te deixes atrair por ela. Põe tua fé no esplendor de cinco cores, brilhante, deslumbrante. Orienta tua mente, concentrando-a nas divindades, os Conquistadores Detentores do Conhecimento. De maneira concentrada, pensa assim: "Essas Divindades Detentoras do Conhecimento, os Heróis e as *Ḍākinīs*, vieram dos reinos do paraíso sagrado para me receber; suplico a todas elas: até este dia, apesar das Cinco Ordens dos Budas dos Três Tempos terem todos enviado os raios divinos de sua graça e compaixão, não obstante ainda não fui resgatado por eles. Ai de mim, de um ser como eu! Que as Divindades Detentoras do Conhecimento não me deixem continuar descendo mais ainda, mas, sim, me aferrem com o gancho de sua compaixão, e me conduzam aos paraísos sagrados".

Pensando dessa maneira e em concentração, ora assim:

Ó Divindades Detentoras do Conhecimento, eu vos suplico, escutai-me;
Guiai-me no Caminho sob vosso grande amor.
Quando [eu estiver] perambulando pelo *Sangsāra*, devido às inclinações intensificadas,

---

152. Ver os Adendos, pp. 322-24.
153. Cf. p. 229, n. 142.

No brilhante caminho de luz da Sabedoria Nascida Simultaneamente,
Que os bandos de Heróis, os Detentores do Conhecimento, me guiem;
Que os bandos das Mães, as *Ḍākinīs*, sejam a [minha] retaguarda;
Que eles me salvem das temíveis emboscadas do *Bardo*,
E me ponham nos puros Reinos do Paraíso.

Orando assim, em profunda fé e humildade, não há dúvida de que a pessoa nascerá nos Reinos puros do Paraíso,[154] após se haver fundido, na luz arco-íris, no coração das Divindades Detentoras do Conhecimento.

Todas as classes de pânditas, também ao reconhecer esse estágio, alcançam a libertação; mesmo aqueles de más inclinações, seguramente são libertados aqui.

Aqui termina a parte do Grande *Thodöl* relativa à confrontação das [Divindades] Pacíficas do *Chönyid Bardo* e à confrontação da Clara Luz do *Chikhai Bardo*.

A Aurora das Divindades Iradas, do Oitavo ao Décimo Quarto Dia

Introdução

Agora será mostrado o modo como surgem as Divindades Iradas.

No *Bardo* acima, das [Divindades] Pacíficas, havia sete estágios de emboscada. A confrontação de cada estágio deve ter levado [o falecido] a reconhecer ou um ou outro [estágio] e a ser libertado.

Multidões serão libertadas por meio desse reconhecimento; [e] ainda que multidões alcancem libertação dessa maneira, sendo grande o número de seres sencientes, poderoso é o mau karma, densos os obscurantismos, as inclinações por longo tempo conservadas, a Roda da Ignorância e da Ilusão não se exaure nem acelera. Embora [todos sejam] postos em confrontação dessa maneira detalhada, há vasta preponderância daqueles que vagueiam caminho abaixo sem serem libertados.

---

154. O falecido, havendo caído agora em estados cada vez mais baixos do *Bardo*, olha para os mundos celestes (que são mundos de encarnação no *Sangsāra*) mais que para o Nirvana (que é não samsárico) como lugar de refúgio. Embora teoricamente o Nirvana seja alcançável a partir de qualquer estado do *Bardo*, na prática isso não é possível ao devoto comum, porque o karma meritório é impróprio; daí o fato de o lama ou do oficiante leitor fazer o melhor possível diante da situação na qual, supõe-se, o morto inevitavelmente se encontra.

Por conseguinte, após a cessação [da aurora] das Divindades Pacíficas e das Divindades Detentoras do Conhecimento que vêm para acolher o morto, surgem as 58 divindades aureoladas em chama, iradas, bebedoras de sangue, as quais nada mais são que as anteriores Divindades Pacíficas com aspecto transformado — de acordo com o lugar [ou centro psíquico do corpo Bardo do falecido de onde elas procederam]; apesar disso, estas não se assemelham àquelas.[155]

Este é o *Bardo* das Divindades Iradas; e, estando eles influenciados pelo medo, terror e temor,[156] o reconhecimento torna-se mais difícil. O intelecto, não alcançando independência, passa de um estado de desmaio a uma série de estados de desmaio. [Contudo], por mínimo que seja o reconhecimento, é mais fácil ser libertado [nesse estágio]. Se perguntarem "por quê?" [a resposta é]: por causa da aurora dos esplendores — [que produzem] medo, terror e temor —, o intelecto está atentamente concentrado num único ponto; essa é a razão.[157]

Se nesse estágio a pessoa não recebeu esse tipo de ensinamento, o fato de a pessoa ouvir [o saber religioso] — mesmo que seja [em sua vastidão] como um oceano — não tem valor. Há até mesmo monges mantenedores da disciplina [ou *bhikkhus*] e doutores em discursos metafísicos que se enganam nesse estágio, e, não reconhecendo, se desviam para o *Sangsāra*.

No que diz respeito às pessoas comuns, que necessidade haveria de mencioná-las! Fugindo por medo, terror e temor, caem nos precipícios dos mundos infelizes e sofrem. No entanto, o mais inferior dos devotos das doutrinas místicas *mantrāyana*, assim que vê as divindades bebedoras de sangue, as reconhecerá como suas divindades tutelares, e o encontro será como o dos

---

155. Até esse momento, as 52 Divindades Pacíficas e Detentoras do Conhecimento, emanações dos centros psíquicos do coração e da garganta do corpo do *Bardo* do falecido, foram as que surgiram. As Divindades Iradas, que agora estão em vias de surgir, originam-se do centro psíquico do cérebro; são as formas reflexivas, excitadas ou iradas, das Divindades Pacíficas (as quais, quando contrastadas com seus aspectos irados, incluem as Divindades Detentoras do Conhecimento). (Ver p. 169, n. 3, e Adendo, pp. 318-21.)

156. O medo, o terror e o temor (ou fascinação) — por parte do falecido diante das divindades ocorrem apenas no caso do devoto comum, que, como explica o texto, não tem treinamento *yóguico* adequado, antes da morte, para poder reconhecer o *Bardo* como tal imediatamente após a morte e passar através dele. Para o adepto do yoga, que pode pegar o *Bardo* "pelos cabelos", como diz o texto (p. 205), e dominando a morte, e que sabe que todas as aparições são irreais e impotentes, tanto neste mundo quanto nos outros, não há *Bardo* a ser vivenciado; seu objetivo é tanto um renascimento imediato e consciente entre os homens ou num dos reinos paradisíacos, ou, se estiver realmente amadurecido — o que seria extremamente raro — o Nirvana.

157. Tão logo cessa um resplendor, outro desponta. Não tendo o morto um momento de distração, seu intelecto se torna concentradamente alerta, isto é, dirigido a um único ponto.

conhecimentos humanos. Ele confiará nelas; e, diluindo-se nelas, em harmonia, alcançará o estado de Buda.[158]

Havendo meditado na descrição dessas divindades bebedoras de sangue quando no mundo humano, e havendo praticado algum culto ou louvação a elas, ou pelo menos, havendo visto suas representações em quadros e imagens, ao testemunhar a aurora das divindades neste estágio, resultará seu reconhecimento e a libertação. Nisso reside a arte.

Além disso, na morte desses monges mantenedores da disciplina e dos doutores em discursos metafísicos [que permanecem ignorantes desses ensinamentos *Bardo*], embora possam ter-se dedicado assiduamente a práticas religiosas, não obstante terem sido hábeis na exposição de doutrinas quando no mundo humano, não virão quaisquer sinais fenomenais como o halo arco-íris [na pira funerária] nem relíquias ósseas [das cinzas]. Isso se deve ao fato de eles terem se nutrido das doutrinas místicas [ou esotéricas] sem nunca as manterem no coração e por terem falado delas de maneira insolente, e porque nunca travaram conhecimento [pela iniciação] com as divindades das doutrinas místicas [ou esotéricas]; por isso, eles não reconhecem as divindades quando elas despontam no *Bardo*. Subitamente [vendo] aquilo que nunca viram antes, eles o encaram como a um inimigo; e, criando um sentimento antagônico, entrarão por causa disso em estados de sofrimento. Assim sendo, se os observadores das disciplinas, e os metafísicos, não guardam em si a prática das doutrinas místicas [ou esotéricas], sinais tais como o halo arco-íris não surgem, nem mesmo se produzem as relíquias ósseas e os ossos semelhantes à semente [dos ossos de suas piras funerárias],[159] pelas razões que já vimos.

O mais humilde dos [devotos] mantrayānicos — que pode talvez ter maneiras muito pouco refinadas, ser pouco diligente e sem tato, não viver de acordo

158. O sangue simboliza a existência *sangsārica*; beber o sangue, ser sedento por ele, tomá-lo e saciar a sede que se tem dele remete à existência *sangsārica*. Para o devoto que — mesmo nesse estágio — pode compreender que tais divindades não são senão personificações kármicas de suas próprias propensões, nascidas do ter-se nutrido de vida e bebido vida, e que tem, além disso, o supremo poder de encará-las firmemente (a exemplo do neófito, na obra Zanoni, de Bulwer Lytton, que deve se confrontar com o "Habitante no Umbral"), encontrando-as como a velhos conhecidos e perdendo então sua personalidade nelas, o esclarecimento da verdadeira natureza da existência *sangsārica* surge e, com ele, a Iluminação Todo-perfeita chamada estado de Buda.

159. A crença, corrente entre todos os povos desde tempos imemoriais, de que fenômenos incomuns geralmente assinalam a morte (assim como o nascimento) e o funeral de um grande herói ou santo, existe também entre os tibetanos. Os lamas afirmam que esses fenômenos têm explicação puramente racional, como sugere aqui o texto. Além disso, os lamas afirmam que, quando é um verdadeiro santo que morre, entre os ossos carbonizados da sua pira funerária haverá alguns apresentando belas formas, como imagens, e que certos nódulos, como pequenas pérolas (ou, segundo diz o texto, como sementes), aparecerão nas cinzas dos ossos cremados.

com seus votos, parecer incorreto nas vestes e mesmo incapaz, talvez, de levar as práticas de seus ensinamentos a um resultado feliz — não deve nos levar a nutrir desprezo nem duvidar dele, mas a reverenciar as doutrinas místicas [ou esotéricas que ele guarda]. Com isso, apenas, a pessoa obtém libertação nesse estágio.

Mesmo se os atos [da pessoa que presta essa reverência] não tenham sido muito corretos no mundo humano, na sua morte virá pelo menos um tipo de sinal, tal como o esplendor arco-íris, imagens ou relíquias de ossos. Isso porque as doutrinas esótericas [ou místicas] têm grandes ondas de dons.[160]

[Esses] acima, os místicos devotos mantrayānicos de [desenvolvimento psíquico] comum, que meditaram sobre os processos de visualização e perfeição e praticaram as essências [ou mantras essenciais],[161] não precisam vaguear até aqui embaixo no *Chönyid Bardo*. Assim que cessam de respirar, serão guiados aos reinos puros do paraíso pelos Heróis e Heroínas e pelos Detentores do Conhecimento.[162] Como sinal disso, o céu estará sem nuvens; eles se fundirão no esplendor arco-íris; haverá inundações de sol, doce aroma de incenso [no ar], música nos céus, relíquias ósseas e imagens [das suas piras funerárias].

Portanto, esse *Thodöl* é indispensável aos monges [ou mantenedores da disciplina], aos doutores e àqueles místicos que não conseguiram cumprir seus votos e a todas as pessoas comuns.[163] Porém, aqueles que meditaram

---

160. Isto é, as doutrinas esotéricas, sendo compreensíveis — porque baseadas na própria Verdade —, permitem àquele que as siga ou mesmo as reverencia estar automaticamente em íntima relação com forças psíquicas definidas.

161. Isto é, os devotos que praticaram, de maneira plenamente científica e sob a orientação de um guru competente, a entonação de certos mantras sagrados chamados mantras essenciais. Exemplos desses mantras são *Ōm Maṇî Padme Hūm*. ("Salve a Joia no Lótus" ou "Salve Aquele Que é a Joia no Lótus"); *Om Wagi Shorî Mūm* ("Salve o Senhor da Palavra *Mūm*"); *Ōm Vajra Pāni Hūn*. ("Salve o Detentor do *Dorje!*"): os três mantras essenciais dos "Três Protetores" do lamaísmo; o primeiro é o mantra essencial do Boddhisattva Chenrazee (sânscrito: *Avalokita*), "O Vidente com Olhos Penetrantes", o Grande Piedoso; o segundo, do Boddhisattva Jampalyang (sânscrito: *Manjughosha*), "O Deus da Sabedoria Mística"; e, o terceiro, o do Boddhisattva Chakdor (sânscrito: *Vajra-Pāni*), "O Empunhador do Relâmpago".

162. Cf. a seguinte passagem, extraída de uma oração em benefício do moribundo, que se encontra em *The Book of the Craft of Dying*, cap. VI, ed. de Comper, p. 45: "Quando a tua alma deixar o teu corpo, [que] gloriosas hostes de anjos venham a ti; [que uma] vitoriosa hoste de dignos juízes e senadores dos santos apóstolos venha a ti; [que o] grupo belo, claro e brilhante de santos confessores, com vitorioso número de gloriosos mártires, venha a ti; [que o] alegre grupo das santas virgens te receba; e a digna fraternidade dos santos Patriarcas te abra o lugar de descanso e felicidade, e te considerem permanecer entre eles eternamente".

163. Os lamas afirmam que, embora o simples conhecimento das escrituras e a bondade sejam desejáveis ao devoto que procura a libertação, a sabedoria espiritual, aliada à fé inabalável, e o afastamento de todo intelectualismo são indispensáveis. Um dos preceitos dos grandes yogues tibetanos ensinado a todos os neófitos é: "De fato, é difícil obter a Libertação apenas pelo conhecimento intelectual; por meio da fé, porém, a Libertação é facilmente obtida".

sobre a Grande Perfeição e o Grande Símbolo[164] reconhecerão a Clara Luz no momento da morte; e, obtendo o *Dharma-Kāya*, todos eles não terão necessidade da leitura deste *Thodöl*. Ao reconhecerem a Clara Luz no momento da morte, estarão também reconhecendo as visões das [Divindades] Pacíficas e Iradas durante o *Chönyid Bardo* e obterão o *Sambhoga-Kāya*; ou, ao reconhecerem no *Sidpa Bardo*, obterão o *Nirmāna-Kāya*; e, nascendo nos planos superiores, vão, no próximo renascimento, encontrar-se com essa doutrina, e então desfrutarão da continuidade do karma.[165]

Portanto, esse *Thodöl* é a doutrina mediante a qual o estado de Buda pode ser alcançado sem meditação; a doutrina que liberta pela audição [dela] somente; a doutrina que conduz os seres de grande mau karma no Caminho Secreto; a doutrina que produz diferenciação instantaneamente [entre os nela iniciados e os não iniciados]: é a doutrina que confere Iluminação Perfeita instantaneamente. Os seres sencientes atingidos por ela não podem ir para estados infelizes.

Essa [doutrina] e a [doutrina do] *Thodöl*,[166] unidas, formam como que uma mandala de ouro incrustado com turquesa. Combina-as.

Assim, tendo sido mostrada a natureza indispensável do *Thodöl*, vem agora a confrontação com a aurora das [Divindades] Iradas no *Bardo*.

164. "A Grande Perfeição" se refere à doutrina fundamental relativa à obtenção da Perfeição ou do estado de Buda, conforme ensina a Escola do guru Padma Sambhava. "O Grande Símbolo (tibetano: *Chhag-cchen*; sânscrito: *Mahā-Mudrā*)" refere-se a um antigo sistema indiano do yoga, relacionado com essa mesma Escola, mas praticado especialmente nos dias atuais pelos adeptos da seita semirreformada Kargyutpa, fundada na segunda metade do século XI d.C. pelo sábio yogue tibetano Marpa, o qual, tendo permanecido na Índia como discípulo do *pandit* Atīsha e de Naropa (discípulo de Atīsha), introduziu no Tibete o Grande Símbolo. Milarepa, o mais querido de todos os yogue tibetanos, sucessor de Marpa, desenvolveu a prática do Grande Símbolo e fez dele o ensinamento básico da seita.

165. Se houver reconhecimento da Realidade quando ela desponta pela primeira vez, isto é, se o Sonhador da existência *sangsārica* for despertado para o estado divino do *Sambhoga-Kāya* durante o *Chönyid Bardo*, o ciclo normal de renascimento é rompido; e o Desperto retornará plena e voluntariamente consciente ao mundo humano como Encarnação Divina para trabalhar pela melhora da humanidade. Se o reconhecimento for retardado até o *Sidpa Bardo* e o *Nirmāna-Kāya* for obtido, esse despertar será apenas parcial e não uma compreensão clara da Realidade, isso porque o *Sidpa Bardo* é um plano bem mais inferior que o *Chönyid Bardo*; mas mesmo nesse caso há a conquista da grande vantagem de um nascimento espiritualmente iluminado num dos planos superiores — *deva-loka*, *asura-loka* ou ainda no *loka* humano — e, por ter nascido de novo no mundo humano, o devoto, em virtude de haver adquirido inclinações na vida terrena anterior, retomará o estudo das doutrinas místicas mantrayānicas e as práticas yogues a partir do ponto em que foram interrompidos pela morte — isto é, a continuidade do karma.

166. Texto: *Btags-grol* (pronuncia-se *Tah-dol*), pequena obra tibetana que consiste inteiramente de mantras e usada como acompanhamento ao *Bardo Thodöl*. Se o falecido morre conhecendo os mantras do *Tahdol*, estes, sendo poderosos talismãs, lhe assegurarão a passagem através do *Bardo* e um feliz renascimento. Muito frequentemente, uma cópia do *Tahdol* (ou, então, apenas alguns dos seus mantras copiados em pequenas tiras de papel formando minúsculos rolos) é atada ao cadáver e queimada ou sepultada com ele — do mesmo modo que uma cópia de *O Livro Egípcio dos Mortos* era normalmente enterrada com a múmia.

Outra vez, chamando o falecido pelo nome, [dirige-te a ele] assim:

Ó nobre filho, escuta atentamente. Não tendo sido capaz de reconhecer quando as [Divindades] Pacíficas brilharam sobre ti no *Bardo* acima, vens vagueando até aqui. Agora, no Oitavo Dia, as Divindades Iradas bebedoras de sangue virão brilhar. Age de modo a reconhecê-las sem te distraíres.

Ó nobre filho, o Grande Glorioso Buda Heruka,[167] de cor marrom-escuro, com três cabeças, seis mãos e quatro pés firmemente postados; a [face] direita branca, a esquerda vermelha e a central marrom-escuro; o corpo emanando chamas de esplendor; os nove olhos amplamente abertos, numa mirada fixa terrível; as sobrancelhas vibrando como relâmpagos e os protuberantes dentes brilhando e rangendo uns sobre os outros, deixando escapar sonoras expressões como "a-lá-lá" e "ha-ha", e agudos silvos; o cabelo de uma cor amarelo-avermelhada, eriçado, emitindo brilhos; as cabeças, adornadas com caveiras [humanas] ressecadas e com [os símbolos do] Sol e da Lua; negras serpentes e esfoladas cabeças [humanas] formando uma guirlanda para o corpo; a primeira das mãos direitas segura uma roda, a do meio uma espada e a última uma acha de guerra; a primeira das mãos esquerdas segura um sino, a do meio um escalpo [humano] e a última uma relha de arado; seu corpo, abraçado pela Mãe, Buda-Krotishaurima,[168] cuja mão direita está colocada sobre o pescoço e a esquerda leva-lhe uma concha vermelha [de sangue] à boca, [produzindo] um som palatal estridente [e] um som estrondoso, e um som retumbante ruidoso como trovão; [emanando das duas divindades], chamas radiantes de sabedoria, flamejando de cada poro capilar [do corpo] e cada uma contendo um *dorje* flamejante; [as duas divindades assim juntas], com [uma] perna cruzada e [a outra] reta e tensa, num trono sustentado por águias cornudas,[169] aparecerão de dentro de teu próprio cérebro e brilharão vividamente sobre ti. Não temas. Não te atemorizes. Reconhece isso como sendo a encarnação de teu próprio intelecto. Como se trata de tua própria divindade tutelar, não te aterrorizes. Não tenhas medo, pois na realidade é o *Bhagavān Vairochana*, o Pai-Mãe. Simultaneamente com o reconhecimento, a libertação será obtida: se elas forem reconhecidas, fundindo [-te], em harmonia, na divindade tutelar, o estado de Buda no *Sambhoga-Kāya* será alcançado.

---

167. Texto: *Dpal-chen-po Bud-dha Heruka* (pronuncia-se *Pal-chen-po Bud-dha Heruka*), "Grande Glorioso Buda-Heruka".

168. Texto: *Bud-dha Kro-ti-shva-ri-ma* (pronuncia-se *Buddha Kroti-shau-ri-ma*), isto é, o Buda [feminino], a Poderosa Mãe Irada.

169. Estes são os *Guarudas* das mitologias indiana e tibetana. São representados com cabeça de águia e corpo meio-humano e meio-ave, dois braços como os humanos, duas asas e dois pés de águia. Simbolicamente, personificam energia e aspiração. (Cf. p. 218, n. 106.)

A GRANDE MANDALA DAS DIVINDADES IRADAS
E DETENTORAS DO CONHECIMENTO
(descrita nas pp. 58, 230, 318-21)

O *DORJE*, CETRO LAMAICO
(descrito na p. 63)

Nono Dia

Porém, se a pessoa fugir das divindades, acometida por temor e terror, então no Nono Dia as [divindades] bebedoras de sangue da Ordem do Vajra virão para recebê-la. Então, a confrontação é feita chamando o falecido pelo nome, assim:

Ó nobre filho, escuta atentamente. [Aquele] bebedor de sangue da Ordem do Vajra chamado Bhagavān Vajra Heruka, de cor azul-escuro; com três faces, seis mãos e quatro pés firmemente postados; na primeira mão direita [segura] um *dorje*, na do meio um escalpo [humano], na última uma acha de guerra; na primeira das [mãos] esquerdas um sino, na do meio um escalpo [humano] e na última uma relha de arado; seu corpo abraçado pela

Mãe Vajra-Krotishaurima, cuja mão direita está colocada sobre o pescoço e a esquerda oferecendo-lhe à boca uma concha vermelha [cheia de sangue], sairá da parte leste do teu cérebro e virá brilhar sobre ti. Não o temas. Não te aterrorizes. Não te atemorizes. Reconhece-o como a encarnação do teu próprio intelecto. Como é tua própria divindade tutelar, não te aterrorizes. Na realidade, [elas são] o *Bhagavān Vajra-Sattva*, o Pai e Mãe. Acredita nelas. Reconhece-as e a libertação será alcançada imediatamente. Assim proclamando [-as], reconhecendo-as como sendo divindades tutelares, fundindo-te [nelas] em harmonia, o estado de Buda será alcançado.

Décimo Dia

Contudo, se a pessoa não as reconhecer, pois as obscuridades das más ações são muito grandes, e fugir delas por terror e temor, então, no Décimo Dia, as [divindades] bebedoras de sangue da Ordem da Gema [Preciosa] virão para recebê-la. Mais uma vez, a confrontação é feita, chamando o morto pelo nome, assim:

Ó nobre filho, escuta. No Décimo Dia, a [divindade] bebedora de sangue da Ordem da Gema [Preciosa] chamada Ratna Heruka, de cor amarela, [possuindo] três faces, seis mãos e quatro pés firmemente postados; a [face] direita branca, a esquerda vermelha, a do centro amarelo-escuro; aureolado em chamas; segurando na primeira das seis mãos uma gema, na do meio um bordão-tridente, na última um bastão; na primeira das [mãos] esquerdas um sino, na do meio um escalpo [humano] cheio de sangue, na última um bordão-tridente; seu corpo abraçado pela Mãe Ratna-Krotishaurima, cuja [mão] direita está colocada sobre o pescoço e a esquerda oferecendo-lhe à boca uma concha vermelha [cheia de sangue], sairá da parte sul do teu cérebro e virá brilhar sobre ti. Não a temas. Não te aterrorizes. Não te atemorizes. Reconhece-as como sendo a encarnação do teu próprio intelecto. Sendo [elas] tua própria divindade tutelar, não te aterrorizes. Na realidade [elas são] o Pai-Mãe Bhagavān Ratna-Sambhava. Acredita nelas. Reconhece [-as] e a obtenção da libertação será simultânea.

Assim proclamando [-as], sabendo serem elas divindades tutelares e diluindo-te nelas, em harmonia, o estado de Buda será alcançado.

Décimo Primeiro Dia

Não obstante, mesmo posta assim em confrontação, devido ao poder das más inclinações, produzem-se terror e temor, e, não reconhecendo-as como sendo divindades tutelares, a pessoa foge delas e, então, no Décimo Primeiro Dia, a [divindade] bebedora de sangue da Ordem do Lótus vem para recebê-la. Mais uma vez, é feita a confrontação, chamando o morto pelo nome, assim:

Ó nobre filho, no Décimo Primeiro Dia, a [divindade] bebedora de sangue da Ordem do Lótus chamada Bhagavān Padma Heruka, de cor preta-avermelhada; [tendo] três faces, seis mãos e quatro pés firmemente postados; a [face] direita branca, a esquerda azul, a central vermelho-escura; à primeira da direita das seis mãos segurando um lótus, à [mão] do meio um bordão-tridente, na última uma clava; à primeira das [mãos] esquerdas um sino, na do meio um escalpo [humano] cheio de sangue,[170] na última um pequeno tambor; seu corpo abraçado pela Mãe Padma-Krotishaurima, cuja mão direita está colocada no pescoço e a esquerda oferecendo-lhe à boca uma concha vermelha [cheia de sangue]; o Pai e a Mãe em união sairão da parte oeste do teu cérebro e virão brilhar sobre ti. Não temas. Não te aterrorizes. Não te atemorizes. Regozija-te. Reconhece [-as] como produto do teu próprio intelecto; como [elas são] a tua própria divindade tutelar, não tenhas medo. Na realidade, elas são o Pai-Mãe Bhagavān Amitābha. Acredita nelas. Concomitantemente com o reconhecimento, virá a libertação. Mediante esse reconhecimento, sabendo serem elas divindades tutelares, em harmonia te diluirás [nelas] e alcançarás o estado de Buda.

Décimo Segundo Dia

A despeito dessa confrontação, sendo ainda levado para trás pelas más inclinações, surgindo o terror e o temor, pode ser que a pessoa não reconheça e fuja. Portanto, no Décimo Segundo Dia, as divindades bebedoras de sangue da Ordem Kármica, acompanhadas por Kerima, Htamenma e

170. Literalmente: "cheio de substância vermelha", o mesmo ocorrendo nas passagens paralelas seguintes. Nos rituais lamaicos, normalmente é usado um pigmento vermelho líquido para representar o sangue (símbolo da renúncia à vida ou à existência *sangsārica*), do mesmo modo que o vinho tinto é usado pelos cristãos na Eucaristia.

Wang-chugma,[171] virão para recebê-la. Não as reconhecendo, poderá produzir-se terror. Por isso, é feita a confrontação, chamando o falecido pelo nome, assim:

Ó nobre filho, no Décimo Segundo Dia, a divindade bebedora de sangue da Ordem Kármica chamada Karma Heruka, de cor verde-escuro; [possuindo] três faces, seis mãos [e] quatro pés firmemente postados; a [face] direita branca, a esquerda vermelha e a do centro verde-escuro; majestática [de aparência]; na primeira da direta das seis mãos segura uma espada, na do meio um bordão-tridente, na última uma clava; na primeira das [mãos] esquerdas um sino, na do meio um escalpo [humano] e na última uma relha de arado; seu corpo abraçado pela Mãe Karma-Krotishaurima, cuja [mão]direita está colocada sobre o pescoço, a esquerda oferecendo à boca uma concha vermelha; o Pai e a Mãe em união, saídos da parte norte do teu cérebro, virão brilhar sobre ti. Não temas. Não te aterrorizes. Não te atemorizes. Reconhece-as como sendo a encarnação do teu próprio intelecto. Sendo [elas] tua própria divindade tutelar, não tenhas medo. Na realidade, elas são o Pai-Mãe Bhagavān Amogha-Siddhi. Acredita; e sê humilde; e afeiçoa-te [a elas]. Concomitantemente ao reconhecimento, a libertação virá. Mediante esse reconhecimento, sabendo serem elas divindades tutelares, em harmonia te diluirás [nelas] e alcançarás o estado de Buda. Por meio do seleto ensinamento do guru, a pessoa as reconhecerá como sendo formas-pensamento emanadas de suas próprias faculdades intelectuais. Por exemplo, uma pessoa, após reconhecer uma pele de leão [como sendo uma pele de leão], está livre [do medo]; isso porque, embora seja apenas uma pele de leão empalhada, se a pessoa não sabe que isso é realmente uma pele de leão empalhada, surge o medo, [mas] depois de lhe dizerem que se trata apenas de uma pele de leão, essa pessoa se livra do medo. Do mesmo modo aqui, também, quando os bandos de divindades bebedoras de sangue, de vastas proporções, de

171. Essas três ordens de divindades são deusas de origem indiana e tibetana: Kerima tem forma humana; Htamenma e Wang-chugma, como no caso das divindades egípcias (mais ou menos totêmicas), possuem corpos de forma humana e cabeças de animais. Cada divindade simboliza algum impulso kármico particular ou propensão que aparece como alucinação na consciência *Bardo* do morto. Kerima parece ser uma palavra híbrida de sânscrito e tibetano (do sânscrito *Keyūrī*), que, tendo-se tornada corrente no Tibete — como tantas outras palavras semelhantes —, foi incorporada no nosso texto sem modificação. Htamenma (segundo a pronúncia tibetana, *Bhra-men-ma*) é provavelmente o nome de uma ordem de divindades pré-budistas pertencentes à antiga religião Bön do Tibete. Wang-chugma (segundo a pronúncia tibetana, *Dvang-phyug-ma*) é a versão tibetana do sânscrito *Īshvarī*, que significa "Poderosas Deusas".

membros muito grossos, despontam tão grandes quanto os céus, temor e terror são naturalmente produzidos na pessoa. [Porém] assim que a confrontação é compreendida, [a pessoa] as reconhece como sendo suas próprias divindades tutelares e suas próprias formas-pensamento. Então, quando sobre a Clara Luz Mãe — a que a pessoa estava acostumada anteriormente — se produz uma Clara Luz secundária, a Clara Luz de Descendência, e [quando] a Mãe e a Clara Luz de Descendência, vindo juntas, como duas pessoas íntimas, se combinarem inseparavelmente, [daí] um esplendor autoemancipador despontará para a pessoa e, por meio da autoiluminação e do autoconhecimento, ela é Libertada.

Décimo Terceiro Dia

Se essa confrontação não for obtida, as pessoas boas no Caminho[172] também cairão de volta, aqui, e vaguearão pelo *Sangsāra*. Então as Oito [Divindades] Iradas, as Kerimas e as Htamenmas, tendo diversas cabeças [de animais], emanam do próprio cérebro da pessoa e vêm brilhar sobre ela. Desse modo, a confrontação é feita, chamando o falecido pelo nome, assim:

Ó nobre filho, escuta atentamente. No Décimo Terceiro Dia, da parte leste do teu cérebro, as Oito Kerimas emanarão e virão brilhar sobre ti. Não temas.

Do leste do teu cérebro, a Kerima Branca,[173] segurando um cadáver [humano], como [se fosse] uma clava, na [mão] direita; na esquerda, um escalpo [humano] cheio de sangue, virá brilhar sobre ti. Não temas.

Do sul, a Tseurima Amarela,[174] segurando um arco e uma flecha, pronta para atirar; do oeste, a Pramoha Vermelha,[175] segurando uma bandeira *makara*;[176] do norte, a Petali Preta,[177] segurando um *dorje* e um escalpo cheio de sangue; do sudeste, a Pukkase Vermelha,[178] segurando intestinos na [mão] direita e [com] a esquerda pondo-os à boca; do sudoeste, a Ghasmarí Verde-escuro,[179] a [mão] esquerda segurando um escalpo cheio de sangue [com], a

172. Ou "passando por desenvolvimento psíquico".

173. Texto: *Kerima*, forma adulterada do sânscrito *Keyūrī*, nome de uma deusa indiana do cemitério.

174. Forma sânscrita adulterada no texto. Nome de outra deusa indiana do cemitério.

175. Sânscrito-tibetano no texto.

176. Texto: *chu-srin* (pronuncia-se *chu-sin*), "leão-marinho" ou "leviatã" (sânscrito: *makara*), monstro mitológico.

177. Sânscrito-tibetano no texto.

178. Sânscrito-tibetano no texto.

179. Sânscrito-tibetano no texto.

direita agitando-o com um *dorje*, e [ela então] o bebe com majestático prazer; do noroeste, a Tsandhalî Branco-amarelado,[180] arrancando uma cabeça de cadáver, a [mão] direita segurando um coração, a esquerda pondo à boca o cadáver e [ela então] comendo [dele]; do nordeste, a Smasha Azul-escuro,[181] arrancando em pedaços uma cabeça de cadáver e comendo [dela]: estas, as Oito Kerimas das Moradas [ou Oito Direções], também vêm brilhar sobre ti, circundando os Cinco Pais Bebedores de Sangue. Portanto, não tenhas medo.

Ó nobre filho, do Círculo exterior a elas, as Oito Htamenmas das [oito] regiões [do cérebro] virão brilhar sobre ti: do leste, a Cabeça de Leão Marrom-escuro, com as mãos cruzadas no peito, e segurando na boca um cadáver, e sacudindo a juba; do sul, a Cabeça de Tigre Vermelha, as mãos cruzadas para baixo, arreganhando os dentes e mostrando-os e olhando com olhos fogosos; do oeste, a Cabeça de Raposa Negra, a [mão] direita segurando uma navalha, a esquerda segurando um intestino, e [ela] comendo e lambendo sangue [dele]; do norte, a Cabeça de Lobo Azul-escuro, as duas mãos dilacerando um cadáver e olhando-o com olhos salientes; do sudeste, a Cabeça de Abutre Branco-amarelado, levando um gigantesco cadáver [de forma humana] no ombro e segurando um esqueleto na mão; do sudoeste, a Cabeça de Pássaro Vermelho-escuro do Cemitério carregando um gigantesco cadáver no ombro; do noroeste, a Cabeça de Corvo Preta, a [mão] esquerda segurando um escalpo, a direita segurando uma espada, e [ela] comendo coração e pulmões; do nordeste, a Cabeça de Mocho Azul-escuro, segurando um *dorje* na [mão] direita e uma espada na mão esquerda, e comendo.

Essas Oito Htamenmas das [oito] regiões, igualmente circundando os Oito Pais Bebedores de Sangue, e saídos de dentro do teu cérebro, vêm brilhar sobre ti. Não as temas. Reconhece-as como sendo as formas-pensamento de tuas próprias faculdades intelectuais.

---

180. Forma textual, do sânscrito *Chaṇḍālī*, que, aparentemente, se refere ao espírito de uma mulher de casta baixa (isto é, *Chaṇḍālī*), a qual, como cada uma das deusas do nosso texto aqui, frequenta os cemitérios e locais de cremação. Todas as deusas que aqui aparecem são símbolos — cada qual à sua maneira — para imprimir no falecido, como num drama iniciático, a natureza da existência *sangsārica* — sua impermanência, seu carater insatisfatório — e a necessidade de ultrapassá-la, conquistando-a mediante a renúncia ao mundo: como o texto repetidamente ensina, todas as deusas emanam do conteúdo mental que a existência *sangsārica* lhe transmitiu.

181. Em vez dessa forma sânscrito-tibetana, a xilografia traz *Smashalī*, que é uma forma mais correta.

Décimo Quarto Dia

Ó nobre filho, no Décimo Quarto Dia, as Quatro Guardiãs Femininas da Porta, também saídas de teu próprio cérebro, virão brilhar sobre ti. Reconhece-as também. Da [parte] leste do teu cérebro, virá brilhar a Deusa Cabeça de Tigre Branca Porta-aguilhão, levando um escalpo cheio de sangue na [mão] esquerda; do sul, a Deusa Cabeça de Porca Amarela Porta-laço; do oeste, a Deusa Cabeça de Leão Vermelha Porta-corrente de Ferro; e do norte, a Deusa Cabeça de Serpente Verde Porta-sino. Assim saem as Quatro Guardiãs Femininas da Porta também de dentro do teu próprio cérebro e brilham sobre ti; como divindades tutelares, reconhece-as.

Ó nobre filho, no Círculo externo a essas trinta divindades iradas, Herukas, as 28 poderosas deusas de várias cabeças, portando várias armas, emanando de dentro de teu próprio cérebro, virão brilhar sobre ti. Não temas isso. Reconhece o que quer que brilhe como sendo formas-pensamento de tuas próprias faculdades intelectuais. Nesse momento vitalmente importante, lembra-te dos seletos ensinamentos do guru.

Ó nobre filho, [despontarão] do leste a Deusa Rākṣḥasa Cabeça de Iaque Marrom-escuro, segurando um *dorje* e uma caveira; e a Deusa Brāhma Cabeça de Serpente Amarelo-avermelhado, segurando um lótus na mão; e a Grande Deusa Cabeça de Leopardo Negro-esverdeado, segurando um tridente à mão; e a Deusa da Indiscrição Cabeça de Macaco Azul, levando uma roda; e a Deusa Virgem de Cabeça Vermelha de Urso da Neve, levando uma curta lança na mão; e a Deusa Indra Cabeça de Urso Branca, segurando na mão um laço feito com um intestino; [estas], as Seis *Yoginīs* do Leste, emanadas de dentro do [parte leste do teu][182] cérebro, virão brilhar sobre ti;[183] não temas.

Ó nobre filho, do sul [surgirão] a Deusa da Delícia Cabeça de Morcego Amarela, segurando uma navalha na mão; e a [Deusa] Pacífica Cabeça de Makara Vermelha, segurando uma urna na mão; e a Deusa *Amritā* Cabeça de Escorpião Vermelha, segurando um lótus na mão; e a Deusa da Lua Cabeça de Milhafre Branca, segurando um *dorje* na mão; e a Deusa do Bastão Cabeça de Raposa Verde-escuro, brandindo uma clava na mão; e a Rākṣḥasī

182. Estas palavras entre colchetes, aqui (bem como nas três passagens correspondentes seguintes nesta seção), foram tirada do texto xilográfico. Nosso manuscrito as omite.

183. Entre esta barra e a barra após "Deusa da Lua...", no período seguinte, consta a tradução do texto tibetano do fólio inferior (67A) do nosso frontispício (*sic*).

Cabeça de Tigre Amarelo-escuro, segurando uma caveira [cheia de] sangue na mão: [estas] Seis *Yoginīs* do Sul, emanando de dentro [da parte sul do teu próprio] cérebro, virão brilhar sobre ti; não temas.

Ó nobre filho, do oeste [despontarão] a Deusa-Devoradora Cabeça de Abutre Negro-esverdeado, segurando um bastão na mão; e a Deusa das Delícias Cabeça de Cavalo Vermelha, segurando o enorme tronco de um cadáver; a Poderosa Deusa Cabeça de Águia Branca, segurando uma clava na mão; e Rākṣḥasī Cabeça de Cachorro Amarela segurando um *dorje* na mão e uma navalha e cortando [com esta]; e a Deusa do Desejo Cabeça de Poupa Vermelha, segurando um arco e uma flecha apontados; e a Deusa Guardiã da Riqueza Cabeça de Veado Verde, segurando uma urna na mão: [estas] Seis *Yoginīs* do Oeste, emanando de dentro do [teu próprio] cérebro, virão brilhar sobre ti; não temas.

Ó nobre filho, do norte [despontarão] a Deusa do Vento Cabeça de Lobo Azul, agitando uma bandeira na mão; e a Deusa Mulher Cabeça de Íbex Vermelha, segurando uma estaca pontuda na mão; e a Deusa Força Cabeça de Porca Preta, segurando um laço de presas na mão; a Deusa do Relâmpago Cabeça de Corvo Vermelha, segurando um cadáver de criança na mão; e a Deusa Nariguda Cabeça de Elefante Negro-esverdeado,[184] segurando na mão um grande cadáver e bebendo sangue de uma caveira; e a Deusa da Água Cabeça de Serpente Azul, segurando na mão um laço feito com uma serpente: [essas] Seis *Yoginīs* do Norte, emanando de dentro [da parte norte] do teu próprio cérebro, virão brilhar sobre ti; não temas.

Ó nobre filho, as Quatro *Yoginīs* da Porta, emanando de dentro do cérebro, virão brilhar sobre ti: do leste, a Deusa Mística[185] Cabeça de Cuco Negra, segurando um gancho de ferro na mão; do sul, a Deusa Mística Cabeça de Cabra Amarela, segurando um laço na mão; do oeste, a Deusa Mística Cabeça de Leão Vermelha, segurando uma corrente de ferro na mão; e do norte, a Deusa Mística Cabeça de Serpente Negro-esverdeado: [estas], as Quatro *Yoginīs* Guardiãs da Porta, emanando de dentro do cérebro, virão brilhar sobre ti.

---

184. Aqui a xilografia traz apenas "a Grande Deusa Cabeça de Elefante".

185. Texto: *Rdor-je-ma* (pronuncia-se *Dor-je-ma*), "Aquela [chamada] o *Dorje*", ou, "Aquela [chamada] a Mística"; daí "Deusa Mística". A xilografia diz: "Deusa Mística Cabeça de Cuco Branca".

Já que estas 28 Deusas Poderosas emanam dos poderes corporais do Ratna-Sambhava, [O] das Seis Divindades Herukas, reconhece-as.[186]

Ó nobre filho, as Divindades Pacíficas emanam da Vacuidade do *Dharma-Kāya*;[187] reconhece-as. Do Esplendor do *Dharma-Kāya* emanam as Divindades Iradas;[188] reconhece-as.

Neste momento, quando as 58 Divindades Bebedoras de Sangue,[189] emanando do teu próprio cérebro, vêm brilhar sobre ti, se as reconheceres como resplendores do teu próprio intelecto, te diluirás em harmonia no corpo dos Bebedores de Sangue e alcançarás o estado de Buda.

Ó nobre filho, não reconhecendo agora, e fugindo por medo das divindades, outra vez os sofrimentos se abaterão sobre ti. Se não souberes disso, advindo o medo das Divindades Bebedoras de Sangue, [a pessoa] se atemorizará, se aterrorizará e desmaiará: as próprias formas-pensamento da pessoa tornam-se ilusórias aparências e ela vagueia pelo *Sangsāra*; se não tiver temor ou terror, não vagueará pelo *Sangsāra*.

Ademais, os corpos das Divindades Pacíficas e Iradas maiores são iguais [em vastidão] aos limites dos céus; o médio, tão grande quanto o Monte Meru;[190] o menor, igual a dezoito corpos como o teu, postos uns sobre os outros. Não te aterrorizes com isso; não te atemorizes. Se todos os fenômenos existentes, brilhando como formas e esplendores divinos, forem reconhecidos como emanações do próprio intelecto da pessoa, o estado de Buda será alcançado nesse mesmo instante de reconhecimento. O dito "O estado de Buda será obtido num instante [de tempo]" é o que ora se aplica. Tendo isso em mente, a pessoa alcançará o estado de Buda pelo diluir-se em harmonia, nos Resplendores e nos *Kāyas*.

Ó nobre filho, quaisquer que sejam as visões pavorosas e terríveis que possas ter, reconhece-as como sendo as tuas próprias formas-pensamento.

---

186. Em lugar disso, a xilografia traz a seguinte frase sinônima: "Já que estas 28 Poderosas Deusas são também emanações do poder das Divindades Iradas autocriadas, reconhece-as".

187. São as emanações do vazio, de aspecto primordial, tranquilo, não formado do estado do *Dharma-Kāya*, que considera o homem como o microcosmo do macrocosmo.

188. Trata-se de emanações do aspecto radiante ativo do estado do *Dharma-Kāya* — a Clara Luz que brilha no Vazio primordial — e o homem, o microcosmo do macrocosmo, e inseparável disso.

189. Aqui, o simbolismo do sangue bebido deve ser considerado. (Ver. p. 235, n. 158.)

190. Monte Meru (tibetano: *Ri-rab*) é a montanha mística central da cosmografia budista. (Ver pp. 169 ss.) A coluna vertebral, suporte central da estrutura do corpo humano, é, analogicamente, simbolizada nos *Tantras* e nas obras sobre yoga como o Monte Meru do homem-microcosmo.

Ó nobre filho, se não reconheceres, e se te espantares, então todas as Divindades Pacíficas brilharão sob a forma de Mahā-Kāla;[191] e todas as Divindades Iradas brilharão sob a forma de Dharma-Rāja, o Senhor da Morte;[192] e tuas próprias formas-pensamento, tornando-se Ilusões (ou *Mārās*), vaguearás no *Sangsāra*.

Ó nobre filho, se a pessoa não reconhecer suas próprias formas-pensamento, não obstante tenha aprendido as Escrituras — tanto os *Sūtras* como os *Tantras* —, embora tenha praticado religião durante um *kalpa*, não alcançará o estado de Buda. Se a pessoa reconhecer suas próprias formas-pensamento por meio de uma importante arte e uma palavra, o estado de Buda será alcançado.

Se as formas-pensamento da pessoa não forem reconhecidas logo que ela morrer, as formas do Dharma-Rāja, o Senhor da Morte, brilharão no *Chönyid Bardo*. O maior dos corpos do Dharma-Rāja, o Senhor da Morte, igual [em vastidão] aos céus; o médio, [como] o Monte Meru; o menor, dezoito vezes o próprio corpo da pessoa, virão ocupar os sistemas do mundo. Eles virão com os dentes superiores mordendo o lábio inferior; olhos vidrados; os cabelos amarrados no topo da cabeça; as barrigas grandes, os quadris estreitos, segurando a tábua de registro [kármico][193] na mão; emitindo da boca expressões como "Bate! Mata!", lambendo um cérebro [humano], bebendo sangue,

---

191. Texto: *Mgon-po-Nag-po* (pronuncia-se *Gon-po-Nag-po*); sânscrito: *Kāla-Nāth*, comumente conhecido na Índia como Mahā-Kāla. Nesse estágio, todas as formas ilusórias das Divindades Pacíficas se fundem e aparecem como esta única divindade.

192. Texto: *Gshin-rje-hi-chös-kyi-rgyal-po* (pronuncia-se *Shin-jei-chö-kyi-gyal-po*); sânscrito: *Dharma-Rāja* + *Yama-Rāja*. Como consta aqui e no segundo livro do *Bardo Thodöl* (ver p. 269, n. 38), essa divindade ilusória assume comumente muitas e variadas formas capazes de se fundirem numa única.

193. Texto: *khram-shing* (pronuncia-se *htam-shing*), que se refere a uma tábua, seja uma dessas pranchas de flagelação sobre as quais os culpados eram estendidos e açoitados no Tibete, ou também, como aqui, uma tábua na qual constam os registros kármicos da vida do falecido. Khram é o nome dado a uma carta de registros ou a um inventário como lista de rendas; *shing*, em si, significa "madeira". Assim sendo, podemos traduzir as duas palavras como "registro em madeira" ou "tábua de registro". Na grande saga tibetana, semelhante à arturiana, chamada em tibetano *Ge-sar-bsgrungs* (pronuncia-se *Ke-sar-doong*), ou *Kesar Saga* (de autor desconhecido, mas datando provavelmente dos séculos VIII ou IX d.C.), tão popular no Tibete que muitos tibetanos conhecem de memória; um menino de 13 anos que deseja participar da guerra, sendo contido pelos parentes, repele-os, dizendo: "O lugar da enfermidade, o lugar da morte e o lugar da cremação são determinados de acordo com o registro [kármico] dos Senhores da Morte"; e, aqui, a palavra tibetana para registro é *khram*. A verificação da nossa versão nessa passagem é importante porque, como outras passagens do *Bardo Thodöl*, particularmente aquela estreitamente relacionada ao Juízo, que se encontra no Segundo Livro (pp. 268-72), tem notável correspondência com certas partes de *O Livro Egípcio dos Mortos*.

arrancando cabeças de cadáveres, dilacerando [os] corações: assim [elas] virão, ocupando os mundos.

Ó nobre filho, quando essas formas-pensamento emanarem, não tenhas medo, não te aterrorizes; o corpo que ora possuis, sendo um corpo mental de inclinações [kármicas], ainda que abatido e retalhado [em pedaços], não pode morrer. Isso porque teu corpo é, na realidade, [feito] de vacuidade, não precisas temer. Os [corpos] do Senhor da Morte também são emanações dos resplendores do teu próprio intelecto; eles não são constituídos de matéria; o vazio não pode ferir o vazio. Além das emanações de tuas próprias faculdades intelectuais, externamente, as [Divindades] Pacíficas e Iradas, os Bebedores de Sangue, as de Várias Cabeças, as luzes arco-íris, as terríveis formas do Senhor da Morte não existem na realidade: quanto a isso, não há dúvidas. Assim, sabendo disso, todo medo e terror se dissiparão por si sós; e, diluindo-te no estado de harmonia, o estado de Buda é alcançado.

Se reconheceres dessa maneira, dedicando tua fé e afeição às divindades tutelares e acreditando que elas vêm receber-te em meio às emboscadas do *Bardo*, pensa: "[Eu] busco refúgio [nelas]", e lembra-te da Preciosa Trindade, dedicando-lhe [à Trindade] afeição e fé. Seja o que for tua própria divindade tutelar, lembra-te agora; [e], chamando-a pelo nome, ora assim:

[Ai de mim!] vagueando estou no *Bardo*; corre em minha salvação;

Defende-me com a tua graça, ó Preciosa Tutelar!
Invocando o teu guru pelo nome, ora assim:

[Ai de mim!] vagueando estou no *Bardo*; salva-me!

[Ó] que a tua graça não me abandone!

Tem fé nas Divindades Bebedoras de Sangue, também, e oferece-lhes esta oração:

Ai de mim! quando [eu estiver] vagueando no *Sangsāra* devido à força de esmagadoras ilusões,
No caminho de luz do abandono, do espanto, medo e temor,
Que os bandos dos Bhagavāns, as [Divindades] Pacíficas e Iradas, [me] guiem;
Que os bandos das Deusas Iradas Ricas em Espaço sejam a [minha] retaguarda,
E me salvem das terríveis emboscadas do *Bardo*,

E me ponham no estado dos Budas Perfeitamente Iluminados,
Quando eu vaguear sozinho, separado dos amigos queridos,
Quando as formas vazias dos pensamentos brilharem aqui,
Que os Budas, envidando a força de sua graça,
Não permitam que venham o espanto, temor e terror no *Bardo*.
Quando as cinco Brilhantes Luzes da Sabedoria estiverem brilhando aqui,
Que o reconhecimento venha sem pavor e sem temor;
Quando os corpos divinos das Pacíficas e das Iradas estiverem brilhando aqui,
Que seja obtida a segurança da impavidez e o *Bardo* seja reconhecido.
Quando, pelo poder do mau karma, a aflição for provada,
Que as divindades tutelares dissipem a aflição;
Quando o som natural da Realidade reverberar [como] mil trovões,
Que eles sejam transmutados nos sons das Seis Sílabas.[194]

---

194. Esses são os mantras essenciais de Chenrazee (Avalokiteshvara): *Ōm-Mă-ni-Pad-me-Hūm* (pronuncia-se *Ōm-Mă-nî-Pāy-mē-Hūng*) (ver p. 236, n. 161). Orig. p. 134 n. 9 Chenrazee é o deus padroeiro ou divindade nacional tutelar do Tibete, e esse é seu mantra; repeti-lo, tanto no mundo humano como no plano do Bardo, assegura o fim do ciclo de renascimentos e, com isso, chega-se ao Nirvana — daí sua importância na oração do Bardo. Na obra tibetana chamada *Mani-kkah-hbum* (pronuncia-se *Ma-ni-kah-boom*), isto é, "História do Māṇi (ou Mantra de Chenrazee)", esse mantra é tido como "a essência de toda felicidade, prosperidade e conhecimento, e o grande meio de libertação". Também é dito que *ōm* cerra a porta do renascimento entre os deuses, *mā* entre os *asuras* (ou titãs), *ṇî* entre os homens, *pāy* entre as criaturas subumanas, *mē* entre os *pretas* (ou espíritos infelizes) e *hūng* entre os habitantes do Inferno. Por conseguinte, a cada uma das seis sílabas é dada a cor de um caminho de luz correspondente aos seis estágios de existência, do seguinte modo: *ōm*, o caminho de luz branca do *deva-loka* (ou mundo dos deuses), *mā*, o caminho de luz verde do *asura-loka* (ou mundo dos titãs); *nî*, o caminho de luz amarela do *manaka-loka* (ou mundo humano); *pāy*, o caminho de luz azul do *tiryaka-loka* (ou mundo bruto); *mē*, o caminho de luz vermelha do *preta-loka* (ou mundo dos espíritos) e *hūng*, o caminho de luz cor de fumaça ou negro do *naraka-loka* (ou mundo do Inferno).

Existe um antigo conto popular tibetano que fala de um devoto religioso que tentou conduzir a própria mãe, uma irreligiosa, aos deveres devocionais, logrando apenas fazer com que ela se habituasse à recitação desse mantra. Posto que seu mau karma predominasse sobre o bom, após a morte e a foi para o mundo do Inferno. Então, seu filho, sendo versado em yoga, foi resgatá-la. Ao vê-lo em virtude de haver citado o mantra na Terra, ela conseguiu pronunciá-lo no Inferno e, instantaneamente, tanto ela como todos os demais que a ouviram foram libertados do Inferno; isso porque, como diz o conto na parte final, "Tal é o poder do mantra".

A origem desse mantra remonta às obras *tertön* relativas à introdução (durante o século VIII d.C.) do budismo tântrico no Tibete. O dr. Waddell chega a duvidar de que essas obras *tertön* estivessem escondidas então (isto é, no tempo de Padma-Sambhava) e redescobertas nos séculos posteriores, como pretendem os *tertöns* (isto é, os "exumadores" desses livros perdidos), e sugere que a compilação deles data do século XIV ao século XVI — teoria tentadora e possivelmente falsa (cf. L. A. Waddell. *Lamaism in Sikkim*, in *Gazetteer of Sikkim*. Org. H. H. Risley. Calcutá, 1894, p. 289; ver também nossa Introdução.) Seja como for, o mantra, pelo menos por tradição (que, geralmente, é fidedigna, como história registrada), parece ter surgido ou se originado no Tibete, contemporaneamente à introdução, ali, do budismo.

Quando desprotegido, tendo que seguir o karma aqui,
Suplico ao Compassivo Clemente[195] para que me proteja;
Quando sofrer aflições das inclinações kármicas aqui,
Que a bem-aventurança da Clara Luz desponte;
Que os Cinco Elementos[196] não se levantem como inimigos;
Mas que eu aviste os reinos das Cinco Ordens dos Iluminados.

Assim, com fervorosa fé e humildade, oferece a oração; com ela, todos os temores se desvanecerão e o estado de Buda no *Sambhoga-Kāya* será indubitavelmente alcançado: isso é importante. Atento, repete-a dessa maneira, três ou [mesmo] sete vezes.

Contudo, por mais grave que o mau karma possa ser e por mais fraco que o karma restante possa ser, não é possível que a libertação não seja obtida [se a pessoa reconhece]. Se, não obstante, a despeito de tudo o que se fez nesses [estágios de *Bardo*], o reconhecimento ainda não se efetivar, então — havendo perigo de se vaguear mais, no terceiro *Bardo*, chamado *Sidpa Bardo* — a confrontação para isso será descrita em detalhes a seguir.

Conclusão, Mostrando a Importância Fundamental dos Ensinamentos do *Bardo*

Quaisquer que tenham sido as práticas religiosas de cada um — extensas ou limitadas — durante os momentos da morte, várias ilusões enganosas ocorrem; e por isso este *Thodöl* é indispensável. Para aqueles que meditaram muito, a real Verdade surge assim que o corpo e o princípio de consciência partem. A obtenção de experiência quando vivo é importante: aqueles que [então] reconheceram [a verdadeira natureza do] seu próprio ser,[197] e assim tiveram alguma experiência, obtêm grande poder durante o *Bardo* dos Momentos da Morte, quando surge a Clara Luz.

Além disso, a meditação sobre as divindades do Caminho Místico do Mantra, [seja] no estágio de visualização ou de aperfeiçoamento em vida, será de grande influência quando as visões pacíficas e iradas do *Chönyid Bardo* surgirem. Assim, a instrução neste *Bardo* é de particular importância mesmo

195. Isto é, Chenrazee.
196. Ou seja: Terra, Ar, Água, Fogo e Éter.
197. Literalmente, "intelecto" ou "princípio da consciência".

quando vivo;[198] conserva-o, lê, memoriza-o, leva-o na mente de modo correto, lê isto regularmente três vezes; deixa que as palavras [acima] e os [seus] significados fiquem claros; isso deve ser feito para que as palavras e os significados nunca sejam esquecidos, mesmo que mil algozes [te] persigam.

Isso se chama a Grande Libertação pela Audição, porque mesmo aqueles que cometeram os cinco pecados capitais[199] serão seguramente libertados se ouvirem pela audição. Portanto, lê isto para grandes congregações. Dissemina-o. Tendo-o ouvido uma vez, mesmo que a pessoa não o compreenda, ele será lembrado no Estado Intermediário sem que se omita uma palavra, pois o intelecto torna-se nove vezes mais lúcido [ali]. Por isso deve ser proclamado aos ouvidos de todas as pessoas vivas; ele deve ser lido junto ao travesseiro de todas as pessoas enfermas; deve ser lido ao lado de todos os cadáveres; deve ser espalhado em todas as direções.

Aqueles que aprendem esta [doutrina] são de fato afortunados. Salvo para aqueles que acumularam muitos méritos e se livraram de muitas obscuridades, é difícil conhecê-la. Mesmo quando se a conhece, é difícil compreendê-la. A libertação será obtida simplesmente por não desacreditar nela depois de ouvi-la. Portanto, trata esta [doutrina] com estima; ela é a essência de todas as doutrinas.[200]

A Confrontação durante a experiência da Realidade no Estágio Intermediário, chamado "O Ensinamento Que Liberta pela Simples Audição e Que Liberta pela Simples Fixação",[201] termina aqui.[202]

---

198. Cf. a seguinte passagem de *The Book of the Craft of Dying*, cap. V, ed. de Comper (p. 37): "Aquilo pelo que o homem tanto anseia — morrer contente, bem, segura e merecidamente, sem perigo —, para isso, ele deve prestar visível atenção, estudar e aprender diligentemente esta arte de morrer, e as disposições suprarreferidas enquanto ainda estiver são [isto é, com saúde]; e não esperar até que a morte o possua".

199. Ou seja: o patricídio, o matricídio, colocar duas corporações religiosas em guerra, matar um santo e causar o derramamento de sangue do corpo de um Tathāgata (isto é, de um Buda).

200. Aqui, a xilografia diz: "Este é o Tantra de todas as doutrinas."

201. Referência ao *Thadol* (ver p. 294, n. 104).

202. O texto xilografado, que corresponde no essencial e em quase todos os detalhes importantes ao texto do nosso manuscrito, contém (no fólio 48b), como frase paralela conclusiva do *Chönyid Bardo*, a seguinte, que difere do nosso: "O Ensinamento para o Estado Intermediário, a Confrontação durante a experiência da Realidade, da *Grande Libertação pela Audição no Estado Intermediário Que Liberta pela Simples Audição e Que Liberta pelo Simples Ver* termina aqui".

LIVRO II

O *SIDPA* BARDO

Esta é conhecida como a benévola parte capital do que se chama "A Profunda Essência da Libertação Pela Audição" — A Que Lembra a Clara Confrontação no Estado Intermediário Quando da Busca do Renascimento.[1]

1. Texto: *SRID-PA BAR-DOHI NGO-SPRÖD GSAL-HDEBS THÖS-GROL ZHES-BYA-VA ZAB-PAHI NYING-KHU ZHES-BYA-VAHI DVU-PHYOGS LEGS* (pronuncia-se: *SID-PA BAR-DOI NGO-TÖD SAL-DEB THÖ-DOL SHAY-CHA-WA ZAB-PAI NYING-KHU SHAY-CHA WAI U-CHÖ LAY*).

Na xilografia, estando o *Bardo Thodöl* dividido em dois livros distintamente separados — enquanto que, no nosso manuscrito, o Livro II é uma continuação ininterrupta do Livro I —, os primeiros quatro fólios do segundo livro contêm — diferentemente do nosso manuscrito — um resumo das partes introdutórias do primeiro livro; e o título do Livro II da xilografia é: *Bar-do Thös-grol Chen-mo Las Srid-pa Bar-dohi Ngo-Spöd Bzhugs-so* (pronuncia-se: *Bar-do Thö-dol Chen-mo Lay Sid-pa Bar-doi Ngo-Töd Zhu-so*), que significa: "Aqui se Encontra a Confrontação do Estado Intermediário da [ou quando em busca da] Existência Mundana (isto é, o Renascimento), de 'A Grande Libertação pela Audição no Plano do Pós-Morte'".

A essência de todas as coisas é uma e a mesma, perfeitamente calma e tranquila, e não mostra sinal algum de "devir"; no entanto, a ignorância, em sua cegueira e ilusão, esquece-se da Iluminação e, por isso, não pode reconhecer verdadeiramente todas essas condições, diferenças e atividades que caracterizam os fenômenos do Universo.

Ashvaghosha. *The Awakening of Faith*
[Trad. para o inglês de Suzuki.]

SEÇÕES INTRODUTÓRIAS

As Obediências

Às Divindades reunidas, às Tutelares, aos Gurus, Prestemos humildemente obediência:

Que a Libertação no Estado Intermediário seja concedida por Eles.[2]

Versos Introdutórios

Acima, no Grande *Bardo Thodöl*,
O Bardo chamado *Chönyid* foi ensinado;
E agora, do *Bardo* chamado *Sidpa*,
A vívida lembrança é trazida.

2. Literalmente: "Age de modo que sejas libertado no Estado Intermediário" — súplica direta às Divindades Tutelares e aos Gurus, vertida por nós na terceira pessoa para se acomodar melhor ao contexto.

PARTE I

O Mundo do Pós-Morte

[Instruções Introdutórias para o Oficiante]: Não obstante até agora, durante o *Chönyid Bardo*, muitas vívidas lembranças tenham sido feitas — excluindo aqueles que tiveram grande familiarização com a real Verdade e aqueles de bom karma — para aqueles de mau karma que não tiveram familiarização e para aqueles de mau karma que, por causa da influência disso, foram acometidos pelo medo e pelo terror, o reconhecimento é difícil. Estes declinarão ao Décimo Quarto Dia; e, para impressioná-los novamente de maneira vívida, o que segue deve ser lido.

O Corpo do *Bardo*: Seu Nascimento e Suas Faculdades Sobrenaturais

Tendo sido oferecida adoração à Trindade e tendo sido recitada a oração invocando a ajuda dos Budas e Boddhisattvas, então, chamando o falecido pelo nome, três ou sete vezes, fala-lhe assim:

Ó nobre filho, ouve bem e tem no coração que o nascimento no mundo do Inferno, no mundo do deva e neste corpo do *Bardo* é do tipo chamado nascimento sobrenatural.[3]

Na verdade, quando estavas vivenciando os resplendores das Divindades, Pacíficas e Iradas, do *Chönyid Bardo*, sendo incapaz de reconhecer, desmaiaste,

3. Texto: *rdzüs-skyes* (pronuncia-se: *zü-kye*), que significa "nascer disfarçado" – *rdziüs* = "disfarçar" e *skyes* = "nascer"; ou "nascer de maneira sobrenatural", isto é, "nascimento sobrenatural". Como o texto explicará, o processo de nascimento nos estados do pós-morte é bem diferente do que se conhece na Terra.

devido ao medo, cerca de três[4] dias e meio [após teu falecimento]; e, então, quando estavas recobrado do desmaio, teu Conhecedor deve ter-se levantado em seu estado primordial, e um corpo radiante, semelhante ao corpo anterior, deve ter surgido[5] — como o *Tantra* diz,

> Tendo um corpo [aparentemente] carnal [semelhante] ao anterior e àquele a ser produzido,
> Dotado de todas as faculdades sensíveis e poder de livre movimento,
> Possuindo miraculosos poderes kármicos,
> Visível aos olhos celestiais puros [dos seres do *Bardo*] de igual natureza.

Tal, então, é o ensinamento.

Esse [corpo radiante] — assim referido como [semelhante ao] "anterior e àquele a ser produzido" [significando que a pessoa terá um corpo exatamente igual ao corpo de carne e osso, ao humano anterior, corpo de inclinações] — será também dotado de certos traços e belezas de perfeição, tais como os seres de alto destino possuem.

Esse corpo, [nascido] do desejo, é uma alucinação da forma-pensamento no Estado Intermediário, e se chama corpo do desejo.

Nesse momento — se estiveres destinado a nascer como um *deva* — visões do mundo do *deva* aparecerão para ti; igualmente — sempre que tenhas de renascer — seja como *asura*, ou ser humano, bruto,[6] *preta* ou ser do Inferno, uma visão do lugar [do nascimento] aparecerá para ti.

Em consequência, a palavra "anterior" [na citação] implica que, antes dos três dias e meio, pensavas que tinhas o mesmo tipo de corpo que o anterior de carne e osso, possuído por ti na tua existência anterior devido às inclinações habituais;[7] e a palavra "produzido" é assim usada porque, posteriormente, a

4. Erro provavelmente de transcrição; o texto, aqui, diz "quatro" em vez de "três".

5. O surgimento ou nascimento do corpo do *Bardo*, cerca de três dias e meio após a morte, isto é, após a expiração dos três dias e meio (ou quatro) (comparável ao período pré-natal, passado normalmente em sono, sonho ou inconsciente, no plano humano), mencionado nas pp. 196-97, 208, é dito ocorrer instantaneamente. "Como uma truta pulando fora da água" é o símile usado pelos gurus tibetanos para explicar isso: trata-se do verdadeiro processo de nascimento no Estado Intermediário, correspondendo ao nascimento no nosso mundo.

6. Esotericamente, isso significa um ser humano semelhante ao bruto.

7. Ou seja, a predileção habitual (ou kármica) pela existência *sangsārica*, que surge da sede pela vida, do desejo de nascer, e a única causa de se possuir um corpo humano ou outro qualquer. A meta que o devoto deve alcançar é o "Não Tornado, o Não Nascido, o Não Feito e o Não Formado" — o Nirvana.

visão do teu futuro lugar de nascimento aparecerá para ti. Daí a expressão como um todo, "anterior e àquele a ser produzido", referir-se a eles [isto é, ao corpo carnal, recém-abandonado, e ao corpo carnal a ser assumido no renascimento].

Nesse momento, não sigas as visões que aparecem para ti. Não te deixes atrair [por elas]; não sejas fraco: se, por fraqueza, te afeiçoares por elas, terás de vaguear em meio aos Seis *Lokas* e sofrer dor.

Até o outro dia, foste incapaz de reconhecer o *Chönyid Bardo* e tiveste de vaguear até aqui. Agora, se quiseres manter-te firme à real Verdade, deves fazer com que a tua mente repouse sem distração no estado de nada fazer, de não pensar, estado de a nada se apegar, do não obscuro, primordial, brilhante, vazio, de teu intelecto, ao qual foste introduzido pelo teu guru.[8] [Com isso] obterás Libertação sem teres de entrar pela porta do ventre. Mas se fores incapaz de te conheceres, então, seja quem for tua divindade tutelar e teu guru, medita sobre eles, num estado de intensa afeição e humilde confiança, como se [eles] fizessem sombra na coroa da tua cabeça.[9] Isso é de grande importância. Não te distraias.

[Instruções ao Oficiante]: Fala assim e, se daí resultar reconhecimento, a Libertação será obtida, sem necessidade de vaguear pelos Seis *Lokas*. Se, contudo, por influência do mau karma, o reconhecimento for difícil, então dize:

Ó nobre filho, ouve de novo: "Dotado de todas as faculdades sensíveis e poder de livre movimento", implica [que, embora] possas ter sido, quando vivo, cego dos olhos, ou surdo ou aleijado, não obstante nesse Plano do Pós-morte teus olhos verão formas, e teus ouvidos ouvirão sons, e todos os teus outros órgãos sensíveis serão inalterados e aguçados e completos. Por isso é dito que o corpo do Bardo é "dotado de todas as faculdades sensíveis". Essa

8. Aqui, presume-se que o falecido tenha recebido, no mundo humano, pelo menos alguns ensinamentos elementares relativos à concentração mental ou ao controle dos processos de pensamento, o suficiente para realizar o estado de não formação de pensamento descrito como o de "nada fazer", "estado de a nada se apegar" da mente não modificada, primordial, que é o estado de yoga definido por Patanjali (em seus *Yoga Aforisms*, i, 2) como "a supressão das transformações do princípio de pensamento". Outra tradução dessa mesma passagem é: "Yoga é a restrição das modificações mentais" (Rama Prasad. "Patanjali's Yoga Sūtras", in *The Sacred Books of the Hindus*. Allahabad, 1912, IV, 5).

9. Ou "diretamente acima"; ou, literalmente, "como estando sobre a coroa da tua cabeça". O significado, aqui, é oculto: a Abertura Bramânica, através da qual o princípio da consciência normalmente parte do corpo humano, seja temporariamente no transe *yóguico* ou permanentemente na morte, está sobre a coroa da cabeça; se a visualização for centrada diretamente acima dessa abertura, ao visualizador advirão poderes psíquicos e benefícios espirituais definitivos.

[condição de existência, na qual te encontras agora] é uma indicação de que estás morto e vagueias pelo Bardo. Age de maneira a reconheceres isso. Lembra-te dos ensinamentos; lembra-te dos ensinamentos.

Ó nobre filho, [a expressão] "livre movimento" implica que o teu atual corpo, sendo um corpo de desejo — e teu intelecto tendo sido separado de sua morada[10] —, não é um corpo de matéria grosseira, de modo que agora tens o poder de passar através de massas rochosas, montanhas, encostas, terra, casas e mesmo do Monte Meru sem seres impedido.[11] À exceção de Budh-Gayā e do ventre da mãe,[12] mesmo o Rei das Montanhas, o Monte Meru, pode ser atravessado por ti, reto para a frente e para trás, livremente. Isso também é uma indicação de que estás vagueando no *Sidpa Bardo*. Lembra-te dos ensinamentos de teu guru e ora ao Senhor Compassivo.

Ó nobre filho, te achas realmente dotado do poder de ação miraculosa,[13] o qual não é, contudo, o fruto de qualquer *samādhi*, mas um poder vindo a ti naturalmente; e, portanto, ele é da natureza do poder kármico.[14] És capaz num momento, de atravessar os quatro continentes ao redor do Monte

10. A "morada" é o corpo humano que foi deixado para trás.

11. Esse poder, sobrenatural no mundo humano, é normal no plano quadridimensional no estado do pós-morte. No mundo humano, tais poderes, inatos em todas as pessoas, podem ser desenvolvidos e exercidos por meio da habilidade no yoga. O Buda descreve alguns deles nos seguintes termos: "Nesse caso, suponha que um ser desfrute da posse, sob várias formas, do poder místico: sendo um, ele se torna multiforme; sendo multiforme, torna-se um; sendo visível, torna-se invisível; sem obstáculos, ele passa através de um muro, ou adarve, ou montanha, como se fosse através do ar; anda sobre as águas sem dividi-las, como por sobre terra firme; viaja movimentando as pernas pelo céu, como fazem os pássaros com as asas (*Brāhmana Vagga, Anguttara Nikāya*).

12. A menos que seja previamente dotado de altíssimo grau de esclarecimento espiritual, o morto não pode, conscientemente, ir a esses dois lugares à vontade, pois do *Budh-Gayā* (como grande centro psíquico) e do ventre da mãe (que é o caminho destinado ao renascimento) emanam tais esplendores psiquicamente enceguecedoras que a mentalidade comum seria subjugada pelo medo, da mesma maneira que acontece quando surgem os vários esplendores no *Bardo* e, assim, deve evitá-los. (Cf. estrofe 6, "O Caminho dos Bons Desejos que Protege do Medo do *Bardo*", p. 192.)

13. Texto: *rdzu-hphrul* (pronuncia-se *zu-tül*); *rdzu* significa "poder de modificar a própria forma", *hphrul* significa "poder de modificar o próprio tamanho e número", aparecendo e desaparecendo à vontade, como um ou como muitos, grande ou pequeno. Desenvolvido no plano terreno, por meio de práticas *yóguicas* esse miraculoso poder se torna atributo permanente, e pode ser empregado no corpo ou fora dele (como no *Bardo*).

14. O texto dá a entender que o morto é dotado desse miraculoso poder como resultado de sua passagem — devido às ações do karma — pelo Estado Intermediário, no qual esse poder é natural, e não devido ao mérito adquirido graças à prática do yoga, quando se achava no corpo humano.

Meru.[15] Ou podes chegar instantaneamente a qualquer lugar que desejares; tens o poder de ali chegar no tempo que um homem leva para abrir ou fechar a mão. Esses vários poderes de ilusão e de mudança de forma, não desejes, não desejes.[16]

Não há nenhum [desses poderes] que podes desejar que não possas mostrar. A habilidade para exercê-los livremente existe agora em ti. Saibas disso, e ora ao guru.

Ó nobre filho, "Visível aos olhos celestiais puros de igual natureza" significa que aqueles [seres] de igual natureza, sendo de constituição [ou nível de conhecimento] semelhante no Estado Intermediário, se verão individualmente uns aos outros.[17] Por exemplo, aqueles seres destinados a nascer entre os devas se verão uns aos outros [e assim por diante]. Não te enlouqueças por eles [aos quais vês], mas medita sobre o Compassivo.

"Visível aos olhos celestiais puros" significa que os devas, tendo nascido [puros] em virtude do mérito, são visíveis aos olhos celestiais puros daqueles que praticam *dhyāna*. Estes não os verão sempre: quando mentalmente concentrados [neles] eles veem [os *devas*], quando não, eles não [os] veem. Às vezes, mesmo quando praticando *dhyāna*, estão sujeitos a se distraírem [e a não vê-los].[18]

---

15. Ver pp. 167-170 sobre a Cosmografia.

16. Os mais evoluídos entre os lamas ensinam os discípulos a não se esforçarem para obter poderes psíquicos dessa natureza em benefício próprio; isso porque, enquanto o discípulo não estiver moralmente apto para usá-los sabiamente, esses poderes se tornam um sério impedimento ao seu desenvolvimento espiritual superior: enquanto a natureza inferior ou passional do homem não estiver completamente vencida, ele não estará seguro para usá-los.

17. Além dos olhos humanos com sua visão limitada, os lamas afirmam que existem cinco tipos de olhos: (1) Olhos do Instinto (ou Olhos da Carne), como os dos pássaros e dos animais carniceiros, que, na maioria dos casos, têm alcance de visão superior ao do homem; (2) Olhos Celestiais, como os dos *devas*, capazes de ver o mundo humano tão bem como veem o próprio mundo, e os nascimentos passados e futuros dos seres em ambos os mundos através de muitas vidas; (3) Olhos da Verdade, como os olhos dos Boddhisattvas e Arhants, capazes de ver através de centenas de períodos de mundo (ou *kalpas*) passados e futuros; (4) Olhos Divinos dos Boddhisattvas, mais altamente avançados, capazes de ver através de milhões de períodos de mundo (ou *kalpas*) que passaram e dos que virão; e (5) Olhos de Sabedoria dos Budas, capazes de ver de igual modo através da eternidade.

18. Normalmente, os devas só podem ser vistos quando a visão clarividente é induzida por *dhyāna*, ou quando ela existe naturalmente em certos seres dotados de clarividência e dirigida ao mundo dos *devas*; no entanto, às vezes esses seres aparecem inesperadamente. O *Tripitaka*, como a literatura canônica do budismo do Norte, está repleto de visões e visitações inesperadas de *devas*, do mesmo modo que a literatura sagrada cristã e muçulmana está repleta de toda uma tradição relativa a anjos.

Características da Existência no Estado Intermediário

Ó nobre filho, o possuidor desse tipo de corpo verá lugares [familiarmente conhecidos no plano terreno] e parentes [ali] tal como um vê o outro nos sonhos.

Vês teus parentes e conhecidos e conversas com eles, mas não recebes respostas. Então, vendo-os e à tua família chorarem, pensas "Estou morto! Que farei?" e sentes grande dor, exatamente como um peixe atirado fora [da água] sobre vermelhas brasas ardentes. Essa dor estarás sentindo agora. Porém sentir-te aflito não te servirá para nada. Se tens um guru[19]divino, ora a ele. Ora à Divindade Tutelar, ao Compassivo. Mesmo que te sintas apegado aos teus parentes e conhecidos, isso não te fará bem. Portanto, não te apegues. Ora ao Senhor Compassivo; não terás nenhum pesar, ou terror, ou temor.

Ó nobre filho, quando fores levado [de um lado para outro] pelo vento incessante do karma, teu intelecto, não tendo objeto sobre o qual se suster, será como uma pluma lançada ao ar pelo vento, montando num cavalo de sopro.[20] Incessante e involuntariamente, estarás errando. A todos aqueles que estão chorando [dirás]: "Eu estou aqui; não chorem". Mas como eles não te ouvem, pensarás: "Estou morto!". E outra vez, nesse momento, estarás sentindo muita dor. Não te aflijas dessa maneira.

Haverá uma luz cinza semelhante ao crepúsculo, seja de noite ou de dia, todo o tempo.[21]Nesse tipo de Estado Intermediário, estarás por uma, duas, três, quatro, cinco, seis ou sete semanas, até o quadragésimo nono dia.[22] É geralmente dito que os sofrimentos do *Sidpa Bardo* são provados por cerca de 22 dias: mas, devido à influência determinante do karma, um período fixo não pode ser garantido.

---

19. Referência a um guru sobre-humano da Ordem Divyaugha (ver Adendo, p. 324).

20. Como o vento incessante, o karma está sempre em movimento, e o intelecto, sem o suporte do corpo humano, é seu brinquedo.

21. Os *yogues* explicam isso dizendo que, no corpo *Bardo*, que é um corpo de desejo nascido da mente e privado do sistema nervoso do plano terrestre, a luz do Sol, da Lua e das estrelas não é visível ao morto. Somente a luz natural da natureza (referida pelos alquimistas medievais e pelos místicos como "luz astral") pode ser vista no estado do pós-morte; essa "luz astral" é dita estar universalmente difundida através do éter — como a luz do crepúsculo na Terra, porém suficientemente brilhante aos olhos dos seres etereamente constituídos no *Bardo*. (Cf. p. 196, n. 30).

22. Ver nossa Introdução, p. 118

Ó nobre filho, nesse momento, o cruel vento do karma, terrível e duro de suportar, te levará [para adiante], de trás, com horríveis rajadas. Não o temas. Trata-se de tua própria ilusão. Uma densa e terrificante escuridão aparecerá diante de ti continuamente, e do meio dela virão terríveis expressões como "Abate! Mata!"[23] e ameaças semelhantes. Não as temas.

Em outros casos, de pessoas de muito mau karma, *rakṣḥasas* [ou demônios] comedores de carne, produzidos carmicamente, portando várias armas, gritarão "Abate! Mata!", e assim por diante, causando pavoroso tumulto. Eles virão sobre a pessoa como disputando entre si qual [deles] deve agarrá-la. Aparições ilusórias, de ser perseguido por vários animais carniceiros, também surgirão. Neve, chuva, escuridão, rajadas [de vento] e alucinações de ser perseguido por muitas pessoas, igualmente virão; [e] sons como de montanhas que desabam e de bravios mares inundando, e do fogo turbulento e de furiosos ventos, advirão.[24]

Quando esses sons surgirem, a pessoa, aterrorizada por eles, fugirá em todas as direções, sem se preocupar para onde. Mas o caminho será obstruído por três espantosos precipícios — branco, negro e vermelho. Serão profundos e aterrorizantes, e a pessoa se sentirá como se estivesse prestes a despencar neles. Ó nobre filho, eles não são realmente precipícios; são a Ira, a Luxúria e a Estupidez.[25]

Reconhece nesse momento que isso é o *Sidpa Bardo* (no qual estás). Invocando, pelo nome, o Compassivo, ora fervorosamente, assim: "Ó Senhor

---

23. O habitante do *Bardo*, devido aos efeitos kármicos do egoísmo quando vivia no mundo humano, acha-se obcecado pela crença de que todos os seres do *Bardo* são seus inimigos; daí ele ter essas terríveis alucinações, como num pesadelo. (Cf. p. 250.)

24. Em *As Seis Doutrinas*, tratado sobre a aplicação prática de vários yogas, traduzido por nós do original tibetano, há uma passagem paralela que amplia esses ditos, da seguinte maneira: "Se o Caminho não for encontrado durante o Segundo *Bardo* (isto é, durante o *Chönyid Bardo*), então quatro sons chamados 'sons que inspiram temor' [serão ouvidos]: da força vital do elemento terra, um som como o desmoronar de uma montanha; da força vital do elemento água, um som como o encapelar das ondas do oceano [agitadas pela tempestade]; da força vital do elemento fogo, um som do incêndio na floresta; da força vital do elemento ar, um som como o de milhares de trovões reverberando simultaneamente". Aqui estão descritas as resultantes psíquicas do processo desintegrante chamado morte, que afeta os quatro elementos mais rudes, componentes do agregado do corpo humano; o elemento éter não é mencionado, já que apenas nesse elemento — isto é, no corpo etéreo ou do *Bardo* — o princípio da consciência continua a existir. (Cf. p. 197 n. 33.)

25. Os precipícios são ilusões kármicas, simbolizando as três paixões más; cair neles significa entrar num ventre antes do renascimento. (Ver p. 228 n. 138.)

Compassivo, e meu Guru, e a Preciosa Trindade, não sofrais por eu [fulano de tal] cair nos mundos infelizes". Age de modo a não te esqueceres disso.

Outros que acumularam méritos e se devotaram sinceramente à religião provarão vários prazeres deliciosos e plena felicidade e paz. Porém, aquela classe de seres neutros que não fizeram jus ao mérito nem criaram mau karma não sentirão prazer nem dor, mas uma espécie de monótona estupidez de indiferença. Ó nobre filho, o que quer que venha dessa maneira — quaisquer que sejam os deliciosos prazeres que possas vivenciar — não te deixes atrair por eles; não enlouqueças [por eles]: "Que o Guru e a Trindade sejam honrados [com esses prazeres advindos do mérito]". Abandona as afeições excessivas e os anseios.

Mesmo que não sintas prazer, ou dor, mas somente indiferença, mantém teu intelecto no estado de não distração do [de meditação sobre o] Grande Símbolo, sem pensar que estás meditando.[26] Isso é de enorme importância.

Ó nobre filho, nesse momento, nas cabeceiras de ponte, em templos, junto a *stūpas* de oito tipos,[27] descançarás por um momento, mas não serás capaz de permanecer ali por muito tempo, pois teu intelecto foi separado do teu corpo [do plano terreno].[28] Devido a essa incapacidade de demorar-te, te sentirás frequentemente perturbado, irritado e tomado de pânico. Por

---

26. Texto: *bsgom-med-yengs-med* (pronuncia-se *yom-med-yeng-med*) = "não meditação" + "não distração"; trata-se de um estado de concentração mental no qual nenhum pensamento da meditação é permitido que se introduza. É o estado de *samādhi*. Se a pessoa pensa que está meditando, só esse pensamento já inibe a meditação; daí a admoestação ao falecido.

27. Referência aos oito propósitos para os quais um *stūpa* (ou pagode budista) é construído. Para elucidar, citemos dois exemplos: (1) *rnam-rgyal-mchod-rten* (pronuncia-se: *ram-gyal-chöd-ten; mchod-rten* (ou *chorten* = *stūpa*) é aqui traduzível como "objeto de culto" e *rnam-rgyal* como "vitória"; daí esse tipo de pagode ser construído para assinalar uma vitória, isto é, para ser um monumento; (2) *myang-hdas-mchod-rten* (pronuncia-se *nyang-day-chöd-ten*) refere-se a um *stūpa* usado como monumento para fixar o lugar onde um santo ou sábio morreu, ou o lugar do enterro da urna que contém suas cinzas. Outros pagodes são simplesmente estruturas simbólicas — como as cruzes cristãs — erigidas como objetos de adoração ou veneração. No Ceilão, numerosos *stūpas* foram construídos unicamente para abrigar livros sagrados ou relíquias. Os grandes *stūpas* do nordeste da Índia, próximos a Peshawar e em Taxila, abertos posteriormente, continham relíquias ósseas e outros objetos. Dois deles continham pedaços autênticos dos ossos do Buda.

28. Como uma pessoa que viaja sozinha à noite por uma estrada, tendo a atenção voltada para pontos de referência, grandes árvores isoladas, casas, pontes, templos, *stūpas* etc., o falecido, à sua maneira, tem experiências semelhantes quando vagueia pela Terra. Ele será atraído, devido às inclinações kármicas, para os lugares que lhe são familiares no mundo humano; porém, sendo possuidor de um corpo mental ou de desejo, não pode permanecer por muito tempo em nenhum lugar. Como explica nosso texto, ele será levado de um lado para outro pelos ventos dos desejos kármicos, como pluma na ventania.

vezes, teu Conhecedor estará opaco, às vezes furtivo e incoerente. Em consequência disso, este pensamento te ocorrerá: "Ai de mim! Estou morto! Que farei?"; e, por causa desse pensamento, o Conhecedor ficará triste e o coração gélido, e sentirás infinita aflição de tristeza.[29] Visto não poderes permanecer em nenhum lugar e te sentires impelido a prosseguir, não penses em várias coisas, mas permite que teu intelecto permaneça no próprio estado [não modificado].

Quanto à comida, apenas aquela que te foi oferecida deve ser por ti partilhada, e nenhuma outra comida.[30] Quanto aos amigos nesse momento, não há certeza.[31]

Essas são as indicações do corpo mental de estar vagueando pelo *Sidpa Bardo*. Nesse momento, a felicidade ou o infortúnio dependerão do karma.

Verás tua própria casa, os criados, parentes e o [teu] cadáver, e pensarás: "Agora estou morto! Que farei?"; e, oprimido por intenso pesar, este pensamento te ocorrerá: "Oh, daria tudo para possuir um corpo!". E, assim pensando, vaguearás de um lado para outro procurando um corpo.

Mesmo que possas entrar em teu próprio corpo nove vezes — devido ao longo intervalo que passaste no *Chönyid Bardo* —, ele estará congelado no inverno, decomposto no verão ou teus parentes o terão cremado ou enterrado, ou jogado na água, ou dado às aves e animais carniceiros.[32] Logo, não encontrando lugar para entrares, estarás insatisfeito e com a sensação de ser espremido nas fendas e buracos entre rochas e penhascos.[33] A experiência desse tipo de sofrimento ocorre

29. Aqui, é preciso não esquecer que todos os fenômenos terríveis e os infortúnios são inteiramente kármicos. Fosse o discípulo desenvolvido espiritualmente, sua existência no Bardo seria tranquila e feliz desde o início e ele não teria vagueado tanto até aqui. O *Bardo Thodöl* se refere principalmente à pessoa comum e não aos seres humanos altamente desenvolvidos, cuja morte liberta para a Realidade.

30. Como as fadas e os espíritos do morto da crença céltica ou os demônios dos gregos antigos, os habitantes do *Bardo* vivem de essências etéreas invisíveis, que eles extraem tanto dos alimentos que lhes são oferecidos como da reserva geral da natureza. Em *As Seis Doutrinas*, já referidas (p. 265, n. 24), há essa referência aos habitantes do *Bardo*: "Eles vivem de odores [ou de essências espirituais de coisas materiais]".

31. Os amigos podem ou não existir no Estado Intermediário, como na Terra; mas mesmo que existam, são impotentes para neutralizar qualquer mau karma do morto. Este terá de seguir o próprio caminho, segundo assinalado pelo seu karma.

32. Todas as formas conhecidas de disposição de um cadáver são praticadas no Tibete, incluindo a mumificação. (Ver pp. 134-37.)

33. Simboliza a entrada em ventres indesejáveis, como os de seres humanos de natureza semelhante à de animais.

no Estado Intermediário, quando se busca renascimento. Mesmo que buscares um corpo, não obterás nada senão aflição. Afasta o desejo de um corpo; e deixa tua mente permanecer no estado de resignação, e age de modo a permaneceres assim.

Assim posto em confrontação, a pessoa obtém libertação no *Bardo*.

O Juízo

[Instruções para o Oficiante]: Não obstante, pode ser possível que, devido à influência do mau karma, não ocorra o reconhecimento. Então, chama o falecido pelo nome e dize-lhe:

Ó nobre filho, [fulano de tal], ouve: O fato de estares sofrendo assim deve-se ao teu próprio karma; não se deve a nenhum outro: é devido ao teu próprio karma. Por isso, ora fervorosamente à Trindade Preciosa; ela te protegerá. Se não orares nem souberes como meditar sobre o Grande Símbolo ou sobre qualquer divindade tutelar, o Bom Gênio,[34] que nasceu simultaneamente contigo, virá então e contará tuas boas ações [com] seixos brancos, e o Mau Gênio,[35] que nasceu simultaneamente contigo, virá e contará tuas más ações [com] seixos pretos. Em consequência, te sentirás muito espantado, atemorizado e aterrorizado, e tremerás; e tentarás contar mentiras, dizendo: "Não cometi nenhuma ação má".

Então o Senhor da Morte dirá: "Consultarei o Espelho do Karma".

Assim dizendo, ele olhará no Espelho, onde todas as ações boas e más estão nitidamente refletidas.

Mentir não servirá para nada.

Então [uma das Fúrias Executoras de] o Senhor da Morte colocará uma corda em volta do teu pescoço e te puxará adiante; ele cortará a tua cabeça, extrairá teu coração e arrancará teus intestinos, devorará teu cérebro, beberá

34. Texto: *Lhan-chig-skyes-pahi-lha* (pronuncia-se *Lhan-chig-kye-pai-lha*) = "deus (espírito ou gênio bom) nascido simultaneamente", personificação da natureza superior ou divina de um ser humano; popularmente conhecido em siquimês como *Lha-kar-chung*, "Pequeno deus branco".

35. Texto: *Lhan-chig-skyes-pahi-hdre* (pronuncia-se *Lhan-chig-kye-pai-de*), ou seja, "demônio (gênio ou espírito do mal), nascido simultaneamente" personificação da natureza inferior, carnal, do ser humano; conhecido popularmente em siquimês como *Bdud-nag-chung* (pronuncia-se *Düd-nag-chung*), "Pequeno *mārā* (ou demônio) negro".

teu sangue, comerá tua carne e roerá teus ossos.[36] Embora teu corpo seja cortado em pedaços, ele reviverá. A repetição da retalhadura causará intensa dor e tortura.

Mesmo no momento em que os seixos estiverem sendo contados, não te espantes, nem te aterrorizes; não digas mentiras; e não temas o Senhor da Morte.

Teu corpo, sendo um corpo mental, é incapaz de morrer, mesmo decapitado e esquartejado. Na realidade, teu corpo é da natureza do vazio;[37] não precisas ter medo. Os Senhores da Morte[38] são tuas próprias alucinações.

---

36. Essas torturas simbolizam as angústias da consciência do falecido, já que o Juízo, segundo descrito aqui, simboliza o Gênio do Bem em julgamento contra o Gênio do Mal, sendo o Juiz a própria consciência em seu aspecto austero de imparcialidade e amor pela retidão; o Espelho é a memória. Um elemento — o elemento puramente humano — do conteúdo da consciência do falecido apresenta-se e, oferecendo desculpas fracas, tenta apresentar atenuantes às acusações, dizendo: "Devido a tais e tais circunstâncias, tive de fazer assim e assim". Outro elemento do conteúdo da consciência se adianta e diz: "Tu foste guiado por tais e tais motivos, teus atos são de cor negra". Então, alguns dos mais amigáveis desses elementos se levantam e protestam: "Mas tive tal e tal justificativa; e o falecido merece perdão por essas razões". E assim, como os lamas explicam, o Juízo continua. (Cf. pp. 144-46.)

37. Significa que o corpo do desejo ou astral não sofre quaisquer danos físicos. "Como através de uma nuvem, uma espada pode ser cravada no corpo do *Bardo* sem feri-lo" — explicam os lamas. Em outras palavras, é como as formas vistas em sessões de materialização de necromantes e médiuns espíritas.

38. Esses Senhores da Morte são Yama-Rāja e os membros da sua Corte, incluindo, talvez, as Fúrias Executoras. Estas, como Fúrias Atormentadoras, são comparáveis às Eumênides do grande drama de Ésquilo — elementos do conteúdo da própria consciência da pessoa. De acordo com o *Abhidhamma* do budismo do Sul, há mente (sânscrito: *chit*; tibetano: *sems* — pronuncia-se sem) e impulsos da mente (sânscrito: *chittavritti*; tibetano: *sems-hbyung* — pronuncia-se *sems-jung*); os impulsos da mente são as Fúrias. (Cf. pp. 249-50.)

O JUÍZO

(descrito nas pp. 59-60, 144-47, 268-72,328)

"OM MA-ṆI PAD-ME HŪṂ"

O MANTRA DE CHENRAZEE
(descrito na p. 63)

Teu corpo de desejo é um corpo de propensões, e vazio. O vazio não pode ferir o vazio; aquilo que é desprovido de qualidade não pode ferir o que é desprovido de qualidade.

Exceto as próprias alucinações da pessoa, na realidade não existem essas coisas exteriores, como o Senhor da Morte, ou deuses, ou demônios ou o Espírito da Morte Cabeça-de-Touro.[39] Age de maneira a reconheceres isso.

Nesse momento, age de maneira a reconheceres que estás no *Bardo*. Medita sobre o *samādhi* do Grande Símbolo. Se não souberes como meditar, então simplesmente analisa com cuidado a verdadeira natureza daquilo que te está espantando. Na realidade, ele não é formado de coisa alguma, mas é um Vazio, o *Dharma-Kāya*.[40]

Esse Vazio não é da natureza do vazio do nada, mas um Vazio da verdadeira natureza de que te sentes atemorizado, e diante do qual teu intelecto brilha claramente e mais lucidamente: é [o estado da] mente do *Sambhoga-Kāya*.

Nesse estado em que estás existindo, experimentas, com insuportável intensidade, o Vazio e o Brilho inseparáveis — o Vazio, brilhante por natureza, e o Brilho, vazio por natureza, e o Brilho inseparável do Vazio — estado do

39. Texto: *Ragsha-glang-mgo* (pronuncia-se *Ragsha-lang-go*), "Espírito da Morte Cabeça-de-Touro", comumente representado com cabeça de búfalo. A principal divindade tutelar de Gelugpa ou Seita do Chapéu Amarelo, chamada *Jampal Shinjeshed* (tibetano: *Hjam-dpal Gshin-rje-gshed*), que significa "*Jampal* (sânscrito: *Manjusrhī*), o Destruidor do Senhor da Morte (sânscrito: *Yamāntaka*)", é com frequência representada como divindade com a cabeça azul de um búfalo.

40. Ver pp. 121-27.

intelecto primordial [ou não modificado], que é o *Ādikāya*.[41] E o poder deste, brilhando sem obstáculos, se irradiará por tudo; é o *Nirmāna-Kāya*.

Ó nobre filho, escuta-me atentamente. Com o simples reconhecimento dos Quatro *Kāyas*, é certo que obterás a Emancipação em quaisquer Deles. Não te distraias. A linha de separação entre os Budas e os seres sencientes se acha nesse ponto.[42] Esse momento é de grande importância; se te distraíres agora, serão necessários numerosos eones de tempo para saíres[43] do Atoleiro do Sofrimento.

Um ditado, cuja verdade é aplicável, diz:

Num instante, uma notável diferença é criada;

Num instante, a Iluminação Perfeita é alcançada.

Até o momento recém-passado, todo este *Bardo* despontou sobre ti e, contudo, não reconheceste por estares distraído. Por essa razão, sentiste medo e terror. Se te distraíres agora, as cordas da compaixão divina dos Olhos Compassivos se romperão,[44] e irás para um lugar de onde não há libertação [imediata]. Portanto, sê cuidadoso. Mesmo que não tenhas até aqui reconhecido — a despeito de estar em confrontação —, reconhecerás e obterás libertação aqui.

[Instruções ao Oficiante]: Se se tratar de um rude analfabeto que não sabe como meditar, então dize-lhe:

Ó nobre filho, se não sabes como meditar, age de modo a lembrar-te do Compassivo, e do Saṅgha, do Dharma e do Buda, e ora. Pensa em todos esses temores e terríveis aparições como sendo tua própria divindade tutelar ou como o Compassivo.[45] Traze à lembrança o místico nome que te foi dado no momento da tua sagrada iniciação, quando eras um ser humano, e o nome de teu guru, e dize-os ao Rei Justo do[s] Senhor[es] da Morte.[46] Mesmo que caias em precipícios, não sofrerás mal. Evita o temor e o terror.

---

41. Tibetano: *Gowo-nyidku* (sânscrito: *Ādikāya* ["Primeiro Corpo"]), sinônimo de *Dharma-Kāya*.

42. Em virtude do conhecimento da verdadeira natureza da existência *sangsārica* — segundo a qual todos os fenômenos são irreais — os Budas, ou os Perfeitamente Iluminados, são seres totalmente apartados dos seres sencientes não iluminados.

43. Literalmente: "Não haverá tempo em que possas sair".

44. Essa é a tradução literal, significando que os raios de graça ou compaixão de Chenrazee cessarão de surgir.

45. A ideia que se quer exprimir, aqui, é a de que os julgamentos e as atribulações, embora kármicos, funcionam como provas divinas e, assim, sendo para o bem do falecido, deveriam mesmo ser consideradas como tais, isto é, como a divindade tutelar ou como Chenrazee.

46. Essa revelação do nome iniciatório tem como propósito estabelecer relação oculta entre o falecido e o Rei da Morte — isto é, entre o humano e o divino no homem —, muito semelhante à maneira como um franco-maçom se dará a conhecer a outro franco-maçom ao passar-lhe alguma contrassenha secreta.

A Influência do Pensamento, que a Tudo Determina

[Instruções ao Oficiante]: Dize isso; pois, por meio dessa confrontação, apesar da não libertação anterior, a libertação seguramente deve ser obtida[47] aqui. Possivelmente [contudo], a libertação pode não ser obtida mesmo depois dessa confrontação; e, sendo essencial uma atenção fervorosa e contínua, chamando outra vez o falecido pelo nome, fala:

Ó nobre filho, tuas experiências imediatas serão alegrias momentâneas seguidas de dores momentâneas, de grande intensidade, como as [tesas e relaxadas] ações mecânicas das catapultas.[48] Não te apegues o mínimo que seja [às alegrias] nem te desgostes [pelas dores].

Se deves nascer num plano superior, a visão desse plano despontará sobre ti. Teus parentes vivos podem — mediante a dedicação para benefício de ti, morto — sacrificar muitos animais,[49] realizar cerimônias religiosas e

---

47. Literalmente: "será obtida".

48. Isto é, num dado momento, o bom karma será operativo e elevará o falecido a um estado espiritual da mente, e, num outro momento, o mau karma, tornando-se predominante, o falecido será precipitado na depressão mental. O operador da catapulta é o karma, que a estica até o limite e então, alternadamente, solta-o.

49. É dito que, cada vez que um animal é sacrificado — provavelmente para depois servir de alimento —, o falecido é incapaz de escapar ao resultado kármico se o sacrifício é feito em seu nome, de tal modo que os horrores o acometem diretamente. Ele apela para os vivos para que cessem, mas, como estes não o escutam, ele tende a se encolerizar; a cólera é o que deve evitar a todo custo, pois se ele se elevar ao plano do *Bardo* ela, como pesado fardo, o forçará a descer ao estado mental mais inferior chamado Inferno. O sacrifício de animais para os mortos, tanto no Tibete como na Índia, teve origem nos tempos antigos, muito antes do aparecimento do budismo, que, naturalmente, o proíbe. A sobrevivência dessa prática persistiu no Tibete, mas sem a aprovação dos lamas, como o nosso texto claramente atesta.

Se é praticado hoje, é apenas raramente pelos povos rústicos dos distritos remotos, que são budistas só de nome.

À exceção dos *yogues* ou lamas ávidos do mais alto desenvolvimento espiritual — com o qual os carnívoros são considerados incompatíveis —, os tibetanos, sendo conhecidos comedores de cadáveres de animais, como os brâmanes da Caxemira (que, consequentemente, não são reconhecidos como brâmanes pelos autênticos brâmanes da Índia), justificam essa prática alimentar com base nas necessidades climáticas e econômicas. Embora o Tibete seja pobre em cereais, legumes e frutas, esta parece ser uma desculpa inconsciente para disfarçar uma predisposição racial, herdada dos ancestrais nômades e pastores. Mesmo no Ceilão, onde não há nenhuma desculpa para os budistas desobedecerem ao preceito da proibição da carne, esse hábito já teve rápido progresso desde o advento do cristianismo, o qual, à diferença do budismo, infelizmente não ensina a benevolência em relação aos animais como princípio religioso, sendo o próprio São Paulo da opinião de que Deus não se importa com o gado (1Cor. 9.9). Não obstante, no Monte Sagrado de Mihintale, no Ceilão, ainda existe, como testemunho de um budismo mais puro, o antigo edito, gravado numa laje de pedra, que proíbe — como os editos de Asoka — a matança de qualquer animal, tanto para sacrifício como para alimentação.

dar esmolas. Devido ao fato de tua visão não estar purificada, podes estar inclinado a sentir muito ódio pelas ações deles e ocasionar, nesse momento, teu nascimento no Inferno: o que quer que aqueles deixados para trás estejam fazendo por ti, faze com que o ódio não surja em ti, e medita também com amor por eles.

Além disso, mesmo que te sintas apegado aos bens mundanos que deixaste para trás, ou, porque vês esses bens na posse de outras pessoas e sendo usufruídos por elas, se te sentires apegado a eles por fraqueza, ou sentires ódio pelos teus herdeiros, esse sentimento afetará o momento psicológico de tal modo que, mesmo que estivesses destinado a nascer nos planos superiores e mais felizes, serias obrigado a nascer no Inferno, ou no mundo dos *pretas* [ou espíritos infelizes]. Por outro lado, mesmo que te sintas apegado aos bens mundanos deixados para trás, não poderás possuí-los, e eles não terão utilidade para ti. Portanto abandona a fraqueza e o apego por eles, rejeita-os inteiramente; renuncia a eles de coração. Não importa quem possa estar usufruindo dos teus bens mundanos, não tenhas sentimento de avareza, mas estejas preparado para renunciar a eles voluntariamente. Pensa que estás oferecendo-os à Preciosa Trindade e ao teu guru, e permanece no sentimento de desapego, privado de fraqueza [de desejo].

Ademais, quando alguma récita do mantra *Kamkanī*[50] estiver sendo feita em teu favor como rito fúnebre, ou quando qualquer rito para a absolvição do mau karma, responsável por ocasionar teu nascimento nas regiões inferiores, estiver sendo realizado por ti e conduzido de maneira incorreta, entremeado de sono, distração e não observância dos votos e falta de pureza [por parte de algum oficiante], e se tais coisas indicarem leviandade — coisas que poderás ver já que estás dotado com limitado poder kármico de presciência[51] —, podes sentir falta de fé e total descrença [por tua religião]. Poderás notar qualquer temor ou espanto, quaisquer ações obscuras, conduta irreligiosa e rituais

50. É crido que esse mantra tem o poder mágico de transmutar tanto o alimento sacrificial dos mortos como de torná-lo aceitável para eles.

51. Em sua totalidade, esse poder de presciência inclui conhecimento do passado, do presente e do futuro, as habilidades de ler o pensamento dos outros, assim como a clara compreensão da própria capacidade e limitações da pessoa. Somente os seres altamente desenvolvidos, por exemplo os adeptos do yoga, desfrutam desse poder completo de presciência. No plano do *Bardo* — diferente do mundo humano —, cada ser, em virtude da libertação dos empecilhos do corpo físico grosseiro, tem certo grau de poder, como o texto deixa claro.

incorretamente recitados.[52] Em tua mente podes pensar: "Ai de mim! eles estão, de fato, me trapaceando". Assim pensando, te sentirás extremamente deprimido e, com grande ressentimento, cairás na descrença e na perda da fé, em vez de afeição e humilde confiança. Afetando isso o momento psicológico, certamente nascerás num dos miseráveis estados.

Tal [pensamento] não só não será útil para ti, mas te fará grande mal. Por mais incorreto que seja o ritual e por mais imprópria que seja a conduta dos sacerdotes que realizam teus rituais fúnebres, [pensa]: "Qual! Meus próprios pensamentos devem estar impuros! Como é possível que as palavras do Buda estejam incorretas? É como o reflexo das desonras em minha própria face que vejo num espelho; meus próprios pensamentos devem [de fato] estar impuros. Quanto àqueles [isto é, os sacerdotes], o Saṇgha é corpo deles, o Dharma a palavra deles, e na mente eles são o Buda na realidade: Buscarei refúgio neles".

Assim pensando, põe tua confiança neles e pratica um amor sincero por eles. Então, o que quer que seja feito para ti [por aqueles] deixados para trás reverterá na verdade em teu benefício. Por conseguinte, o exercício desse amor é de muita importância; não te esqueças disso.

Ademais, se tivesses de nascer num dos estados miseráveis e a luz desse estado miserável brilhasse sobre ti, e se teus herdeiros e parentes realizassem ritos religiosos brancos[53] não mesclados a más ações, e os abades e sacerdotes instruídos se dedicassem de corpo, palavra e mente ao cumprimento dos corretos rituais meritórios, o deleite do teu sentimento grandemente animado ao vê-los, por sua própria virtude, afetaria o momento psicológico de tal modo que, mesmo que merecesses um nascimento nos estados infelizes, ocasionaria teu nascimento num plano superior e mais feliz. Não deves [por conseguinte] alimentar pensamentos ímpios, mas praticar afeição pura e humilde fé para com todos, imparcialmente. Isso é de grande importância. Portanto, sê extremamente cuidadoso.

Ó nobre filho, resumindo: não dependendo teu presente intelecto no Estado Intermediário de nenhum objeto firme, sendo de pouco peso e estando em contínuo movimento, qualquer pensamento que te ocorrer agora — seja pio ou ímpio — exercerá grande poder; por isso, não penses em tua mente em coisas

52. Isto é, medo, espanto, atos impróprios, ou descuido por parte de qualquer pessoa que esteja conduzindo os ritos fúnebres.

53. "Branco" em oposição a "negro" (como na magia negra ou na feitiçaria).

ímpias, mas lembra-te de algum exercício devocional, ou (se não foste acostumado a tais exercícios), [demonstra] afeição pura e fé humilde; ora ao Compassivo, ou às tuas divindades tutelares; com plena resolução, dize esta prece:

> Ai de mim! Quando perambular sozinho, separado dos amigos queridos,[54]
> Quando o corpo refletido, vazio de minhas próprias ideias mentais, despontar sobre mim,
> Que os Budas, concedendo seus poderes de compaixão, Permitam que não haja medo, temor ou terror no Bardo.
> Quando experimentar sofrimentos, devidos ao poder do mau karma,
> Que as Divindades Tutelares dissipem os sofrimentos.
> Quando reverberarem os mil trovões do Som da Realidade,
> Que todos eles sejam sons das Seis Sílabas.[55]
> Quando o karma continuar, sem que haja nenhum protetor,
> Que o Compassivo me proteja, eu rogo.
> Quando sentir os infortúnios das propensões kármicas aqui,
> Que a radiância da clara luz feliz do *samādhi* brilhe sobre mim.

Uma oração mais sincera nessa forma será, para ti, um guia seguro; podes ficar seguro de que não serás enganado. Isso é de grande importância: por meio dessa recitação, outra vez vem a recordação; e o reconhecimento e a libertação serão alcançados.

A Aurora das Luzes dos Seis *Lokas*

[Instruções ao Oficiante]: Não obstante — embora esta [instrução] seja repetida tão frequentemente —, se o reconhecimento for difícil, devido à influência do mau karma, grande benefício advirá da repetição dessas confrontações muitas vezes. Uma vez mais, [então], chama o falecido pelo nome, e dize-lhe:

Ó nobre filho, se fostes incapaz de apreender o acima [exposto], doravante o corpo da vida passada se tornará mais e mais obscuro e o corpo da vida futura se tornará mais e mais claro. Entristecido por isso [pensarás]: "Oh, que misérias estou sofrendo! Agora, seja qual for o corpo que me couber, irei e buscarei [o corpo]".

54. Cf. a seguinte passagem do *Orologium Sapientiae*, edição de Comper (p. 119): "Onde está agora a ajuda dos meus amigos? Onde estão agora as boas ordens de nossos parentes e dos outros?".

55. Ver p. 251, n. 194.

Assim pensando, irás de um lado para o outro, incessante e distraidamente. Então brilharão sobre ti as luzes dos Seis *Lokas sangsāricos*. A luz desse lugar no qual vais nascer, pelo poder do karma, brilhará mais proeminentemente.

Ó nobre filho, escuta. Se desejas saber o que são essas seis luzes: brilhará sobre ti uma opaca luz branca do mundo do *Deva*, uma opaca luz verde do mundo do *Asura*, uma opaca luz amarela do mundo Humano, uma opaca luz azul do mundo do Bruto, uma opaca luz vermelha do mundo do *Preta*, e uma luz cor de fumaça do mundo do Inferno.[56] Nesse momento, pelo poder do karma, teu próprio corpo tomará a cor da luz do lugar onde vais nascer.

Ó nobre filho, a arte especial desses ensinamentos é de particular importância neste momento: seja qual for a luz que brilhar sobre ti agora, medita sobre ela como sendo o Compassivo; seja de onde for que a luz venha, considera isso [esse lugar] como sendo o [ou existindo no] Compassivo. Essa é uma arte sumamente profunda; e poderá impedir o renascimento. Ou, qualquer que seja a tua divindade tutelar, medita por muito tempo sobre sua forma, como sendo aparente mas não existente na realidade, como forma produzida por um mágico. É a chamada forma ilusória pura. Então deixa que a [visualização da] divindade tutelar se desfaça de um extremo a outro, até que dela nada mais permaneça visível; e põe-te no estado da Claridade e do Vazio[57] — o que não podes conceber como alguma coisa —, e fica nesse estado por algum tempo. De novo, medita sobre a divindade tutelar; de novo, medita sobre a Clara Luz: faze-o alternadamente. A seguir, permite que teu próprio intelecto também se desfaça gradualmente,[58] de um extremo a outro. Onde quer que o éter[59] penetre, penetra a consciência; onde quer que a consciência penetre, penetra o *Dharma-Kāya*. Fica tranquilamente no estado não criado do *Dharma-Kāya*. Nesse estado, o nascimento será impedido e a Perfeita Iluminação será alcançada.

---

56. Aqui, como antes (ver p. 227, n. 136), o manuscrito contém erros. Ele apresenta as luzes do seguinte modo: branca, para o mundo do *Deva*; vermelho, para o do *Asura*; azul, para o Humano; verde, para o Bruto; amarelo, para o *Preta*; e cor de fumaça para o mundo do Inferno. O erro, aparentemente por parte do copista do manuscrito, foi corrigido pelo tradutor.

57. Esta expressão, "a Claridade e o Vazio" das instruções seguintes, parece sinônimo de "Clara Luz" ou de "Clara Luz e Vazio".

58. Esse processo corresponde aos dois estágios do *samādhi*: o estado de visualização e o estado de perfeição (ver p. 222, n. 115).

59. Texto: *nam-mkhah* (pronuncia-se *nam-kha*); sânscrito: *Ākāsha*, "éter" ou "céu".

PARTE II

O Processo do Renascimento

O Fechamento da Porta do Ventre

[Instruções ao Oficiante]: De novo, se por grande fraqueza nas devoções e falta de familiarização, a pessoa for incapaz de compreender, a ilusão pode triunfar e a pessoa peregrinará pelas portas dos ventres. A instrução para o fechamento das portas do ventre é muito importante: chama o falecido pelo nome e dize-lhe:

Ó nobre filho, se não entendeste o acima [exposto], neste momento, devido à influência do karma, terás a impressão tanto de estares subindo ou movendo-te ao longo de uma superfície, ou descendo. Por isso, medita sobre o Compassivo. Lembra-te. Então, conforme foi dito acima, rajadas de vento, lufadas glaciais, tempestades de granizo, escuridão e a impressão de ser perseguido por muita gente te acometerão. Ao fugir delas [das alucinações], os não dotados de karma meritório terão a impressão de fugir para lugares de sofrimento; os dotados de karma meritório terão a impressão de chegar a lugares de felicidade. Por isso, ó nobre filho, em qualquer continente ou lugar onde devas nascer, os sinais desse lugar de nascimento brilharão sobre ti.

Para esse momento, há diversos ensinamentos vitais profundos. Ouve atentamente. Mesmo que não tenhas apreendido com as confrontações anteriores, aqui [conseguirás, pois] mesmo aqueles que são muito fracos em devoções reconhecerão os sinais. Portanto, escuta:

[Instruções ao Oficiante]: Agora é muito importante empregar os métodos de fechamento da porta do ventre. Portanto, é necessário tomar o maior cuidado. Há dois modos [principais] de fechamento: impedindo o ser que entraria de entrar e fechando a porta do ventre pela qual ele pudesse entrar.

Método para Impedir a Entrada num Ventre

As instruções para impedir o ser de entrar são assim:

Ó nobre filho (fulano de tal), quem quer que tenha sido tua divindade tutelar, medita tranquilamente sobre ela — como sobre o reflexo da Lua na água, aparente mas não existente [como Lua], como uma ilusão magicamente produzida. Se não tens tutelar especial, medita ou sobre o Compassivo Senhor ou sobre mim; e, com isso em mente, medita tranquilamente.

Depois, fazendo com que a [forma visualizada da] divindade tutelar se desfaça de um extremo ao outro, medita, sem qualquer formação de pensamento, sobre a Clara Luz vazia. Essa é uma arte muito profunda; em virtude dela, não se entrará num ventre.

Primeiro Método Para Fechar A Porta Do Ventre

Medita dessa maneira; mas, mesmo que isso seja inadequado para te impedir de entrar num ventre, e se te encontras prestes a entrar num, então há o profundo ensinamento para fechar a porta do ventre. Escuta-o:

Quando, neste momento, ai, o *Sidpa Bardo* está raiando sobre ti, Tendo em mente uma única resolução,
Persiste em juntar-te à corrente do bom karma;[60]
Fecha a porta do ventre, e lembra-te da oposição.[61]
Este é um momento em que o fervor e o amor puro são necessários;
Abandona a inveja, e medita sobre o Guru Pai-Mãe.

Repete isso com tua própria boca, nitidamente; e relembra o significado vividamente, e medita sobre isso. Pôr isso em prática é essencial.

---

60. Para obter resultados, o mérito acumulado, nascido das boas ações realizadas na vida terrena, deve ser operante, isto é, precisa estar vinculado à existência do falecido no *Bardo*.

61. Normalmente, a existência no *Bardo* sempre tende a levar o morto de volta ao nascimento. Isso se deve às propensões ou inclinações kármicas, que são a oposição, as forças que se opõem à Iluminação do estado de Buda. Daí o falecido precisar opor-se a essa tendência inata com toda a ajuda disponível.

A significação do ensinamento anterior, "Quando neste momento, o *Sidpa Bardo* está raiando sobre ti", é que então estás vagueando no *Sidpa Bardo*. Como sinal disso, se olhares na água, ou em espelhos, não verás reflexo de tua face ou corpo; nem teu corpo projetará qualquer sombra. Descartastes agora teu corpo material rude de carne e osso. Esses são os indícios de que estás vagueando no *Sidpa Bardo*.

Nesse momento, deves formar, sem distração, um único propósito na tua mente. A formação de um único propósito é muito importante agora. É como orientar a marcha de um cavalo pelo uso das rédeas.

Tudo o que desejares se passará. Não penses em más ações que poderiam desviar o curso [da tua mente]. Relembra tua relação [espiritual] com o leitor deste *Bardo Thodöl*, ou com qualquer um daqueles de quem recebeste ensinamentos, iniciação ou autorização espiritual para ler textos sagrados no mundo humano; e perservera em seguir com bons atos: isso é mesmo essencial. Não te distraias. A linha limite entre a ascensão e a queda passa por aqui. Se te deixares levar pela indecisão, mesmo que por um segundo, terás de sofrer tormentos por longo tempo. Eis o momento. Mantém-te firme num único propósito. De maneira resistente, junta-te à corrente das boas ações.

Chegaste agora ao momento de fechar a porta do ventre. "Este é um momento em que o fervor e o amor puro são necessários", o que significa que é chegada a hora em que, antes de qualquer outra coisa, a porta do ventre deve ser fechada, e para isso há cinco métodos. Tem isso bem no coração.

Segundo Método Para Fechar A Porta Do Ventre

Ó nobre filho, neste momento terás visões de homens e mulheres em união. Ao vê-los, lembra-te de evitar entrares entre eles. Estima o pai e a mãe como teu Guru e a Divina Mãe,[62] medita sobre eles e curva-te ante eles; exerce humildemente tua fé; oferece adoração mental com grande fervor; e determina-te a solicitar [deles] orientação religiosa.

Com essa única determinação, o ventre certamente deve ser fechado; porém, se, mesmo assim, ele não se fechar, e estiveres prestes a entrar nele, medita sobre o Divino Guru Pai-Mãe,[63] assim como sobre qualquer divindade

62. "O Pai e Mãe" são o homem e a mulher vistos em união. O guru é o espiritual ou celestial, e não o guru humano. Já a Divina Mãe é a *shakti* do guru.

63. Isto é, o guru com sua *shakti*, como já foi dito.

tutelar, ou sobre o Tutelar Compassivo e sua *shakti*; e, meditando sobre eles, adora-os com oferendas mentais. Determina-te fervorosamente a solicitar [deles] um favor. Com isso, a porta do ventre deve ser fechada.

Terceiro Método Para Fechar A Porta Do Ventre

Se ainda assim ela não se fechar, e estiveres prestes a entrar no ventre, o terceiro método de repelir o apego e a repulsa é mostrado a ti com estas palavras:

Há quatro tipos de nascimento: nascimento pelo ovo, nascimento pelo ventre, nascimento sobrenatural[64] e nascimento pelo calor e pela umidade.[65] Entre esses quatro,[66] o nascimento pelo ovo e o nascimento pelo ventre combinam em caráter.

Como foi dito antes, as visões de homens e mulheres em união aparecerão. Se, nesse momento, alguém entra no ventre por força de sentimentos de apego ou de repulsa, pode nascer ou como cavalo, ou como galinha, ou como cachorro ou como ser humano.[67]

Se [vai] nascer como homem, seu sentimento de ser homem surge no Conhecedor, e é produzido um sentimento intenso de ódio em relação ao pai e de ciúme e atração em relação à mãe. Se [vai] nascer como mulher, seu sentimento de ser mulher surge no Conhecedor, e é produzido um sentimento de intenso ódio pela mãe e de intensa atração e afeto pelo pai. Devido a essa causa secundária — [quando] entrar no caminho do éter, exatamente no momento em que o esperma e o óvulo vão-se unir —, o Conhecedor sente a bem-aventurança do estado de nascer simultaneamente, durante o qual desmaia na inconsciência. [Posteriormente] ele se encontra enclausurado numa forma oval, no estado embrionário e, emergindo do ventre e abrindo os olhos, pode ver-se transformado num cachorrinho. Anteriormente, havia sido ser humano, mas agora se

64. Texto: *brsus-skyes* (pronuncia-se *zu-kye*); sânscrito: *Svayambhū*, "nascimento sobrenatural (ou miraculoso)", por translação ou transferência do princípio de consciência de um *loka* para outro.

65. Referência à germinação de sementes ou germes, ou processo de nascimento no reino vegetal.

66. "O bramanismo reconhece igualmente quatro tipos de nascimento: *svedaja* (umidade ou fermentação), *aṇḍaja* (nascer pelo ovo), *jarāyuja* (nascer pelo ventre) e *udbhijja* (vegetação)" — Sj. Atal Behari Ghosh.

67. Esotericamente, essa passagem significa que, de acordo com o karma, podemos nascer com inclinações peculiares que os vários animais mencionados simbolizam. Platão, em *A República*, emprega símbolos animais de maneira semelhante. (Ver n. 68 na página seguinte.)

transformou num cachorro e está sujeito aos sofrimentos de um canil; ou [talvez] como porquinho numa pocilga, ou como formiga num formigueiro, ou como inseto, ou como verme num buraco, ou como bezerro, ou cabrito ou cordeiro,[68] de cujas formas não há retorno [imediato]. O mutismo, a estupidez e a obscuridade intelectual miserável são provados, e vivenciada uma variedade de sofrimentos. Da mesma maneira, alguém pode vaguear pelo inferno, ou pelo mundo dos espíritos infelizes ou através dos Seis *Lokas*, e suportar penas inconcebíveis.

Aqueles que estão vorazmente inclinados a isso [isto é, à existência *sangsārica*] ou aqueles que no coração a temem — Ó terrível! Ó terrível! Ai de mim! — e aqueles que não receberam ensinamentos de um guru, cairão desse modo nos precipícios profundos do *Sangsāra* e sofrerão interminável e insuportavelmente. Antes que recebas destino semelhante, escuta minhas palavras e leva meus ensinamentos no coração.

Rejeita os ensinamentos de atração ou repulsa, e recorda-te de um método de fechar a porta do ventre que vou te mostrar. Fecha a porta do ventre e lembra-te da oposição. Este é o momento em que fervor e amor puro são necessários. Como foi dito, "Abandona a inveja, e medita sobre o Guru Pai-Mãe".

Como foi explicado antes, se nasceres como homem, sobrevirá para ti a atração pela mãe e a repulsa pelo pai, e, se nasceres como mulher, a atração pelo pai e a repulsa pela mãe, com um sentimento de inveja [por um ou outro]. Para esse momento, há um profundo ensinamento. Ó nobre filho, quando surgirem a atração e a repulsa, medita assim:

"Ai de mim! Que ser de mau karma eu sou! Se vagueei no *Sangsāra* até agora, isso se deve à atração e à repulsa. Se eu continuar sentindo atração e repulsa, então vaguearei num infinito *Sangsāra* e sofrerei no Oceano do

68. Vemos, aqui, o simbolismo animal exposto de maneira bastante análoga à passagem de *A República*, de Platão, que descreve a escolha de corpos animais para a reencarnação seguinte. (Ver n. 67 na página anterior; também pp. 156-58.) A interpretação popular ou exotérica de passagens como essa, em nosso texto (cf. pp. 229, 230-31, 260-61), poderia parecer tão razoável quanto o seria se fosse aplicada a passagens semelhantes em Platão. Além disso, o copista e possivelmente o escritor ou escritores do *Bardo Thodöl* podem ter sido exoteristas e, no mínimo, pretenderam enfatizar em seu texto uma interpretação exotérica, acreditando, como os sacerdotes com frequência acreditam, e como mesmo hoje alguns creem, que as doutrinas atemorizadoras (por exemplo, a doutrina cristã segundo a qual o inferno é uma condição eterna), embora literalmente falsas, são, não obstante, como látegos para manter as mentalidades inferiores alertas e possivelmente mais virtuosas. Apesar disso, para nosso próprio texto (mais ou menos adulterado), assim como para o de Platão, há uma chave esotérica para seu real significado, segundo explicamos em nossa Introdução, pp. 162-63

Sofrimento por longuíssimo tempo, afundando-me nele. Agora não devo agir por atração e repulsa. Ai de mim! Doravante não mais agirei por atração e repulsa".

Meditando assim, determina-te firmemente que manterás isso [a determinação]. Está dito, nos *Tantras*: "A porta do ventre será fechada somente por meio disso".

Ó nobre filho, não te distraias. Mantém tua mente unicamente nessa determinação.

Quarto Método Para Fechar A Porta Do Ventre

De novo, se isso não fechar a porta, e se a pessoa estiver prestes a entrar no ventre, então, por meio de ensinamento [chamado] "O Falso e o Ilusório",[69] o ventre deve ser fechado. Isso deve ser meditado assim:

"Ó, o par, o pai e a mãe, a chuva negra, as tempestades, os sons estrondosos, as terríveis aparições e todos os fenômenos são, em sua natureza, ilusões. Seja de que modo apareçam, não há verdades [neles]; todas as substâncias são irreais e falsas. São como sonhos e aparições; são impermanentes; não têm fixidez. Que vantagem há em estar apegado [a eles]! Que vantagem há em ter medo ou terror deles! Significa ver o não existente como existente. Todos são alucinações da própria mente. A própria mente ilusória não existe desde a eternidade; logo, onde poderiam existir estes [fenômenos] externos?

"Eu, por não haver compreendido essas [coisas] desse modo até agora, tenho considerado o não existente como existente, o irreal como real, o ilusório como concreto, e tenho vagueado há muito no *Sangsāra*. E mesmo agora, se eu não os reconhecer como ilusões, então, vagueando no *Sangsāra* por longas eras, [estarei] certo de cair no atoleiro dos vários sofrimentos.

"De fato, todos esses são como sonhos, como alucinações, como ecos, como as cidades dos Comedores de Odores,[70] como miragens, como formas espelhadas, como fantasmagorias, como a Lua vista na água — que não é real sequer por um momento. Na verdade, eles são irreais; são falsos."

69. Texto: *Bden-ned-sgyu-ma-ltabu* (pronuncia-se *Den-ned-gyu-ma-tabu*), "Não verdadeiro [e] Como ilusão", título de um tratado tibetano sobre a irrealidade dos fenômenos.

70. Texto: *Dri-za* (pronuncia-se *Di-za*), "Comedores de Odores"; sânscrito: *Gandharva*, fadas das mitologias indiana e budista. Suas cidades são nuvens formadas fantasticamente, que se dissolvem na chuva e desaparecem. (Cf. p. 267, n. 30.)

Mantendo-se concentrado nessa disciplina de pensamento, a crença de que eles são reais é dissipada; e, posto que isso fica impresso na continuidade interna [da consciência], a pessoa recua: se o conhecimento da irrealidade ficar impresso profundamente dessa maneira, a porta do ventre será fechada.

Quinto Método Para Fechar A Porta Do Ventre

Se, ainda depois disso, a crença [nos fenômenos] como reais permanecer indissoluta, a porta do ventre não é fechada; se a pessoa estiver prestes a entrar no ventre, então deve fechar a porta do ventre por meio da meditação sobre a Clara Luz, sendo este o quinto [método]. A meditação é feita da seguinte maneira: "Olha! Todas as substâncias são minha própria mente;[71] e essa mente é o vazio, o não criado, o incessante".

Assim meditando, permite que tua mente permaneça no [estado do] não criado — por exemplo, o derramar da água na água. A mente deve ficar na posição mais cômoda, na condição natural [ou não modificada], clara e vibrante. Mantendo esse [estado da mente] relaxado, não criado, as portas do ventre dos quatro tipos de nascimento[72] certamente ficarão fechadas. Medita assim até que o fechamento seja plenamente cumprido.

[Instruções ao Oficiante]: "Muitos e muito profundos ensinamentos para fechar a porta do ventre foram explicados antes. É impossível que não libertem as pessoas de capacidade intelectual mais alta, as de capacidade média e as de capacidade mais baixa. Se perguntarem por que deve ser assim, é porque, em primeiro lugar, como a consciência no *Bardo* tem poder sobrenatural de percepção[73] de tipo limitado, qualquer que seja a coisa dita a alguém, é logo compreendida. Em segundo lugar, porque — embora [antes] surdo ou cego — aqui, neste momento, todas as suas faculdades são perfeitas, e ele pode ouvir o que quer que lhe seja dito. Em terceiro lugar, sendo continuamente

71. Texto: *rNam-shes* (pronuncia-se *Nam-she*): "princípio de consciência"; sânscrito: *Viñana Skandha*. Aqui, o tradutor preferiu seguir o contexto e traduzi-lo como "mente", como sinônimo de "consciência".

72. Como foi mencionado anteriormente, p. 283

73. Texto: *mngon-shes* (pronuncia-se *ngon-she*), que se refere a certos dons de percepção paranormal (sânscrito: *Abhijnā*), seis dos quais são comumente enumerados: (1) visão e (2) audição paranormal; (3) leitura do pensamento; (4) ciência de poderes miraculosos; (5) lembrança de existências anteriores; e (6) ciência da destruição das paixões. Para o falecido comum, esse "poder paranormal de percepção" é limitado (ou esgotável) e operante somente no estado pós-morte, enquanto para um Buda ou um devoto aperfeiçoado em yoga é um dom permanente e ilimitado em todos os planos da consciência.

perseguido por medo e terror, ele pensa "O que é melhor?" e, tornando-se alertamente consciente, sempre ouvirá tudo o que lhe for dito. Uma vez que a consciência está sem suporte,[74] vai imediatamente para qualquer lugar que a mente indicar. Em quarto lugar, é fácil dirigi-la.[75] A memória[76] está nove vezes mais lúcida que antes. Ainda que fosse estúpido [antes], nesse momento, pelas ações do karma, o intelecto se torna extraordinariamente claro e capaz de meditar sobre o que quer que lhe seja ensinado. [Portanto, a resposta é], porque ele [isto é, o Conhecedor] possui essas virtudes.

O fato de os atos de realização dos rituais fúnebres serem praticados com eficácia deve-se, igualmente, a essa razão. Por conseguinte, a perseverança na leitura do Grande *Bardo Thodöl* por 49 dias é de extrema importância. Ainda que não seja libertado numa confrontação, o morto deve ser libertado em outra: essa é a razão da necessidade de tantas confrontações diferentes.

A Escolha da Porta do Ventre

[Instruções ao Oficiante]: No entanto, existem muitas classes daqueles que — mesmo lembrados e instruídos no sentido de concentrarem seus pensamentos — não se libertam, devido à grande força da obscuridade do mau karma, por não estarem acostumados a atos pios, e por estarem muito habituados a atos ímpios através dos éones. Por conseguinte, se a porta do ventre não tiver sido fechada até então, um ensinamento também para a escolha de uma porta do ventre será dado adiante. Agora, invocando a ajuda de todos os Budas e Boddhisattvas, repete o Refúgio; e, outra vez chamando o falecido, pelo nome, três vezes, fala o seguinte:

Ó nobre filho (fulano de tal), escuta. Embora os ensinamentos de confrontação anteriores tenham sido dados de modo concentrado, não obstante tu não os compreendeste. Portanto, se a porta do ventre não foi fechada, está quase na hora de assumir um corpo. Faze tua escolha do ventre [de acordo com] este melhor ensinamento. Escuta atentamente, e tem-no em mente.

---

74. Isto é, sem o corpo do plano humano do qual depender.

75. Literalmente: "Em quarto lugar, girar a boca [do princípio de consciência ou Conhecedor, como a de um cavalo com freio] é fácil".

76. Texto: *dranpa* (pronuncia-se *tanpa*), literalmente, "sequência (ou corrente) de consciência". Normalmente, significa "consciência", "recordação" ou "memória"; sânscrito: *smṛiti*.

Ó nobre filho, agora os sinais e características do lugar de nascimento virão. Reconhece-os. Ao observares o lugar de nascimento, escolhe também o continente.[77]

Se deves nascer no Continente Leste de Lüpah, um lago adornado com cisnes, machos e fêmeas [flutuando nele], será visto. Não vás até lá. Recorda-te da repulsão [por esse lugar].[78] Se fores até lá, [esse] Continente — embora dotado de bem-aventurança e sossego — é daqueles em que a religião não predomina. Por conseguinte, não entres lá.

Se deves nascer no Continente Sul de Jambu, grandes mansões aprazíveis serão vistas. Entra ali, se deves entrar.

Se deves nascer no Continente Oeste de Balang-Chöd, um lago adornado com cavalos, machos e fêmeas [pastando nas margens], será visto. Não vás até lá, mas retorna aqui. Embora haja ali riqueza e abundância, sendo uma terra onde a religião não deve prevalecer, não entres ali.

Se deves nascer no Continente Norte de Daminyan, um lago adornado com bovinos, machos e fêmeas [pastando nas margens], ou árvores [em volta dele], serão vistos. Embora haja ali duração de vida e méritos, não obstante esse Continente também é daqueles onde a religião não predomina. Portanto não entres.

Estes são os sinais [ou visões] premonitórios do renascimento naqueles [Continentes] Reconhece-os. Não entres.[79]

Se vais nascer como *deva*, aprazíveis templos [ou mansões] construídos de vários metais preciosos também serão vistos.[80] Pode-se entrar neles: então, entra neles.

---

77. Na descrição desses continentes que seguem, são dados nomes tibetanos; na nossa Introdução (pp. 169-170), os nomes sânscritos são dados ao longo da descrição complementar.

78. Texto: *rulog*, "rebelião" ou "reação". Lembrando-se da reação, isto é, da atitude mental que impedirá que se entre ali, o falecido estará prevenido.

79. Este parágrafo deslocado no manuscrito, tendo sido copiado como posterior a "serão vistos", no parágrafo imediatamente acima, seguindo nossa versão.

80. A concepção cristã do Céu, como lugar definido, tendo ruas de ouro e paredes de pedras preciosas, provavelmente deve sua origem às crenças pré-cristãs análogas às hinduístas e budistas, relativas ao Céu dos *devas*. O Nirvana tem sido erroneamente chamado de Céu budista: um Céu implica um lugar e fenômenos *sangsāricos*, enquanto o Nirvana é não *sangsārico*, está além de todos os fenômenos, sendo o "não tornado", o "não nascido", conceito esse totalmente estranho ao cristianismo popular ou exotérico e encontrado apenas no cristianismo esotérico, isto é, no gnosticismo, que, muito insensatamente, os concílios do cristianismo exotérico oficialmente repudiaram como sendo "herético".

Se vais nascer como *asura*, tanto uma encantadora floresta como círculos de fogo serão vistos agitando-se em direções opostas. Lembra-te da repulsão; e não entres ali de maneira alguma.

Se vais nascer entre animais,[81] cavernas rochosas, profundos buracos na terra e névoas serão vistos. Não entres ali.

Se vais nascer entre *pretas*, planícies desoladas e sem árvores e cavernas rasas, clareiras na mata e restos de florestas serão vistos. Se fores para ali, renascendo como *preta*, sofrerás vários tormentos de fome e sede. Lembra-te da repulsão; e não vás ali de maneira alguma. Envida grande energia (para não entrares ali).

Se vais nascer no Inferno, canções [como lamentos], devidas ao mau karma, serão ouvidas. [Serás] compelido a entrar ali irresistivelmente. Terras de trevas, casas brancas e negras, buracos negros na terra e escuras estradas por onde terás de ir, aparecerão. Se fores para ali, entrarás no Inferno; e, sofrendo insuportáveis dores de frio e calor, levarás longo tempo para saíres dele.[82] Não vás para o meio dele. Foi dito: "Empenha tua energia ao máximo": isso é necessário agora.

Proteção Contras As Fúrias Atormentadoras

Ó nobre filho, embora não gostes disto, não obstante, sendo perseguido por atormentadoras fúrias kármicas,[83] te sentes compelido a prosseguir; [e com] fúrias atormentadoras pela frente e ceifadores de vida como vanguarda a guiar-te, e escuridão e tornados kármicos, e ruídos e neve e chuva e terríveis tempestades de granizo e redemoinhos de ventos gelados ocorrendo, sobrevirá a ideia de fugir deles.

Mais uma vez, buscando refúgio por causa do medo, [observarás] as já mencionadas visões de grandes mansões, cavernas rochosas, matos e flores de lótus que se fecham [ao entrares nelas]; e escapas ocultando-te dentro [de um desses lugares] e, temendo sair dali, pensas: "Não é bom sair agora".

---

81. Ou, como à página 296 do nosso texto (onde está a chave do esoterismo subjacente nas referências ao nascimento "entre as bestas"), entre os seres humanos "semelhantes à ordem dos brutos".

82. Literalmente, "não haverá tempo [próximo] em que se consiga sair dali". O budismo (e também o hinduísmo) não postula condenação eterna a um estado de inferno, sendo, a esse respeito, mais lógico que a teologia cristã, que, no passado, postulou isso.

83. Texto: *gshed-ma* (pronuncia-se *shed-ma*) = "atormentadoras" ou "tomadoras de vida", aqui usado no sentido de "fúrias atormentadoras". (Cf. p. 269, n. 38.)

E, temendo partir dali, te sentirás fortemente atraído pelo teu lugar de refúgio [que é o ventre]. Temeroso de que, ao saíres dali, o temor e o terror do *Bardo* te acometam, e receando encontrá-los, se te esconderes dentro [do lugar ou ventre escolhido], assumirás por isso um corpo bastante indesejável e provarás vários sofrimentos.

Isso [essa condição] é um indício de que os maus espíritos e *rākshasas* [ou demônios] estão interferindo.[84] Para este momento há um profundo ensinamento. Escuta; considera-o:

Nesse momento — quando as fúrias atormentadoras estiverem perseguindo-te e quando tiveres temor e terror — [visualiza] instantaneamente o Heruka Supremo, Hayagrīva, Vajra-Pāṇi[85] ou [qualquer outra] divindade tutelar se a tiveres perfeita de forma, vasta de corpo, de maciços membros, irada e aterrorizante na aparência, capaz de reduzir a pó todos os espíritos nocivos. Visualiza-a instantaneamente. A onda de dons e o poder de sua graça te apartarão das fúrias atormentadoras e obterás o poder de escolher a porta do ventre. Essa é a arte vital do profundo ensinamento; portanto, mantém-na perfeitamente bem em mente.

Ó nobre filho, o *dhyāni* e outras divindades nasceram do poder do *samādhi* [ou meditação]. *Pretas* [ou espíritos infelizes ou sombras], e espíritos malignos de certas ordens são aqueles que, trocando seu sentimento [ou atitude mental] no Estado Intermediário, assumiram essa nova forma própria que posteriormente conservaram e tornaram-se *pretas*, espíritos maus, e *rākṣhasas*, possuidores do poder de mudar de forma. Todos os *pretas*, que existem no espaço, que atravessam o céu, e as oitenta mil espécies de espíritos nocivos, tornam-se assim ao combinarem seus sentimentos [quando estavam] no corpo mental [no plano do *Bardo*].[86]

---

84. Isto é, interferindo de tal modo a impedir o nascimento ou um bom nascimento.

85. Todas essas três divindades, que aparecem no *Chönyid Bardo* (ver pp. 218, n. 108, 223, n 120, e 238, n. 167), são consideradas particularmente poderosas como exorcizadoras dos maus espíritos.

86. Por ter chegado ao falso conceito de que o Estado Intermediário é um estado desejável ou fixo da existência, todos os habitantes dele — espíritos, *pretas*, demônios e seres humanos falecidos habituam-se ao *Bardo*, retardando sua evolução normal. De acordo com os lamas mais iluminados, sempre que um espírito é invocado, tal como as evocações de espíritos, muito comuns hoje em dia em todo o Ocidente, esse espírito, por meio do contato com este mundo e das crenças animistas tradicionais prevalecentes relacionadas a esse aspecto, firmando-se na ilusão de que o *Bardo* é um estado no qual o progresso espiritual real é possível, não fazem esforço nenhum no sentido de abandoná-lo. O espírito invocado normalmente descreve o *Bardo* (que é preeminentemente o reino da ilusão), do qual é habitante, mais ou menos da mesma maneira como ele supunha ser o além quando estava no corpo carnal. Isso porque, precisamente

Nesse momento, se a pessoa puder lembrar-se [dos ensinamentos] do Grande Símbolo relativo ao Vazio, será melhor. Se não tiver sido instruída para isso, treine os poderes [mentais][87] para [considerar] todas as coisas como ilusão [ou *māyā*]. Mesmo que isso seja impossível, não te deixes atrair por nada. Meditando sobre a Divindade Tutelar, o Grande Compassivo, o estado de Buda será obtido no *Sambhoga-Kāya*.

---

como o sonhador, no mundo humano, vive no estado de sonho as experiências do estado de vigília, assim o habitante do *Bardo* vivencia alucinações que estão de acordo kármico com o conteúdo da sua consciência criado pelo mundo humano. Suas visões simbólicas, como o *Bardo Thodöl* reiteradamente enfatiza, não são senão os reflexos psíquicos das formas-pensamento levadas consigo da vida terrena como depósitos mentais ou sementes de *karma*. (Ver pp. 140-43.) Isso explica por que somente os espíritos muito excepcionais, quando invocados, podem oferecer qualquer filosofia racional concernente ao mundo no qual existem; eles são vistos como meros brinquedos do karma, carecendo de coerência mental e de estabilidade de personalidade. Com muita frequência, são carentes de sentido ou "conchas" psíquicas abandonadas pelo princípio de consciência e que, uma vez em contato com um "médium" humano, são galvanizados numa espécie de vida automática.

É verdade que a invocação de certo tipo de espírito é praticada no Tibete, assim como na Mongólia e na China, por lamas que constituem uma espécie de sacerdotes oraculares e que são consultados sobre importantes problemas políticos, mesmo pelo Dalai Lama. Mas os espíritos invocados são divindades tutelares de uma ordem inferior, chamada "ordem executiva" (em tibetano: *bkah-dod*, que se pronuncia *ka-döt*, ou seja, "aquele que espera as ordens") e jamais se invocam espíritos ou espectros de homens ou mulheres recém-falecidos. Alguns desses *bkahdods*, segundo creem os tibetanos, são espíritos de lamas devotos que não conseguiram obter — frequentemente por praticar a magia negra — iluminação espiritual no mundo humano, ou, de outro modo, como nosso texto descreve aqui, por haverem se desencaminhado do caminho normal de progresso. Assim, em muitos casos, tornaram-se demoníacos, espíritos malignos, cujo progresso foi impedido não por terem sido confinados ao plano terrestre por meio de invocações feitas por "médiuns" logo depois do seu falecimento, mas naturalmente por causa do muito mau karma. Tais *bkahdods*, apresentando-se então normalmente com os espíritos comuns dos mortos, são como demônios obsessivos, considerados capazes de fazer muitos danos mentais e psíquicos ao "médium" não treinado e às pessoas por eles atendidas, com frequência resultando em insanidade e irresponsabilidade moral. Por essas razões, os lamas afirmam que a pesquisa psíquica deve ser conduzida somente por mestres em ciências ocultas ou mágicas, e não indiscriminadamente por uma multidão de pessoas que não são gurus.

Em Siquim, onde foi feita nossa tradução, a necromancia, precisamente como essa que hoje se pratica no Ocidente, foi praticada por inúmeros séculos, e ainda o é. Os Lepchas, descendentes das raças primitivas do Siquim, que ainda formam grande parte da população rural, são em seus cultos como os pele-vermelhas americanos. Devido em grande parte à influência deles, a evocação dos mortos tornou-se amplamente difundida entre os budistas siquimeses, muitos dos quais são de sangue tanto tibetano como lepchiano. Analogamente, no Butão budista, essa evocação de espíritos é comum. No entanto, em ambos os países, os lamas se opõem energicamente, embora sem resultado, a essa prática.

É dito que o retardamento do espírito preso ao *Bardo* pode variar por tempo que vai de quinhentos a mil anos; em casos excepcionais, por eras. No entanto, estando impedido de fugir do *Bardo*, o falecido não pode passar para o reino do paraíso nem renascer no mundo humano. Finalmente, contudo, um ventre será penetrado e termina o *Bardo*.

87. Texto: *rtsal* (pronuncia-se *sal*), "poderes"; em outras partes de nosso texto, *dvang-po* (pronuncia-se *wang-po*), traduzido como "faculdades".

Escolha Alternativa: Nascimento Sobrenatural ou Nascimento no Ventre

No entanto, se, ó nobre filho, devido à influência do karma, tiveres de entrar num ventre, o ensinamento para a escolha da parte do ventre será exposto. Escuta.

Não entres em qualquer tipo de ventre que te aparecer. Se [fores] compelido por fúrias atormentadoras a entrar, medita sobre o Hayagrīva.

Já que agora tens um pequeno poder sobrenatural de presciência, todos os lugares [de nascimento] te serão conhecidos, um após o outro.[88] Escolhe apropriadamente.

Há duas alternativas: a transferência [do princípio de consciência] para um reino de Buda puro e a escolha da porta do ventre *sangsārico* impuro, para serem cumpridas, como segue:

Nascimento Sobrenatural Por Transferência a Um Reino Paradisíaco

No primeiro — a transferência para um paraíso puro —, a projeção é dirigida [por meio de pensamento ou meditação] assim:

"Ai de mim! Quão penoso é o fato de eu, durante inumeráveis *kalpas*, desde tempos ilimitados e sem início, até agora, estar vagueando no Atoleiro do *Sangsāra*. Ó, quão doloroso eu não ter sido libertado para o estado de Buda pelo conhecimento da consciência como sendo o eu!.[89] Agora este *Sangsāra* me

88. Numa série de visões, o Conhecedor ficará a par da sina ou destino associado a cada ventre ou lugar de nascimento visto. Aqui, novamente, nos lembramos do episódio do livro décimo de *A República* de Platão, que descreve um grupo de heróis gregos no outro mundo, escolhendo os corpos para a próxima encarnação.

89. Texto: *rig-pa* ("consciência") + *bdag* (pronuncia-se *dag*, que significa "eu"; sânscrito: *ātmā*). Se nesse contexto considerarmos a "consciência" como a consciência verdadeira ou essencial, isto é, a subconsciência — e esse significado está implícito —, a passagem se acharia diretamente concorde com a psicologia ocidental, a qual, com base em muitos dados acumulados, poderia muito bem postular que o subconsciente, sendo o armazém de todos os registros da memória, desta ou de hipotéticas vidas passadas, é o eu real, o leito por onde passa ininterrupta a corrente do "fluxo da vida", de um estado de existência para outro, e que, quando transmutado pela alquimia da Iluminação Perfeita, torna-se a consciência espiritual, isto é, a consciência de Buda. (Cf. W. Y. Evans-Wentz.*The Fairy Faith in Celtic Countries*. Oxford University Press, 1911, cap. XII.)

Essa opinião está de acordo com os ensinamentos do próprio Buda registrados no *Lonaphala Vagga* do *Anguttara Nikāya*, onde ele expõe o método *yóguico* de recuperar memórias, inato no subconsciente (ver nossa Introdução, pp. 148-9). Sobhita, um dos discípulos de Buda, foi reconhecido pelo próprio Buda como preeminente na "capacidade de relembrar existências anteriores" (cf. *Etadagga*

desgosta, me horroriza, me repugna; é chegada a hora de fugir dele. Agirei de modo a nascer no Reino Oeste Feliz Ocidental, aos pés do Buda Amitābha,[90] miraculosamente no meio de uma flor de lótus".[91]

Pensando assim, dirige a resolução [ou vontade] fervorosamente [para esse Reino]; ou, também, para qualquer Reino que desejares — o Reino Preeminentemente Feliz ou o Reino Densamente Formado, ou o Reino [Daqueles] de Longos Cabelos,[92] ou o Ilimitável Vihāra do Resplendor do Lótus,[93] na presença do Urgyan; ou dirige tua vontade a qualquer Reino que mais desejares, em atenta concentração [da mente].

Ou, se desejares ir à presença de Maitreya, nos Céus de Tuṣḥita,[94] dirigindo uma vontade ardente de maneira igual e pensando: "Irei à presença de Maitreya nos Céus de Tuṣḥitaa, pois a hora soou para mim aqui no Estado Intermediário"; o nascimento será obtido miraculosamente dentro de uma flor de lótus[95] na presença de Maitreya.

Nascimento no ventre: o retorno ao mundo humano

Se, contudo, tal [um nascimento sobrenatural] não for possível, e se te deleitas em entrar num ventre ou se entrares, há um ensinamento para a escolha da porta do ventre do impuro *Sangsāra*. Escuta:

Contemplando com teu poder sobrenatural de previsão sobre os Continentes, como foi descrito antes, escolhe aquele no qual a religião prevalece e entra nele.

Vagga, Anguttara Nikāya), sendo-lhe creditada a habilidade de recordar sistematicamente suas existências passadas através de quinhentos *kalpas; no* mesmo *Vagga*, Buda cita, entre suas discípulas, Bhaddā Kapilānī como sendo preeminente" na habilidade de traçar linhagem de *skandhas* (ou corpos humanos) anteriores".

90. Aqui, como em outras partes deste tratado, o Buda Amitābha deve ser visto não como divindade pessoal, mas como poder ou princípio divino inerente ao, ou que emana do, Reino Feliz Ocidental.

91. Ver n. 95 abaixo.

92. Esse é o Paraíso de Vjara-Pāṇi (ver p. 218, n. 108) e não um Reino de Buda. Se, como parece provável, os "cabelos longos" se referem ao uso de cabelo em "rabichos" à moda chinesa, isso corroboraria a evidência interna de que o nosso texto tomou forma no Tibete, mais que na Índia.

93. Esse é o Reino onde o Grande Guru Padma-Sambhava (aqui chamado Urgyan) reina agora.

94. Maitreya, o próximo Mestre do Mundo Bódhico, vive seus dias nos Céus de Tuṣḥita, onde ele reina como Rei. (Ver p. 211, n. 87.)

95. O nascimento de dentro de uma flor de lótus, nos Céus de Tuṣḥita, como no mundo dos *devas*, esotericamente implica nascimento puro, isto é, sem a entrada num ventre, pois nascer num ventre é considerado nascimento impuro.

Se o nascimento deve ocorrer sobre um acúmulo de Impurezas,[96] uma sensação de suave fragrância te atrairá para essa massa impura e, com isso, o nascimento será obtido.

O que quer que eles [os ventres ou visões] pareçam ser, não os veja como eles são [ou parecem ser]; e, não sendo atraído ou repelido, um bom ventre deve ser escolhido. Aí, também, já que é importante dirigir a vontade, dirige-a assim:

"Ah! Devo nascer como Imperador Universal; ou como um Brāhmin, como grande *shāla*;[97] ou como o filho de um adepto dos poderes *síddhicos*;[98] ou num ramo hierárquico imaculado; ou na casta de um homem pleno de fé [religiosa]; e, nascendo assim, ser dotado de grandes méritos, a fim de poder servir a todos os seres humanos.

Pensando assim, dirige tua vontade, e entra no ventre. Ao mesmo tempo, emite tuas ondas de dons [de graça, ou boa vontade] sobre o ventre em que estás entrando, [transformando-o com isso] numa mansão celestial.[99] E, acreditando que os Conquistadores e seus Filhos [ou Boddhisattvas] das Dez Direções,[100] e as divindades tutelares, especialmente o Grande Compassivo, dotem-no de poder, roga a eles e entra no ventre.

Ao escolher desse modo a porta do ventre, há uma possibilidade de erro: pela influência do karma, bons ventres podem parecer ruins, e ventres ruins podem parecer bons; esse erro é possível. Nesse momento, também, sendo a arte do ensinamento importante, faze o seguinte:

Mesmo que um ventre possa parecer bom, não te deixes atrair; se te parecer ruim, não tenhas repulsão por ele. Ser livre de repulsão e atração, ou da vontade de tomar ou de evitar — entrar no estado de completa imparcialidade —, é a mais profunda das artes. Com exceção somente daqueles poucos que tiveram alguma experiência prática [em desenvolvimento psíquico], é difícil livrar-se dos restos da doença das más inclinações.

---

96. Isto é, o esperma e o óvulo no ventre impregnado.

97. Texto: *sala*, em sânscrito *shāla* (a *shorca robusta*), uma das árvores silvestres de madeira dura da Índia que cresce até atingir grande altura. A palavra tibetana para Brāhmin é *Brāmze* (pronuncia-se *Tāmze*). Os antigos indianos viam a árvore com suas esplêndidas folhagens e belas flores como a melhor das árvores. Para os budistas, ela é santificada pelo nascimento e morte do Iluminado, que ocorreu sob sua sombra protetora.

98. Texto: *grub-pa-thob-pa* (pronuncia-se *dub-pa-thob-pa*); sânscrito *Siddha-purusha*, "iniciado em poderes *síddhicos* (ou yóguicos)".

99. O significado dessa passagem pode, de outro modo, ser exposto assim: por meio do exercício de teus poderes paranormais, visualiza como uma mansão celestial o ventre em que estás entrando.

100. As Dez Direções são os quatro pontos cardeais, os quatro pontos intermediários, o nadir e o zênite.

[Instruções ao Oficiante]: Por conseguinte, se forem incapazes de se livrar da atração e da repulsão, as pessoas de mentalidade mínima e de mau karma estarão sujeitas a buscar refúgio entre os animais.[101] O modo de resistir a isso é tornar a chamar o falecido pelo nome, assim:

Ó nobre filho, se não fores capaz de livrar-te da atração e da repulsão, e não souberes [a arte de] escolher a porta do ventre, quaisquer das visões anteriores que aparecerem, invoca a Trindade Preciosa e busca refúgio [nela]. Ora ao Grande Compassivo. Caminha de cabeça erguida. Conhece a ti mesmo no *Bardo*. Abandona toda fraqueza e repulsão por teus filhos e filhas ou quaisquer parentes que deixaste pra trás; eles não podem ser úteis a ti. Entra na [no Caminho da] Luz Branca dos devas, ou na [no Caminho da] Luz Amarela[102] dos seres humanos; entra nas grandes mansões dos metais preciosos e nos jardins das delícias.

[Instruções ao Oficiante]: Repete essa [oração ao falecido] sete vezes seguidas. Depois devem ser oferecidas: a "Invocação dos Budas e dos Boddhisattvas"; o "Caminho dos Bons Desejos que Protege dos Temores do Bardo"; as "Palavras [ou versos básicos] Fundamentais do *Bardo*"; e o "Salvador [ou Caminho dos Bons Desejos que Salva], das Emboscadas [ou Perigosas Passagens Estreitas do *Bardo*]".[103] Estas devem ser lidas três vezes. O *Tahdol*, que liberta os agregados do corpo,[104] também deve

---

101. Ou, esotericamente, entre ventres de seres humanos semelhantes a animais. (Cf. p. 288, n. 81.)

102. Aqui, em vez de Luz Amarela, o texto contém "Luz Azul", que, evidentemente, como em outros casos anteriores, é um erro de cópia.

103. Essas quatro preces (ou "Caminhos dos Bons Desejos") estão no Apêndice, pp. 299-311.

104. O agregado de um corpo humano vivo, de acordo com alguns sistemas tibetanos de yoga, é composto de 27 partes: (1) os cinco elementos (terra, água, fogo, ar e éter); (2) os cinco *skandhas* (agregado do corpo, agregado da sensação, agregado dos sentimentos, agregado da volição e agregado da consciência); (3) os cinco ares (ar descendente, ar igualador do calor, ar impregnador, ar em movimento ascendente e ar que mantém a vida); (4) os cinco órgãos dos sentidos (nariz, ouvido, olhos, língua, pele); (5) as cinco faculdades (visão, olfato, audição, paladar, percepção, razão), e (6) a mentalidade. Essas 27 partes constituem a personalidade impermanente. Por trás de todas elas está a subconsciência, o Conhecedor, que, ao contrário da personalidade, é o princípio capaz de realizar o Nirvana.

Algumas partes do texto do *Tahdol* são transformadas em *Yantras* (ou talismãs, ver p. 237, n. 166) e presos ao corpo, seja do vivo ou do morto; quando a pessoa morre, são queimados ou enterrados com o cadáver, pois a crença popular alega que a libertação é conferida ao agregado do corpo. A *Astrologia para os Mortos* — obra tibetana que existe em muitas versões, usada para determinar (empregando o momento da morte como base para cálculos astrológicos) o tempo apropriado, o lugar e o método para a disposição do cadáver, bem como o reino do pós-morte para o qual o falecido está destinado, e o país e a condição nos quais ele renascerá sobre a Terra — prescreve esse uso do *Tahdol*.

ser lido. Depois o "Rito que Confere por Si a Libertação em [virtude da] Propensão"[105] também deve ser lido.

Conclusão Geral

Pela leitura correta dessas [orações], os devotos [ou yogues] adiantados no entendimento podem fazer o melhor uso da Transferência[106] no momento da morte. Não precisam passar pelo Estado Intermediário, mas partirão pelo Grande [Caminho] Direto Ascendente.[107] Outros menos exercitados [em coisas espirituais], reconhecendo a Clara Luz no *Chönyid Bardo*, no momento da morte, vão pelo [curso] ascendente. Os inferiores a estes serão libertados de acordo com suas habilidades particulares e relações kármicas — quando uma ou outra das Divindades Pacíficas e Iradas despontar sobre eles, durante as [duas] semanas subsequentes, quando no *Chönyid Bardo*.

Havendo vários pontos decisivos,[108] a libertação deve ser obtida num ou noutro desses pontos por meio do reconhecimento. Mas as pessoas de relação kármica muito fraca, cuja massa de obscuridade é grande [por causa das] más ações, terão de vaguear sempre mais para baixo do *Sidpa Bardo*. Porém, como existem — como os degraus de uma escada — muitos tipos de confrontações [ou relembranças], a libertação deve ser obtida numa ou noutra por meio de reconhecimento. Mas as pessoas de relações kármicas mais fracas, não reconhecendo, caem sob a influência do temor e do terror. Para elas, há vários ensinamentos gradativos para fechar a porta do ventre e para a escolha da porta do ventre; e, num ou noutro desses [ensinamentos], apreenderão o método de visualização e [utilização] das ilimitadas virtudes [dele] para elevar a sua condição. Mesmo a mais inferior delas, assemelhando-se à ordem do animais, poderá — em virtude da utilização do Refúgio — desviar-se da entrada no infortúnio; e, [obtendo] o grande

---

105. Texto: *Chös-spyod-bag-chags-rang-grol* (pronuncia-se *Chö-chod-bag-chah-rang-dol*), título de uma versão metrificada, abreviada do *Bardo Thodöl*, a qual, sendo fácil de memorizar e, consequentemente, recitada à guisa de hábito, é considerada libertadora, pois desse hábito ou propensão adquirida pelo morto supõe-se que este saiba o ritual de memória e que sua leitura o fará recordá-lo e, por conseguinte, o levará à libertação.

106. Ver pp. 189-90.

107. Ver p. 193, n. 18.

108. Ou "passagens estreitas", ou, então, "emboscadas".

[benefício] de um corpo humano perfeitamente dotado e livre,[109] se encontrará, no próximo nascimento, com um guru que é um amigo virtuoso, obtendo os votos [de salvação].

Se essa Doutrina chegar [quando o sujeito estiver] no *Sidpa Bardo*, será como a conexão das boas ações, assemelhando-se [assim] ao lugar de uma calha no [vão de um] escoadouro quebrado: tal é este Ensinamento.[110]

As pessoas de grave mau karma não poderão possivelmente deixar de ser libertadas pela audição desta Doutrina [e pelo reconhecimento]. Se perguntarem a razão, é porque, nesse momento, todas as Divindades Pacíficas e Iradas, estando presentes para receber [o falecido], e os *mārās* e os Interruptores, do mesmo modo vindo a recebê-lo com eles, a simples audição desta Doutrina então dirigirá os propósitos dele e a libertação será obtida; isso porque não conta com a carne e o osso, mas com um corpo mental, [facilmente] afetado. A qualquer distância que estiver vagueando no *Bardo*, o falecido ouvirá e virá, pois ele tem algum sentido de percepção sobrenatural e de presciência; e, relembrando e apreendendo instantaneamente, a mente pode ser modificada [ou influenciada]. Por essa razão, ele [o Ensinamento] é de grande utilidade aqui. É como o mecanismo de uma catapulta.[111] É como o movimento de uma grande viga [ou acha] de madeira que cem homens não conseguem carregar,

---

109. Texto: *dal-hbyor-phun-sum-tshogs-pahi-mi-lüs* (pronuncia-se *tal-jor-phün-sum-tsho-pai-mi-lü*), "um corpo humano perfeitamente dotado e livre"; "livre", aqui, significa liberto das oito servidões: (1) o recurso contínuo do prazer concomitante à existência como um *deva*; (2) o incessante estado de guerra concomitante à existência como um *asura*; (3) o desamparo e a escravidão concomitantes à existência sob condições tais como as prevalecentes no mundo dos animais: (4) os tormentos da fome e da sede concomitantes à existência de um *preta*; (5) os extremos de calor e frio concomitantes à existência no Inferno; (6) a irreligião ou religião pervertida concomitante à existência entre certas raças da humanidade ou (7) os embaraços físicos ou (8) outros concomitantes a certas espécies de nascimento humano.

Para obter um corpo perfeitamente dotado é necessário que se tenha naturalmente fé, perseverança, inteligência, sinceridade e humildade como um devoto religioso, e nascer num tempo em que a religião prevaleça (isto é, quando um Iluminado encarnar ou quando seus ensinamentos forem a força diretriz do mundo), e encontrar, então, um grande guru espiritualmente desenvolvido.

110. Se um dreno se rompe, interrompe-se a continuidade do fluxo de água. O Ensinamento exerce o mesmo efeito da reparação do dreno por meio da inserção de uma calha para conduzir a água através da ruptura (o que simboliza a interrupção do fluxo da consciência pela morte). Desse modo, pelo mérito das boas ações realizadas no mundo humano, o morto será conduzido adiante e a continuidade é restabelecida.

111. Assim como uma catapulta permite dirigir uma grande pedra para determinado alvo ou objetivo, essa doutrina possibilita ao falecido orientar-se para a Meta da Libertação.

mas que, posta a flutuar na água, pode ser conduzida a qualquer lugar que se desejar.[112] É como o controle da boca de um cavalo por meio de rédeas.[113]

Portanto, aproximando-te [do corpo] daquele que abandonou esta vida se o corpo estiver presente —, imprime isto [no espírito do falecido] vividamente, muitas vezes, até que o sangue e a secreção aquosa amarelada comecem a sair das narinas. Nesse momento, o cadáver não deve ser incomodado. As regras a serem observadas para isso [para que a impressão seja eficaz] são: nenhum animal deve ser morto por causa do falecido;[114] nem os parentes devem chorar ou darem lúgubres gemidos perto do corpo do morto;[115] [que a família] cumpra tantos atos virtuosos quantos forem possíveis.[116]

Há outras maneiras, também, de explicar (ao morto ou moribundo) esta Grande Doutrina do *Bardo Thodöl*, bem como quaisquer outros textos religiosos. Se esta [doutrina] for acrescentada ao fim de *Guia*[117] e recitada [com o *Guia*], ela resultará muito eficaz. De outro modo, ainda, ela deve ser recitada tão frequentemente quanto for possível.[118] As palavras e o significado delas devem ser confiados à memória [de cada um]; e, quando a morte é inevitável e os sintomas da morte são reconhecidos — se as forças o permitirem —, o próprio morimbundo deve recitá-los, e refletir sobre o seu significado. Se as forças não o permitirem, então um amigo deve ler o Livro e imprimi-lo vividamente [na mente do moribundo]. Não há dúvida quanto ao seu poder de libertação.

112. Do mesmo modo que a água torna possível o movimento de um tronco de árvore, esta doutrina possibilita conduzir o falecido ao lugar ou estado de existência mais apropriado, ou mesmo ao estado de Buda.

113. Assim como as rédeas controlam a marcha do cavalo, com essa doutrina o falecido pode ser orientado ou conduzido em sua progressão no pós-morte.

114. Nesse caso, não se trata de sacrifício de animais pelos mortos, mas do costume não budista de matar animais nos ritos fúnebres, provendo, assim, carne para os lamas e para os hóspedes na casa do morto. Infelizmente, a proibição a essa prática é frequentemente negligenciada e, embora a matança de animais não seja levada a cabo no lugar, animais abatidos podem ser trazidos de longe, observância essa da letra, não do espírito desse preceito budista de não matar. (Ver. p. 275, n. 49.)

115. Queixumes e lamentos têm sido costumeiros entre os tibetanos e outros povos afins, como os himalaios, bem como entre os povos da Índia e do Egito, desde tempos imemoriais. Mas tanto o budismo quanto assim como o islamismo desaprovam tais atitudes.

116. Tais atos são, por exemplo, alimentar os lamas e os pobres, fazer caridade, doar textos religiosos ou imagens aos mosteiros e fazer doações aos mosteiros, se o morto deixou muita riqueza.

117. 117. Ver p. 190, n. 6.

118. 118. Literalmente "ser recitado sempre".

Esta Doutrina é das que libertam ao serem compreendidas, sem necessidade de meditação ou de *sādhāna*:[119] este Ensinamento Profundo liberta ao ser ouvido ou ao ser compreendido. Este Ensinamento Profundo liberta as pessoas de grandes maus karmas por meio do Caminho Secreto. Não se deve esquecer seu significado e suas palavras, mesmo quando se é perseguido por sete mastins.[120]

Por meio deste Seleto Ensinamento, obtém-se o estado de Buda no momento da morte. Mesmo que os Budas dos Três Tempos [do Passado, do Presente e do Futuro] procurassem, não poderiam encontrar uma doutrina que transcendesse esta.

Assim se completa a Essência do Coração da Profunda Doutrina do *Bardo*, chamada *Bardo Thodöl*, que liberta os seres encarnados.

[Aqui termina *O Livro Tibetano dos Mortos*]

---

119. Texto: *Bsgrub* (pronuncia-se *Dub*); sânscrito: *Sādhanā*, "devoção perfeita", que normalmente requer o cuidadoso desempenho de um ritual mais ou menos técnico e elaborado.

120. Há muitos mastins ferozes na maioria das aldeias tibetanas, dos quais os viajantes se protegem com amuletos especiais. Essa referência aos sete mastins é tibetana, sendo mais uma evidência interna de que o *Bardo Thodöl* tomou forma no próprio Tibete, e muito de sua matéria deriva da mitologia indiana e dos sistemas de filosofia yoga.

APÊNDICE

[No nosso manuscrito (mas não na xilografia), seguindo diretamente o texto do *Bardo Thodöl*, há treze fólios de rituais e preces (literalmente: "caminhos dos bons desejos"), que todos os leitores profissionais do *Bardo Thodöl* precisam conhecer, geralmente de memória, e aplicá-los quando for necessário;[1] e eis aqui suas versões:]

I. Invocação dos Budas e Boddhisattvas

[Instruções ao Oficiante]: A invocação dos Budas e Boddhisattvas para ajuda, quando [alguém está] morrendo, é [assim]:

Oferece à Trindade quaisquer oferendas concretas que possam ser oferecidas [pela pessoa moribunda ou por sua família], com oferendas criadas mentalmente; e, segurando à mão [um bastão de] incenso de suave fragrância, repete, com grande fervor, o seguinte:

Ó vós, Budas e Boddhisattvas, que habitais nas Dez Direções,[2] dotados de grande compaixão, dotados de presciência, dotados de olhos divinos, dotados de amor, provedores de proteção aos seres sencientes, condescendei por meio do poder de vossa grande compaixão em vir até aqui; condescendei em aceitar estas oferendas materiais e [estas outras] criadas mentalmente.

Ó vós, Compassivos, vós que possuís a sabedoria do entendimento, do amor, da compaixão, o poder de [praticar] divinas ações e de proteger, de modo incomensurável. Vós, Compassivos, [fulano de tal] está passando deste mundo para o mundo do além. Ele está abandonando este mundo. Está dando um grande salto. Sem amigos [ele não os tem]. Grande é a [sua]

1. As orientações para o uso desses rituais e opções constam do *Bardo Thodöl* (pp. 192 e 295).
2. Cf. p. 293 n. 100.

miséria. [Ele está] sem defensores, sem protetores, sem forças e parentes. A luz deste mundo se pôs. Ele vai para outro lugar. Entra nas trevas espessas. Cai num profundo precipício. Entra na solidão da selva. É perseguido pelas Forças Kármicas. Penetra no Vasto Silêncio. É levado pelo Grande Oceano. É varrido pelo Vento do Karma. Vai para onde a estabilidade não existe. É apanhado pelo Grande Conflito. É assediado pelo Grande Espírito da Aflição. É atemorizado e aterrorizado pelos Mensageiros do Senhor da Morte. Seu karma o leva a repetidas existências. Ele está sem forças. Sobreveio-lhe o momento em que terá de ir sozinho.

Ó vós, Compassivos, defendei (fulano de tal) que está indefeso. Protegei quem se encontra desprotegido. Sede suas forças e seus parentes. Protegei [-o] da grande escuridão do *Bardo*. Livrai-o do vento [ou tempestade] vermelho do karma. Livrai-o do grande temor e terror dos Senhores da Morte. Salvai-o da longa passagem estreita do *Bardo*.

Ó vós, Compassivos, não deixeis a força da vossa compaixão enfraquecer, mas ajudai-o. Não deixeis que ele entre na miséria [ou em miseráveis estados de existência]. Não vos esqueçais de vossos antigos votos; e não deixeis que a força da vossa compaixão enfraqueça.

Ó vós, Budas e Boddhisattvas, não deixeis a força do método de vossa compaixão enfraquecer-se para este [moribundo]. Agarrai-o com [o gancho de] vossa graça.[3] Não deixeis que os seres sencientes caiam sob o poder do mau karma.

Ó vós, Trindade, protegei-o das misérias do Bardo.[4]

Dizendo isso com grande humildade e fé, procura tu mesmo e [todos] os outros [presentes] repeti-lo três vezes.

---

3. Ver p. 212, n. 91.

4. É interessante comparar com essa oração do budismo do Norte a seguinte prece medieval cristã, dirigida a São Miguel, extraída do *The Craft to Know Well to Die* (cap. VI, edição de Comper, pp. 84-5): "São Miguel Arcanjo de Deus, socorrei-nos agora diante do Grande e reto Juízo. Ó invencível defensor, assisti-nos agora e ajudai este (nome da pessoa) nosso irmão que labutou firmemente na hora do seu fim e defendei-o poderosamente do dragão infernal e de todas as fraudes dos maus espíritos. Rogamo-vos ainda, vós que sois o justíssimo e mais íntegro testemunho da divindade, que, neste derradeiro momento da vida deste (nome da pessoa) nosso irmão, recebais benigna e docemente sua alma em vosso santíssimo seio e o conduzais a um lugar de refrigério, paz e repouso. Amém".

II. "O Caminho dos Bons Desejos para Salvar da Perigosa Passagem Estreita do *Bardo*"

É [como segue]:

[1]

Ó vós, Conquistadores e vossos Filhos, que habitais nas Dez Direções,
Ó vós, Congregação dos Todo-bondosos Conquistadores
Pacíficos e Irados que sois semelhantes ao oceano;
Ó vós, Gurus e *Devas*, e vós, *Dākinīs*, os Fiéis,
Escutai-nos agora com [vosso] grande amor e compaixão:
Reverenciemos, ó vós, assembleia de Gurus e *Dākinīs*;
Com vosso grande amor, guiai-nos pelo Caminho.

[2]

Quando, devido à ilusão, eu e outros estivermos vagueando pelo *Sangsāra*,
Que os Gurus da Linha Iluminada nos guiem,
Pelo brilhante caminho de luz da audição, da reflexão e da meditação atentas,
Que os bandos de Mães sejam nossa retaguarda,
Que sejamos salvos da terrível passagem estreita do *Bardo*,
Que sejamos postos no perfeito estado de Buda.

[3]

Quando, devido a violento rancor, [estivermos] vagueando pelo *Sangsāra*,
Pelo brilhante caminho de luz da Sabedoria Semelhante ao Espelho.
Que o Bhagavān Vajra-Sattva nos guie,
Que a Mãe Māmaki seja nossa retaguarda,
Que sejamos salvos da terrível passagem estreita do *Bardo*,
Que sejamos postos no perfeito estado de Buda.

[4]

Quando, devido a intenso orgulho, [estivermos] vagueando pelo *Sangsāra*,
Pelo brilhante caminho de luz da Sabedoria da Igualdade,
Que o Bhagavān Ratna-Sambhava nos guie,
Que a Mãe, A-dos-Olhos-de-Buda, seja nossa retaguarda,

Que sejamos salvos da terrível passagem estreita do *Bardo*,
Que sejamos postos no perfeito estado de Buda.

[5]

Quando, devido à grande afeição, [estivermos] vagueando pelo *Sangsāra*,
Pelo brilhante caminho de Luz da Sabedoria Discernente,
Que o Bhagavān Amitābha nos guie,
Que a Mãe [A]-de-Vestes-Brancas seja a nossa retaguarda,
Que sejamos salvos da terrível passagem estreita do *Bardo*,
Que sejamos postos no perfeito estado de Buda.

[6]

Quando, devido à intensa inveja, [estivermos] vagueando pelo *Sangsāra*,
Pelo brilhante caminho de luz da Sabedoria Todo-realizadora,
Que o Bhagavān Amogha-Siddhi nos guie,
Que a Mãe, a Fiel Tārā, seja a nossa retaguarda,
Que sejamos salvos da terrível passagem estreita do *Bardo*,
Que sejamos postos no perfeito estado de Buda.

[7]

Quando, devido à intensa estupidez [estivermos] vagueando pelo *Sangsāra*,
Pelo brilhante caminho de luz da Sabedoria da Realidade,
Que o Bhagavān Vairochana nos guie,
Que a Mãe do Grande Espaço seja a nossa retaguarda,
Que sejamos salvos da terrível passagem estreita do *Bardo*,
Que sejamos postos no perfeito estado de Buda.

[8]

Quando, devido à intensa ilusão, [estivermos] vagueando pelo *Sangsāra*,
Pelo brilhante caminho de luz, do abandono do medo, do temor e do terror alucinatórios,
Que os bandos dos Bhagavāns dos Irados nos guiem,
Que os bandos das Deusas Iradas Ricas em Espaço sejam a nossa retaguarda,
Que sejamos salvos da terrível passagem estreita do *Bardo*,
Que sejamos postos no perfeito estado de Buda.

[9]

Quando, devido às intensas inclinações, [estivermos] vagueando pelo *Sangsāra*,
Pelo brilhante caminho de luz da Sabedoria Nascida Simultaneamente,
Que os heroicos Detentores do Conhecimento nos guiem,
Que os bandos das Mães, as *Dākinīs*, sejam a nossa retaguarda,
Que sejamos salvos da terrível passagem estreita do *Bardo*,
Que sejamos postos no perfeito estado de Buda.

[10]

Que os elementos etéreos não se levantem como inimigos;
Que alcancemos ver o Reino do Buda Azul.
Que os elementos da água não se levantem como inimigos;
Que alcancemos ver o Reino do Buda Branco.
Que os elementos da terra não se levantem como inimigos;
Que alcancemos ver o Reino do Buda Amarelo.
Que os elementos do fogo não se levantem como inimigos;
Que alcancemos ver o Reino do Buda Vermelho.
Que os elementos do ar não se levantem como inimigos;
Que alcancemos ver o Reino do Buda Verde.[5]
Que os elementos das cores arco-íris não se levantem como inimigos;
Que todos os Reinos dos Budas sejam vistos.
Que todos os Sons [no *Bardo*] sejam conhecidos como nossos próprios sons;
Que todos os Resplendores sejam reconhecidos como nossos próprios resplendores;
Que o *Tri-Kāya* seja compreendido no *Bardo*.

5. O Buda Azul é Samanta-Bhadra; o Buda Branco é Vajra-Sattva; o Buda Amarelo é Ratna-Sambhava; o Buda Vermelho é Amitābha; e o Buda Verde é Amogha-Siddhi. Aqui, Samanta-Bhadra ocupa a posição com frequência atribuída a Vairochana, pois ambas as divindades são, na essência, a mesma, embora às vezes Vairochana seja representada como sendo branca em vez de azul. (Cf. o *Bardo Thodöl*, do Primeiro ao Quinto Dia.)

[III.] Aqui começam

"Os Versos Fundamentais dos Seis *Bardos*"

[1]

Ó, agora, quando o Lugar do Nascimento do *Bardo* desponta para mim!
Abandonando a ociosidade — já que não há ociosidade na vida [de um devoto] —
Entrando na Realidade atentamente, escutando, refletindo e meditando,
Praticando no Caminho [o conhecimento da verdadeira natureza das] aparências e da mente, que o *Tri-Kāya* seja compreendido:
Uma vez obtida a forma humana,
Que não haja tempo [ou oportunidade] para gastá-la [ou a vida humana] à toa.

[2]

Ó, agora, quando o Sonho do *Bardo* desponta para mim!
Abandonando a excessiva sonolência, semelhante à do cadáver, do sono da estupidez,
Que a consciência atentamente seja mantida em seu estado natural;
Entendendo [a verdadeira natureza de] os sonhos, [possa eu me] exercitar na Clara Luz da Transformação Miraculosa:
Não agindo como os animais em sua inércia,
Que a combinação da prática do [estado de] sono e da experiência real [ou desperta] seja altamente prezada [por mim].[6]

[3]

Ó, agora, quando o *Dhyāna Bardo* desponta para mim! Abandonando a multidão inteira de distrações e ilusões,
Que [a mente] seja mantida na disposição de infinita atenção do *samādhi*,
Que a firmeza, tanto [nos estágios] de visualização como de perfeição, seja obtida:

6. Há um sistema muito profundo de yoga no qual o propósito do adepto é entrar à sua vontade no estado de sonho e nele realizar experiências com a plena consciência de estar em estado de sono, e então retornar ao estado de vigília, lembrando-se completamente dessa experiência. Desse modo, ele compreende a irrealidade de ambos os estados — meramente ilusórios, fundados por completo em fenômenos.

Neste momento, ao meditar em concentração com [todas as outras] ações apartadas,
Que eu não caia sob o poder das enganosas e estupefacientes paixões.

[4]

Ó, agora, quando o *Bardo* do Momento da Morte desponta para mim!
Abandonando a atração e o anelo, e fraqueza por tudo [pelas coisas mundanas],
Que eu esteja atento no espaço dos brilhantes ensinamentos [iluminadores],[7]
Que eu [possa] transfundir-me no espaço celeste do não nascido:
É chegada a hora de partir com este corpo composto de carne e osso;
Que eu reconheça o corpo como sendo impermanente e ilusório.

[5]

Ó, agora, quando o *Bardo* da Realidade desponta para mim, Abandonando todo o temor, medo e terror de todos [os fenômenos],
Que eu reconheça tudo o que aparecer como sendo minhas próprias formas-pensamento,
Que eu as reconheça como aparições no Estado Intermediário;
[Foi dito] "Chega um tempo em que o principal ponto decisivo é atingido;
Não temas os bandos dos Pacíficos e dos Irados, pois eles são as tuas próprias formas-pensamento".

[6]

Ó, agora, quando o *Bardo* do [buscar] Renascimento desponta para mim!
Concentrado firmemente num único propósito,
[Possa eu] seguir o curso das boas ações por meio de repetidos esforços;[8]
Que a porta do ventre seja fechada e lembrada a repulsão:
É chegada a hora em que a energia e o amor puro são necessários;
[Que eu] rejeite a inveja e medite sobre o Guru, o Pai-Mãe.

7. Ou: "Que eu entre no brilhante espaço da não distração e dos ensinamentos [iluminadores]".
8. Literalmente: "[Possa eu] juntar o restante das boas ações por meio de repetido esforço". (Cf. p. 237, n. 165.)

[7]

[Ó] procrastinador, que não pensas na vinda da morte,
Dedicando-te aos inúteis feitos desta vida,
Imprevidente és ao desperdiçares tua grande oportunidade;
Enganado, certamente, estará teu propósito se retornares [desta vida] de mãos vazias:
Já que o Dharma Sagrado é reconhecido como tua verdadeira necessidade,
Não [te] devotarás ao Dharma Sagrado mesmo agora?

[EPÍLOGO]

Assim dizem os Grandes Adeptos[9] em devoção.
Se o seleto ensinamento do guru não for guardado na mente.
Não estarás tu [Ó *shiṣḥya*] agindo como um traidor de ti mesmo?
É muito importante que estas Palavras Fundamentais sejam conhecidas.

[IV.] Aqui começa

"O Caminho dos Bons Desejos que Protege do Temor no *Bardo*"

[1]

Quando os lances [do dado] de minha vida se esgotarem,
Os parentes deste mundo não mais serão úteis;
Quando eu vaguear sozinho no *Bardo*,
[Ó] vós, Conquistadores, Pacíficos e Irados, exercendo o poder de vossa compaixão,
Fazei com que a Escuridão da Ignorância seja dissipada.

[2]

Quando eu vaguear sozinho, afastado dos amigos queridos,

9. Texto: *Grub-chen* (pronuncia-se *Dub-chen*); em sânscrito: *Mahā-siddhas*.

Quando os vultos de minhas vazias formas-pensamento despontarem para mim aqui,
[Que os] Budas, exercendo o poder de sua divina compaixão,
Façam com que não haja temor nem terror no *Bardo*.

[3]

Quando os claros resplendores das Cinco Sabedorias brilharem para mim agora,
Que eu, não atemorizado nem aterrorizado, os reconheça como sendo de mim mesmo;
Quando as aparições das formas Pacíficas e Iradas despontarem para mim aqui,
Que eu, obtendo a segurança do destemor, possa reconhecer o *Bardo*.

[4]

Quando eu vivenciar sofrimentos por causa da força do mau karma,
Que os Conquistadores, os Pacíficos e Irados, dissipem os sofrimentos;
Quando o autoexistente Som da Realidade reverberar [como] mil trovões,
Que eles sejam convertidos nos sons das Doutrinas *Mahāyāna*.[10]

[5]

Quando [eu estiver] desprotegido, [e] as influências kármicas continuarem aqui,
Suplicarei aos Conquistadores, os Pacíficos e os Irados, que me protejam;
Quando sofrer misérias, devidas à influência kármica das inclinações.
Que o bem-aventurado *samādhi* da Clara Luz desponte [em mim].

[6]

Quando eu assumir o renascimento sobrenatural no *Sidpa-Bardo*,
Que as perversas revelações de *Mārā* não ocorram ali;
Quando eu chegar aonde quer que eu desejar,
Que eu não sinta o ilusório terror e temor do mau karma.

10. Isto é, nos sons do mantra *Ōm-mă-nî-pāy-mē-Hūng* e de outros mantras das doutrinas *Mahāyāna* e *Mantrayāna* (cf. estrofe 7, e também pp. 251, n. 194, e 227 n. 57).

[7]

Quando os rugidos das bestas selvagens forem lançados,
Que eles sejam transformados nos sagrados sons das Seis Sílabas;[11]
Quando perseguido pela neve, chuva, vento e escuridão,
Que eu veja com os olhos celestiais da brilhante Sabedoria.

[8]

Que todos os seres sencientes da mesma ordem harmoniosa no *Bardo*,
Sem inveja [um em relação ao outro][12] alcancem o nascimento nos planos superiores;
Quando [destinado a] sofrer intensas aflições de fome e sede,
Que eu não passe pelos tormentos da fome e da sede, do calor e do frio.[13]

[9]

Quando eu vir os futuros pais em união,
Que os veja como o Par [Divino], os Conquistadores, os Pacíficos e Irados Pai e Mãe;
Obtendo o poder de nascer em qualquer lugar, para o bem dos outros,
Que eu obtenha o corpo perfeito, adornado com os sinais e as graças.[14]

[10]

Obtendo para mim o corpo de um homem [que é] o melhor,
Que eu liberte todos os que me veem ou ouvem;
Não permitindo que o mau karma me acompanhe,
Que todos os méritos [que forem meus] me acompanhem e se multipliquem.

---

11. As Seis Sílabas são: *Ōm-mă-nî-pāy-mē-Hūng* (Cf. p. 251, n. 194).

12. Isso também pode se referir à inveja que advém quando o sujeito está renascendo como homem ou como mulher. (Ver p. 282.)

13. "Fome e sede" é uma referência aos sofrimentos concomitantes à existência como *preta* (ou espírito infeliz). "Calor e frio" é uma alusão à existência nos Infernos quentes e frios.

14. Referência ao corpo de um Buda, no qual aparecem vários sinais e poderes paranormais.

[11]

Onde quer que eu nasça, ali e então,
Que eu encontre os Conquistadores, as Divindades Pacíficas e Iradas;
Sendo capaz de andar e falar tão logo [houver] nascido,[15]
Que eu obtenha um intelecto não esquecediço e relembre minha vida [ou vidas] passada [as].[16]

[12]

Nas diversas ciências, grandes, pequenas e médias,
Que eu possa obter maestria simplesmente após ouvir, refletir e ver;
Em qualquer lugar em que eu nascer, que ele seja auspicioso;
Que todos os seres sencientes sejam dotados de felicidade.

[13]

Vós, Conquistadores, Pacíficos e Irados, à semelhança de vossos corpos,
[Número de vossos] seguidores, duração de vossos períodos de vida, limite de vossos reinos,
E [à semelhança da] bondade de vosso divino nome.
Que eu e os demais vos igualemos em tudo isso.

---

15. Trata-se de uma referência a Buda, que, quando nasceu, é dito haver dado 56 passos, sete para a frente e sete para trás em cada uma das quatro direções cardeais, e de haver pronunciado uma sentença premonitória ao fim de cada série de catorze passos. Depois dessa ação paranormal, ele, como bebê comum, não foi capaz de andar ou falar até atingir a idade normal.

16. No *Samgīti Sūtta do Dīgha Nikāya* do Cânone Páli do budismo do Sul, há a seguinte explicação dada pelo próprio Buda a respeito do não esquecimento (ou esquecimento) das encarnações passadas:

"Há quatro condições para um embrião entrar no ventre:

"Irmãos, neste mundo chega-se à existência no ventre da mãe sem que se saiba, permanece-se nele sem que se saiba e sai-se do ventre da mãe sem que se saiba; essa é a primeira [condição].

"Irmãos, chega-se à existência no ventre da mãe intencionalmente, permanece-se nele sem que se saiba e se sai dele sem que se saiba; essa é a segunda [condição].

"Irmãos, chega-se à existência no ventre da mãe intencionalmente, permanece-se nele conscientemente e se sai dele sem que se saiba; esta é a terceira [condição].

"Irmãos, neste mundo, chega-se à existência no ventre da mãe intencionalmente, permanece-se nele conscientemente e se sai dele sabiamente; essa é a quarta [condição]". (Cf. o método, ensinado por Buda, para lembrar-se das vidas passadas, pp. 148-9.)

[14]

Pela Divina Graça dos inumeráveis Todo-bondosos
Pacíficos e Irados,
E pelas ondas de graça da Realidade inteiramente pura,
[E] pelas ondas de graça da devoção concentrada dos devotos místicos,
Que tudo o que for desejado seja cumprido aqui e agora.

"O Caminho dos Bons Desejos que dá Proteção contra os Temores no *Bardo*" termina aqui.

[V. COLOFÃO]

[O Manuscrito conclui com os seguintes sete versos do lama ou do escriba que o compilou, porém ele — fiel ao antigo ensinamento lamaico segundo o qual a personalidade humana deve se rebaixar e somente as Escrituras devem ser exaltadas ante a contemplação dos homens — não registrou o próprio nome:]

> Por minha intenção perfeitamente pura
> Ao fazer isso, pelo fundamento dos seus méritos,
> [Que] esses seres sencientes sem protetor, as Mães,
> [Sejam] postos no Estado de Buda:[17]
> Que a radiante glória da fortuna venha a iluminar o mundo;[18]
> Que este Livro seja auspicioso;[19]
> Que virtude e bondade sejam de todo modo aperfeiçoadas.

[Aqui termina o Manuscrito do *Bardo Thodöl.*]

---

17. Ao dedicar todo o mérito espiritual, derivado da tarefa de transcrever nossa cópia do *Bardo Thodöl*, às mães, sem distinção de raça ou religião, a fim de que elas possam ser ajudadas e alcançar o estado de Buda, o escriba testemunha a posição de respeito e honra que a democracia do budismo sempre atribuiu à mulher.

18. Literalmente: *Jambudvīpa*, nome próprio sânscrito dado ao reino dos seres humanos.

19. O texto deste verso é *Mangalam*: *dGeho* (pronuncia-se *Gewo*), termos sânscrito e tibetano (ambos significam "Que ele [isto é, este livro] seja auspicioso"), que, em aposição, sugerem que o escriba possuía pelo menos algum conhecimento de sânscrito.

Preenche, ó Puṇṇa, o orbe da vida sagrada
Como a lua cheia no décimo quinto dia.
Logra o perfeito conhecimento do Caminho
E dispersa todas as sombras da ignorância.

Puṇṇa, um *Bhikkhunī*.

Salmos dos Primeiros Budistas. I, iii
[Trad. para o iglês de Mrs. Rhys David.]

ADENDOS

Estes adendos consistem em sete seções, complementares à nossa Introdução e ao Comentário, relativos a: (1) Yoga, (2) Tantrismo, (3) Mantras ou Palavras de poder, (4) o Guru e o *Shiṣhya* (ou *Chela*) e as Iniciações, (5) Realidade, (6) Budismo do Norte, do Sul e cristianismo e (7) O juízo cristão medieval.

I. Yoga

A palavra *yoga* (que aparece frequentemente nas nossas anotações ao texto do *Bardo Thodöl*), derivada da raiz sânscrita *yuj*, que significa "unir", estreitamente ligada ao verbo inglês *to yoke*, implica união ou ligação da natureza humana inferior com a natureza divina ou superior, de modo a permitir que o superior oriente o inferior,[1] e essa condição — essencial para a utilização bem-sucedida das doutrinas no *Bardo Thodöl* — deve ser alcançada por meio do controle do processo mental. Uma vez que o campo mental está ocupado por essas formas-pensamento e processos de pensamento que surgem dos falsos conceitos, dominando universalmente a humanidade, segundo os quais os fenômenos e as aparências fenomenais são reais, há um estado de obscuridade mental chamado ignorância que impede o verdadeiro conhecimento. Apenas quando todos os incorretos e obscurecedores conceitos forem inibidos e varridos do campo da mente é que se torna realizável a condição primordial e não modificada da mente, sempre isenta dessas formações de pensamento e processos de pensamento que surgem da ignorância, e, na sua

1. Alguns estudiosos questionam essa explicação geralmente aceita e acreditam que o termo "yoga" provavelmente signifique "prática", o que se opõe à teoria em religião. Assim sendo, o termo então implicaria uma prática *yóguica* tal que produziria um indomável controle sobre os processos mentais e levaria à compreensão da Realidade. Nesse sentido, o yoga pode ser visto como um sistema de psicologia aplicada bem mais desenvolvido que qualquer uma das ciências ocidentais conhecidas.

realização, desponta a Iluminação, simbolizada no *Bardo Thodöl* pela Clara Luz Primordial do *Dharma-Kāya*.

Um espelho coberto com espessa camada de pó ou um vaso de cristal cheio de água lamacenta simbolizam a mente do ser humano normal obscurecida pela ignorância que advém das heresias e do falso conhecimento. O yoga é um método científico de remover o pó do espelho e as partículas de terra da água. Só quando a mente assim se torna clara e límpida é que pode refletir a Luz da Realidade e o homem pode vir a conhecer a si mesmo. *Māyā*, ou Ilusão, é o Véu de Ísis que esconde do homem a Imaculada e Imaculável Realidade; penetrar esse Véu e ver o que oculta é possível por meio de métodos tão precisos e certos em resultados psíquicos quanto aqueles empregados num laboratório químico europeu ou norte-americano o são em resultados físicos. Como o ouro pode ser separado das impurezas por meio de métodos químicos, do mesmo modo a Verdade pode ser apartada do Erro pelos métodos do yoga.

Como os ensinamentos fundamentais do budismo, os ensinamentos básicos do *Bardo Thodöl* não podem ser aplicados na prática sem o Correto Conhecimento; para o Correto Conhecimento ser efetivo na vida de um devoto, não deve depender meramente de crença ou teoria, mas da realização; e a compreensão do Correto Conhecimento é impossível sem esse controle da mente, segundo sugere o yoga. Isso é confirmado pelas escrituras canônicas de todas as escolas de budismo.[2]

Não é nosso propósito discutir aqui a complexidade dos vários aspectos e escolas de yoga; isso porque, embora os termos técnicos e algumas das partes puramente filosóficas ou teóricas do hindu, do budista e de outros sistemas da ciência do controle da mente com frequência divirjam amplamente, estamos convencidos — depois de muita pesquisa realizada quando vivíamos entre yogues de várias escolas — de que a meta de todos os yogues é, em última análise do esoterismo, idêntica, ou seja, a emancipação da servidão da

2. A prática do yoga foi introduzida no budismo *Mahāyana* por Asānga, monge de Gāndhāra (Peshawa, Índia). É dito que ele se inspirou diretamente no Bodisatva Maitreya, o Buda iminente, e, assim, produziu as Escrituras da Escola Yoga-*cārya* (isto é,"Contemplativa"), chamadas *Os Cinco Livros de Maitreya* (cf. Waddell. *The Buddhism of Tibet*, p. 128).

existência *sangsārica* ou fenomenal, que os hindus chamam *Mukti* e, os budistas, Nirvana.[3]

A compreensão intelectual de grande parte do *Bardo Thodöl* depende de pelo menos alguma explicação de yoga, tal como damos aqui. A Clara Luz, referida tão frequentemente no nosso texto — para tomar apenas uma das mais importantes doutrinas yóguicas —, é mais bem interpretada do ponto de vista do devoto do yoga, não obstante para toda a humanidade ela desponte no sobredeterminante momento da morte. Como tal, a Clara Luz simboliza a condição visual na qual o sujeito se encontra no momento da morte ou, posteriormente, no Estado Intermediário. Se a visão estiver desanuviada pelas inclinações kármicas, que são a fonte de todos os fenômenos e aparições fantasmáticas no *Bardo*, o falecido vê a Realidade como a Clara Luz Primordial, e, se assim desejar, pode renunciar ao *Sangsāra* e passar para o Nirvana, além do Ciclo de Morte e Renascimento.

Essa claridade da compreensão espiritual é, não resta dúvida, extremamente rara, sendo fruto de inumeráveis cursos de existências anteriores vividas corretamente; não obstante, o objetivo dos ensinamentos do *Bardo Thodöl* é procurar pôr o sujeito, moribundo ou falecido, no Caminho que leva à sua realização. A não ser que, por meio do exercício da concentração mental, seja alcançado completo controle do processo de pensamento, a fim de chegar ao Correto Conhecimento antes da morte, em virtude de haver vivenciado a Iluminação (ou seja, o reconhecimento da Clara Luz num estado extático, quando ainda estava no corpo humano), os lamas afirmam que a compreensão da natureza da Clara Luz é praticamente impossível para o não iluminado.

3. O editor tem em posse diversas traduções muito importantes, feitas pelo falecido Lama Kazi Dawa-Samdup, de tratados tibetanos sobre yoga, um dos quais originário da Índia antiga. Se houver estímulo para publicá-los, o editor espera, então, registrar com mais detalhes os resultados de suas próprias pesquisas sobre o yoga.

II. Tantrismo[4]

Sendo o *Bardo Thodöl* uma obra mais ou menos tântrica[5] e, em consequência, amplamente baseada na filosofia do yoga, algum conhecimento geral do tantrismo, assim como do yoga, seria desejável para todos os leitores deste livro. Assim, registramos aqui — num mero esboço e, por isso, incompleto e não detalhado — o seguinte material complementar sobre o tantrismo.

Nas instruções preliminares, o *Bardo Thodöl* faz referência à força vital ou aos ares vitais, que, de acordo com os tantras, podem ser descritos assim: Força vital (sânscrito: *Prāṇa*) — O princípio humano da consciência, o Conhecedor, veste-se, quando encarnado, sob cinco bainhas (sânscrito: *Koṣḥa*), que são: (1) a bainha física (*Anna-maya-koṣḥa*); (2) a bainha vital (*Prāṇa-maya-koṣḥa*); (3) a bainha sob a qual reside a consciência humana normal

---

4. Referências bibliográficas gerais (também para a seção III e IV seguintes): A. Avalon (Sir John Woodroffe). *Tantra of the Great Liberation*. Londres, 1913; e *The Six Centres and the Serpent Power*. Londres, 1920, Introdução; passim; Sir John Woodroffe. *Shakti and Shākta*. Londres, 1920, *passim*; também Rama Prasad. *Nature's Finer Forces*. Londres, 1890, passim.

5. Não é fácil definir o que é um Tantra. De acordo com a etimologia tibetana, Tantra (em tibetano, *Regyud* — pronuncia-se *Gyud*) significa literalmente "tratado" ou "dissertação" de natureza religiosa, em geral pertencente à Escola de yoga chamada *yoga-cārya*, Mahāyāna (ver p. 314, n. 2) Considerado do ponto de vista religioso, há dois grupos principais de Tantras: um hindu e outro budista. O Tantra hindu é geralmente disposto na forma de diálogo entre o deus Shiva, como o Guru Divino, e sua *shakti*, Pārvati, frequentemente nas formas iradas como Bhairava e Bhairavî. No Tantra budista, essas divindades genuinamente hindus são substituídas por divindades budistas, por Budas e suas *shaktis*, ou por deuses e deusas. Uma característica de ambas as classes de Tantras é o fato de normalmente elas serem baseadas na filosofia do yoga. Qual dos dois tipos é o mais antigo é uma questão controvertida; porém, os antiquíssimos tantras são provavelmente muito mais antigos do que supõem os críticos europeus (que fixaram sua origem no surgimento da era cristã). Alguns Tantras são incontestavelmente muito modernos. De acordo com os hindus ortodoxos, os Tantras são de origem védica e destinaram-se a servir de Escrituras principais para essa época, a Kali Yuga. Alguns budistas reivindicam uma origem genuinamente budista para os Tantras. O ponto de vista hindu é, contudo, o que comumente se aceita. Como enciclopédias de conhecimento de seu tempo, os Tantras são muito numerosos. Alguns dizem respeito à natureza do cosmos, sua evolução e dissolução; à classificação dos seres sencientes e dos vários céus, infernos, mundos; às regras divinamente instituídas que governam as relações humanas e a conduta; às numerosas formas de culto e treinamento espiritual, ritos cerimoniais, meditação, yoga, deveres dos reis, leis, costumes, medicina, astrologia, astronomia, e mágica; em resumo, tratam de todo o ciclo das ciências do Oriente.

Na medida em que o *Bardo Thodöl* é um ritual baseado no yoga e tem como assunto principal a ciência do nascimento, da morte e do renascimento, entremesclado com descrições dos vários estados de existência e dos seres que povoam o universo, e ensina os caminhos para alcançar a salvação, ele é uma obra tântrica, embora, estritamente falando, não seja um Tantra.

Para conhecimento mais detalhado dos Tantras, remetemos o leitor a *Principies of Tantra*, Parte I, de Arthur Avalon. Londres, 1914.

(*Mano-maya-koṣḥa*); (4) a bainha da subconsciência (*Vijñāna-maya-koṣḥa*); e (5) a bainha da bem-aventurada consciência todo-transcendental da Realidade (*Ānanda-maya-koṣḥa*).

Na bainha vital reside a força vital (sânscrito: *prāṇa*) dividida em dez ares vitais (*vāyus*, derivado da raiz *va*, "respirar", ou "soprar", se refere à força motriz do *prāṇa*). Assim como os demônios do ocultismo de Platão são tidos como controladores das operações do Corpo Cósmico, do mesmo modo esses *vāyus*, compostos de *prāṇa* negativo, controlam as operações do corpo humano. Cinco são fundamentais: (1) o *prāṇa*, que controla a inspiração; (2) o *udāna*, que controla a força vital ascendente (ou ar vital); (3) o *apāna*, que controla a força vital descendente, que expele gases, excremento, urina e sêmen; (4) o *samāna*, como a força seletiva dos *vāyus*, que acende o fogo do corpo por meio do qual a comida é digerida e, depois, distribuída pelo sangue; e (5) o *vyāna*, que controla a divisão e a difusão em todos os processos metabólicos. Os cinco ares menores são o *nāga*, o *kūrmma*, o *kṛikara*, o *deva-datta* e o *dhananjaya*, que produzem, respectivamente, o soluço, o abrir e fechar dos olhos, o auxílio à digestão, o bocejo e a distensão.

Nervos ou canais psíquicos (sânscrito: nāḍī) — A seguir, são mencionados no nosso texto os nervos psíquicos. As obras sânscritas sobre yoga dizem que há quatorze *nāḍīs* principais e centenas de milhares de *nāḍīs* menores no corpo humano, precisamente como os fisiologistas ocidentais dizem haver igualmente tantos nervos principais e menores. Mas os *nāḍīs* do Oriente e os nervos do Ocidente, embora literalmente os mesmos em nome, não são sinônimos. Os *nāḍīs* são canais invisíveis para o fluxo de forças psíquicas cujos agentes condutores são os ares vitais (*vāyu*).

Dos catorze *nāḍīs* principais, três são de fundamental importância. De acordo com nosso texto, são: o nervo mediano (sânscrito: *sushumnā*), o nervo esquerdo (*idā-nāḍī*) e o nervo direito (*pingalā-nāḍī*). O *suṣḥumnā-nāḍī* é o nervo principal ou mediano, situado no oco da coluna vertebral (sânscrito: *Brāhma-daṇḍa*), o Monte Meru do corpo humano, o homem visto como o microcosmo do macrocosmo. O *iḍā-nāḍī* à esquerda e o *pingalā-nāḍī* à direita, enroscam-se nele como as duas serpentes se enroscam no caduceu do deus--mensageiro Hermes. Acredita-se que essa antiga batuta heráldica simboliza o *suṣḥmnā-nāḍī* e as serpentes enroladas os *iḍā-nāḍī* e os *pingalā-nāḍī*. Se for assim, vemos outra vez como o código-símbolo esotérico do Ocidente corresponde ao do Oriente.

Centros nervosos psíquicos (sânscrito: *chakra*) — O *suṣhumnā-nāḍī* forma uma grande via para a passagem das forças psíquicas do corpo humano. Essas forças estão concentradas nos centros ou chacras, como dínamos dispostos ao longo do *suṣhumnā-nāḍī* e interligados por ele, onde são armazenados a força vital e o fluido vital dos quais todos os processos psicofísicos dependem por completo. Destes, seis são de fundamental importância. O primeiro é conhecido como o Suporte-base (*Mūlādhārā*) do *suṣhumnā-nāḍī*, situado no períneo; e no *Mūlādhārā* está a secreta Fonte da Força Vital, presidida pela Deusa *Kuṇḍalini*. Logo acima, acha-se o segundo *chakra* ou lótus, chamado *Svādhiṣhṭhāna*, que é o centro dos órgãos sexuais. O centro nervoso do umbigo está acima e é chamado em sânscrito *Maṇi-pūra-chakra*. O seguinte é o centro nervoso do coração, o *Anāhata-chakra*. Na garganta está localizado o quinto centro, chamado *Vishuddha-chakra*. No *Ājnā-chakra*, que é o sexto, situado entre as sobrancelhas, representado como o "terceiro olho" nas imagens do Buda e das divindades hindus, os três nervos (*nāḍīs* psíquicos principais *suṣhumnā*, *īḍā* e *pingalā* — se unem e depois se separam. Acima de todos, por fim, na região causal do homem psíquico, como o sol do corpo emitindo seus raios para baixo sobre o cosmos do corpo humano, está o Sétimo e Supremo *Chakra*, o lótus (ou chacra) das mil pétalas, chamado *Sahasrāra Padma*; através dele, o *suṣhumnā-nāḍī* encontra saída, a Abertura de Brāhma (sânscrito: *Brāhma-randhra*) referida no nosso texto, pelo qual o princípio da consciência normalmente sai do corpo na morte.

O objetivo inicial do praticante do yoga é despertar aquilo que nos Tantras é chamado de a Força da Serpente, personificada na Deusa Kundalini. É no *Mūlādhārā-chakra*, na base da coluna vertebral, que contém a raiz do *suṣhumnā-nāḍī*, que essa poderosa força oculta está enrolada, como serpente adormecida. Uma vez posta em atividade a força da Serpente, ela vai penetrar, um por um, os centros nervosos psíquicos, até que, subindo como o mercúrio num tubo mágico, atinge o lótus das mil pétalas no centro do cérebro. Derramando uma crista semelhante a uma fonte, ela cai dali como um aguaceiro de ambrosia celestial para alimentar todas as partes do corpo psíquico. Impregnando-se, dessa maneira, com a suprema energia espiritual, o yogue vivencia a Iluminação.

Mandalas — Dos centros psíquicos ou *Chakras*, o *Bardo Thodöl* se refere principalmente a três: (1) o Centro do Coração (*Anāhata-chakra*); (2) o Centro da Garganta (*Vishuddha-chakra*) e (3) o Centro do Cérebro (*Sakasrāra*

Padma). Destes, dois são de capital importância: o Centro do Cérebro, por vezes chamado Centro Norte, e o Centro do Coração, ou Centro Sul. Estes constituem os dois polos do organismo humano. São considerados os primeiros centros a se formarem no embrião, e o *prāṇa* terrestre, derivado do reservatório *prānico*, central no Sol do nosso sistema planetário, é considerado aquele que dirige sua formação.

Relacionados com esses três chacras principais, há três mandalas principais, ou agrupamentos místicos de divindades, divididas em catorze mandalas secundárias correspondentes aos primeiros Catorze (7 + 7) Dias do *Bardo*, segundo descrito no nosso texto.

A primeira dessas três mandalas principais contém 42 divindades, distribuídas em seis mandalas secundárias que correspondem aos Seis Dias do *Chönyid Bardo*; e elas emanam do Centro do Coração. A segunda mandala contém dez divindades principais, que despontam no Sétimo Dia; e estas emanam do Centro da Garganta. A terceira mandala contém 58 divindades principais, distribuídas em sete mandalas secundárias correspondentes aos últimos Sete Dias do *Chönyid Bardo*; e emanam do Centro do Cérebro. As primeiras 42 e as últimas 58 constituem a Grande Mandala das cem divindades superiores, 42 das quais são chamadas de Pacíficas e 58 de Iradas. As outras dez divindades, relacionadas com o Centro da Garganta, que despontam entre as 42 do Centro do Coração e as 58 do Centro do Cérebro, são classificadas com as 42 divindades pacíficas. Assim sendo, quando unidas na Grande Mandala de todo o *Chönyid Bardo*, as divindades principais somam ao todo 110.

Vale observar, também, que há uma orientação definida em todas as mandalas.

Os Cinco Budas Dhyāni com suas *shaktis*[6] são as principais divindades que despontam nos primeiros Cinco Dias. No Primeiro Dia, apenas Vairochana

6. O termo sânscrito *shakti* (literalmente, "Poder [Divino]") refere-se ao aspecto feminino ou negativo dessa força ou poder divino concentrado na consorte ou personificado por ela, de um deus, sendo que este representa o aspecto positivo; o adorador tântrico de *shakti* (Poder) ou forças universais divinas — personificadas como Deusa-mãe — é chamado *shākta*. Os tântricos, como os antigos egípcios, exaltam o conhecimento correto dos processos de reprodução, visto não haver dúvida de que esse conhecimento deve ser exaltado em nível de uma ciência religiosa; e nessa ciência, conforme ilustra o *Bardo Thodöl*, a união dos princípios masculino e feminino da natureza, chamada, em tibetano, atitude *yab-yum* (em sânscrito, respectivamente, *deva* e *shakti*), simboliza a inteireza, a reconciliação. O Poder, simbolizado pelo homem (*yab* ou *deva*), e a Sabedoria, simbolizada pela mulher (*yum* ou *shakti*), são considerados como estando esotericamente sempre em união.

e sua *shakti* desponta. A seguir, em cada um dos quatro dias consecutivos, com um dos quatro restantes Dhyani Budas com sua *shakti*, despontam dois Boddhisattvas e suas *shaktis*. Depois, no Sexto Dia, todas essas divindades, despontando numa mandala, se unem a dezesseis outras divindades: oito guardiães de Porta, os seis Budas dos Seis *Lokas* e o *Ādi-Buda* e sua *shakti*; e todas essas divindades juntas compõem as 42 do Centro do Coração.

A seguir, após a aurora das dez Divindades Detentoras do Conhecimento (chamadas, nas Obediências, p. 189, de Divindades do Lótus) do Centro da Garganta, no sucessivo Sétimo Dia, despontam nos restantes Sete Dias as 58 divindades do Centro do Cérebro, da seguinte maneira: em cada um dos primeiros cinco dias, ou do Oitavo ao Décimo Segundo Dia, um dos Herukas com sua *shakti*, ao todo dez divindades; no Décimo Terceiro Dia, as Oito Kerimas e as Oito Htamenmas; no Décimo Quarto Dia, quatro Guardiães de Porta e as 28 Divindades com cabeça de animal. No fundo do simbolismo das divindades, das mandalas e dos centros psíquicos há uma explicação racional, ou seja, cada divindade, à medida que desponta do próprio centro psíquico, representa a entrada em atividade kármica pós-morte de algum impulso correspondente ou paixão da consciência complexa. Como no caso de uma peça de mistério de iniciação, os atores para cada dia do Bardo surgem no palco da mente do falecido, que é o único espectador deles; e o diretor deles é o karma. Os elementos mais elevados ou divinos do princípio de consciência do falecido despontam primeiro na plena glória da Clara Luz Primordial e, depois, a glória vai diminuindo sempre, as visões tornam-se cada vez menos felizes, e as Divindades Pacíficas do Centro do Coração e, depois, as do Centro da Garganta se fundem nas Divindades Iradas do Centro do Cérebro. Finalmente, como as inclinações brutas ou puramente humanas — personificadas nas

---

É muito lamentável que o atual abuso da doutrina tântrica, devido ou à proposital perversão ou, como é mais comumente, aos equívocos resultantes de práticas (como as de certas seitas ou pessoas decadentes na Índia), incorretamente chamadas tântricas efetuadas por não iniciados na América e na Europa, em alguns casos, sob a égide de sociedades organizadas, tenha atraído sobre o tantrismo imerecido ódio. Essa consequência infeliz da falta de orientação de gurus corretamente treinados tende a justificar a atitude de firme recusa do iniciado no ocultismo oriental em divulgar os ensinamentos secretos de seu culto a qualquer um, a não ser aos discípulos que passaram por longo período de provação e se mostraram dignos disso. Essa era a visão tanto do falecido Lama Kazi Dawa-Samdup quanto do seu falecido guru, no Butão.

mais ferozes das Divindades Iradas,[7] como as que produzem horror e alucinações espectrais ameaçadoras — entram no campo da visão mental, o percipiente desmaia, fugindo delas — suas próprias formas-pensamento —, buscando refúgio no ventre, transformando-se dessa maneira num joguete de *Māyā* e num escravo da Ignorância. Em outras palavras, assim como o corpo do plano terrestre cresce no sentido da maturidade e, depois, definha e se desintegra após a morte, também o corpo do pós-morte, chamado corpo mental, cresce dos celestiais dias de infância no *Bardo*. até os dias menos idealistas de maturidade no *Bardo*, e, então, enfraquece e morre no Estado Intermediário, quando o Conhecedor, abandonando-o, renasce.

Alguma explicação para os elementos separáveis da consciência tal como se manifestam no Estado Intermediário é obtida do significado das divisões tântricas nas pétalas dos lótus ou chakras. Por exemplo, o Lótus do Centro do Coração, ou *Anāhata-chakra*, é descrito como um lótus avermelhado de doze pétalas, cada uma delas representando um dos principais elementos da personalidade (*vṛitti*), da seguinte maneira: (1) esperança (āshā); (2) cuidado ou ansiedade (*chintā*); (3) empenho (*cheṣhṭā*); (4) sentimento de posse (*mamatā*); (5) arrogância ou hipocrisia (*dambha*); (6) languidez (*vikalatā*); (7) vaidade (*ahangkāra*); (8) parcialidade (*viveka*); (9) cobiça (*lolatā*); (10) duplicidade (*kapa-tatā*); (11) indecisão (*vitarka*); (12) remorso (*anutāpa*).

O Lótus do Centro da Garganta, ou *Vishuddha-chakra*, também chamado *Bhāratīsthāna*, consiste em dezesseis pétalas. As sete primeiras simbolizam as sete notas musicais sânscritas. A oitava simboliza o "veneno" da mortalidade. As outras sete representam os sete mantras-sementes e a décima sexta é o símbolo do néctar da imortalidade (*amṛitā*).

A cada uma das mil pétalas do Lótus do Centro do Cérebro são esotericamente atribuídas letras de várias cores pertencentes ao alfabeto sânscrito ou tibetano, assim como outros símbolos; é dito que esse chacra contém, em estado potencial, tudo o que existe nos outros chacras (dos quais ele é o originador) ou no universo.

---

7. Há duas classes de Divindades Iradas: as menos iradas (em tibetano *To'-wo*) e as mais iradas (tibetano: *Drag-po*). Ver Waddell. Op. cit., pp. 332-33.

Do mesmo modo, cada um dos Budas Dhyāni, como já foi explicado de outro ponto de vista, simboliza atributos espirituais específicos do cosmos. Assim, Vairochana é invocado pelos tântricos do budismo do Norte como a força universal que produz ou dá forma a tudo o que existe, seja físico ou espiritual; Vajra-Sattva (como o reflexo de Akṣhobhya) é a força universal invocada para neutralizar, por meio do mérito, o mau karma; Ratna-Sambhava, para a reprodução de todas as coisas desejadas; Amitābha, para a vida longa e a sabedoria; Amogha-Siddhi, para o sucesso nas artes e ofícios. Quanto a Vajra-Sattva, no aspecto puramente esotérico, é dito que todas as outras Divindades Pacíficas e Iradas da Mandala do *Bardo Thodöl* se fundem ou se incluem nele.

III. Mantras ou Palavras de Poder

Um indício do poder dos mantras, segundo é referido ao longo do *Bardo Thodöl*, está na antiga teoria musical dos gregos; ou seja, se a nota-chave de qualquer corpo particular ou substância for conhecida, por meio do uso o corpo particular ou substância pode ser desintegrado. Cientificamente, todo problema pode ser entendido pela compreensão da lei da vibração. Cada organismo apresenta a própria frequência vibratória, e o mesmo ocorre com todo objeto inanimado, desde o grão de areia até a montanha, e mesmo cada um dos planetas e o Sol. Quando essa frequência de vibração é conhecida, o organismo ou forma, mediante o uso oculto desta, pode ser desintegrado.

Para o adepto do ocultismo, conhecer o mantra de qualquer divindade é saber como estabelecer certa comunicação psíquica ou de onda de graça, que se assemelha a uma comunicação sem fio ou telepática, mas a transcende, com essa divindade. Por exemplo, se o adepto for da via da esquerda, isto é, adepto da magia negra, pode, por meio dos mantras, atrair e comandar ordens elementares e inferiores de seres espirituais, pois cada uma delas pertence a determinada frequência, e esta, sendo conhecida e formulada como som num mantra, dá ao mago o poder mesmo de aniquilar, por dissolução, o elemental particular ou o espírito ao qual a ordem pertence. Assim como um assaltante obriga o viajante, sob a mira do seu revólver, a lhe dar o dinheiro, do mesmo modo um mago negro com um mantra obriga um espírito a agir como ele deseja.

Devido a esse supremo poder do som, quando formulado em mantras correspondentes à frequência particular de vibração dos seres espirituais e das forças físicas e espirituais, os mantras são zelosamente guardados. E, no propósito de manter essa guarda, são estabelecidas linhagens de gurus (isto é, de mestres religiosos) aos quais é atribuída a função de preservar as palavras de força. Os candidatos à iniciação nessa Fraternidade dos Guardiões dos Mistérios devem ser necessariamente testados diante dos Tesouros que lhes serão confiados, e eles próprios, por sua vez, tornam-se Guardiões.

Após o *shiṣhya* ser devidamente testado, é-lhe transmitido o mantra que confere poder sobre a Deusa do sono, Kundalini; e, quando ele o pronuncia, a Deusa desperta e vem para seu comando. Então, grande é a necessidade do guru, pois a Deusa despertada tanto pode destruir como salvar, conforme o mantra for usado, com prudência ou não.

Assim como o ar exterior faz vibrar sons grosseiros, os ares vitais interiores (*prāṇa-vāyu*) são postos em movimento e utilizados por meio do uso dos sons dos mantras: a Deusa primeiro capta o sutil som oculto e, em tons de música divina, faz com que ele suba do seu trono no Suporte Fundamental do Centro Psíquico para um após os outros Centros de cima, até sua música preencher o Lótus das Mil Pétalas e, então, ser ouvida e respondida pelo Guru Supremo.

A visualização de uma divindade, como é com frequência orientada no nosso texto, é muitas vezes apenas outra maneira de pensar nas características essenciais dessa divindade. Um efeito do tipo yóguico emana da visualização ou, então, da audição do mantra correspondente a essa divindade; isso porque, ao se pronunciar o mantra de alguma divindade, essa divindade vai aparecer.

A menos que os mantras sejam corretamente entoados, não têm efeito e, quando impressos e vistos pelos olhos de não iniciados, se apresentam totalmente sem sentido, e, assim, permanecem sem a direção de um guru humano.

Além disso, a pronúncia correta do mantra de uma divindade depende tanto da pureza corporal quanto do conhecimento da devida entonação. Por conseguinte, é necessário que o devoto primeiro purifique, por meio de mantras purificadores, a boca, a língua e depois o próprio mantra, por um processo chamado dar vida ao, ou despertar o poder adormecido do mantra.

A habilidade oculta para usar corretamente um mantra confere poderes sobrenaturais chamados *Siddhi*,[8] e estes podem ser usados de acordo com o

8. *Siddhi*, aqui, significa "Poderes" obtidos pela prática do yoga. Literalmente, *Siddhi* é alcançar qualquer objetivo.

caráter do adepto, tanto como magia branca, para bons atos, como para magia negra, para maus fins: os caminhos da esquerda e da direita são os mesmos para esse aspecto da aplicação prática dos frutos obtidos pelo desenvolvimento psíquico. Um caminho leva para cima, para a Emancipação, o outro para baixo, para a Escravização.

IV. O Guru, o *Shiṣḥya* (ou *Chela*) e as Iniciações

O *Bardo Thodöl* aconselha muito frequentemente o moribundo ou o falecido a se concentrar mentalmente ou a visualizar sua divindade tutelar ou, então, seu guru espiritual; outras vezes, leva-o a relembrar os ensinamentos transmitidos a ele por seu guru humano, mais especificamente no momento da iniciação mística. Os yogues e os tântricos normalmente comentam essas orientações ritualísticas, dizendo que existem três ordens de gurus aos quais se presta reverência. A primeira e mais alta é simplesmente sobre-humana, chamada em sânscrito *divyaugha*, que significa "ordem celestial" (ou "divina"); a segunda é a dos seres humanos mais altamente desenvolvidos, dotados de poderes sobrenaturais ou *siddhicos*, daí chamada *siddhaugha*; a terceira é dos mestres religiosos comuns e, por isso, chamada *mānavaugha*, "linha humana".[9]

Tanto os homens como as mulheres, se qualificados, podem ser gurus. O *shiṣḥya*, via de regra, é posto sob prova durante um ano antes de receber a primeira iniciação. Se ao cabo desse tempo prova ser receptáculo indigno dos ensinamentos superiores, é rejeitado. Caso seja aceito, esse discípulo ficará sob os cuidados do guru e, cautelosamente, será preparado para o desenvolvimento psíquico. Um *shiṣḥya*, quando se encontra em período de experiência, é simplesmente orientado no sentido de desempenhar os exercícios considerados adequados às suas necessidades particulares. A seguir, quando a provação termina, o *shiṣḥya* é informado pelo guru quanto ao porquê dos exercícios e quais os resultados finais que deles advêm quando praticados com sucesso. Geralmente, uma vez que um guru é escolhido, o *shiṣḥya* não tem o direito de desobedecê-lo ou de tomar outro guru até ser provado que o primeiro não pode continuar a guiá-lo. Se o *shiṣḥya* se

9. As três ordens de gurus são assim chamadas não por causa de qualquer diferença nos respectivos poderes, mas por causa dos diferentes locais de residência. No *Tantra-rāja* (cap. I) é dito que os gurus da Ordem Divya habitam sempre no Céu de Shiva, os da Ordem Siddha no Mundo Humano, e também nos Mundos do Céu, enquanto os gurus da Ordem Mānava habitam somente na Terra.

desenvolve rapidamente devido ao bom karma e chega a um estágio de desenvolvimento igual ao do guru, este, se não puder mais guiar o *shiṣḥya*, provavelmente o indicará a um guru mais avançado.

Para iniciar um *shiṣḥya* ou discípulo, o guru primeiro precisa preparar-se, normalmente durante um curso de exercícios rituais por vários dias, por meio do qual os gurus, invocando as ondas de dons da ordem divina de gurus, estabelecem comunicação direta com o plano espiritual no qual os gurus divinos existem. Se o guru humano for dotado de poderes *síddhicos*, acredita-se que essa comunicação seja tão real como aquela sem fio ou telepática entre dois seres humanos no plano terreno.

A verdadeira iniciação, que se segue, consiste em dar ao *shiṣḥya* o mantra secreto ou Palavra de Poder, por meio da qual se efetua a reconciliação entre o *shiṣḥya*, como novo membro da secreta irmandade, e o Guru Supremo, que se situa, como Pai Divino, acima de todos os gurus e *shiṣḥyas*.

A força vital ou os ares vitais (*prāna-vāyus*) serve como elo psicofísico unindo o humano ao divino; e a força vital, tendo sido centrada no Sétimo Centro Psíquico, ou Lótus das Mil Pétalas, pela ação da Força da Serpente despertada, por meio desse centro, como por meio de uma estação receptora sem fio, recebe as ondas de graça espirituais do Guru Supremo. Desse modo, a graça divina é recebida no organismo humano e se torna brilho, tal como a eletricidade se transforma em luz quando levada ao vácuo de uma lâmpada elétrica; com isso, a verdadeira iniciação é então conferida e o *shiṣḥya* torna-se um Iluminado.

Na linguagem oculta dos mistérios indianos e tibetanos, o Guru Supremo é entronizado no pericarpo do Lótus das Mil Pétalas. Para ali, mediante o poder da força da Serpente da Deusa Kundalini despertada, o *shiṣḥya*, guiado pelo guru humano, é conduzido e se inclina aos pés do Pai Divino e recebe a graça e a bênção. Levantado o Véu de *Māyā*, a Clara Luz brilha no coração do *shiṣḥya* sem empecilho. Do mesmo modo que uma vela é acesa pela chama de outra vela, assim o Poder Divino é transmitido do Pai Divino, o Guru Supremo, para o recém-nascido, o *shiṣḥya* humano.

O mantra secreto conferido na iniciação, como a Palavra de Força egípcia, é a Senha necessária para a consciência passar do estado encarnado para o estado desencarnado. Se o iniciado for suficientemente desenvolvido espiritualmente antes de chegar o momento de separar-se do corpo físico grosseiro, na morte, e puder, no momento de abandonar o plano terreno, lembrar-se do mantra místico ou Palavras de Força, a mudança transcorrerá sem perda de consciência; tampouco o *shiṣḥya* plenamente desenvolvido sofrerá qualquer ruptura na continuidade da consciência de uma encarnação para a outra.

V. Realidade

Ao negar a hipótese da alma, todas as escolas budistas afirmam que a imortalidade pessoal é impossível, pois toda existência pessoal não é senão mero fluxo de instabilidade e de contínua transformação carmicamente dependente do falso conceito de que os fenômenos ou aparições fenomenais, ou ainda estados e seres fenomenais, são reais. Em outras palavras, o budismo afirma que a mente ou a consciência individualizadas não pode compreender a Realidade.

Do mesmo modo, a essência dos ensinamentos do *Bardo Thodöl* é que, do mesmo modo que a mente é humana, ela é então individualizada, e por isso vê a si mesma como separada e apartada de todas as outras mentes. Assim, ela não é senão um joguete de *Māyā*, da Ignorância, que faz com que olhe o panorama alucinatório das existências no *Sangsāra* como real, e daí é levada a se perder no Atoleiro dos Fenômenos.

Os seguidores das crenças semíticas estão hereditariamente tão completamente dominados pela teoria da alma e da imortalidade pessoal após a morte, num paraíso ou inferno fenomenais, que para eles não pode haver alternativa; e para eles a negação budista dessa teoria parece implicar erroneamente uma doutrina da negação absoluta do ser.

Segundo o *Bardo Thodöl,* a compreensão da Realidade depende inteiramente de expurgar da mente todo erro, toda falsa crença, e de alcançar um estado mental no qual *Māyā* não mais domine. Uma vez que a alma se torna liberta de todas as obscuridades kármicas, da suprema heresia segundo a qual as aparências fenomenais — nos céus, infernos ou mundos — são reais, então ali desponta o Correto Conhecimento; todas as formas se fundem naquele que é não forma, todos os fenômenos se fundem naquele que está além dos fenômenos, toda a Ignorância é dissipada pela Luz da Verdade, a personalidade é aniquilada, o ser individualizado e a dor terminam, a mente e a matéria são reconhecidas como idênticas, a consciência mundana se transforma em consciência espiritual e una com o *Dharma-Kāya*, o peregrino alcança a Meta.

O grande Patriarca Ashvaghosha, que escreveu, durante o século I d.C.,[10] os ensinamentos essenciais do budismo *Mahāyāna*, tal como foram transmitidos em primeira mão, oralmente, pelos iniciados diretamente no tempo do Buda, descreveu por outro ângulo as doutrinas relativas à Realidade, em seu notável tratado intitulado *O Despertar da Fé*,[11] da seguinte maneira:

Da Ignorância: "A Verdadeira Realidade é originalmente apenas uma, mas os graus de ignorância são infinitos; por conseguinte, as naturezas dos homens diferem de acordo com o caráter. Há desregrados em maior número que os grãos das areias do Ganges, alguns provenientes de concepções ignorantes e outros da ignorância dos sentidos e dos desejos. Assim sendo, todos os tipos de pensamentos rebeldes surgem da ignorância e têm em conjunto infinitas diferenças que somente Ju Lai (isto é, o *Tathāgata*) conhece".[12]

"Quando, a partir da Verdadeira Realidade, o homem sabe que não existe mundo objetivo, então os diversos meios de seguir e de obedecer a essa Verdadeira Realidade surgem espontaneamente (isto é, sem pensamento e sem ação), e, quando influenciada por esse poder durante longo tempo, a ignorância desaparece. Quando a ignorância desaparece, então as falsas ideias cessam

---

10. A data exata de Ashvaghosha (ou Açvaghosha) é incerta. Segundo Suzuki, que investigou a questão cuidadosamente, Ashvaghosha "viveu no período que se estende da segunda metade do século I a.C. a cerca de 50 ou 80 d.C. Quando muito, seu tempo deve situar-se não além do século I da era cristã" (T. Suzuki. *The Awakening of Faith*, Chicago, 1900, p. 17).

11. Existem duas traduções para a língua inglesa de *The Awakening of Faith* do chinês, uma feita por um missionário cristão estabelecido na China, o falecido Reverendo Timothy Richard, de 1894 e publicada em Xangai, em 1907, e a outra pelo erudito budista japonês, senhor Teitaro Suzuki, publicada em Chicago, em 1900. Apresentamos aqui, estabelecendo paralelos, extratos de ambas as versões. Igualmente há duas versões chinesas, ambas com base na versão original sânscrita, hoje desaparecida: uma feita em 554 d.C. por Paramartha (também conhecido como Kulanātha), missionário indiano budista que chegou à China em 546 e morreu em 569 d.C. com 71 anos de idade; a outra versão chinesa foi iniciada em 700 d.C. por Çikshānanda, também missionário indiano budista, que morreu na China em 710 d.C., aos 59 anos. A tradução de Richard foi feita com base em Paramartha e a de Suzuki com base em Çikshānanda.

12. Tradução de Richard (p. 18). Cf. a tradução de Suzuki (p. 89): "Embora todos os seres sejam igualmente dotados de realidade, a intensidade [da influência] da ignorância, o princípio de individuação, que age desde toda a eternidade, varia em graus tão diferentes quanto os infinitos grãos das areias do Ganges. E o mesmo ocorre com os embaraçosos preconceitos (*kleça* ou *āçrava*), como a concepção do ego, preconceitos intelectuais e afetivos, etc. [cuja eficiência varia de acordo com o karma previamente acumulado por cada indivíduo] — todas essas coisas só podem ser compreendidas pelo Tathāgata. Daí esses imensuráveis graus de diferença quanto à crença etc.".

de aparecer. Ao desaparecerem as falsas ideias, o mundo objetivo anterior também se acaba. Quando as forças cessam de existir, então os falsos poderes da mente finita deixam de existir, e isso é o que se chama Nirvana, quando agem somente as forças naturais da Verdadeira Realidade."[13]

Dos Fenômenos: "Todos os fenômenos existem a princípio na mente e na verdade não têm qualquer forma exterior; logo, como não existe forma, é um erro pensar que alguma coisa exista. Todos os fenômenos simplesmente surgem das falsas noções da mente. Se a mente for independente dessas falsas ideias, então todos os fenômenos desaparecem. [...]".[14]

"Portanto, os fenômenos dos três mundos (do desejo, da forma e da não forma) são produtos da mente. Sem mente, então, não há praticamente existência objetiva. Assim, toda existência surge das imperfeitas noções da nossa mente. Todas as diferenças são diferenças da mente. Mas a mente não pode ver a si mesma, pois não tem forma. Devemos saber que todos os fenômenos são criados pelas noções imperfeitas da mente finita; logo, toda existência é como um reflexo num espelho, um reflexo sem substância, apenas um fantasma da mente. Quando a mente finita opera, surge todo tipo de coisa; quando a mente finita para de funcionar, então todo tipo de coisa desaparece."[15]

---

13. Tradução de Richard (p. 17). Cf. a tradução de Suzuki (pp. 86-7): "Devido a essa perfumada influência (isto é, por ignorância da realidade), somos capazes de acreditar que temos dentro de nós mesmos realidades cuja natureza essencial é pura e imaculada; e também reconhecemos que todos os fenômenos do mundo não são mais que a manifestação ilusória da mente (*ālaya-vijṇāna*) e não realidades próprias. Desde que entendemos assim corretamente a verdade, podemos pôr em prática os meios de libertação, realizar essas ações que estão de acordo [com o *Dharma*]. Nem particularizamos, nem nos tornamos adstritos ao particular. Em virtude dessa disciplina e do hábito durante o lapso de inumeráveis *asamkhyeyakalpas* [literalmente, incontáveis eras], aniquilamos a ignorância. Desse modo, aniquilada a ignorância, a mente [isto é, *ālaya-vijṇāna*] não mais se perturba a ponto de ser objeto de individuação. Não mais estando a mente perturbada, a particularização do mundo circundante é aniquilada. Assim, quando o princípio e o estado de corrupção, seus produtos e os distúrbios mentais são todos aniquilados, é dito que obtemos o Nirvana e que vários desdobramentos espontâneos de atividade são então levados a cabo".

14. Tradução de Richard (p. 26). Cf. a tradução de Suzuki (p. 107): "Numa palavra, todos os modos de existência relativa, nosso mundo fenomenal como um todo, são criados simplesmente pela particularização da mente confusa. Se nos dissociarmos dela, então todos os modos de existência relativa desaparecem por si mesmos".

15. Tradução de Richard (p. 12). Cf. a tradução de Suzuki (pp. 77-8): "Portanto, os três domínios [ou *triloka*, isto é, o domínio do sentimento (*kāmaloka*), o domínio da existência corpórea (*rūpaloka*), o domínio da incorporalidade (*arūpāloka*) não são mais que a automanifestação da mente [isto é, *ālaya-vijṇāna*, que é praticamente idêntica à realidade, *bhūtatathatā*]. Separadas da mente, não deveriam existir coisas como os seis sentidos. Por quê? Posto que todas as coisas, devendo o princípio

Do Espaço: "Os homens precisam compreender que o espaço não é nada. Ele não tem existência e também não é uma realidade. Trata-se de um termo em aposição à realidade. Só dizemos que isto ou aquilo é visível para que possamos distinguir as coisas".[16]

Da Mente e da Matéria: "Mente e matéria são eternamente a mesma coisa. Como a essência da matéria é sabedoria, a essência da matéria é informe e é chamada encarnação da sabedoria. Como a essência manifestada da sabedoria é matéria, ela é chamada todo-impregnante encarnação da sabedoria. A matéria não manifestada é desprovida de magnitude; segundo a vontade, pode mostrar-se através de todo o universo como os imensuráveis *Pusas* (isto é, homens devotos inteligentes ou Boddhisattvas), imensuráveis espíritos inspirados, imensuráveis glórias, todos diferentes, sem magnitude, sem interferirem uns com os outros. Isso é o que os sentidos comuns não podem compreender, já que é obra da Realidade Absoluta. [...]".[17]

---

de sua existência à mente (*ālaya-vijñāna*), são produzidas pela subjetividade (*smrti*), todos os modos de particularização são a autoparticularização da mente. Contudo, estando a mente em si mesma livre de todos os atributos, ela mesma não é diferenciada. Portanto, chegamos à conclusão de que todas as coisas e condições do mundo fenomenal, hipostasiadas e estabelecidas somente pela ignorância (*avidya*) e pela subjetividade (*smrti*) por parte de todos os seres, não têm mais realidade que as imagens num espelho. Elas simplesmente derivam da idealidade de uma mente particularizadora. Quando a mente está perturbada, ocorre a multiplicidade de coisas; mas quando a mente está tranquila, a multiplicidade de coisas desaparece".

16. Tradução de Richard (pp. 24-5). Cf. a tradução de Suzuki (p. 107): "Fique isto claramente compreendido que o espaço nada mais é que um modo de particularização e que não tem nenhuma existência real em si mesmo. Onde há percepção de espaço, há ali, lado a lado, uma percepção de uma variedade de coisas, em contraste com a qual o espaço é considerado como se existisse independentemente. O espaço, por conseguinte, existe apenas em relação à nossa onisciência particularizadora".

17. Tradução de Richard (pp. 24-5). Cf. a tradução de Suzuki (pp. 103-04): "Portanto, a matéria (*rūpa*) e a mente (*citta*) desde o início não são uma dualidade. Assim falamos [do universo como] um sistema de racionalidade (*prajñakāya*), vendo que a natureza real da matéria simplesmente constitui a norma da mente. Falamos também [do universo como] um sistema de materialidade (*Dharmakāya*), vendo que a verdadeira natureza da mente constitui simplesmente a norma da matéria. Ora, dependendo do *Dharmakāya*, todos os Tathāgatas se manifestam em formas corpóreas e estão incessantemente presentes em todos os pontos do espaço. E os Boddhisattvas nos dez quadrantes, de acordo com suas capacidades e desejos, são capazes de manifestar infinitos Corpos de Felicidade e infinitas regiões de ornamentação, cada um dos quais, embora timbrado com as marcas de individualidade, não impede que os outros se fundam nele e tal [mútua fusão] não tem interrupção. Mas a manifestação do *Dharmakāya* em [infinitas] formas corpóreas não é compreensível ao pensamento e ao entendimento da gente comum, pois ela é mais livre e sutil ação da realidade.

"De acordo com a Realidade Absoluta, não há distinção entre mente e matéria; é por causa da contaminação do finito no círculo da vida e da morte que essas distinções aparecem. [...]."[18]

"Quanto às imundícies do mundo, todas são falsas; não possuem realidade por trás delas. [...]."[19]

"Finalmente, para abandonar falsos conceitos, é preciso saber que pureza e imundície são termos relativos e não têm existência independente. Embora todas as coisas, desde a eternidade, não sejam nem matéria nem mente, nem sabedoria infinita nem conhecimento finito, nem existentes nem inexistentes, mas são, afinal, inexprimíveis, não obstante usamos palavras, e devemos saber que o hábil uso das palavras de Buda para guiar os homens corretamente repousa nisto: lograr com que os homens parem de conjecturar e retornem à Realidade Absoluta, pois o melhor pensamento humano de todas as coisas é apenas temporário e não Verdade Absoluta."[20]

Da Natureza da Mente Primordial: "Desde o início, a mente é de natureza pura; mas uma vez que há seu aspecto finito, contaminado por visões finitas, há o maculado aspecto da mente. Embora haja essa imundície, não obstante a natureza pura original permanece não modificada. Esse mistério somente o Iluminado compreende".[21]

---

18. Tradução de Richard (p. 26). Cf. a tradução de Suzuki (pp. 108-09): "Fique claramente entendido que a realidade (*bhūtatathatā*) não tem nada a ver com qualquer forma de distinção produzida por contaminação e, mesmo no caso de dizermos que ele possui inúmeras características meritórias, estas estão livres das marcas da contaminação".

19. Tradução de Richard (p. 27). Cf. a tradução de Suzuki (p. 109): "[...] objetos contaminados [...] não são mais que não entidade; portanto, não têm existência própria (*svabhāva*) [...]".

20. Tradução de Richard (pp. 27-28). Cf. a tradução de Suzuki (pp. 112-13): "Aquele que estiver absolutamente livre de particularização e apego compreenderá que todas as coisas puras ou contaminadas têm apenas uma existência relativa. Portanto, fique compreendido que todas as coisas neste mundo não são de início nem matéria (*rūpa*), nem mente (*citta*), nem inteligência (*prajña*), nem consciência (*vijnāna*), nem não ser (*abhāva*), nem ser (*bhāva*); são, enfim, inexplicáveis. A razão por que o Tathāgata, não obstante, procura instruir por meio de palavras e definições reside em sua boa e excelente habilidade [ou expediência, *upāyakauçalya*]. Ele provisoriamente faz uso de palavras e definições para guiar todos os homens, já que seu verdadeiro objetivo é fazê-los abandonar o simbolismo e entrar diretamente na verdadeira realidade (*tattva*). Isso porque, se eles se entregarem a raciocínios, se apegarem a sofismas e, assim, favorecerem sua particularização subjetiva, como poderiam ter a verdadeira sabedoria (*tattvajañāna*) e alcançar o Nirvana?"

21. Tradução de Richard (p. 13). Cf. a tradução de Suzuki (pp. 79-80): "Enquanto a essência da mente é eternamente limpa e pura, a influência da ignorância torna possível a existência de uma mente contaminada. Porém, apesar da mente contaminada, a [própria] mente é eterna, clara, pura e não sujeita a transformação. Além disso, como sua natureza original está livre de particularização, ela não conhece

"Se não existisse a Verdadeira Natureza Real da mente, então toda existência também não existiria; não haveria nada para mostrá-la. Se a Verdadeira Natureza Real da mente permanece, então a mente finita continua. Somente quando as estultícias da mente finita cessarem, cessará a mente finita. Não é a sabedoria da Verdadeira Realidade que cessa."[22]

"Assim como um homem que perdeu seu rumo chama o leste de oeste, embora o leste e o oeste não tenham mudado na realidade, assim [acontece], da mesma maneira a humanidade perdida na ignorância, chama seus pensamentos de mente do universo! Porém, a mente é o que sempre foi, toda não modificada pelo pensamento dos homens. Quando os homens considerarem e compreenderem que esta Mente Absoluta não necessita dos seus pensamentos, estarão seguindo o caminho certo para alcançar o Ilimitado."[23]

Da Natureza do Absoluto: "Não é que ele [o Absoluto] tenha tido origem em algum tempo, ou tenha fim alguma vez; ele é realmente eterno. Em sua natureza, ele é sempre pleno de todas as possibilidades, sendo descrito como de grande luz e sabedoria, dando luz a todas as coisas, real e sagaz. Sua verdadeira natureza é a de mente pura, eternamente jubilosa, a verdadeira natureza das coisas, pura, calma, não modificada; logo, ele [é] livre, com plenitude de virtudes e atributos bódhicos mais numerosos que os grãos das areias do Ganges, divina, interminável, não modificada e inefável".[24]

---

em si qualquer transformação, embora produza em toda parte os vários modos de existência. Quando a unidade da totalidade das coisas (*Dharmādhātu*) não é reconhecida, então surge a ignorância, bem como a particularização, e todos os aspectos da mente assim contaminada se desenvolvem. Mas o significado dessa doutrina é tão profundo e imensurável que pode ser plenamente compreendido pelos Budas e por ninguém mais".

22. Tradução de Richard (p. 15). Cf. a tradução de Suzuki (p. 84): "Que a ignorância seja aniquilada, assim como o sintoma de distúrbios [na mente] também será aniquilado, enquanto a essência da mente [isto é, o *suchness*] permanece a mesma. Apenas se a própria mente for aniquilada é que todos os seres deixarão de existir, pois então não haveria nais nada por meio do qual eles pudessem se manifestar. Mas, enquanto a mente não for aniquilada, seus distúrbios poderão continuar".

23. Tradução de Richard (p. 25). Cf. a tradução de Suzuki (pp. 105-06): "Assim como um homem perdido toma o leste pelo oeste, embora o quadrante não seja alterado devido à sua confusão, do mesmo modo todos os seres, devido à ignorância desencaminhadora, imaginam que a mente está sendo perturbada, quando na realidade ela não está. Porém, ao compreenderem que o distúrbio da mente [isto é, o nascimento-e-morte] é [ao mesmo tempo] imortalidade [a saber, o *suchness*], eles então entrarão pela porta do *suchness*".

24. Tradução de Richard (p. 21). Cf. a tradução de Suzuki (pp. 95-6): "Ele não foi criado no passado, nem se extinguirá no futuro; ele é eterno, permanente, absoluto; e desde toda a eternidade ele, cabalmente, abarca na essência todos os méritos possíveis (*punya*). Ou seja, o *suchness* tem as seguintes características: o fulgor de grande sabedoria; a iluminação universal do *dharmadhātu* [universo]; o

"Como a natureza por trás de toda experiência não tem começo, também não tem fim — isso é o verdadeiro Nirvana.[...]."[25]

"Por trás de toda existência está naturalmente o Supremo Nirvana [ou Supremo Repouso]."[26]

Assim Ashvaghosha dá testemunho do vigor da suprema filosofia da Escola *Mahāyāna* subjacente ao *Bardo Thodöl;* e, como um comentarista independente, confirma nossas interpretações.

VI. Budismo do Norte, do Sul e Cristianismo

Seria possível incluir aqui farta matéria para assinalar as diferenças que há entre as duas grandes escolas do budismo, a do Norte e a do Sul, às vezes chamadas *Mahāyāna* (que significa "Caminho Maior") e *Hīnayāna* (ou seja,

---

verdadeiro e correto conhecimento; a mente pura e clara na própria natureza; o eterno, o glorioso, o que governa a si próprio e o puro; o tranquilo, o imutável e o livre. E não há heterogeneidade em todos aqueles *Buda-dharmas*, que, ultrapassando em números os grãos de areia do Ganges, tampouco podem ser idênticos (*ekārtha*) ou não idênticos (*nānārtha*) [à essência do *suchness*] e que, portanto, estão além da esfera da nossa compreensão".

Essa descrição do Absoluto é também uma descrição do *Dharma-Kāya*, pois os dois termos são sinônimos. Um estudioso moderno do budismo, o senhor P. Lakshmi Narasu, em *The Essence of Buddhism* (Madras, 1912), pp. 352-53, descreve assim o *Summum Bonum*: "O budismo nega um Ishvara [isto é, uma Divindade Suprema, pois mesmo o Buda Primordial não é tal e, sim, apenas o Primeiro Buda hipotético do lama]; e este último não pode, portanto, ser a sua meta e ponto de repouso. A meta do budista é o estado de Buda e a essência do estado de Buda é o *Dharmkāya*, a totalidade de todas essas leis que permeiam os fatos da vida e cujo reconhecimento exato constitui a iluminação. O *Dharmakāya* é o nome mais abrangente com o qual o budista resume sua compreensão e também seu sentimento do universo. *Dharmakāya* significa que o universo, para o budista, não aparece como simples mecanismo, mas como algo que pulsa com vida. Além disso, significa que o fato mais significativo sobre o universo é seu aspecto intelectual e sua ordem ética, especialmente nas esferas superiores. Ainda mais, implica que o universo é uno na essência e de modo algum caótico ou dual. [...] *Dharmakāya* não é uma abstração insignificante, mas esse aspecto da existência que torna o universo inteligível, universo que se mostra na causa e no efeito. [...] *Dharmakāya* é essa tendência ideal das coisas, que se revela mais completamente na vontade racional e nas aspirações morais do homem. [...] É o tipo inspirador impersonalizado de toda mente racional aperfeiçoada. Sem *Dharmakāya*, não haveria nada que constituísse a personalidade, nem razão, nem ciência, nem aspiração moral, nem ideal, nem objetivo e propósito na vida do homem. [...] *Dharmakāya* é a norma de toda existência, o padrão da verdade, a medida da retidão, a lei segura; é isso que, na constituição das coisas, torna certos modos de conduta benéficos e outros prejudiciais".

25. Tradução de Richard (p. 27). Cf. a tradução de Suzuki (p. 112): "Que fique claramente compreendido que a essência dos cinco *skandhas* é não criada, não havendo a aniquilação deles; e que, desde que não há a aniquilação deles, eles são em sua origem (metafísica] o próprio Nirvana".

26. Tradução de Richard (p. 31). Cf. a tradução de Suzuki (p. 121): "[...] todas as coisas (*sarvadharma*) são, do início, em natureza, o próprio Nirvana".

"Caminho Menor" — nome até certo ponto depreciativo, nunca usado pelos budistas do Sul).[27]

O budismo do Norte distingue-se principalmente pelo sacerdócio hierárquico e mais altamente organizado, ênfase nos rituais, elaborada doutrina das emanações divinas, missas e cultos parecidos com os dos cristãos, tantrismo, Budas Dhyānī, Boddhisattvas e amplo panteão, crença num Buda Primordial, maior insistência no yoga, sutil filosofia e ensinamentos transcendentais relativos ao *Tri-Kāya*.

No budismo do Sul, ao contrário, há um sacerdócio organizado bastante livremente, sem chefes reconhecidos como o Dalai Lama, que é o Rei-Deus, e o Tashi Lama, que é o Chefe Espiritual Superior do lamaísmo. Não há rituais reconhecidos comparáveis com os da escola do Norte, pouco ou nada claramente tântrico e nenhum culto dos Budas Dhyānī ou de um Buda Primordial, mas, sim, uma crença que se limita aos *devas* e aos demônios. O único Boddhisattva invocado e encontrado em forma de imagens nos templos é o futuro Buda, Maitreya. Embora o yoga seja teoricamente exigido, ele parece ser pouco praticado pelos budistas do Sul desde os tempos de Buddhaghosa e seus sucessores imediatos, quando, é dito, foi famoso o Ceilão budista — tal como o Tibete budista o é agora — pelos grandes santos ou yogues. Que existe um budismo transcendental, baseado principalmente em ensinamentos tântricos e no yoga aplicado, tal como os lamas afirmam possuir por meio e transmissão oral direta dos tempos do Buda, isso o budismo do Sul nega, pois afirma que Buda não ensinou doutrinas superiores ou outras doutrinas além daquelas registradas no *Tri-Pitaka* ou Cânone Páli. Do mesmo modo, a doutrina da Trindade Esotérica ou *Tri-Kāya* não é proposta pelo budismo do Sul, ainda que existam claras referências ao *Dharma-Kāya* no *Aggañña Sūtttānta* do *Dīgha Nikāya*, onde Buda fala do *Dharma-Kāya* a um sacerdote brâmane chamado Vasetta (em sânscrito: *Vashishtha*); e a obra cingalesa conhecida como *Dharma-Predīpikā* contém elaboradas exposições do *Rūpakāya* e do *Dharma-Kāya*.[28]

27. Aqui, Sj. Atal Behari Ghosh contribuiu com a seguinte nota: "*Mahāyāna* pode significar, e possivelmente significa, 'Caminho (ou 'Viagem') Maior' ou 'Superior', e *Hīnayāna* 'Caminho (ou 'Viagem') Menor' ou 'Inferior'. *Yā* (de *Yāna*) significa 'ir' e Yāna, 'aquilo mediante o qual se vai'. Os orientalistas ocidentais adotaram o termo 'Veículo' como equivalente de Yāna, de modo que é o significado mais comum dado nos livros escolares, mas é preferível 'Caminho'".

28. Cf. Lakshmi Naras. *The Essence of Buddhism*. Madras, 1912, p. 352n.

A hipótese dos apologistas cristãos de que o budismo do Norte, na sua diferenciação com relação ao budismo do Sul, teria sido originariamente afetado pelos antigos missionários cristãos parece ser improvável — no que diz respeito às doutrinas realmente fundamentais — pelo importante fato (mas só recentemente tornado conhecido pelos eruditos ocidentais a partir da descoberta de alguns dos escritos do maior dos Pais da igreja budista do Norte, ou seja, o Patriarca Ashvagosha) de que o budismo do Norte era, no século I d.C., fundamentalmente o mesmo que é agora e que foi antes da Era Cristã. Se houve influências cristãs, como afirmam, introduzidas pelos nestorianos, por São Tomé ou pelos missionários posteriores, parece que tais influências poderão ter sido, no máximo, superficiais.[29] Nossa opinião — que é, naturalmente, apenas hipotética, considerando-se quão pouco são conhecidas hoje as influências interdependentes do hinduísmo, do budismo e de outras religiões orientais e do cristianismo — é a de que o cristianismo, que provavelmente se formou, não apenas em simbologia pré-cristã e nos rituais, mas também nas crenças, por meio das doutrinas religiosas que o precederam e a partir das quais ele se desenvolveu. O monasticismo cristão, por exemplo, conforme os melhores estudos feitos sobre os primeiros séculos da Era Cristã no Egito, com práticas semelhantes às do yoga, teve, aparentemente, relação direta com os sistemas monásticos mais antigos, como os do hinduísmo, do budismo, do jainismo e do taoísmo. As duas grandes doutrinas do cristianismo, a saber, a da Trindade e a da Encarnação, não são únicas, como se acreditava anteriormente; não apenas ambas se desenvolveram na Índia em tempos pré-cristãos, mas eram também doutrinas principais na crença osiriana do Egito antigo, há pelo menos seis mil anos. A igreja cristã gnóstica primitiva, como expoente de um cristianismo esotérico,[30] em geral também estava de

29. Huc, no seu *Travels in Tartary* (trad. para o inglês por Hazlett, II, 84), observa que *Tsoṅ Khapa*, fundador da igreja Gelugpa ou da Igreja Reformada Estabelecida do Tibete, estava familiarizado com o cristianismo por meio dos sacerdotes romanos que, ao que parece, estiveram em missão próximo ao lugar de seu nascimento, na província de Amdo, na China. Mas, como *Tsoṅ Khapa* nasceu durante a segunda metade do século XIV e fundou a Gelugpa no início do século XV, uma provável influência cristã não teria nenhuma importância em relação à primitiva não reformada igreja Ningmapa, fundada por Padma-Sambhava no século VIII, época da origem do nosso manuscrito. A semirreformada seita Kargyütpa também precede a Gelugpa, tendo sido fundada na última metade do século XI por Marpa (ver. p. 237, n. 164), cujo guru principal era o Pandita Atīsha, um indiano (cf. Waddell. *The Buddhism of Tibet*, pp. 54-73).

30. Orígenes, discípulo de São Clemente de Alexandria e o mais bem informado e ilustrado dos Pais da Igreja, afirmou que a doutrina do renascimento e do karma era cristã. Por causa dessa crença,

acordo com os antigos ensinamentos orientais relativos ao Renascimento e ao karma, que a igreja cristã posterior ou exotérica finalmente repudiou, tendo o Segundo Concílio de Constantinopla, em 553, decretado que "Todo aquele que defender a doutrina mística da preexistência da alma e a consequente assombrosa opinião de que ela retorna seja anátema". O próprio Sermão da Montanha, segundo indica um estudo do Cânone Páli pré-cristão, pode muito bem ser considerado, como o é por muitos estudiosos do budismo, uma reafirmação cristã das doutrinas que Buda, também, formulou como herança dos Budas pré-históricos.[31] São principalmente as doutrinas das igrejas cristãs modernas as que se orgulham de não terem ensinamentos esotéricos, e não as do cristianismo primitivo, que apresenta um esoterismo elaborado que difere amplamente das doutrinas do budismo e de outras religiões orientais; entre essas doutrinas, as mais notáveis são: (1) a doutrina de que há uma vida sobre a Terra, seguida de um paraíso sem-fim ou, então, de um inferno eterno; (2) a do perdão dos pecados por meio do sacrifício sangrento de um Salvador; (3) a da singularidade da Encarnação Divina, conforme é exemplificada pelo Fundador do cristianismo.

O estudioso do Ocidente, cuja visão de mundo foi mais ou menos afetada por essa teologia do cristianismo da igreja do Concílio, mais que pelo cristianismo primitivo ou gnóstico, precisa compreender exatamente como o budismo difere no fundamental do cristianismo moderno.

Assim, à diferença da igreja moderna ou do Concílio, o cristianismo que prega a dependência de um poder exterior ou Salvador, o budismo prega apenas a dependência do esforço individual, caso se queira obter a salvação. Na prática, e em grau limitado na teoria, essa doutrina fundamental

299 dias após sua morte foi decretada contra ele excomunhão pela Igreja exotérica. Orígenes afirmou: "mas que devem existir certas doutrinas não conhecidas pela multidão, que são [reveladas] após as exotéricas terem sido ensinadas, não é uma peculiaridade só do cristianismo, mas também dos sistemas filosóficos nos quais certas verdades são exotéricas e outras esotéricas" (*Orígenes Contra Celso*, Livro I, c. VII). Que Orígenes era perfeito cristão quanto a isso — a despeito da condenação como "herético" pelo corrupto Segundo Concílio de Constantinopla, presidido pela Igreja exotérica — está claro segundo essas palavras atribuídas ao próprio fundador do cristianismo: "A vós [que sois os discípulos escolhidos] é dado conhecer o mistério do Reino de Deus; mas àqueles que não o são [isto é, a multidão], todas estas coisas são dadas em parábolas; pois ver eles podem ver, mas não perceber; e ouvir eles podem ouvir, mas não entender" (Marcos 4.11-12); cf. São Paulo em 1Coríntios, 2.7; 3.1-2; e *Pistis Sophia*, i, 9, 12, 15 e passim, tradução de G. R. S. Mead (Londres, 1896).

31. Cf. A. J. Edmunds. *Buddhist Texts in John* (Filadélfia, 1911); também *Buddhist and Christian Gospels* (Filadélfia, 1908).

da autodependência é modificada no lamaísmo — como exemplificado no *Bardo Thodöl* — e o devoto apela diretamente aos Budas Dhyānī e às divindades tutelares, de modo muito semelhante ao dos cristãos, que apelam para Jesus, os santos e os anjos. Do mesmo modo, o budismo do Norte e a igreja cristã do Concílio, à diferença do budismo do Sul, têm suas missas e cerimônias eucarísticas.

Em segundo lugar, como já assinalado, a igreja cristã do Concílio condena as doutrinas do Renascimento e do karma (que o cristanismo gnóstico ou primitivo aceitava), enquanto o budismo as defende.

Em terceiro lugar, ambas as fés mantêm divergentes visões quanto à existência ou não de uma Divindade Suprema. A "Paternidade de Deus" como divindade pessoal e antropomórfica é a pedra angular da teologia cristã. Contudo, no budismo — embora Buda não tenha afirmado ou negado a existência de uma Divindade Suprema — ela não ocorre, pois, como o mesmo Buda afirmou, o essencial para se compreender a verdadeira natureza da vida não é crer ou não crer numa Divindade Suprema, mas sim o esforço individual para agir corretamente.

Buda "não argumentou que Ishvara era causa; tampouco defendeu alguma causa herética, nem, ademais afirmou que não havia causa para o começo do mundo". Ele disse: "Se o mundo foi criado pelo *deva* Ishvara [...] não deveriam existir coisas como dor ou calamidades, nem a ação certa ou a errada, pois todos, tanto os atos puros como os impuros, devem proceder do *deva* Ishvara. [...] Além disso, se Ishvara é o criador, todas as coisas vivas deveriam submeter-se [a ele] silenciosamente, pacientes ante o poder do criador; e, então, que utilidade haveria em se praticar a virtude? Então, a ação certa e a ação errada seriam equivalentes [...] Assim, vede, nessa discussão [*shāstra*]", o pensamento de Ishvara é destruído".[32]

Embora o Grande Mestre tenha afastado, como sendo não essencial para a iluminação espiritual da humanidade, a crença e a não crença numa Divindade Suprema — mais especialmente numa Divindade Suprema antropomórfica — ele, contudo, transformou em pedra angular do budismo (assim como do hinduísmo) a crença num Poder Supremo ou Lei Universal,

32. Cf. *Fo-sho-hing-tsan-king* (vv. 1455-68), pretensa versão chinesa do *Buddhakarita*, de Ashvaghosha, feita por um sacerdote budista indiano chamado Dharmaraksha, por volta de 420 d.C., traduzida [para o inglês] por S. Beal em *The Sacred Books of the East*. XIX. Oxford, 1883, pp. 206-08.

chamada Lei da Causa e Efeito pela ciência do Ocidente e, pela ciência do Oriente, Karma. "Colhereis aquilo que semeardes", disse Buda; do mesmo modo como São Paulo escreveu bem mais tarde: "O que quer que o homem semear, isso ele colherá".

Além disso, como já assinalado, o budismo nega que possa existir uma entidade permanente, não modificável e pessoal tal como a que a teologia cristã chama de "alma". O budismo nega também a possibilidade de alcançar um estado de eterna felicidade dentro do *Sangsāra* (isto é, no universo dos fenômenos), pois a Realidade, ou Nirvana, é, para todas as Escolas de budismo, não samsárica, estando além de todos os céus, infernos e mundos, num estado que só pode ser compreendido pela realização pessoal dele.

Por conseguinte, Buda não pregou a existência de qualquer Pai no Céu, ou de um Único Filho, tampouco qualquer método de salvação para a humanidade além daquele conquistado pelo esforço individual que leva ao Correto Conhecimento. Segundo todos os budistas acreditam, ele encontrou o Caminho como o resultado de inúmeros períodos de vida de evolução espiritual, e tornou-se o Plenamente Desperto, o Iluminado, extinguindo completamente o *Sangsāra* da Impermanência e do Infortúnio. Alcançou a Meta de toda existência — a Supramundanidade — apenas por meio da autodisciplina. Os budistas o veneram não como os cristãos fazem, como Salvador, mas como Guia, cujos passos todos devem seguir caso se queira compreender a Verdade e alcançar a Salvação.

Embora existam preces, como no *Bardo Thodöl*, dirigidas aos poderes mais altos que os humanos, e embora todos os budistas prestem aquilo que, na verdade, é uma espécie de culto a Buda, a doutrina do Correto Conhecimento por meio do autodesenvolvimento nunca é perdida de vista. Nunca há essa quase completa dependência em relação às forças externas que o cristianismo prega; tampouco existe em qualquer lugar (no budismo) algo equivalente à crença cristã do perdão dos pecados mediante o arrependimento, ou a fé num Salvador ou por meio de uma expiação vicária. Alguns dos rituais do budismo do Norte talvez sugiram uma semelhança com a teoria cristã do perdão ou da absolvição dos pecados, que, mais que qualquer outra doutrina subordinada peculiar ao budismo do Norte, pode possivelmente, não obstante, ser explicada como tendo sido modelada — se é que qualquer das doutrinas *Mahāyāna* o foi — pelo cristianismo. Porém, em última análise, esses rituais na verdade implicam — afastando-se qualquer possível transformação devida ao cristianismo —, segundo todo o budismo do Sul claramente ensina, que apenas o mérito, ou igual quantidade de bom karma, pode neutralizar a mesma quantidade de mau karma, do mesmo modo que, na Física, duas forças igualmente equilibradas se neutralizam.

Contudo, no budismo, como em toda religião, costuma haver ampla divergência entre os ensinamentos originais e as atuais doutrinas e práticas; e, por conseguinte, o *Bardo Thodöl*, como tratado ritual, não é exceção. Não obstante, sob o simbolismo do *Bardo Thodöl*, devem ser descobertos, por aqueles que têm olhos para ver, os ensinamentos essenciais do budismo do Norte, por vezes chamado — em contraste com o budismo do Sul — budismo Superior.

VII. O Juízo Cristão Medieval

Em relação ao complexo problema das origens, referido em parte na nossa Introdução concernente ao Juízo Final (pp. 144ss), assim como ao das prováveis influências do budismo e de outras crenças orientais — incluindo a doutrina osiriana — sobre o cristianismo, é interessante comparar com a versão do Juízo do *Bardo Thodöl* (pp. 268-72) a versão semelhante no tratado medieval intitulado *A Lamentação da Criatura Moribunda* (de data incerta, mas provavelmente dos séculos XIV ou XV) que se encontra no Museu Britânico sob o código de Manuscrito Harl, 1706 (fólio 96), edição de Comper (pp. 137-68):

"*A Criatura Moribunda, indisposta por Enfermidade incurável, aflitivamente Lamentou-se a ele assim*: 'Ai de mim que sempre pequei em minha vida. Para mim é chegado este dia, dos mais terríveis de que jamais tive notícia. Aqui tem estado comigo este sargento de armas cujo nome é Crueldade, do Rei dos Reis, Senhor de todos os Senhores e Juiz de todos os Juízes; atingindo-me com a maça do seu ofício, me diz: 'Prendo-te e te previno a estares pronto [...] O Juiz que deliberará sobre ti não será parcial, nem será corrompido com bens, mas, sim, te ministrará justiça e equidade. [...]'".

"*A Lamentação da Criatura Moribunda*: 'Ai de mim! Ai de mim! Perdoai-me, eu não posso falar, e quem eu desejaria que falasse por mim não sei (isto é, não conheço). O dia e o momento são tão terríveis; o Juiz é muito justo; meus inimigos são muito maus; meus parentes, meus vizinhos, meus amigos, meus criados não me são favoráveis; e sei bem que eles não serão ali ouvidos.'"

"*A Lamentação da Criatura Moribunda ao Anjo Bom*: 'Ó meu Anjo Bom, a quem meu Senhor incumbiu de me guardar, onde estais agora? Penso que deverias estar aqui, e responder por mim, pois o pavor da morte me perturba, de modo que não posso responder por mim mesmo. Aqui está meu anjo mau pronto, e ele é um dos meus principais acusadores, e com ele legiões de demônios. Não tenho nenhuma criatura para responder por mim. Ai de mim, meu caso é grave'."

"*Resposta do Anjo Bom à Criatura Moribunda*: 'Quanto aos vossos maus atos, jamais os consenti. Vi que vossa natural inclinação estava mais disposta a ser orientada pelo vosso anjo mau que por mim. Seja como for, não podeis vos desculpar, pois quando estivestes disposto a fazer qualquer coisa contrária aos mandamentos de Deus, não deixei de vos lembrar de que isso não estava correto; e te aconselhei a fugir do lugar de perigo e da companhia que vos induziria ou moveria a isso. Podeis negar isso? Como podeis pensar que eu deveria responder por vós?'."

Embora a Criatura Moribunda apele pela ajuda da Razão, da Consciência e das Cinco Inteligências — de maneira muito parecida com a de *Everyman*,* provavelmente a mais conhecida das peças de mistério medievais cristãs (provavelmente derivada da difusão do orientarismo na Europa) —, ninguém pode socorrê-la. Por isso, no apelo final à Virgem, por meio da Fé, da Esperança e da Caridade como mediadoras, e no resultante apelo da Virgem ao Filho, é introduzida a doutrina cristã do perdão dos pecados, em oposição à doutrina do karma, tal como exposta no *Bardo Thodöl*. Essa introdução sugere que essa curiosa versão cristã do Juízo talvez tenha tido origem oriental pré-cristã e não judaica, em que a doutrina do karma (e a respectiva doutrina do Renascimento) permaneceu não modificada pelo medievalismo europeu que *moldou The Lamentation of the Dying Creature* [A Lamentação da Criatura Moribunda] (ver p. 115). A antiga doutrina do karma (à qual aderiram os cristãos gnósticos ou primitivos, antes de ser estabelecida a igreja cristã do Concílio), sendo ensinada nas seguintes respostas à Criatura Moribunda, dá certa plausibilidade, inclusive a partir de evidência interna, a esta visão meramente especulativa:

* Literalmente, "Cada um", peça dramática inglesa, alegoria da vida de um homem, representante do gênero humano. (N. do T.)

Consciência: "Deveis sofrer penosa e pacientemente os julgamentos que merecestes".

As Cinco Inteligências: "Inevitavelmente, vossas faltas devem ser atribuídas a vós. [...] Portanto, de direito, o risco tem de ser vosso".

Comparemos também com o relato análogo do Juízo no *Orologium Sapientiae* (século XIV), capítulo V, sob o código Manuscrito *Douce* 322 (fólio 20), edição de Comper, da qual tomamos a seguinte passagem (p. 118):

"Ó tu, o mais justo dos Juízes, quão corretos e austeros são vossos julgamentos, incriminando-me [isto é, acusando-me] e sentenciando-me austeramente desgraçado [eu], nessas coisas pelas quais pouca gente acusaria ou temeria, visto que parecem tão pequenas e ínfimas. Ó, como é terrível a visão da correta Justiça, que agora se me apresenta mediante o pavor, e de repente se torna realidade".

Poderíamos, também, referir-nos à pintura mural do Juízo que existe na Igreja de Chaldon, em Surrey, Inglaterra, datando de cerca de 1200 d.C. e descoberta em 1870, a qual encontra paralelo, de maneira surpreendente, com nossa pintura tibetana do Juízo.[33] Em ambas as pinturas há o julgamento dos mortos num estado intermediário ou estado *Bardo*, estando o mundo celestial em cima e o inferno embaixo. Na versão cristianizada de Chaldon, São Miguel, no lugar de Shinje, segura a balança; em vez de ações kármicas, são pesadas as almas; os Seis Caminhos Kármicos que levam aos Seis *Lokas* tornaram-se, aqui, uma única escada que leva a um único céu; no topo da escada, em lugar dos Seis Budas dos Seis *Lokas*, há o Cristo esperando receber os justos, segurando na mão direita o sol e na mão esquerda a lua — como se fosse um Buda. No mundo do Inferno, em ambas as versões há o caldeirão no qual os malfeitores são cozidos sob a supervisão dos demônios; e, na versão cristianizada, o "Morro dos Espinhos" da versão budista é representado pela "Ponte dos Espinhos" que as almas condenadas são obrigadas a atravessar.

---

33. Cf. G. Clinch. *Old English Churches* (Londres, 1900, pp. 162-64), em que é reproduzida uma pintura de parede de Chaldon. Ver também E. S. Bouchier. *Notes on the Stained Glass of Oxford District* (Oxford, 1918, pp. 66-7), sobre uma janela de vidro pintado na igreja de Brightwell Baldwin, representando o episódio da pesagem da alma no Julgamento: "Embaixo, a mão de São Miguel em vidro branco segura uma balança amarela, em cujo prato esquerdo uma alma em meio corpo e com cabelos amarelos reza, enquanto, mais abaixo, à direita, um pequeno diabo, com chifres, cauda, patas e asas amarelas, está tentando puxá-la para baixo".

Todos esses paralelos tendem a fortalecer nossa opinião de que a maior parte do simbolismo hoje considerado como tipicamente cristão ou judaico parece se dever a adaptações de religiões egípcias e orientais. Essas analogias sugerem, também, que as formas-pensamento e os processos de pensamento do Oriente e do Ocidente são, fundamentalmente, muito parecidos. A despeito das diferenças de raça, credo e dos ambientes físicos e sociais, as nações da humanidade são, e têm sido desde tempos imemoriais, mental e espiritualmente uma coisa só.

Posfácio

A Longa Vida de *O Livro Tibetano dos Mortos*
Donald S. Lopez, Jr.

Em seu ensaio "Reflexões para Tempos de Guerra e Morte", de 1915, Sigmund Freud escreveu: "É, na verdade, impossível imaginar nossa própria morte; quando tentamos fazer isso, percebemos que continuamos presentes como espectadores".[1] Quatro anos depois, o teosofista americano Walter Evans-Wentz, viajando pelos Himalaias graças ao dinheiro obtido com investimentos imobiliários na Flórida, encontrou um texto tibetano e pediu que o professor de inglês da Maharaja's Boys School, em Gangtok, Siquim, o traduzisse para ele. O texto, um dos muitos conhecidos pelo título de *Bar do thos grol* (*A Grande Libertação no Estado Intermediário por Meio da Audição*), é o que os tibetanos chamam de "tesouro", uma obra composta pelo grande mestre tântrico Padmasambhava no século VIII e enterrado – às vezes em uma caverna, outras em um lago, outras ainda em uma coluna e até no coração de um discípulo que ainda não nasceu — esperando ser descoberto quando o tempo estivesse pronto para que seus ensinamentos fossem revelados ao mundo. O livro de Padmasambhava, escondido no século VIII, foi encontrado no século XIV. Evans-Wentz se deparou com esse texto tibetano no século XX e, atulhando-o de prefácios, comentários, introduções e anotações, deu-lhe o nome de *O Livro Tibetano dos Mortos*. Desde sua publicação em 1927, a obra caiu nas mãos de milhões de leitores no Ocidente, que o usaram para fazer o que Freud achava impossível: imaginar suas próprias mortes.

1. Sigmund Freud. *The Standard Edition of the Complete Psychological Works of Sigmund Freud*, vol. 14,. Londres. Hogarth Press, 1957, p. 289.

O Livro Tibetano dos Mortos teve numerosas edições e impressões no curso do século XX (e agora no XXI), encontrando um novo público, tanto popular quanto erudito, em cada geração, pois seu apelo deriva da irresistível aliança de dois domínios sempre fascinantes, o Tibete e a morte. Na época da publicação de *O Livro Tibetano dos Mortos*, o Tibete, ainda uma terra remota além dos portentosos Himalaias, costumava ser visto como um lugar onde a sabedoria esotérica, há muito perdida em outras partes, fora preservada. Fechado ao sul pelas montanhas mais altas do mundo, quando montanhas ainda significavam uma pureza fria e antiga, o Tibete parecia um domínio de sabedoria esquecida. A inacessibilidade geográfica do país não era a única razão para essa postura. Talvez de igual importância tenha sido o fato de jamais ter caído sob o controle europeu; em consequência, muitas das fantasias cultivadas na Europa sobre a Índia e a China, dissipadas dessas terras pelo colonialismo, atravessaram as montanhas e foram se estabelecer no Tibete idealizado. Para Evans-Wentz e os teosofistas, o Tibete era o domínio dos Mahatmas, guardiães dos segredos da Atlântida. Ele nunca entrou no Tibete, que em 1919 era praticamente inacessível a ocidentais. Permaneceu na fronteira, imaginando o que haveria atrás das montanhas nevadas.

Maior ainda que o atrativo do Tibete é o eterno fascínio pela morte. Quando assegurou que é impossível imaginarmos nossa própria morte, Freud se referia à cessação das funções mentais. Porém, no budismo tibetano, a consciência nunca cessa, apenas percorre o nascimento, a morte, o estado intermediário ou *Bardo* (termo tibetano que, depois do livro de Evans-Wentz, entrou para o *Webster's Third New International Dictionary*) e o renascimento, até alcançar a condição de Buda. Muito do apelo de *O Livro Tibetano dos Mortos* se deve a que foi a primeira obra a oferecer uma ampla discussão da doutrina budista da morte e do renascimento a um vasto público ocidental, uma doutrina elaborada no texto tibetano por detalhadas descrições de visões de divindades pacíficas e coléricas no mundo inferior existente entre a morte e o nascimento. Essa visão do além logo encontrou guarida durante um estado intermediário de outro tipo, o período entre as duas guerras mundiais. O final do século XIX foi o auge do espiritismo, com médiuns alegando ter contato com os espíritos dos falecidos. Ele experimentou uma revivescência após a Primeira Guerra Mundial, quando muitas pessoas queriam saber o destino de seus pais, filhos, irmãos e maridos mortos. Um antigo texto tibetano que descrevia o estado *post-mortem* com tamanha precisão e riqueza de detalhes, explicando que a morte não era um fim, mas um começo (de fato, uma oportunidade para a iluminação), proporcionava ao mesmo tempo fascínio e consolo.

Evans-Wentz iria publicar mais três livros tibetanos, mas nenhum deles rivalizou em popularidade com o primeiro. Morreu em 1965, no momento em que *O Livro Tibetano dos Mortos* renascia para uma nova geração de leitores. Quase quatro décadas após a publicação, *O Livro Tibetano dos Mortos* continua sendo um dos poucos textos tibetanos disponíveis em tradução inglesa. Tem sido amplamente utilizado em salas de aula de universidades, com excertos seus e de outros volumes da tetralogia inseridos em coletâneas de escrituras budistas e textos asiáticos. Juntamente com o *Bhagavad-Gītā* e o *Tao-Te King*, entrou para o cânone de clássicos do misticismo oriental e encontrou novos leitores interessados na sabedoria do Oriente.

Em 1964, Timothy Leary, Richard Alpert e Ralph Metzner publicaram *The Psychodelic Experience*, livro lembrado, se é que iss acontece, pela frase "Desligue a mente, relaxe e deixe-se levar pela corrente" usada pelos Beatles na canção "Tomorrow Never Knows", do álbum *Revolver*. O livro transforma o clássico de Evans-Wentz em um manual de LSD, descrevendo não a morte, o estado intermediário e o renascimento, mas as diversas alucinações ocorridas no que se convencionou chamar de "viagem do ácido". Na introdução, os autores prestam homenagem a Evans-Wentz: "W. Y. Evans-Wentz é um grande erudito que dedicou seus anos de maturidade ao papel de ponte e transporte entre o Tibete e o Ocidente, como uma molécula de RNA ativando o segundo com a mensagem codificada do primeiro. Tributo maior não se poderia prestar à obra desse acadêmico libertador do que basear nosso manual psicodélico em suas ideias...".[2]

Leary, Alpert e Metzner, assim como Evans-Wentz, sentiam que o Ocidente estava maduro para receber a sabedoria oriental. Escreveram:

> O momento atual da história da humanidade (como enfatiza o Lama Govinda) é crucial. Agora, pela primeira vez, possuímos os meios de proporcionar a iluminação a qualquer voluntário preparado. (A iluminação sempre vem, vale lembrar, sob a forma de um novo processo energético,

2. Timothy Leary, Ralph Metzner e Richard Alpert. *The Psychodelic Experience: A Manual Based on the Tibetan Book of the Dead*. New Hyde Park, N. Y.: University Books, 1964, p. 17.

sendo um evento físico e neurológico.) Tais razões nos levaram a preparar esta versão psicodélica de *O Livro Tibetano dos Mortos*. O segredo é novamente revelado, em outro dialeto, e aqui ficaremos observando serenamente se o homem já está apto a avançar e fazer uso das novas ferramentas oferecidas pela ciência moderna.[3]

Leary e Alpert estavam convencidos, pelo menos nos primeiros anos de seu trabalho com o LSD, de que as experiências dos místicos e yogues das religiões do mundo eram, em última análise, idênticas, pois constituíam percepções das verdades eternas e fundamentais do Universo. Por isso essas verdades, plenamente conhecidas dos sábios iluminados do passado, seriam agora ou em breve confirmadas pela ciência ocidental. "Com efeito, as teorias filosóficas orientais, velhas de quatro milênios, coincidem em tudo com as mais recentes descobertas da física nuclear, da bioquímica, da genética e da astronomia."[4] Eles acreditavam também que essas mesmas experiências podiam ser induzidas pelo consumo de drogas alucinógenas.

Contudo, os autores não perceberam que sua própria leitura aparentemente clínica das experiências psicodélicas era uma interpretação teológica muito rica, uma teologia fundada, como a de Evans-Wentz, na crença em uma antiga fraternidade de místicos que, ao longo da história e em diversas culturas, partilharam uma única gnose. Leary, Metzner e Alpert tinham, tal como Evans-Wentz, a convicção de que a harmonia da ciência e da religião, profetizada por este último, já se tornara realidade em 1964 e era acessível a todos graças ao uso do LSD. Eles postulavam a existência de uma estrutura profunda, na consciência humana, que permaneceu a mesma ao longo do tempo e do espaço.

Entretanto, a ideia básica que sustenta a visão segundo a qual há uma similaridade de estrutura entre os resultados da meditação budista e o uso da droga é esta: o budismo condiz com a ciência, o Buda já conhecia em sua época o que os cientistas só agora começam a descobrir, os praticantes da meditação budista lograram acesso aos níveis mais profundos da consciência muito antes de os cientistas inventarem agentes químicos capazes de

---

3. Ibid., p. 31.
4. Ibid., p. 20.

produzir tais estados. Essa ideia reapareceu nas encarnações seguintes de *O Livro Tibetano dos Mortos*.

Em 1959, o Dalai Lama fugiu para a Índia após a invasão e a ocupação do Tibete pelo Exército de Libertação do Povo, da China. Foi logo seguido, no exílio, por dezenas de milhares de tibetanos que se estabeleceram primeiro na Índia e no Nepal, depois na Europa e na América do Norte. Passados quarenta anos desde que Evans-Wentz descobriu o *Bar do thos grol*, o fascínio do Ocidente pelo Tibete ainda não se desvaneceu. A invasão do país pelo Exército de Libertação do Povo, em 1950, foi descrita (e, em muitos casos, continua a sê-lo) como uma massa indiferenciada de comunistas ateus devastando uma terra pacífica, entregue unicamente a buscas etéreas. As vítimas seriam não apenas as centenas de milhares de tibetanos mortos, mas também o *dharma* budista, às vezes mais lamentado ainda. O Tibete é visto como a corporificação dos poderes espirituais e antigos; a China é a imagem dos poderes materialistas e modernos. Os tibetanos são sobre-humanos, os chineses são sub-humanos. Segundo essa lógica de oposições, a China tem de ser rebaixada para que o Tibete seja exaltado; um Oriente iluminado exige um Oriente tenebroso; para haver o angélico é necessário haver o demoníaco.

Com a diáspora tibetana iniciada em 1959, a cultura do budismo local foi descrita como uma outra Shangri-La, uma entidade existente fora do tempo e da história, eternizada em sua própria idade clássica e protegida pelo formidável Himalaia. Após a tomada do Tibete pelos chineses, essa cultura atemporal passou a correr enorme perigo, como se a exposição ao tempo fosse fazê-la murchar e transformar-se em pó, do mesmo modo que os corpos daqueles que ousam sair de Shangri-La. Há aí alguma coisa de apocalíptico: os tibetanos, velhos conservadores de uma atemporal sabedoria em um reino atemporal, foram brutalmente arremessados de seu santuário de neve na história, onde o tempo vai chegando ao fim e, com o tempo, a sabedoria deles. A urgência sentida por Evans-Wentz relativamente à necessidade que o Ocidente tem da sabedoria do Oriente foi agora transferida para a situação do Tibete.

Na imaginação popular do número crescente de ocidentais adeptos do budismo tibetano, o "Tibete tradicional" passou a ser, não apenas um domínio de sabedoria perdida, como era para Evans-Wentz, mas algo de onde eles tiram força e identidade, uma representação daquilo que um dia poderemos ser, um ideal a que devemos aspirar e que outrora existiu nas terras altas do Tibete, uma terra livre de sofrimento e governada pelo bondoso Dalai Lama, com um povo devotado ao *dharma*, à preservação do ambiente e aos direitos das mulheres. *O Livro Tibetano dos Mortos* foi visto como um dos ensinamentos supremos dessa antiga tradição, que escapou de ser destruído.

Os lamas tibetanos que chegaram ao Ocidente encontraram *O Livro Tibetano dos Mortos* à sua espera. Com efeito, embora o texto traduzido por Kazi Dawa Samdup seja igualmente importante para as seitas Nyingma e Kagyu do budismo tibetano, o livro de Evans-Wentz conquistou muito mais fama em inglês do que o texto original conquistara em tibetano. O mestre tibetano Chögyam Trungpa, ele próprio um lama encarnado da seita Kagyu, concluiu que o trabalho de Evans-Wentz tinha problemas de tradução e estilo suficientes para justificar uma nova tradução (a quatro mãos com Francesca Fremantle), que foi publicada em 1975 pela Shambhala. Contudo, a influência do trabalho de Evans-Wentz permaneceu, tanto que Fremantle e Trungpa deram ao seu livro o título de *O Livro Tibetano dos Mortos*. Integrou a série The Clear Light, dedicada a Evans-Wentz.

Ao contrário de traduções anteriores e posteriores, o comentário de Trungpa e Fremantle não igualou nem superou, em extensão, a verdadeira tradução do texto tibetano. Trungpa apresenta um comentário relativamente curto, de 29 páginas, que trata principalmente do reconhecimento das visões (que ele chama de "projeções") descritas no *Bar do thos grol*, com muita ênfase na superação da dualidade. Trata-se de uma leitura altamente psicologizada, onde se fala o tempo todo em neurose, paranoia e tendências inconscientes. Fremantle, em termos que lembram Leary *et al.*, explica: "É de notar que várias palavras capazes de exprimir melhor os ensinamentos do budismo fazem parte da linguagem da psicologia contemporânea, pois as atitudes de algumas escolas de psicologia ocidentais às vezes se aproximam mais do budismo que das filosofias ou religiões do Ocidente. [...] Conceitos como condicionamento, padrões neuróticos de pensamento e influências inconscientes parecem mais apropriados neste livro que os termos religiosos convencionais[5]." *O Livro Tibetano dos Mortos* passou de texto teosófico a guia psicodélico e a tratado de psicologia profunda.

Apesar dos melhoramentos trazidos pela nova tradução, o velho livro dos mortos continuou a viver e encontrou outro público quando um novo fascínio

---

5. Francesca Fremantle e Chögyam Trungpa. *The Tibetan Book of the Dead*. Boulder: Shambhala, 1975, p. XVI.

pela morte dominou os Estados Unidos. Em 1969, Elisabeth Kübler-Ross publicou o *best-seller On Death and Dying*, um manual para os moribundos e seus entes queridos. Esse foi o primeiro de muitos livros que ela escreveu sobre o assunto. Em 1975, em *Death: The Final Stage of Growth*, ela homenageou um tanto hiperbolicamente o livro de Evans-Wentz: "Os diversos ensinamentos budistas relativos à morte e ao meio mais eficaz de 'viver para morrer' são apresentados de maneira bastante imaginativa na obra que hoje é adquirida por mais gente no mundo ocidental do que qualquer outra, com a possível exceção da Bíblia. Refiro-me a *O Livro Tibetano dos Mortos*".[6] Em seguida, passa a resumir os ensinamentos da obra sobre o *bardo*.

No ano seguinte, a Stackpole Books de Harrisburg, Pensilvânia, publicou um livrinho da autoria do parapsicólogo Raymond Moody intitulado *Life After Life: The Investigation of a Phenomenon – Survival of Bodily Death*. A obra de Moody, um inesperado *best-seller* que acabou por criar um gênero, detalha o que veio a ser conhecido como "experiências de quase morte". Relata as experiências de pessoas clinicamente consideradas próximas ou no momento da morte, mas que reviveram para descrever fenômenos como flutuar acima do corpo, mover-se por um túnel escuro rumo a uma luz brilhante e encontrar um ser iluminado, às vezes reconhecido por cristãos como Jesus. Em um capítulo intitulado "Paralelos", Moody aceita a visão de Evans-Wentz segundo a qual o *Bar do thos grol* foi "compilado a partir de ensinamentos de sábios ao longo de muitos séculos, no Tibete pré-histórico, e transmitidos oralmente de geração em geração". Após apresentar um curto resumo sobre as experiências de *bardo*, Moody conclui: "Em suma, embora *O Livro Tibetano dos Mortos* inclua muitas etapas posteriores da morte que nenhum de meus entrevistados alcançou, é bastante óbvio que há enorme semelhança entre o relato contido nesse antigo manuscrito e os eventos a mim confidenciados por americanos do século XX".[7] Também durante os anos 1970, Richard Alpert, já então conhecido como Ram Dass e não mais um apóstolo do LSD, fundou o Living/Dying Project em San Francisco, onde os moribundos ouviam

6. Elisabeth Kübler-Ross. *Death: The Final Stage of Growth*,. Nova York: Touchstone Books, 1986, p. 69.

7. Raymond Moody. *Life After Life: The Investigation of a phenomenon – Survival of Bodily Death*. Harrisburg, Penn.: Stackpole Books, 1976, p. 109.

passagens adaptadas de *O Livro Tibetano dos Mortos*. Desde então, ele tem sido amplamente prescrito, em hospitais, para pacientes de câncer e AIDS.

Em 1992, outro *best-seller* sobre os mortos foi publicado, esse da autoria de Sogyal Rinpoche, um lama tibetano que morava na Grã-Bretanha. Evans-Wentz é mencionado apenas uma vez, em um comentário depreciativo sobre sua invenção do título *O Livro Tibetano dos Mortos*. Sogyal Rinpoche resolveu simplesmente modificar esse título ambíguo e chamou a obra de *O Livro Tibetano do Viver e Morrer*, descrito na sobrecapa como "uma obra-prima espiritual" que "junta a antiga sabedoria do Tibete com a moderna pesquisa sobre a morte e o morrer, de um lado, e a natureza do universo, de outro" – o que não é nada diferente do que fez Evans-Wentz meio século antes. Sogyal vê o livro como "a quintessência dos ensinamentos de todos os meus mestres, a ser um novo *Livro Tibetano dos Mortos* e um *Livro Tibetano da Vida*".[8] No Prefácio à Segunda Edição, Evans-Wentz exprimiu o desejo de que, com a ajuda de seu livro, "o Ocidente possa reformular e praticar uma Arte de Morrer e, também, uma Arte de Viver" (p. XVII). Até o momento, *O Livro Tibetano do Viver e Morrer* vendeu mais de um milhão de exemplares no mundo todo.

Como a obra de Evans-Wentz, *O Livro Tibetano do Viver e Morrer* inclui muito dos gêneros de literatura não pertencentes ao *corpus* padrão dos ensinamentos do budismo tibetano. Há comprovadas citações dos trabalhos de Elisabeth Kübler-Ross sobre a morte e o morrer, de Ian Stevenson sobre casos sugestivos de reencarnação e de Raymond Moody sobre experiências de quase morte. Relatos das mortes de pessoas comuns se misturam a cenas do passamento de grandes mestres, ilustradas por citações de Milarepa, de Padmasambhava e do atual Dalai Lama. Mas as ideias de Sogyal são corroboradas também por citações de outros mestres. Assim como Evans-Wentz invocava Pitágoras, Platão e Plotino, Sogyal reproduz frases de Montaigne, Blake, Rilke, Henry Ford, Voltaire, Orígenes, Shelley, Mozart, Balzac, Einstein, Rumi, Wordsworth e Venerável Beda. Juntas, essas frases dão um ecletismo cosmopolita à mensagem de Sogyal, como se o livro não apresentasse uma tradição budista tibetana, mas um apelo universal, uma filosofia perene que sempre foi conhecida daqueles que sabem, uma fraternidade secreta nada diferente da de Madame Blavatsky. Na verdade, o fato de as versões

8. Sogyal Rinpoche. *The Tibetan Book of Living and Dying*,. San Francisco: HarperSanFrancisco, 1992, p. 14.

de Evans-Wentz e Sogyal serem de longe as mais populares deriva da circunstância de homogeneizarem, com mais sucesso, o texto tibetano e uma sabedoria universal a-histórica. (O texto tibetano se integrou a tal ponto ao livro de Sogyal que não foi preciso incluir uma tradução.) Os livros também partilham uma gênese semelhante, resultando da colaboração de um tibetano e um devoto ocidental; Sogyal foi assistido por Patrick Gaffney e Andrew Harvey. Nesse caso, porém, o nome na capa é o do tibetano.

A tradução mais recente foi, de acordo com a página de rosto, "*composta* por Padma Sambhava, *descoberta* por Karma Lingpa e *traduzida* por Robert A. F. Thurman". Foi publicada em 1994 como parte da série Bantam Wisdom Edition, que também incluía traduções do *Tao-Te King*, do *Bhagavad-Gītā*, do *I Ching*, de *O Livro dos Cinco Anéis* (sobre esgrima, da autoria do samurai setecentista Musashi Miyamoto), uma obra sobre "poesia mística" de Rumi e um manual para deslindar os *koans* Zen. A inserção de *O Livro Tibetano dos Mortos* entre esses clássicos espirituais mundiais apenas atesta o que já se sabia: o livro criado por Evans-Wentz há tanto tempo ganhou vida própria.

Na introdução, Thurman também constata o equívoco do título de Evans-Wentz, mas dá à sua tradução o de *O Livro Tibetano dos Mortos*. E, como o trabalho de Evans-Wentz, cerca de metade da obra de Thurman é atulhada por seus próprios comentários e um glossário. Parte dos comentários se ocupa da interpretação dada por Thurman ao *Bar do thos grol*, um texto Nyingma, à luz da teoria tântrica do grande mestre Geluk, Tsong kha pa (1357-1419). A maior parte da introdução de Thurman, porém, lembra Evans-Wentz. Para ele, o Tibete era uma civilização única. Enquanto o Ocidente se dedicava à pesquisa e conquista do mundo material e do espaço exterior, o Tibete era uma sociedade fechada que produziu gerações e gerações de adeptos místicos entregues ao estudo de tecnologias espirituais e se tornou "um mundo isolado de aventureiros da mais alta ousadia" (chama-os de "psiconautas"), os quais "viajaram em pessoa às fronteiras extremas do universo que sua sociedade considerava importantíssimo explorar: as fronteiras interiores da própria consciência, em todas as suas transformações durante a vida e depois da morte".[9] Como produto dessa sociedade, *O Livro Tibetano dos Mortos* não é uma abordagem budista da morte e do morrer, mas uma descrição científica do processo da morte, derivada das pesquisas dos psiconautas.

9. Robert A. F. Thurman,. *The Tibetan Book of the Dead*. Nova York: Bantam Books, 1994 p. 10.

As visões tibetanas da morte não são nem mais nem menos religiosas que as modernas teorias ocidentais sobre a estrutura do sistema solar.[10] No prefácio da terceira edição, Evans-Wentz escreveu que o livro "revela aos povos do Ocidente uma Ciência da Morte e do Renascimento tal como somente os povos do Oriente têm conhecido até hoje" (p. 33).

No filme *Alucinações do Passado* (*Jacob's Ladder*, 1990), um veterano do Vietnã tem alucinações perturbadoras e o espectador, como o protagonista, não consegue distinguir a realidade da ilusão. No fim, fica-se sabendo que o filme todo eram as visões de um soldado norte-americano no Vietnã. Ele morre na mesa de cirurgia e é conduzido por uma criança em direção a uma luz. O diretor Adrian Lyne explicou em entrevistas que o filme foi inspirado em *O Livro Tibetano dos Mortos*. Hoje, além dessas e outras versões, pode-se adquirir um DVD da obra, lida por Richard Gere; uma dramatização em vídeo que inclui sequências filmadas em Ladakh e imagens de animação do *Bardo*, narrada por Leonard Cohen; *The Illustrated Tibetan Book of the Dead* e *The Tibetan Book of the Dead for Reading Aloud*, adaptado pelo dramaturgo Jean-Claude van Italie. Essas versões de áudio, vídeo, imagens de animação, filmes de cinema e leituras em voz alta revelam que *O Livro Tibetano dos Mortos* passou a ter no Ocidente o mesmo uso que tinha no Oriente: uma preleção para os mortos e moribundos, a fim de guiá-los em sua jornada.

Todas as formas que *O Livro Tibetano dos Mortos* assumiu ao longo das décadas deve muito, seja isso reconhecido ou não, a Evans-Wentz e sua obra pioneira. Além do mais, cada uma das reencarnações anteriores de *O Livro Tibetano dos Mortos*, a começar pela de Evans-Wentz, revela um estranho parentesco. Em um e outro caso, o texto é sempre lido como que destacado de si mesmo e apontando para algo mais, para um significado que a tradução do original tibetano (exceto no caso de Fremantle e Trungpa) disfarçava devido às muitas introduções e comentários, exigindo por isso alguma elaboração. Em se tratando das versões de Leary e Sogyal, o texto tibetano se tornou tão supérfluo que não foi incluído. A obra deve ser lida como um código que é preciso decifrar com a ajuda de outro texto reputado mais autêntico ou, pelo menos, mais adequado. Para Evans-Wentz, o texto primordial é *A Doutrina Secreta* de Madame Blavatsky, ele próprio uma decodificação de *As Estâncias de Dzyan*, na língua secreta Senzar. Para Leary, Alpert e Metzner, o texto é o

10. Ibid., p. 18.

roteiro da paradigmática viagem do ácido; para Trungpa, os dados da psicologia profunda fornecem o vocabulário; para Sogyal, a retórica de autoajuda da Nova Era propicia o modelo; para Thurman, o texto Nyingma foi derramado em um molde Geluk. Na visão de todos, *O Livro Tibetano dos Mortos* tem de ser lido com a ajuda de algo mais, para que seu verdadeiro significado venha à luz e ele facilite a libertação do *sāṃsāra*, o ciclo de renascimentos, tal qual concebido pelo autor.

Em nota de rodapé de sua introdução (p. I), Evans-Wentz escreve, referindo-se a um receio dele próprio e de Kazi Dawa Samdup: "Sem os elementos de salvaguarda que esta Introdução é intencionada a fornecer, a tradução do *Bardo Thödol* seria particularmente suscetível de interpretações incorretas e consequente mau uso...". Nenhum dos dois fazia ideia das incontáveis leituras que sua colaboração ensejaria. Retirando do *Bar do thos grol* as âncoras da língua e da cultura, do tempo e do espaço, Evans-Wentz transformou-o em *O Livro Tibetano dos Mortos* e lançou-o no espaço, fazendo-o aterrissar em vários momentos em várias culturas no curso do último século e criando de cada vez uma ocasião para se imaginar o que significaria estar morto. Se Freud estava certo ao dizer que é realmente impossível imaginar a própria morte, então Evans-Wentz não precisa temer a má interpretação e o mau uso, pois, em se tratando da morte, só pode haver interpretação e uso.

SUGESTÕES DE LEITURAS

Blavatsky, Helena Petrovna. *The Secret Doctrine*. Los Angeles: The Theosophy Company, 1947. [*A Doutrina Secreta*, 6 vols., Editora Pensamento: São Paulo, 1980.]

Blezer, Henk. *Kar gliri Zikhro: A Tantric Buddhist Concept*. Leiden: Research School CNWS, Leiden University, 1997.

David-Néel, Alexandra. *Magic and Mystery in Tibet*. Nova York: Dover Publications, 1971.

Dudjom Rinpoche. *The Nyingma School of Tibetan Buddhism: Its Fundamentals and History*. Boston: Wisdom Publications, 1991.

Fremantle, Francesca e Chögyam Trungpa. *The Tibetan Book of the Dead*. Boulder: Shambhala, 1975.

Germano, David. "Dying, Death, and Other Opportunities." In *Religions of Tibet in Practice*. Org. Donald S. Lopez, Jr., pp. 458-93. Princeton, N.J.: Princeton University Press, 1997.

Johnson, K. Paul. *The Masters Revealed: Madame Blavatsky and the Myth of the Great White Lodge*. Albânia: State University of New York Press, 1994.

Karmay, Samten G. *The Great Perfection (rDzogs Chen): A Philosophical and Meditative Teaching of Tibetan Buddhism*. Leiden: E. J. Brill, 1988.

Kiibler-Ross, Elisabeth. *Death: The Final Stage of Growth*. Nova York: Touchstone Books, 1986.

Kvaerne, Per. *Tibetan Bon Religion: A Death Ritual of the Tibetan Bonpos*. Iconografia das Religiões 12.13. Leiden: E. J. Brill, 1985.

Lauf, Detlef Ingo. *Secret Doctrines of the Tibetan Books of the Dead*. Boulder: Shambhala, 1977.

Leary, Timothy, Ralph Metzner e Richard Alpert. *The Psychedelic Experience: A Manual Based on the Tibetan Book of the Dead*. New Hyde Park, N.Y.: University Books, 1964.

Lodo, Lama. *Bardo Teachings*. Ithaca: Snow Lion Publications, 1987.

Lopez, Donald S., Jr."A Prayer for Deliverance from Rebirth." In *Religions of Tibet in Practice*. Org. Donald S. Lopez, Jr., pp. 442-57. Princeton, N.J.: Princeton University Press, 1997.

_______. *Prisoners of Shangri-La: Tibetan Buddhism and the West*. Chicago: The University of Chicago Press, 1998.

Meade, Marion. *Madame Blavatsky, The Woman Behind the Myth*. Nova York: G. P. Putnam's Sons, 1980.

Moody, Raymond. *Life After Life: The Investigation of a Phenomenon--survival of Bodily Death*. Harrisburg, Penn.: Stackpole Books, 1976.

Mullin, Glenn. *Death and Dying: The Tibetan Tradition*. Ithaca: Snow Lion Publications, 1986.

Orofino, Giacommella. *Sacred Teachings on Death and Liberation*. Dorset, U.K.: Prism Press, 1990.

Patrul Rinpoche. *Words of My Perfect Teacher*. São Francisco: HarperCollins, 1994.

Prothero, Stephen R. *The White Buddhist: The Asian Odyssey of Henry Steel Olcott*. Bloomington: Indiana University Press, 1996.

Reynolds, John Myrdhin. *Self-Liberation Through Seeing with Naked Awareness*. Barrytown, N.Y.: Station Hill Press, 1989.

Rinbochay, Lati e Jeffrey Hopkins. *Death, Intermediate State, and Rebirth in Tibetan Buddhism*. Ithaca: Snow Lion Publications, 1985.

Rinpoche, Tulku Thondup. *Hidden Teachings of Tibet: An Explanation of the Terma Tradition of the Nyingma School of Buddhism*. Londres: Wisdom Publications, 1986.

Sinnett, Alfred Percy. *Esoteric Buddhism*. Londres: Chapman and Hall, Ltd., 1885.

Sogyal Rinpoche. *The Tibetan Book of Living and Dying*. São Francisco: HarperSanFrancisco, 1992.

Thurman, Robert A. F. *The Tibetan Book of the Dead*. Nova York: Bantam Books, 1994.

Winkler, Ken. *Pilgrim of the Clear Light*. Berkeley, Calif.: Dawnfire Books, 1982.

_______. *A Thousand Journeys; The Biography of Lama Anagarika Govinda*. Longmead, U.K.: Element Books, 1990.

ÍNDICE ANALÍTICO